高等学校“十二五”规划教材

大学体育

刘旭东　徐芝芳　主编

西安电子科技大学出版社

内 容 简 介

本书是基于普通高校公共体育理论课的需要，为高校“大学体育”理论课程而编写的，书中系统介绍了大学生目前急需的体育与健康知识。全书共五篇，十八章。内容包括：体育概述，奥林匹克运动，体育文化，《国家学生体质健康标准》测试，健康概论，体育锻炼与健康，膳食营养与体育锻炼，体育健身原理与方法，体育锻炼与体适能，体育锻炼与运动处方，防身自卫术，体育卫生保健常识，保健体育与体育疗法，民族传统体育与养生，休闲娱乐体育，体育欣赏，户外运动，电子竞技运动。

本书既可作为高校“大学体育”公共理论课教材，也是一本非常实用的全民健康知识读本。

图书在版编目(CIP)数据

大学体育/刘旭东，徐芝芳主编. —西安：西安电子科技大学出版社，2012.8(2017.8 重印)
高等学校“十二五”规划教材
ISBN 978-7-5606-2817-2

Ⅰ. ① 大…　Ⅱ. ① 刘…　② 徐…　Ⅲ. ① 体育—高等学校—教材　Ⅳ. ① G807.4

中国版本图书馆 CIP 数据核字(2012)第 111936 号

策　　划　李惠萍　何明丽
责任编辑　李惠萍　张　瑜
出版发行　西安电子科技大学出版社(西安市太白南路 2 号)
电　　话　(029)88242885　88201467　　邮　　编　710071
网　　址　www.xduph.com　　电子邮箱　xdupfxb001@163.com
经　　销　新华书店
印刷单位　陕西华沐印刷科技有限责任公司
版　　次　2012 年 8 月第 1 版　　2017 年 8 月第 4 次印刷
开　　本　787 毫米×1092 毫米　1/16　印　张　22
字　　数　520 千字
印　　数　15 001～18 000 册
定　　价　36.00 元
ISBN 978-7-5606-2817-2/G・0051

XDUP 3109001-4

高等学校“十二五”规划教材《大学体育》

编 委 会 名 单

主　编：刘旭东　徐芝芳

副主编：古雅辉　王　慧

编　委(按姓氏笔划)：万益民　马艳军　王　刚　王　慧　孔德银　古雅辉　江　伟　刘　攀　刘向平　刘旭东　吕红芳　安森蕊　吴　军　余　琴　吴广宏　咸云龙　赵奋军　高　涛　徐　赟　徐芝芳　谢　琴　曾锡银　戴兴安

主　审：张　炜

前　言

21 世纪全球经济的快速发展为我们带来了极大丰富的物质生活，与此同时，不良生活方式、环境等因素，使人类的健康受到了前所未有的威胁，各类“文明病”的发病越来越低龄化，尤其是作为未来社会栋梁的大学生们，其健康状况亦令人担忧。健壮的体魄、高超的智能、良好的心理素质、高尚的道德情操是 21 世纪对人才的基本要求。对大学生而言，他们正处于身体发育的关键阶段，因此，树立“健康第一”的思想、培养良好的体育锻炼习惯、掌握科学的体育锻炼方法，对于提高大学生个人身体素质，进而提高全民体质，无疑具有特别重要的意义。同时，通过体育锻炼，不仅能够提高学生身体素质，而且还能提高学生心理素质和社会适应能力，为将来更好地适应社会、适应工作岗位要求奠定良好的基础。

目前大学生在体育锻炼中，非常缺乏有关健康和保健知识，使得大学生中不科学、不合理的体育锻炼，或在体育锻炼过程中发生运动损伤的比例越来越高，不利于大学生体质的增强和终身体育意识的形成。为了更好地帮助广大大学生了解体育文化、学习健康知识、掌握运动保健方法、了解当今时尚体育运动，我们特编写了这本《大学体育》。本书具有结构合理、内容丰富、图文并茂、实用性强等特点，其价值和功能主要体现在以下三个方面：一是介绍大学生全面发展的意义和内容；二是使大学生掌握保持和提高健康水平的理论知识；三是介绍各种科学锻炼方法，从而奠定终身体育的基础。本书既可作为高等学校公共体育必修课教材，帮助教师在教学过程中统一授课内容，还可作为大学生日常体育锻炼的参考书，帮助大学生运用科学健身方法和保健知识，提高体育锻炼的兴趣，减少不必要的运动损伤。

本书由刘旭东、徐芝芳任主编，古雅辉、王慧任副主编。本书编写人员的具体分工如下：古雅辉编写了第一章和第六章的第三节，刘向平编写了第二章，万益民编写了第三章，孔德银编写了第四章，王慧编写了第五章的第一、二节及第七章，徐赟编写了第五章的第三节及第六章的第二节，吴广宏编写了第六章的第一节，江伟编写了第六章的第四节，曾锡银编写了第八章，余琴编写了第九章，徐芝芳编写了第十章和第十三章，高涛编写了第十一章，王刚编写了第十二章；谢琴编写了第十四章，吕红芳编写了第十五章，安森蕊编写了第十六章，马艳军编写了第十七章，刘攀编写了第十八章。

刘旭东、徐芝芳对本书进行了总体设计、统稿，同时，本书在编写中参考了多位专家的研究成果，由于篇幅所限，未能一一列出，在此谨向有关作者表示衷心的感谢。

由于时间仓促和学术水平所限，书中难免存在不妥和疏漏之处，敬请广大专家和读者批评指正。

编　者

2012 年 5 月

前　言

目　　录

第一篇　体育概论篇

第二篇　健康知识篇

第三篇　健身方法篇

第四篇　卫生保健篇

第五篇　休闲娱乐篇

第一章 体育概述

内容提要：本章主要介绍了体育的起源、体育在社会不同阶段的发展历程，重点阐述了体育在现代社会的各种功能，并介绍了大学体育的重要性、大学体育对当代大学生发展的作用、大学生应具备的体育素养及大学体育课程的实施，使大学生了解体育的起源与发展，了解大学体育的作用，并引导大学生进行大学体育的学习。

学习目标：

1. 了解体育的起源与发展，掌握体育的功能在现代社会的体现；
2. 了解大学体育的作用和基本途径，激发对大学体育课程及体育活动的兴趣。

第一节 体育的起源与发展

体育作为一种社会现象是随着人类社会的产生、发展而出现和演进的。它的产生依赖于人类社会的需求，它的发展依赖于人类社会的进步。

一、体育的起源

体育作为人类文化的重要组成部分，是随着人类社会的发展而逐渐形成和发展起来的。据史学家和考古学家的研究，人类早在原始时代就把走、跑、跳跃、投掷、攀登、爬越等作为最基本的生产劳动和日常生活的技能与本领传授给下一代。这是人类教学的萌芽，也是体育活动的萌芽。体育的起源与发展，与教育、军事、科学技术的发展，以及人们的宗教活动、休闲娱乐活动有着密切的关系。

(一) 生产劳动是体育起源的基础

体育的形成是一个漫长的历史过程。它萌芽于原始社会，和人们基本的生存需要以及生产劳动实践有直接的联系。

人类的祖先为了适应环境和生存的需要，由树栖变为地栖，学会了直立行走，解放了上肢。原始人的生活条件恶劣，为了谋生，靠快速地奔跑去追逐捕获猎物，用刺杀和投掷来杀伤虎、豹、熊等野兽，靠游泳及用锐利的树枝、木器去捕鱼，靠攀登和爬越去采集野果。原始人这些求生的身体活动既是生存的基本技能，也是劳动的基本技能。在这些身体动作反复出现的过程中，人的跑、跳、投、攀登、支撑、爬越和涉水等身体基本活动能力得以发展，而这些最初以劳动手段形式出现的肢体活动，不断地在重复中得以改进，并逐渐发展成为表现体育最初形态的身体活动方式和技能。这就是体育活动的萌芽。但是，原始人类的这些活动，其目的是为了生存，不是为了锻炼身体和增强体质。

(二) 人类的需要是体育起源的动因

原始人类不仅需要劳动，而且更需要生活。他们有思想感情、喜怒哀乐，他们集群而居，也有交往的需求。在当时尽管水平还很低的社会需要结构中，他们除了劳动的需要以外，还有适应环境的需要、对付同类袭扰的防卫需要、同疾病作斗争的生存需要，以及表述和抒发内心各种感情的需要。如教育、军事、娱乐、医疗卫生、宗教祭祀等，这些需要归根结底，就是需要健康的身体，需要进行强健自身的活动，由此也就构成了体育产生的动因。体育作为人类有目的、有意识的一种社会活动，正是为了适应社会的需要(其中包括社会生产和生活的需要)和人本身的需要(包括人的生理和心理的需要)而产生的。

1. 原始社会教育活动中体育的萌芽

原始人在长期的生产和生活实践中不断积累自然知识、社会知识和各种劳动技能知识。这些知识需要不断地传授给年轻一代，使他们尽快投入到生产劳动中去，因此，便出现了人类最初的教育。原始社会的教育主要是传授生产劳动技能，而当时生产劳动技能主要是跑、跳、投、攀登、支撑、爬越等人的基本活动能力。所以，在原始教育中，人的基本活动能力既是教育的内容，又是教育的手段。在这种有意识的教育过程中，最初的体育形式也就应运而生了。

2. 部落战争中体育的萌芽

原始社会的后期，随着人口密度的增大，为了保证血亲生存，部落间的冲突和战争不断加剧。为了战争的胜利，就需要培养氏族成员的军事技能，发展攻、防、格斗及走、跑、跳、投等能力，这就出现了以军事为目的的身体训练和教育方式，即军事教育的雏形。这种以身体训练为主要内容的军事教育，包含着体育的形式和内容，同时，也丰富和发展了体育的内容。(图 1-1 为约公元前 323 年的酒罐绘画，表现了正在进行中的武装赛跑。)

图 1-1　酒罐绘画

3. 宗教祭祀活动中体育的萌芽

原始社会人类对大自然的认识有限，因此将大自然的变化视为神灵的力量。为了表示对神灵的崇拜和尊敬，出现了祭祀活动。人们用竞技、角力和身体动作(舞蹈的雏形)来祈祷风调雨顺，求得庇护，寻求平安。古代奥林匹克运动会就是由这种祭祀中的竞技活动发展成为定期的节日竞技运动会的。虽然，古人的这些祭祀活动主观上是为了宗教信仰而采用的身体运动，但其在形式上和功能上已具备体育的特点。

4. 休闲娱乐和健身祛病中体育的萌芽

体育的一些项目是在人们娱乐中发展起来的，如各种游戏、民间舞蹈等。娱乐活动的内容主要是身体的活动，既具有娱乐的作用，又具有健身的作用。另外，资料表明，人们很早就对身体运动的健身和医疗作用有了一定的认识。如远在我国原始社会末期的尧舜时代，相传的阴康氏的“消肿舞”，战国时期《黄帝内经》中的“导引按脐”，都是为了治疗身体疾病而进行的身体活动。这些既是医疗手段，又是健身活动。以后又逐渐发展成了各种成套的保健体操，如“五禽戏”、“八段锦”、“易筋经”等，健身目的更加明确。(图 1-2 为导引图帛画。)

图 1-2 帛画

二、体育的发展

(一) 古希腊的繁荣

体育的发展首先表现在古希腊灿烂的文化、发达的哲学思想和教育思想的繁荣上。当时的唯心主义哲学家、教育家柏拉图第一个在理论上论证了体育、德育、智育的关系，主张国家应负责对儿童进行公共教育，使他们的身体、德行和智慧得以和谐发展，这使古希腊体育优良传统在奴隶制民主教育与全民发展教育中初露端倪。尤其是古希腊城邦之间的军事交战，更加促进了古希腊人对体育的重视。最典型的是斯巴达，在尚武精神的教育下，斯巴达人身体强壮，刻苦耐劳，勇敢善战，认为“人民的身体，青年的胸膛，便是我们的国防”，由此保留了斯巴达人在古代奥运会上百年的垄断地位。

(二) 中世纪的没落

中世纪的欧洲进入了黑暗的封建社会阶段，由于教会的统治，经济文化落后，哲学思想和教育思想受宗教的禁锢，认为“身体卑下，精神高尚”，除了在贵族学校的骑士教育中施以体育教育外，在一般的教会学校则没有发展体能的计划，被称为“没有体育的教育”，致使民族体质衰弱，使古希腊体育从繁荣走向衰退。

(三) 文艺复兴时的复苏

到了 14～15 世纪，源于意大利的文艺复兴运动，在哲学思想方面，提倡人文主义，反对禁欲主义；在教育方面，重视儿童的身体教育，主张读书与运动相结合，继承了古希腊体育遗产，赞赏斯巴达的军事体育，推崇柏拉图关于开设体育操的主张，为体育的发展开辟了道路。文艺复兴后，英国哲学家、教育家洛克强调指出：“健全的精神寓于健全的身体。”明确把体育、德育和智育作为教育的构成，第一个倡导了“三育”学说。18 世纪法国启蒙思想家、教育家、文学家卢梭提出了“体育是个人的童年整个发展过程的一部分”，强调以体育为主与直接熟悉自然的方式学习，由此兴起风行一时的“自然主义”的实用主义教育学论和体育学说，在文艺复兴和启蒙教育的影响下，逐渐使中世纪对身体的鄙视和对体育的否定得以纠正，古希腊的体育运动得以复苏。

(四) 近代体育运动的兴起

19世纪，西欧由于资本主义发展不平衡和民族主义倾向，各国之间接连发生战争，许多国家遭受战争的重创，认识到身体训练对服兵役的重要性，出于强国强民的需要，迫使各国对体育逐渐重视起来。因而，相继出现了德国“体操之父”古茨姆斯、瑞典的林德福尔斯等体操领袖，他们的体操理论和体育实践，推动了本国体育的发展，并流传欧、亚、美各洲，成为世界体育的共同财富。当欧洲各国纷纷仿效和发展德国及瑞典体操运动时，英国以最早实现工业革命并以海军立国的独特社会背景和自然条件，兴起了符合民族特点的户外活动，即娱乐及竞技运动，其形式丰富多彩，有射箭、羽毛球、板羽球、保龄球、曲棍球、橄榄球、足球、游泳、网球、划船、田径赛、高尔夫球、登山、滑冰、滑雪等。他们认为在肌肉锻炼方面，竞技运动与户外运动更优于体操运动，随着英国殖民扩张与各国仿效，英国的户外运动与竞赛娱乐项目在美国、欧洲乃至世界各国得以传播。

(五) 现代体育运动的快速发展

21世纪，世界发生了巨大的变化，其变化的主要特征是：新的科学技术大量涌现，工业化进入一个新的发展阶段，全球性通信网络的建立把世界连成一个整体，人们驾驭未来的能力不断增强，社会价值观体系呈现多样化。社会的变化使体育不可避免地也发生了深刻的变化。体育作为现代社会广受欢迎的文化现象之一，呈现出以下新的发展特点：① 竞技体育的国际化；② 现代体育的社会化；③ 现代体育的科学化；④ 学校体育将由强调“健身”转为“全面育人”；⑤ 现代体育的终身化。

纵观体育发展的历史，在漫长的历史长河中，是人类怀着对体育的无限向往，去追求，去创造。体育萌生于原始社会，形成于古代，发展于近代，完善于现代，经过了从无到有，从无意识到有意识，从简单到复杂，从封闭到开放，伴随着人类从过去走向未来，这是社会发展的必然，也是体育发展的必然。

第二节　体育的功能

体育作为一种人类所共同承认、拥有和普遍热爱的社会活动，以其独特的功能和深刻的内涵，对经济、社会与文化产生着越来越重要的影响。正如南非前总统曼德拉所说：“体育有这个能力来改变世界”。体育的功能与价值正不断被开发和利用，影响和改变着人类社会和人们的日常生活，成为一笔珍贵的社会财富。体育的目的在于人的全面、自由、和谐的发展，体育作为恢复人的本质与价值的生命活动及社会实践，其意义在于维系人类的健康，满足人类的享受和发展的需要。

一、健身功能

不言而喻，强身健体是体育最主要的本质功能，体育的其他功能都是由它派生出来的。毛泽东同志曾经说过：“体育之效，在于强筋骨，进而增知识，因而调感情，因而强意志。筋骨在，吾人之身；知识、感情、意志在，吾人之心；身心皆适，是谓俱泰。”体育的功能可以有很多，但基本的在于强筋骨，亦即增强体质，离开了这一点，别的属性也就不存在了。

体育是通过身体运动的方式进行的，它要求人体直接参与活动，这个特点就决定了体育有健身功能。从医学的角度讲，经常参加体育运动，能有效地促进身体的正常生长发育，提高人体各个器官系统的机能水平，增强体质，增进健康，塑造健美的体态，有利于提高人体对外界环境的适应能力，使人体的“防御能力”得到提高。另外，还能全面发展身体素质，对提高力量、速度、耐力、灵敏度等“行动体力”具有十分明显的功效。“生命在于运动”这句名言早已深刻地揭示了体育运动对于增强体质的重要意义。

在现代社会，越来越多的机械动力代替了肌肉动力，越来越多的自动化使人的劳动过程简单化。另一方面，丰富的物质生活使人营养过剩和不均衡，导致了许多诸如高血压、糖尿病、肥胖症等类型的“文明病”。体育锻炼是经过科学处理的身体活动，通过这种有意识的身体活动可引起机体能量物质的消耗，促进身体新陈代谢，使机体获得更多的旺盛的活力，并向着完善的方向转化，是增强体质、预防和抵抗疾病，特别是现代“文明病”的最佳手段之一。

二、教育功能

教育功能是体育最基本的社会功能，就其作用的广泛性而言，它对人类社会产生的影响，是体育其他功能无法比拟的。从原始社会出现体育的萌芽时起，体育就一直是教育的手段之一。当今世界任何一个国家，体育都是教育的一个不可分割的重要组成部分，“德、智皆寄于体”的教育名言已尽人皆知。现代体育教育的意义已不仅在于促进生长发育，增强学生体质，掌握技能，还在于培养学生终身从事体育的兴趣和习惯、优秀的道德品质、团结协作与良好的竞争意识，提高学生综合素质，以适应现代社会的需要。

(一) 体育的身体锻炼功能

通过身体活动，提高学生走、跑、跳、投等人体基本活动能力，全面锻炼学生的身体，促进身体形态结构、生理机能和心理发展，提高身体素质，提高对自然环境的适应能力；使学生掌握体育的基本知识、技术和技能，学会科学锻炼身体的方法，养成经常锻炼身体的习惯，提高自我锻炼的能力，使之终身受益。

(二) 体育的德育功能

体育的德育功能，作为体育教育的隐性功能，通过体育活动和体育竞赛，在潜移默化中培养学生遵守纪律、团结协作、公平竞争等道德品质。

体育游戏和体育竞赛的规则，可以培养学生遵守规则、遵守纪律的习惯；体育比赛的公平竞争，可以培养学生良好的竞争意识；体育比赛的胜负，为学生提供成功和失败的情感体验，可以培养学生正确对待成功和失败的态度；耐力性体育项目，可以培养学生不怕困难、坚持不懈的意志品质；团体体育项目活动和竞赛，可以培养学生的团结协作、集体主义精神。如：对方侵人犯规时，是毫不计较，还是“以牙还牙”；集体配合不够默契出现失误而最终致比赛失利时，是相互鼓励，还是相互抱怨；对裁判员的误判是大方宽容，还是“斤斤计较”；比赛胜利时，是骄横自大，还是认真总结经验、戒骄戒躁。这些体育运动过程，培养了学生的优良品德。

(三) 体育的爱国主义教育功能

就社会教育意义而言，体育作为一种传播体育价值观的理想载体，在激发爱国热情、振奋民族精神方面，能产生不可估量的教育作用。

观赏奥运会和重大国际比赛，观看我国运动员为国拼搏、为国争光，在赛场上升国旗、奏国歌，讲述优秀运动员刻苦训练、顽强拼搏的感人事迹，能够激发学生的爱国热情，增强其民族自尊心和自豪感。运动员们爱国奉献、奋发进取的体育精神，就是爱国主义具体而生动的体现，是对学生很好的爱国主义教育。

相关链接

振兴中华

1981 年在我国香港举行的奥运会男排亚洲区预选赛上，汪嘉伟和他的队友们在先输两局的不利情况下，以顽强的意志和不屈的斗志，连扳三局，反败为胜，击败了当时的劲敌韩国队。中国男排队员所表现出来的一种不屈不挠、顽强拼搏的大无畏精神，使备受鼓舞的北大学生当晚喊出了那句振奋人心的著名口号：“团结起来，振兴中华”。一场比赛的胜利，鼓舞了一个民族，开启了一个时代。“胸怀祖国，放眼世界”、“振兴中华，从我做起”这种中华体育精神已经是我们中华民族精神重要的组成部分。人们一直不忘“振兴中华”这一时代强音，它已成为打在每个人心中的烙印。

（《大学体育与健康教程》，武汉理工大学出版社，2007)

(四) 体育的意志品质教育功能

意志品质既是在克服困难的过程中表现出来的，又是在克服困难的过程中培养起来的。体育锻炼的特点在于需要不断克服客观困难(如气候条件、动作难度等)和主观困难(如胆怯、畏惧和紧张等)，是培养坚强意志品质的有效手段。通过参加场上形势瞬息万变且需要配合默契的球类项目的锻炼，可以使参与者形成果敢的意志品质；通过参加需要克服生理极限、持久性的项目(如长跑、游泳等)的锻炼，可以使参与者养成坚韧的意志品质；通过参加需要腾空、跨越或有一定危险性的项目(如跳高、跨栏、体操、武术等)的锻炼，可以使参与者形成勇敢的意志品质等。因此，体育锻炼有助于磨练学生的意志，对培养学生吃苦耐劳、坚韧不拔、果断、勇敢、自控、自信等良好的心理品质具有很好的促进作用。

(五) 体育的智能教育功能

通过体育教学和身体锻炼，学生可学习和掌握一定的体育知识、技能和技术，并使思维力、记忆力、观察力、想象力等构成智力的各种能力得到发展。因此，作为一种教育的体育运动，在传授知识，培养技能、技巧，增强人的体质过程中，还包含着培养、开发和提高智能的教育因素。

三、娱乐功能

无论从人的生理、心理，还是社会化的需要等方面看，娱乐都是人们精神生活上的重要内容。而愉悦身心、陶冶情操，则是体育本质功能的又一体现。体育往往以其动作的高难度、造型的艺术化、形式的多样化、竞赛的激烈性和比赛结果的不确定性，以及适应性强、社会化广的特点，对参与者及观赏者都能给予一种强烈的感情刺激和情感体验。

体育的娱乐功能包含两个层面的内容，一是参加体育运动的过程本身就是一个娱乐的过程，二是体育运动能够娱乐观赏者，任何一场比赛都能带给观众娱乐的享受。正如黑格尔所说：“体育是一种社会欢乐。”

在你参与到自己所喜爱的运动项目中，成功地完成某一动作，在与同伴默契的配合中，在与对手斗智、斗勇、斗体力、拼技术的较量中，在战胜自我，征服自然后的胜利中，会得到一种妙不可言的心理满足和快感，达到了自我价值的充分展示，会增强自己的自尊心、自信心、自豪感。同样，在观看优秀运动员的精彩表演中，时而屏气凝神地注目，时而喜不自禁、如醉如痴地欢呼，无疑对于消除疲劳，调节烦恼与稳定紊乱情绪都会收到积极的效果。由于体育的业余性、消遣性、娱乐性的特点，它又成为当代人们消遣、聚会、回归自然、调节感情、充实健康的有效手段。

相关链接

体育的娱乐功能是消除网瘾的良药

对于青少年沉迷网络的现象，体育的娱乐功能更为直接有效。体育是全面育人的重要组成部分，对身体和精神的健康发展都有较强的功效。孩子们沉迷网络是为了玩，而体育也是一种game，也具备游戏的属性。网瘾青少年可能对专家的“说教”产生反感，也可能对治疗师充满敌意，但如果能让他们对体育“上瘾”，戒除网瘾的阻力无疑会小得多。现在推行的青少年体育运动没能成为消除网瘾的法宝，其根源在于没能挖掘出体育运动中“玩”的内涵。与专业运动员或中老年人不同，青少年参加体育运动的目的性不强，只是为了玩。如果社会不能够提供给他们足够的娱乐体育项目，就等于变相地把孩子们推向了网络，让他们通过网游得到了本应通过体育运动就能得到的快乐。比如，现在学校体育课为达标而设的长跑、跳远、跳高等项目，就很难引起学生们的兴趣。

设立孩子们喜爱的体育项目并让他们自由地选择，是基层体育工作者必须考虑的问题。如果能使体育运动变得丰富多彩，趣味十足，消除网瘾的难题可能就会迎刃而解。

（《中国青年报》(北京)）

四、政治功能

体育的政治功能，首先体现在为国争光，提高民族威望和国际地位上，大型的国际比赛，直接影响到国家的荣辱，世界上许多国家历来都把国际体育比赛视为显示本国制度，表现本民族意识的重要舞台。人们往往把体育竞赛看做是人类社会在和平气氛下进行的“礼仪化”战争。它对维护世界和平，促进各国人民之间的了解和国际间正常关系准则的确立，以及人类社会进行自我调节都发挥着独特的作用。

由于体育的超越语言障碍和非国界特征，以至于使奥林匹克运动会成为了世界和平运动的一个组成部分。在国际政治舞台上，还不可避免地成为了一种外交的工具。多年来我国政府坚持要求中华人民共和国作为中国人民的唯一合法代表参加国际奥林匹克运动会，为维护国家主权，反对分裂进行了不懈的斗争；苏、美等国家在1980年和1984年的两届奥运会上，互相进行抵制；中国乒乓球队打开了中美建交的大门，在世界体育史上传为佳话；等等，都是体育政治功能的表现。体育亦是增强民族凝聚力，促进国内政治一体化的一种有效手段。

五、经济功能

体育的经济功能是指体育在社会经济发展中的各种能力。或者说是通过体育产品(体育服务和体育运动技术)的产生、交换、消费，以及体育场馆设施的工作人员所产生的体育服务，经过体育的主体——人的消费而对社会物质生产部门和非物质生产部门以及人们的生活消费所产生的各项经济机制的总和。

1984 年，美国商界奇才尤伯罗斯创造性地将奥运与商业紧密结合起来，使当年的洛杉矶奥运会成为“第一次赚钱的奥运会”。实际上这不仅意味着赛场经济的繁荣，而且意味着体育产业化进程的开始，其经济发展半径以赛场为核心不断向外围扩大、辐射，拉动着与此相关的各类产业，如增进基础设施建设，要求更多的环境改善，刺激旅游、电子信息、纪念品、餐饮等生产和服务的发展。从此，体育经济逐渐成为全球发展很快的新经济形态，它同时也增加了全球的财富。

当代社会，体育的经济功能主要体现在以下几个方面：

(1) 作为现时代的新兴产业，体育成为拉动内需、扩大消费的新的经济增长点之一。

(2) 大型体育赛事已成为激活主办国经济的强大动力。

(3) 作为健身手段，体育能通过增强劳动者体质来提高劳动生产力。

(4) 体育锻炼可以减少疾病，促进康复，通过减少医疗开支来促进经济的发展。

(5) 作为新兴的第三产业，体育产业创造了大量的就业机会。

相关链接

体育的经济功能举例

广州体育产业以竞赛表演业为龙头，发展健身娱乐业、体育培训业、体育彩票业、体育用品业等系列，已经形成了齐全的体育市场。广州市的体育产业以 2008 年统计数字来看，总产值已经超过 300 亿，增加值达到 126 亿多，占 GDP 的 1.48%，高于软件产业的产值。2010 年的增加值已经达到 160 多亿。按照广州市的总产值，GDP 是 11000 亿，体育产业增加值基本占到 1.5%以上，在全国大中城市名列前茅，而且这股势头非常猛，预计到 2015 年，全市体育产业增加值占全市 GDP 的 2.0%以上。

(《南方都市报》，2011-07-12)

六、文化功能

体育作为一种社会文化现象，本身就蕴涵着丰富的文化内涵，体育文化有着历史的渊源，古代人们举行的各种祭祀礼仪活动往往以体育的方式(如古代奥运会的产生)来表达人们的思想、精神和观念。

体育的文化特征体现在鲜明的象征性、浓郁的艺术性及丰富的内涵性上。例如奥运会的五环标志，象征着五大洲的团结，圣火象征着文明之光，表示着生命、热情和朝气。各届的会徽及吉祥物也都有着丰富寓意和象征性意义。人们在举行一些大型活动的开闭幕式以及各类文化活动时，体育表演往往是不可或缺的，可见体育不仅是人的生物体运动，也是人的精神、智力和艺术的展现。

丰富的体育文化，能对人体解剖结构、生理机能，进行积极的生物学改造，同时，还给人类自身以极大的美学启迪和熏陶。宏伟壮观的体育建筑，精彩多样的体育器材设施，绚丽多彩的运动装具，既是人类劳动的产物，也是人类物质文化的结晶。

体育运动作为一种文化形态，在作用于人的生物体的同时，无疑还作用于人的精神、思想和意识。体育运动中顽强拼搏、勇于进取的精神，公平竞争的精神，团结友谊的精神，爱国主义和国际主义的精神，都是体育文化在人们精神领域里的高度体现。

第三节 大学体育教育

一、体育在大学教育中的地位

大学教育，是人生的一个重要阶段；大学体育教育，是学子们走向社会之前接受学校体育教育的最后一个平台。在这里大学生要为毕业后走向社会或攀上更高的阶梯奠定坚实的体育基础，养成良好的健康生活和学习习惯，掌握能享用终身的体育技能，形成稳固的终身体育意识和行为。大学体育教育就是在大学生涯中对学生身心的一种培养与陶冶，是对健康的呵护和进行优化的过程。

《中共中央国务院关于深化教育改革 全面推进素质教育的决定》中明确指出：“健康体魄是青少年为祖国和人民服务的基本前提，是中华民族旺盛生命力的体现，学校教育要树立健康第一的指导思想，切实加强体育工作。”教育是立国之本，是提高国民素质的根本所在，大学体育作为高等教育的重要组成部分，在增进学生身心健康，培养终身体育意识、提高整体素质方面具有不可替代的作用。

二、大学体育的价值取向

(一) 社会需要和个体需要相结合

大学体育的作用，首先是通过对从事体育活动的大学生个体的作用来实现的。大学生最大的特点是具有主观能动性。另外，人与人之间除了具有一般的共同志趣和素质外，不仅在先天遗传因素和后天生活条件方面存在差异，还各自具有某些独特的自主多样性发展的内在需求。一般说来，只有当个体需要获得一定程度的发展和满足，才能更深切地体验到体育运动的价值，从而以最积极的态度，真正自觉主动地投入。作为促进大学生身心发展的体育，当然遵循上述特点，应正确地对待大学生发展的合理需要，积极帮助其培养和提高。

社会需要与个体发展需要相结合的价值取向，必然关注大学生的兴趣、爱好。现代大学体育重视人的情感因素，目的是为大学生创建一种正向的情感体育。因此，培养兴趣、爱好具有双重含义：一方面，通过为大学体育创造更好的诸多环境条件，包括内容、形式、方法、师生关系以及相关的气候环境等，激发大学生兴趣，使大学生在体育活动的过程中体验到乐趣和成功；另一方面，使大学生具有终身从事体育锻炼的态度，这种态度是终身体育的源泉，也是巨大的心理保证。总之，大学生具备了对体育的兴趣、爱好，当体育的内容、形式符合大学生兴趣时，体育活动给他们带来的是满足的情绪，能大大调动其积极性；当内容、形式暂不符合大学生兴趣需要时，如果大学生有对于体育活动的积极情感体验的积累，那么基于对体育必要性的认识，就能自觉克服不良的情感体验，主动探求直到获得成功。在这里，激发大学生兴趣、爱好虽不是目的，但却是达到目的所必需的手段。

(二) 终身体育的需要

习惯的养成，在中外教育史上都备受推崇。17 世纪英国教育家洛克把“培养大学生良好的习惯”看做是“导师的重要工作之一”(洛克：《教育漫话》)，他认为，一切教育都归结为养成良好的习惯，往往自己的幸福都归结于自己的习惯。俄国教育家乌申斯基把良好的习惯视为财富，人的一生就享受着它的利益。我国著名教育家叶圣陶先生也曾提出系统养成良好习惯的教育思想。他认为，教育“往简单方面说，只须一句话，就是要养成良好习惯”。“从小学教师到大学教授，他们的任务就是帮助学生养成良好的习惯。”(《叶圣陶教育文集》)。习惯的养成同样在大学体育中有着极为重要的作用。

从终身体育角度看，大学体育在传授知识、技能，发展大学生身体和心理方面是必不可少的，但并非仅仅这些，更重要的是要让学生通过学习和实践，逐步掌握体育锻炼的行为方式，并转化为他们的习惯，才能终身受益。这正是大学体育的根本职责。

(三) 娱乐的需要

娱乐是体育的本质属性，如果体育失去了娱乐的功能，那么，体育也就不能称其为体育了。随着学校体育改革的深入，大学生在社会体育的驱动下，不仅把参加体育活动作为课余生活的主要内容，而且为了追求终身的享受，还应主动积极地学习和掌握身体娱乐的知识与技能。

(四) 个性化和多样化的需要

随着我国社会的发展，教育思想的更新和办学条件的改善，在学校体育中越来越重视个性化教育，它尊重学生的人格，承认学生的个体差异，重视发展学生的体育兴趣和特长，千方百计地创造条件，引进新的体育项目，丰富学校体育的内容，以满足学生不同需要。而大学生的体育主体意识也不断加强，从各自的不同需要出发，对学校体育提出了多种多样的新要求。

(五) 文化传递中“素材”的加工与缔造

大学体育作为文化的组成部分，必然是传递和保存体育运动文化的重要手段。大学体育以有计划、有目的的活动，把体育运动文化转移到受教育者这一载体之上，使之在现实中显示生命和价值。

体育运动文化发展到今天，其内容丰富多彩，通过学校来传递，并非是一种简单的照搬过程，而是要经过教育者和受教育者的双重选择、整理的过程，具有更新和丰富体育文化的功能。主要表现为：第一，必须符合学生身心发展的客观规律。第二，必须从教育的角度审视，传递健康的文化特质。第三，学生在学习过程中也渗透个人的心理倾向、情趣和经验来选择体育文化。从上述可见，传递体育运动文化，不仅仅是简单地选择何种形式能用，何种形式不能用，实际上是对“素材”的选择、加工与改造。其中，加工改造为可接受的形式来传递体育文化的特质，则是至为关键的。

三、大学体育学习的目标与途径

(一) 大学体育学习的目标

大学体育学习的目标是大学生通过高等院校体育的学习要达到的境地和标准。大学体育学习的目标是：了解体育与健康的基本知识；掌握自身从事体育活动的基本能力；理解体育活动在促进人类健康中的作用；形成健康的生活方式，并拥有健康的体魄。

(二) 大学体育学习的途径

大学体育学习途径主要有体育课程和课余体育活动。

1. 体育课程

体育课程是为了实现学校的教育目标而制定的使学生增强体质和获得健康体验的方法。它是以身体练习为主要手段，通过合理的体育与健康教育和科学的体育锻炼过程，以增强体质、增进健康和提高体育素养为主要目标的公共必修课程；是学校课程体系的重要组成部分；是高等学校体育工作的中心环节。

《学校体育工作条例》规定：“普通高等学校的一、二年级必须开设体育课。普通高等学校对三年级以上学生开设体育选修课。”

2. 课余体育

课余体育是指学生在课余时间里，运用各种身体练习方法，以发展身体、增强体质、增进健康、提高运动水平和丰富业余生活为目的的体育活动。包括：早操、班级体育活动、课余训练、课余竞赛以及校外体育。课余体育是学校体育的重要组成部分，是实现学校体育目标的基本途径之一。课余体育与体育课程相互配合共同完成学校体育的目标。通过课余体育活动，能充实大学生的生活，扩大大学生的活动领域，密切大学生与社会的联系，激发他们的体育兴趣和爱好，发展体育特长，培养开拓精神和创造才能，促进个性的发展。

四、当代大学生应具备的体育素养

1. 掌握体育和健康的基本知识，提高体育活动的能力

大学生在大学的体育学习中应注重体育与健康知识的学习，掌握体育健身的基本原理，并能运用这些知识和原理指导自身的体育锻炼，学会体育锻炼评价方法和身心健康的评价方法，把体育视为一种文化加以理解，培养自己的体育素养。还要注重提高自己的体育活动能力。体育活动能力的提高除了要掌握体育和健康知识，还要学习一定的运动技术和体育锻炼的方法，形成一定的运动技能。要从增强体质的角度去学习运动技术，把运动技术和体育锻炼方法的学习过程看成是增强体质、增进健康、传播体育文化的过程。

2. 养成坚持锻炼身体的习惯，形成健康的生活方式

大学生通过体育学习，要培养自己的体育锻炼兴趣和意识，根据自己的兴趣，掌握 1～2 项体育项目的基本技能，了解多项体育运动的形式及特点，养成坚持锻炼身体的习惯，形成健康的生活方式，为终身体育奠定基础。

3. 培养自身的道德修养、合作精神和坚强毅力

大学生在体育学习与体育活动中要注重利用体育的教育属性，培养自身的道德修养，有意识地积极锤炼自身意志品质，增强与他人交流、合作的能力，以及培养自身的坚强毅

力，以适应社会的需要。

4. 具备体育观赏能力

体育观赏能力，是指观赏主体在观看体育比赛时，对体育美的认识和评价能力。大学生在大学的体育学习和实践中，应具备一定的体育观赏能力，通过观赏体育赛事，欣赏不同的体育美，培养和加强对体育运动的兴趣，了解体育文化，增强体育意识。

思 考 题

1. 简述体育的起源。
2. 简述当代体育的发展趋势。
3. 论述体育对青少年身心发展的作用(举例说明)。
4. 简述大学体育对当代大学生的作用。
5. 简述当代大学生应具备的体育素养。

第二章　奥林匹克运动

内容提要：本章通过对古代奥林匹克运动的产生、发展及衰落和现代奥林匹克运动的诞生进行系统介绍，使大家对奥林匹克的产生与发展有一个明确的认识，旨在使大学生掌握基本的奥林匹克知识，树立正确的奥林匹克理想和精神。

学习目标：

1. 了解古代奥林匹克运动的产生、发展及衰落；
2. 掌握现代奥林匹克运动经历的几个重要发展阶段；
3. 了解现代奥林匹克与古代奥林匹克有哪些相同、不同之处。

第一节　古代奥林匹克运动

古代奥林匹克运动起源于古希腊的竞技赛会，公元前 776 年开始有文字记载，每 4 年一届，延续了 1168 年，到公元 394 年被罗马皇帝狄奥多西一世所禁止。古代奥运会是古希腊文明的重要组成部分，它不仅表现了古希腊人对健美体魄的追求，还体现了古希腊人崇尚荣誉的精神和维护民族团结的愿望。古代奥运会对社会文化发展具有深远的影响。古代奥运会的兴起与衰落，都与宗教有一定关系。同时，古代奥运会是人类体育文化的一颗明珠，它的活动内容、形式、传统与精神的体系，对世界体育的发展产生了深刻的影响。

一、古代奥林匹克运动会的产生

(一) 古代奥运会发端的社会历史条件

1. 古希腊自然环境与竞技运动习俗的形成

古希腊位于巴尔干半岛南端的欧、亚、非洲交界之处。在爱琴海与西亚的波斯湾帝国遥遥相对；西濒爱奥尼亚海，南隔地中海，与北非的埃及相对。这些自然条件为古希腊人的海上交通、对外贸易以及文化交流提供了极大的便利。优越的地理位置，使古希腊成为各种文化的交汇之处，并因此加快了社会发展的进程，在科技、文化、艺术和体育等领域里为人类做出了多方面的卓越贡献，成为西方文明的发祥地。古希腊境内丛林起伏，气候温和，但只有少许的盆地适宜农耕，这使得希腊人的生活必须面向大海。这种自然条件在很大程度上改变了古希腊民族的生活方式，陶冶了古希腊民族的性格。温和舒适的气候使古希腊人以徜徉户外为莫大乐趣，酿就了古希腊人喜欢户外体育活动的习惯和崇尚自然的审美情趣；与大海为伴的生活又养成了古希腊人心胸开阔，思辨好动和敢于冒险、勇于竞争的性格。

竞技体育运动是古希腊人生活的重要内容。据荷马史诗记载，早在氏族公社时期，古希腊人在播种收获、婚丧嫁娶、宗教祭祀和举办其他一些社会活动时就进行了各种竞技活动，如角斗、掷石饼、赛跑、跳跃、拳击、赛马和舞蹈等。这些非正式的、自发的竞技活动逐渐形成习俗和传统，为后来奥运会的产生奠定了基础。

2. 竞技运动的发展

古希腊奴隶制的自由民阶层由奴隶主贵族、工商业奴隶主、小农和手工业者组成。他们在政治和经济上有相对的平等权利，这使他们在竞技运动中取得相应的平等资格，因而有可能在竞技比赛中进行公平竞争，充分展现自我，使竞技赛会成为他们显示传统观念、生活习俗和竞技能力的场合。古希腊城邦奴隶制的这种政治、经济环境促进了竞技活动的发展，铸造了竞技活动的灵魂——平等、竞争的精神。

3. 古希腊的教育制度与身体观

古希腊人的教育思想及其对人体的审美情趣，对古希腊奥运会的产生和精神的形成有重要的影响。古希腊各城邦具有代表性的教育制度是斯巴达和雅典的教育制度。斯巴达人以培养体格强健的武士为城邦的首要目标，这就决定了斯巴达教育是单纯的军事体育教育。建立在奴隶主民主制度基础上的雅典教育，不仅力图将奴隶主训练成身强体壮的武士，还要培养他们成为有知识的社会活动家，雅典教育更注重人的身心和谐发展。

尽管这两种教育体系有很大不同，但体育在其中都占有很重要的地位。在古希腊教育体系中，体育的重要内容有赛跑、跳跃、掷标枪、角力(统称 5 项竞技)、混斗、骑马、游泳和球类等。一个人的运动能力和身体健壮程度体现着他的教育程度，因此形成了希腊人健与美的身体观，并驱使人们寻求一种表现健与美的活动形式。古希腊的教育思想和观念成为奥运会产生的文化心理动因。古奥运会的比赛项目大多来自希腊教育制度的体育内容，如练习场的 10 个月训练期及裸体运动也被奥运会所承袭。

(二) 准备战争、渴求和平与古奥运会的产生

古希腊数百个各自独立的城邦从未牢固地团结在一个统一的政治体系中，城邦之间经常兵戎相见，战争频繁。战争要求古希腊人具有强悍的体格和敏捷的行动能力。古希腊城邦用各种方法培养符合战争需要的人，把体育锻炼当作头等大事。尽管各城邦体育制度各有不同，但准备战争是共同的目的。苏格拉底曾道出古希腊体育与战争的关系，他说“每个市民绝不能成为体育的门外汉，应该具有坚实的身体条件，一旦国家危急，便能随时出征，尽自己保卫国家的义务。”

为了适应战争的需要，人们既要寻求发展体能的有效途径，还要寻找一种显示体能的方式，于是体操、摔跤及各种竞技运动风行一时。在此基础上出现了奥运会和其他一些节日盛典中的竞技运动比赛。奥运会初期的比赛项目也反映了战争与古奥运会发展的关系。从公元前 776 年开始长达 500 年期间，奥运会的项目逐步扩大，从单一的赛跑逐渐发展为有摔跤、混斗、拳击、四马战车赛、马车赛、角力、赛马、武装赛跑、五项运动等的综合运动会。这些比赛项目，多与军事技能有关，反映了战争对奥运会比赛项目发展的驱动作用。

(三) 古希腊的宗教习俗与奥运会模式的形成

古奥运会是一种泛希腊的宗教庆典，它与宗教习俗活动的关系密切。古希腊的宗教具

有泛神论的性质，有如下三个特点：一是对奥林匹斯山诸神的膜拜；二是有一大套独特的祭祀制度；三是有丰富的宗教神话传说。

在这个崇拜英雄和力量的尚武民族的审美观念中，超人的力量、协调的动作、惊人的速度、完美的技艺、还有发达的肌肉，都是人类最美好和崇尚的东西，自然也是奥林匹斯山诸神喜欢的。因此，在祭坛前向神灵献上技艺，展示自己的健与美，博取诸神的欢心，便成为最虔诚的宗教祭祀。

以竞技形式表示对神灵和英雄人物崇拜的宗教习俗早在荷马时代就已经存在。荷马史诗曾记载了许多祭祀竞技，项目涉及战车赛、拳击、角力、赛跑、掷铁饼、投标枪、格斗、射箭、翻筋斗、球类、游泳、跳水等。这种带有宗教色彩的竞技活动逐渐形成许多竞技赛会，主要的有奥林匹亚、皮西安、伊斯玛斯和尼米亚四大祭祀竞技会。另外还有为妇女组织的赫拉竞技会。由于宙斯是希腊诸神之王，祭献宙斯的奥林匹亚竞技发展成为整个希腊民族统一的祭祀竞技赛会。

综上所述，古希腊奥运会作为一种广泛的希腊体育文化传统，它的产生有深刻的社会基础和历史根源，是在古希腊民族时期产生的竞技运动基础上，经过社会政治、经济和文化等因素的长期影响，经过战争的驱动和宗教转换机制的作用而逐步形成的。

二、古代奥林匹克运动的盛衰

古代奥运会一千多年的历程，大致可分为三个阶段：第一阶段(公元前 8 世纪—公元前 6 世纪)，奥运会从只限于小范围的祭祀赛会，逐渐发展为各城邦广泛参与的盛会。第二阶段(公元前 6 世纪—公元前 4 世纪)，为古希腊城邦奴隶制的全盛期，也是古奥运会达到的鼎盛时期。第三阶段(公元前 4 世纪—公元 4 世纪)，古希腊先后被马其顿和罗马帝国征服，城邦奴隶制逐渐崩溃，古奥运会进入衰落期。古奥运会和整个古希腊文化一样，随着奴隶制的繁荣而兴盛，又随着奴隶制的崩溃而衰落。

(一) 古奥运会的盛况

1. 奥林匹亚及其设施

奥林匹亚位于伯罗奔尼撒半岛伊利斯城邦南部的阿尔菲斯河和克拉德斯河汇合处，是古奥运会的诞生地和永久性举行地点。

这里最初只有赫拉神庙，后来在其南面修建了宙斯庙。在赫拉庙和宙斯庙之间是传说中的英雄和奥运会创始人伯罗普斯的墓。赫拉庙和伯罗普斯墓之间是宙斯大祭坛。宙斯神庙前的空地上立着一尊尊奥运会优胜者的塑像。庙南有幢建筑物供着宙斯神像，是运动员和教练员宣誓的地方。在克拉德斯河边有座大竞技场。庙区的东北角是赛场，奥运会除赛马、赛车外几乎所有竞技项目都是在此举行。奥林匹亚，四年一度，每逢夏至后第二次或第三次月圆时，大约在八、九月份奥林匹克盛典就在此开始，成为全希腊民族的活动中心。

2. 奥林匹克神圣休战

在奥运会前，奥林匹亚所在的伊利斯城邦都要选派三名纯希腊血统的使者，在宙斯神殿的圣火坛前，经过宗教仪式，分别派往希腊各城邦，宣告奥运会即将举行，于是整个伊利斯城邦成为宗教圣地，不再允许有任何战争行为发生，也不允许带武器进入此地。所有通往奥林匹亚的道路任参加奥运会的人自由往来，任何人不得阻拦，否则就是违背神意，这就是“奥林匹克神圣休战”。凡违背“奥林匹克神圣休战”规定的人和城邦，都会受到制裁。最初，“奥林匹克神圣休战”期为一个月，后来由于地中海沿岸的希腊殖民城邦也参加奥运会，休战期便延长到两三个月。

“奥林匹克神圣休战”使奥运会成为一个独立于战争之外的和平友谊的盛会，它体现了古希腊人渴望和平的意愿。

3. 全民族的节日盛典

古奥运会是一个以祭祀竞技为主，内容和形式丰富多彩的综合性的祭祀盛会。在盛会期间，每天都有各种宗教仪式，其中以第一天宙斯神祭祀最为隆重。当日，人们在宙斯神殿前的大祭场，以牺牲百头公牛献祭神坛。然后，隆重的奥运会盛典便在熊熊燃烧的“圣火”中正式开幕。完成各项祭祀仪式后，在宙斯神像前举行集体宣誓仪式。届时，运动员和他们的父兄以及教练员一起，对宙斯像宣誓：没有做过任何违背奥林匹克运动规章的事情。运动员还要向神灵保证自己严格地遵守规定。此外负责对运动员资格审查的官员也要在宙斯像前宣誓，保证他们执法公正和没有受贿。

奥运会比赛从清晨开始，有时进行到深夜。刮风下雨时比赛也不停止。各项比赛十分激烈，观众兴奋异常。奥运会除了体育竞技外，还有政治、经济、文化等活动。在竞技场外，各城邦使节聚会讨论政治、缔结条约；哲学家围在一起争论人类社会和自然界的众多问题；诗人和艺术家们在练身场内外朗诵诗作或展示艺术作品；各地商人则在竞技场外竞相推销商品。

4. 古奥运会的竞赛规则

带有深厚宗教色彩的古奥运会有严格的规则，对组织者、运动员、裁判员以及竞赛办法均有严格的规定。

古奥运会的组织工作由伊利斯城邦的官员和宗教领袖具体负责。奥运会举办前一年，由伊利斯城邦在有名望的贵族中推选出裁判官主持奥运会比赛。最初只有1～2名裁判，到公元前348年的第108届奥运会上才确定为10名。这些裁判官在奥运会前10个月集中，并在宙斯神坛前宣誓，保证公正地履行职责，然后开始工作，向各城邦宣告“奥林匹克神圣休战”开始；审查运动员资格;指导赛前一个月的训练；担任比赛的裁判。这些裁判官身着绛红色衣袍，头戴月桂冠，手持象征权力的法鞭，威严执法。凡在竞赛中有贿赂裁判或行为不检点的人将受到严厉惩罚。

古奥运会对运动员也有严格的规定；他们必须是希腊血统的自由民。奴隶、战俘、和异族人不能参加比赛，竞技者还必须是在道德上没有污点的人。规则还规定，运动员必须经过十个月以上的训练，并于奥运会前在伊利斯又进行过一个月的训练，才被允许参加比赛。这从实际上剥夺了那些不富裕的自由民参加奥运会的资格，因为他们限于生计无法坚持这样长期的训练。

古奥运会只有个人竞技项目，而且严格禁止妇女参加或观看比赛，触犯条例的女人将受到从山崖上抛下摔死的处罚。

5. 古奥运会比赛日期、项目和奖励

古奥运会的会期最初只有1天。在最初的13届奥运会中，竞技比赛也只有短距离赛跑一项，距离为一个“斯泰德(stade，约为 192 米)。以后陆续增加了中长距离跑、五项竞技运动以及少年竞技项目等。随着规模的扩大，从公元前632年第三十七届奥运会开始，会期延长到 3 天，从公元前 472 年的第七十七届奥运会起，会期延长到 5 天。

古奥运会的优胜者被视为英雄，享有极高的荣誉。比赛结束时，在宙斯神坛前为各项优胜者举行庄严而隆重的发奖仪式。首先由裁判庄严宣布优胜者姓名和他们父亲的姓名、所属城邦，以及他们在奥运会获胜的项目。同时授予优胜者一枝棕榈，再由神的代表——奥运会的祭司授予橄榄枝花冠。随后人们簇拥优胜者游行和参加各种庆祝活动。优胜者回到各自城邦时，人们夹道欢迎英雄凯旋，并择日举行欢庆宴会，授予奖赏。最初的奖赏偏重于荣誉，以后逐渐发展成为优厚的物质奖赏并授予某种特权。

(二) 古奥运会的逐步衰落

公元前 5 世纪，希波战争结束后，古希腊的城邦奴隶制进入了鼎盛期。而随后不久，社会矛盾加剧，内部战争纷起。公元前 5 世纪末发生的伯罗奔尼撒战争是希腊奴隶制衰败的开始，也是古奥运会由兴到衰的转折点。

这次战争长达 27 年，古希腊城邦元气大伤，经济逐渐萧条，社会风气开始衰败。此后，古希腊人对维护城邦荣誉以及追求知情达理和身体健美的热情日渐淡漠。运动竞技逐渐失去其原来的意义，而成为人们追求财富的手段。到公元前 4 世纪中期，战车赛优胜者所获奖赏的橄榄油的价值，相当于一个熟练手工业者 1186～1680 个劳动日的价值。奥运会的理想和精神受到扭曲。竞技运动中一些腐败现象不断显露，运动员职业化现象日益严重。奥运会比赛中也出现了营私舞弊、损人利己的不良倾向。人们对奥运会的兴趣逐渐下降。

公元前 146 年，罗马人征服了希腊。希腊变成罗马帝国的一个行政省，古奥运会更进一步衰落，成为罗马奴隶主贵族消遣取乐的“观赏会”。公元前 1 世纪，罗马统治者拉和尼禄曾先后破坏奥运会传统，篡改比赛规则。这时的奥运会已面目全非。公元 392 年，罗马皇帝狄奥多西立基督教为国教，394 年宣布废止了奥运会。从此，历时一千多年的古代奥运会便随古代奴隶制的衰落而销声匿迹。

(三) 古奥运会的历史遗产

古代奥运会虽然衰亡了，但它给人类社会留下了宝贵的文化财富，在世界体育史上留下深远的影响，具体表现在下述几个方面。

(1) 创造了一种竞技运动的组成模式。

(2) 积累了丰富的体育教育经验。

(3) 在体育理论和实践上留下了宝贵的财富。

(4) 形成了一种价值体系——“奥林匹克精神”。

古奥运会所形成的奥林匹克精神不仅对人类社会的发展起到了积极的促进作用，而且为后人所尊崇和借鉴。它的主要内容有如下几点：

其一，和平友谊的精神。古奥运会的产生和发展体现了人们对和平与友谊的渴求。在战火连绵的古希腊，奥运会的神圣休战以化干戈为玉帛，化仇敌为友好为目的，使人民能够自由交往、经商旅行。奥运会追求的和平与友谊，不仅为当时社会生活带来生机，也被后人所向往。

其二，公平竞争精神。古奥运会有一整套公平竞争的原则和方法，使竞技运动比赛的参与者能在平等的条件下进行比赛。在奴隶社会条件下公平竞赛是一种难得的精神。它不仅使希腊自由民在竞争中能充分施展自己的才能，而且成为人们社会生活中所追求的理想。

其三，追求人体健美的精神。古奥运会不仅是体能比赛也是健美比赛，它体现了古希腊人和谐发展的身体观和对人体健美的追求。

其四，奋斗精神。古奥运会是人们展示自我表现自身价值的一种形式。奥运会竞赛制度继续了荷马时期的拼搏奋斗的竞技精神，人们到奥运会来，就是要胜过别人，成为第一。这种竞争奋进的精神，表现在古希腊社会生活的许多方面，成为社会进步的一种动力。

古奥运会是奴隶制时代出现的一种体育文化，显然也存在着时代和阶级的局限性，具体表现在：剥夺了广大奴隶参加奥运会的权利，它的某些规定也剥夺了不富裕的自由民参加奥运会的权利，它禁止妇女参加和观看的严厉法规，体现了男尊女卑的奴隶制秩序。

古代奥运会作为一种社会文化现象，随着古希腊城邦奴隶制的繁荣而兴盛，又随着古希腊城邦奴隶制的崩溃而衰落。对古希腊的政治、经济产生过积极的影响，并直接促进了古希腊的身体训练体系的形成，推动了体育理论和实践的发展。对完善和发展古希腊的教育制度也有积极的贡献。

第二节　现代奥林匹克运动的诞生和发展

一、现代奥林匹克运动的诞生

(一) 现代奥林匹克运动兴起的社会背景

现代奥林匹克运动在资本主义产生和发展的新条件下兴起，于 19 世纪初出现在世界体育舞台上。奥林匹克运动的出现不是偶然的，它是一个广阔的时代背景长期孕育的结果，是自从 14 世纪以来勃然而起的文艺复兴、宗教改革和启蒙运动这三大资产阶级思想文化运动巨大影响的产物。

1. 资本主义工业化对体育的新要求

资产阶级在民主革命和产业革命后，随着政治、经济地位的稳固，也逐步产生了新的文化需求。人们在工业生产以及近代自然科学，特别是生物科学的发展中，认识到体育对培养新时代人所具有的巨大价值，于是把体育引入学校，成为德智体全面发展教育的组成部分。

进入 19 世纪，工业革命进展迅速、蒸汽机的使用和各种机器、机床的发明，不仅引起了生产技术的变革，也使社会思想和生活方式发生了变化。此外，自然科学的进步，特别是医学、生理学等有关人体的科学发展，使人们对身体活动有了新认识。欧洲出现了一个需要体育并不断创造出新的体育手段的时代，形成了欧洲大陆的体操和英国的户外活动及竞技活动体系。体育活动由学校向社会发展。

从 19 世纪六七十年代开始，自由资本主义向垄断资本主义过渡。大工业生产造成了都市化生产方式、紧张的节奏、污染的危害和恶劣的生态环境，以及在资本主义制度下出现的种种弊端，诸如吸毒、赌博等。在这种情况下，促使人们去寻求一个理想的、健康的生活方式，于是人们又把注意力转向人的身体本身，于是体育成为一种日益迫切的社会需要，因此而有了较大的发展。

2. 三大思想文化运动为奥林匹克运动扫清了思想障碍

从 14 世纪到 18 世纪，在欧洲相继发生了文艺复兴、宗教改革和思想启蒙运动。这是思想文化领域里新兴的资产阶级革命，其目的是以资产阶级新文化取代封建主义的文化。这三大思想文化运动极大地冲击了欧洲封建主义的精神支柱——中世纪的宗教哲学。

三大思想文化运动通过满腔热情地宣扬古希腊身心和谐发展的教育思想，赞美古希腊奥运会的理想和精神，不仅为现代体育的形成扫清了思想障碍，也引起了人们对古希腊体育和奥运会的关注。意大利的国务运动家马捷奥·帕尔维叶里(1405—1475)在 1450 年的一篇政治论文中首次提出将古奥运会精神贯注于人的社会生活意识之中。此后，人们从各个角度对古代奥运会进行了研究和探索。

3. 资产阶级的教育改革与奥林匹克运动的教育价值

资产阶级教育学家认为，教育是“人类得救”的重要手段，因此他们极其重视对青少年一代的教育，并提出自己的教育理想、原则和方法。这种教育旨在培养身心并进、能文能武，具有健康的身体、丰富的知识和能力以及具有开拓、进取、务实精神的社会活动家和经济实业家，而不是中世纪的骑士和僧侣。

17 世纪资产阶级革命后，英国著名教育家洛克(1632—1704)便提出“绅士教育”的主张。他吸取了古希腊教育的基本经验，认为“绅士教育”应包括智育、德育和体育三部分，对体育予以充分的重视。他说：“为了体育的事业，健康对于我们是不可缺少的。”对于一个民族 ，“只有培养出野兽般的体魄，才能在未来的斗争中立于不败之地。”为了培养强健的体魄和具有竞争精神的实战本领，洛克要求在绅士教育中开展骑士、击剑、游泳、划船、舞蹈等活动，特别强调开展竞技运动。在绅士教育的推动下，竞技运动有了较快的发展。

在几个世纪的教育改革中，逐步形成了全面发展的教育思想，确立了体育在教育中的地位，肯定了竞技运动的教育价值和社会价值，从而推动了奥林匹克思想的形成。

(二) 奥林匹克运动兴起的动因

1. 体育国际化发展的需要

19 世纪下半叶，随着国际政治、经济形势的发展，现代体育的发展出现两个明显的倾向：一是竞技运动的逐渐发展，当现代体育在欧洲兴起时，欧洲大地矛盾交错，各国笼罩着浓厚的民族主义和国家主义情绪，各国都很注重体育的军事效能，强调体育与军事训练结合，因此各种体操体系比较盛行。二是英国因文化传统和“绅士体育”的影响，以及海外贸易的需要，流行着竞争激烈、变化复杂，能激发强烈情感的户外游戏和竞技运动。

19 世纪 50 年代后，英国流行的竞技运动，越过大洋，远传美国和加拿大。但这种与体操在形式、内容、功能各方面存在极大差异的体育形式，在体操的故乡——欧洲大陆，却遭到非议和排斥。到 19 世纪后期，体操和竞技运动并存的体育结构发生了变化，随着大工业迅速发展，欧洲大陆各国出现了大工业所造成的都市化生活和生产的节奏加快，人们需要寻求具有有效的娱乐功能，能有效地消除紧张状态的新的身体运动形式。在体育内容和形式方面，面临一次新的选择。社会实践使人们认识到，新的紧张的生活节奏需要更富于游戏性的和更复杂的身体运动。而竞技运动作为各种动作的综合体，较之分解成孤立的体操动作更能满足人们的娱乐需要。于是到 19 世纪 70 年代，竞技运动终于在“体操危机”中迅速地发展起来。特别是美国竞技运动的繁荣，是 19 世纪以来世界体育革命的重要标志之一。

2. 体育的国际化发展趋势

到 19 世纪后半叶，自由资本主义向垄断资本主义过渡。随着世界市场的形成，民族的壁垒被打破，社会生产和消费国际化的进程大大加快，过去那种地方的民族的自给自足的闭守状态，被各民族的各方面的互相往来和各方面的互相依赖所代替。物质的生产如此，精神的生产也是如此。于是，19 世纪末，体育也超越了国界，出现了体育国际化趋势。兴起于欧洲的西方现代化体育，通过涌向各地的殖民者(主要是商人、军人、传教士和各种文化人)向世界传播，形成了东西方的体育以及其他不同类型体育交流融合的体育国际化大趋势，出现了国际间的体育交流和比赛。如 1851 年伦敦的第一届世界国际象棋锦标赛、1858 年澳大利亚的国际游泳锦标赛、1871 年布德的国际射箭比赛、1889 年阿姆斯特丹的世界速滑冠军赛等。在这些非正式的国际比赛中，一些国际性的单项体育组织陆续诞生。1881 年，第一个国际单项体育组织——国际体操联合会成立。此后，划船、滑冰等项目的国际组织也于 19 世纪末相继出现，使各体育项目在国际范围内有了统一的领导核心，能够制订统一的比赛规则，使运动竞赛摆脱了原来的地方传统，具有了真正的国际性。

在新建的国际单项组织的主持下，各单项的欧洲的和世界的比赛陆续兴起：1891 年，汉堡举办了第一届欧洲花样滑冰赛；1892 年欧洲速滑锦标赛在维也纳举行；第一届世界速滑锦标赛也于 1893 年在阿姆斯特丹拉开战幕。随着国际体育交往的扩大，建立一个综合性的国际体育交流的大舞台，建立一个协调各单项组织活动的国际体育组织以发挥管理作用，已成为时代的迫切需求。

3. 奥林匹亚考古成果的启示

文艺复兴时期，对古希腊的文化思想，教育和体育的制度，以及古奥运会精神的宣传，在社会各方面产生了巨大的影响。从 18 世纪开始，英、德、法等国的一些专家学者相继赴奥林匹亚实地考察和发掘，古奥运会成为人们关心的焦点之一。

奥林匹亚的考古成果，激发人们对奥林匹克运动的憧憬。人们期望奥运会尽快回到现实生活中，于是，奥林匹亚的考古成果成为奥林匹克运动兴起的又一驱动因素。

4. 世界各地复兴奥运会的尝试

早在文艺复兴时期，人文主义者一面批判基督教的禁欲主义，宣传古奥运会精神，一面跃跃欲试，对奥运会模式进行了小型分散的试验。

欧美一些国家和地区为复兴奥运会着手进行了各种尝试。19 世纪 30 年代，瑞典伦德大学的 G.J.斯卡图教授(G.J.Schartau)1834 年 7 月和 1838 年 8 月在赫里幸鲍尔格附的拉姆列斯疗养地举行过两次纪念古奥运会的斯堪的纳维亚运动会。当地的报纸标之为“奥运会”。比赛内容有摔跤、跳高、撑杆跳高、爬绳、体操以及跑和短跑。1844 年 8 月加拿大的蒙特利尔也举办了为期两天的蒙特利尔奥运会，包括捷克的“雄鹰”体操组织对古奥运会传统也十分热心。

19 世纪中期以后，随着奥林匹亚考古发掘工作的顺利进展，希腊人对于复兴奥运会的热情起来越高涨，他们渴望借此重振历史上曾辉煌一时的古希腊文明，因此，有个名叫札巴斯的希腊人向希腊国王奥托提出了复兴奥运会的具体建议。国王采纳了这一建议，并授权札巴斯筹备。接着国王于 1858 年发布《奥林匹克令》，进一步推动复兴奥运会的热潮。为了举办奥运会，札巴斯和希腊自由战士捐款在雅典修建了运动场。

到了19世纪80年代，在奥林匹亚发掘工作取得突破性进展后，在希腊复兴奥运会的呼声越来越高涨。1887年和1889年，又先后举办了两届泛希腊奥运会。

希腊人复兴奥运会的多次尝试，激起了全民族对奥运会的极大热情。但由于试办者仅出自对古代文明的崇敬，或出自宗教的动机以及民族主义的需要，因而这几次运动会都未能摆脱民间庆典的性质，也未能超出泛希腊的范围。然而，希腊以外许多国家对这几次运动会做了详细报道和介绍，在世界范围内产生了积极的影响，它从正反两个方面积累了复兴奥运会的经验。

(三) 现代奥运会的奠基人——皮埃尔·德·顾拜旦

皮埃尔·德·顾拜旦是法国的一位教育家和历史学家，而他最有成就的事业却是他对发展世界体育运动的贡献。他是当今世界公认的现代奥运会奠基人。

顾拜旦作为一个历史学者，对古希腊文化怀着浓厚的兴趣进行深入研究，这使他对古希腊体育和古奥运会有更深刻的了解。他认为，古希腊的竞技运动具有特殊的社会价值，它与艺术、品德高尚的公民共同构成了支持古希腊文明的三大支柱。因此，在1875～1881年间，当奥林匹亚的考古成果不断公布时，年轻的顾拜旦便酝酿着一个宏愿，复兴奥运会。

在顾拜旦心中酝酿和筹划的奥运会，不是古代奥运会的简单延续和历史的重复，而是包括各民族在内的世界奥运会的宏大目标。现代奥运会不仅要继承古代奥运会强身及健体的观念，而且要弘扬古代奥运会团结、友谊与和平的精神，树立起纯真、诚实、公平的高尚精神境界和社会道德标准。到1892年，顾拜旦经过多年的酝酿和积累，其观念逐步升华，计划渐趋成熟，终于在法国田径协会第一次正式宣布了他复兴奥运会的计划和具体构想，并提出奥运会应该在世界各国轮流举行。

(四) 国际奥林匹克委员会的成立

在顾拜旦的倡议下，世界各国的体育运动领袖们终于在1894年6月14日聚集在巴黎的索邦神学院(现巴黎大学)，举行了一次前所未有的国际体育运动会议。世界上12个国家的49个组织，共79名代表参加了会议。这次会议是世界运动历史上具有划时代意义的会议，在会议中一致通过了“复兴奥林匹克运动会”的决议，正式草拟制定了奥运会的有关规定和原则，明确了首届奥运会召开的时间、地点和运动项目，规定现代奥运会仍然从古代奥运会的故乡——希腊的雅典城开始。这一次重要的会议使得复兴奥运会的愿望和建议能真正付诸实行，现代奥运会也从此诞生了正式的组织机构——国际奥林匹克委员会。奥运会的第一任主席由身兼数职的希腊诗人、语言学家、企业家及体操协会主席查麦特利斯·维克拉斯担任，第一任秘书长由现代奥运会发起人顾拜旦担任。

国际奥委会成立标志着奥林匹克运动的诞生。大会规定每隔四年在某个国家的大城市举行奥运会。规定奥运会的比赛项目为田径、水上运动等。1894年7月国际奥委会对奥运会选手的业余资格做出详细规定，“业余运动员”不能参加有金钱奖励的比赛以及职业运动员参加的比赛。以体育为主的体育教师或教练不能算作业余运动员。

二、现代奥林匹克运动的发展

(一) 奥林匹克运动的基础确定

从1894年国际奥委会成立至今，现代奥林匹克运动会已经经历了一个多世纪的岁月，这期间无论是奥林匹克运动本身还是它存在的社会环境都发生了巨大而深刻的变化。奥林匹克运动的发展过程按其特征可以大体上分为四个阶段：1890 年到第一次世界大战前、两次世界大战之间、二次世界大战后到 1980 年和 1980 年之后。

1894 年国际奥委会成立，1896 年首届现代奥运会举办，标志着奥林匹克运动会的新生。这一运动创始人最初面临的问题，就是为这一运动找到一种适宜的发展模式。从 1894 年到 1914 年第一次世界大战爆发前，奥林匹克运动处于艰难的摸索阶段，这一阶段的主要任务是让奥林匹克运动得到社会的承认，站稳脚跟，生存下去。而当时的客观条件大大增加了完成这一任务的难度。

而 1914 年 7 月至 1918 年 11 月的第一次世界大战，国际局势动荡不定，世界人民渴望和平的愿望也更加强烈，奥林匹克运动以促进国际间的互相了解，维护世界和平为自己的崇高目标，也加快了自己前进的步伐。世界大战中断了奥林匹克运动的发展，预定于 1916 年在柏林举办的第六届奥运会被迫取消，但是奥林匹克运动的火种并没有熄灭。战争刚一结束，奥林匹克运动立刻重新积极行动起来。在两次世界大战之间一共举办过 5 届夏季奥运会和 4 届冬季运动会。两战之间只有短短的 20 年时间，奥林匹克运动抓住了这一短暂而宝贵的历史瞬间，以第一阶段初步形成的框架为基础，健全奥运会的制度，使奥运会在组织化、规范化的方向上大大前进了一步。这一时期在奥林匹克发展史上是极其重要的。随着奥林匹克运动更加深入发展和其基本特征在这一时期的形成，奥林匹克更加深入人心，为经受第二次世界大战更加严峻的考验做好了准备。

自 1928 年开始，奥运会的比赛项目中纳入了女子田径项目，标志着奥林匹克运动领导者思想上的一个飞跃，大大增加了奥林匹克运动的普及性和号召力。这一时期奥林匹克运动取得的另一个重要进步就是冬季奥运会的出现。1924 年 1 月 27 日～2 月 5 日在法国的夏蒙尼举行了一次冬季运动会。这次法国组委会扩大了比赛项目，除了有以前的冰球、花样滑冰外，又增加了速滑、滑雪、溜冰石和雪车。有 16 个国家的 294 名运动员参加了比赛。1925 年 5 月 27 日在布拉格举行的国际奥委会第 24 次会议将这次冬季运动会正式确定为第一届冬季奥运会。

这一时期开始有了规范化的场地设施。1920 年安特卫普奥运会开始使用 400 米跑道，1924 年巴黎奥运会开始有 50 米的游泳池。1928 年 400 米的跑道被确定为标准跑道。1932 年洛杉矶奥运会的场地设施进一步改善，有 10 个跑道、准备良好的训练场和游泳池，还有许多体育馆，并出现了可容纳 11 万观众的体育场，可容纳 1.8 万观众的游泳池。1932 年洛杉矶奥运会开始有了接待运动员的正式的奥运村，不仅为运动员提供了适宜的休息场所，而且成为交谊、交流的社交中心，是奥运史上的全新事物。

人们所熟悉的各种奥林匹克标志在这一阶段也基本健全，著名的奥林匹克五环旗由顾拜旦亲自设计，标志着五大洲的团结和全世界的运动员在奥运会上欢聚一堂，并于 1920 年第一次正式升起在奥运会会场；从 1920 年开始，第一次有运动员庄严而神圣地宣誓，奥运会的颁奖仪式在此时也有明确的规定。1936 年由国际奥运会的德国委员莱瓦尔德提出的圣火传递仪式付诸实施，这个仪式象征着奥林匹克运动对完美的追求和为实现自己的目标的不息努力。1920 年奥林匹克有了自己著名的格言："更快、更高、更强。"这个格言的出现也是奥林匹克思想进一步发展，是对"重要的不是取胜，而是参加"的补充。如果说："重要的不是取胜，而是参加"强调的是参与精神，"更快、更高、更强"则强调拼搏与进取。

它完整地表述了奥林匹克竞技运动中对立统一的关系，将奥林匹克运动中最重要的思想浓缩在简短的、易于流传的语句中。在这一阶段，随着奥林匹克构建工作的基本完成，奥运会受到人们广泛的欢迎。

两次世界大战之间，奥林匹克组织发展得十分迅速。世界各地已经成立的国家奥委会达60个，比第一次世界大战前的29个在数量上翻了一番。各国奥运组织互相配合，为奥林匹克运动在二战以后的大发展做好了准备。

(二) 奥林匹克运动的发展与危机

第二次世界大战是人类历史上空前规模的战争，全世界60多个国家和地区，20亿以上的人口先后被卷入，这场战争使1940年和1944年两届奥运会留下了令人遗憾的历史空白。但是战争也使整个世界的格局发生了根本性的变化，地域广阔的第三世界在世界舞台上扮演着越来越重要的角色。现代科学技术开始飞速发展，给奥林匹克运动发展提供了前所未有的机遇，同时也给它带来了前所未有的问题和危机。如果说，在第二次世界大战前，奥林匹克运动的主要任务是其自身内部的发展与建设，那么，二战后，它所面临的挑战则主要来自外部，来自这个飞速变化发展的国际社会。

二战后，奥运会从1948年开始恢复举办。1952年，苏联首次参加在赫尔辛基举行的第十五届夏季奥运会，取得了举世瞩目的优异成绩。奥林匹克项目在全世界的普及，使得越来越多的国家加入了奥林匹克大家庭，奥林匹克运动终于发展成为一个规模宏大的国际活动。此外，1960年国际伤残人体育联合会成立，同年在罗马举行了第一届国际伤残人奥运会。

奥运设施与现代科技的结合也越来越密切。1948年有了室内加温的游泳池；1964年冬奥会开始使用计算机和电动计时协助裁判进行工作；1968年有了塔当跑道，1972年一系列新的电子仪器包括用于投掷项目的电测距仪投入使用。

这时期存在的几个主要问题是：

(1) 政治格局的变化对奥运会的影响，特别是恐怖主义出于政治目的，开始将奥运会作为自己的一个攻击目标，发生了慕尼黑惨案，此后奥运会的安全成为奥组委首先考虑的问题。

(2) 竞技运动商业化和运动员职业化的进程开始加速。随着大众传播媒介，特别是电视进入奥运会，奥林匹克竞技运动开始迅速商业化。

(3) 违禁药品的滥用日益严重，兴奋剂开始引起人们的注意，服用违禁药物成为对奥林匹克运动的严重威胁。

(4) 出现举办城市公民反对举办奥运会的现象。由于举办奥运会耗资越来越大，对举办城市的纳税者常造成沉重的负担。

(三) 奥林匹克的改革与转机

奥林匹克运动的创始人从一开始就奉行两个原则：在经济上将奥林匹克运动限制在不谋取任何经济利益的业余运动范围中；在政治上奉行不与政府打交道，独立于政治之外的原则。这种做法的确曾经产生过积极的效果，在一定程度上使奥林匹克运动在其初期发展阶段避免了商业的侵蚀与国际上政治纠纷的干扰，但是也使奥林匹克运动逐渐形成一种根深蒂固的封闭式的运作模式，使奥林匹克脱离现实生活。

随着奥林匹克运动的发展，社会开始向奥林匹克运动提出更多、更高的要求，要求它在对种族歧视、性别歧视的斗争中做出努力；在调和国际冲突中发挥桥梁作用；给发展中国家的体育以更多的支持；不仅在竞技运动而且在体育的其他领域中也发挥重要的作用，与大众体育、体育科学、文化艺术更密切地结合。所有这些归结为一点就是奥林匹克运动的封闭性必须被打破，形成一个新的开放型的模式。这个开放型的新模式，一方面在经济上保持独立自主和主要控制的前提下，大胆利用各种商业性开发手段，通过奥运会等活动创造财富，从而为奥林匹克运动提供了一个比较坚实的经济基础；另一方面，在国际活动中，积极主动地加强与外界的交流与合作，与各国政府的有关国际组织建立起相互合作的关系。

第三节　奥林匹克文化简介

一、奥林匹克运动的基本原则

《奥林匹克宪章》对奥林匹克运动的基本原则做出了如下规定：

第一，现代奥林匹克主义是皮埃尔·德·顾拜旦提出的，在他的倡议下，1894 年 6 月召开了巴黎国际体育代表大会，1894 年 6 月 23 日成立了国际奥林匹克委员会(IOC)。1994 年 8 月在巴黎召开了第 12 届代表大会，这是奥林匹克百年大会，被命名为“团结大会”。

第二，奥林匹克主义是增强体质、意志和精神并使之全面均衡地发展的一种生活哲学。奥林匹克主义谋求体育、运动和文化教育相融合，创造了一种以奋斗为乐，以发展良好为榜样的教育作用并以尊重基本功德原则为基础的生活方式。

第三，奥林匹克的宗旨是体育运动为人的和谐发展服务，促进建立一个维护人的尊严的和平社会。为达到这一目的，奥林匹克运动独自与其他组织合作，在其职能范围内从事促进和平活动。

第四，由国际奥委会领导的奥林匹克运动来源于现代奥林匹克主义。

第五，在国际奥委会最高权力的指导下，奥林匹克运动会吸收同意受奥林匹克宪章制约的组织、运动员和其他人员。参加奥林匹克运动会的标准是取得国际奥委会的承认。运动项目的组织和管理必须由被承认为独立的体育运动组织领导。

第六，奥林匹克的宗旨是，通过开展没有任何形式的歧视并按照奥林匹克精神以相互理解、友谊、团结和公平的比赛精神的体育运动来教育青年，从而为建立一个和平而美好的世界做出贡献。

第七，奥林匹克运动的象征是五个连环，奥林匹克运动的活动是全球性的，持续的。其最高层次的活动是使世界上的运动员在奥林匹克运动会这一盛大的体育节日上相聚一堂。

第八，从事体育运动是人的权利，每一个人都有按照自己的需要从事体育活动的可能性。

《奥林匹克宪章》是国际奥委会指定的基本原则、规则和附则的总汇。它指导奥林匹克运动的组织和运行，并规定了奥林匹克运动会的举办条件。

二、奥林匹克运动精神、宗旨

1. 奥林匹克精神

1897年，顾拜旦在法国的勤阿弗尔主持了主旨为“体育、卫生与教育”的奥林匹克大会，他认为，奥林匹克运动会有助于缔造一个和平美好的世界，但要做到这一点，不是仅靠体育本身，还要与和奥林匹克精神所统一的普遍的道德规范结合存在。奥林匹克精神随着第一届奥林匹克运动的胜利举行而诞生了。奥林匹克精神的目的在于促进人类的精神发展，以此造就全面发展的人。他的意图是教育人，锻炼人的性格，培养人的道德，发展古希腊人的理想——“美丽、健康”。奥林匹克精神的教育对象不只是那些参加体育运动的人，还包括其他所有热爱和关心体育运动的人。

奥林匹克精神是现代社会文明的一大奇迹。它期望建立一个没有任何歧视的社会，培养人们之间的真诚和理解、合作的友谊，承认在平等的条件下为获得荣誉的公平竞争，为人们在其他社会领域树立了一个独特而光辉的榜样。顾拜旦认为，奥林匹克精神是一个国际体系，它是完全独立的。因此，它从一开始就不允许任何来自政治、经济或社会的因素对其进行干涉。他还为此创建了一个独立的国际奥委会，规定了国际奥委会的主要职责是，用其忠诚和献身精神保证奥林匹克理想和原则的实现。通过这种方式奥林匹克精神的自主独立在世界范围内得到了保证。

奥林匹克精神是奥林匹克思想体系的重要组成部分，奥林匹克精神强调友谊、团结、互相了解，其目的就是促进世界各国人民之间的交流，建立和谐的文化氛围，正是在这种氛围中人们才有可能摆脱各自文化带来的种种偏见。有了这种精神，人们才能以世界公民的博大胸怀去认识和理解自己种族以外的事物，领悟到各个民族都有着神奇的想象力和巨大的创造力，就会对其他民族产生尊敬之情，从而以比较客观和公正的态度去看待自己和别人。只有这样，才能虚心吸取其他文化的优秀成分，不断丰富自己。也只有这样，奥林匹克运动提倡的国际交流、互相帮助、互相学习才能真正得以实现。图2-1所示为奥林匹克志愿者宣誓图。

图2-1　宣誓

2. 奥林匹克的宗旨

《奥林匹克宪章》规定：“奥林匹克的宗旨是使体育运动为人的和谐发展服务，以促进建立一个维护人的尊严的和谐社会。为达到这一目的，奥林匹克运动独自与其他组织合作，在其职能范围内从事促进和平的活动。”“奥林匹克的宗旨是，通过开展没有任何形式的歧视并按照奥林匹克精神为建立一个和平而美好的世界做出贡献”。

奥林匹克的目的是：通过体育运动增进世界各国人民之间的相互了解，以减少战争，促进世界和平。奥林匹克的宗旨在一定程度上满足了现代国际社会的要求，对进入现代社会以来的人类有直接的现实意义。奥林匹克运动的宗旨使奥林匹克运动的目的并不仅限于促进这一运动的参与者个人的发展与完善，还要承担更大的历史使命和社会责任，这就是促进不同国家、不同文化之间的相互了解，从而促进和维护世界和平。

3. 奥林匹克会旗、会歌

(1) 奥林匹克会旗：

国际奥委会的会旗为白底无边中央有五个相互套连的圆环，既我们所说的奥林匹克环，环的底色从左至右为蓝、黄、黑、绿、红，是顾拜旦以它们能概括会员国国旗颜色而选定的，但以后对这五种颜色又有其他解释。国际奥委会强调，会旗和环的含义是“象征五大洲的团结，全世界的运动员以公正、坦率的比赛和友好的精神，在奥运会上相见。”国际奥委会会旗是 1913 年根据顾拜旦的构思而设计制作的。1914 年庆祝现代奥林匹克运动恢复 20 周年，在巴黎举行的奥林匹克代表大会上首次升起。图 2-2 所示为国际奥委会的会旗。

图 2-2　国际奥委会会旗

为了避免奥林匹克标志被滥用和商业化，《奥林匹克宪章》规定奥林匹克五环未经国际奥委会许可，任何团体或个人不得将其用于广告或其他商业性活动。国际奥委会之所以向各国奥委会提出这项要求，主要是为了保护奥林匹克运动的纯洁性。

(2) 奥林匹克会歌：奥林匹克会歌是一首希腊古典乐曲，名为《撒玛拉斯颂歌》，由希腊人撒玛拉斯作曲，派勒玛作词。这首歌曲在 1896 年 4 月 6 日的第一届希腊奥运会开幕式上演唱。1958 年以前的各届奥运会没有统一的会歌。1958 年国际奥委会在日本东京召开第 55 次全会时，正式确认在第一届奥运会上演唱的这首歌为固定的“奥林匹克运动会会歌”。其乐谱存放于国际奥委会总部。这首歌词是以希腊文撰写的，大意如下：古代不朽之神，美丽伟大而正直的圣洁之父，祈求降临尘世以彰显自己，让受人瞩目的英雄，在这大地苍穹中，作为你荣耀的见证。请照亮跑道、角力与投掷项目，这些全力以赴的崇高竞赛，颁赠优胜者常青树编成的花冠，塑造出钢铁般的躯干。溪谷、山岳、海洋与你相辉映，犹如色彩斑斓的岩石造成这巨大的神殿，世界各地都赶往这神殿，膜拜你啊！不朽的古代之神。

(3) 奥林匹克格言和名言：

“更快！更高！更强！”是奥林匹克运动的格言。

从奥运会复兴到现在，“更快！更高！更强！”成为体育运动爱好者的座右铭。近百年来，人们为此而在运动场上勇敢拼搏。这一格言是顾拜旦的好友，巴黎阿奎埃尔修道院院长迪车(Henri Didon)于 1895 年在他的学生举行的一次户外运动会上，鼓励学生时说的。顾拜旦借用过来，将这句话用于奥林匹克运动，1913 年获得国际奥委会批准。1920 年国际奥委会将其正式确认为奥林匹克格言，在安特卫普奥运会上首次使用。此后，奥林匹克格言的拉丁文 Citius, Altius, Fortius 出现在国际奥委会的各种出版物上，成为奥林匹克标志的一部分。第六次国际奥委会代表大会通过了把“更快！更高！更强！”口号作为国际奥运会的构成部分。

“更快！更高！更强！”的内涵非常丰富，不仅仅指运动成绩，还有更深含义，它希望运动员有更高的境界，有勇往直前、不断进取的精神。它完全表达了不畏艰险，敢攀高峰的拼搏精神。对自己则是永不满足，不断战胜自己，超越自己，实现新的目标，达到新的境界。对自然要敢于征服，克服大自然给人类带来的各种各样的限制，挣脱自然的束缚而获得更大的自由。

“参与”的可贵之处在于“参与者”有着高尚的品质、真诚的态度、奉献的精神和理想的追求，其意义远远超过了名次和奖牌。在参与中运动员们才能不断地超越自己和超越他人，才能在更快、更高、更强之中寻找自我，实现自我。所以参与意识是世界各国和各地区大多数运动员参加奥林匹克运动的精神支柱。正是由于“参与”意识和“参与”精神所起的作用，奥林匹克运动才能发展到今天这样的规模，其意义才能大大超出竞技体育的范围。正是因为有众多得不到奖牌或名次的国家、地区的运动员的参加，推动了奥林匹克自身的成长和壮大，而且通过各国运动员的友谊和交往，对全世界的和平以及全人类的进步事业做出了难能可贵的贡献。正如萨马兰奇先生所说：“就奥运会而言，参与是重要的，但就体育而言，你们应当更快，更高，更强。”

4. 奥林匹克圣火

奥运会期间在主会场燃烧的火焰即奥林匹克圣火，象征着光明、团结、友谊，象征着和平、正义。

古奥运会召开前，人们在奥林匹亚宙斯庙旁，举行庄严肃穆的仪式，从祭坛点燃火炬，然后奔赴希腊各城邦。他们高举火炬边跑边喊，停止一切战斗，参加运动去！火炬所到之处，那里的战火就熄灭了。“神圣休战开始了，全希腊恢复了和平，人们忘记仇恨和战争，开始准备奥运会的竞技”。之后，这种仪式成为传统继承下来。现代奥林匹克恢复后，1912年顾拜旦提出了点燃奥林匹克圣火的建议，但第一次世界大战爆发，这一建议未能实施。1920年安特卫普奥运会时，协约国为庆祝世界大战结束，希望人类不再战争，在奥运会期间点燃了象征和平的奥运会火焰，并决定自1928年奥运会开始，施行点燃奥运会火焰的仪式，恢复古奥运会的这种传统。其实，现代奥林匹克圣火真正从奥运会故乡奥林匹克点燃火炬，然后将火炬接力到主办国，是从1936年开始的。在奥林匹克运动的发源地奥林匹亚希腊女神赫拉庙旁用凹面镜聚集日光点燃火炬后，进行火炬接力，途中如遇高山峻岭、江河大海，则用飞机轮船运送，于奥运会开幕前一天到达举办城市，开幕式时进入会场，并交由东道国著名运动员接最后一棒以点燃塔上焰火，直到闭幕时熄灭。

《奥林匹克宪章》规定，奥运会组委会负责把奥林匹克圣火带入奥林匹克体育场。由有关国家奥委会主持的庆祝奥林匹克圣火的传递和到达的仪式，必须尊重奥林匹克礼仪。国际奥委会执行委员会须批准任何与奥林匹克圣火有关的火炬传递安排。奥林匹克圣火必须置于体育场内的显著位置，清晰可见，并且，如果体育场结构允许，还可以从场外看见。

思考题

1. 古代奥运会是怎样产生、发展及衰落的？
2. 古代奥运会为后人留下了哪些宝贵的文化遗产？
3. 现代奥运会与古代奥运会相比有哪些相同点与不同点？为什么会有这样的异同？
4. 自1894年国际奥委会成立以来，奥林匹克经历了哪几个发展阶段？每个阶段的主要任务及目的是什么？
5. 什么是奥林匹克主义？它的主要内容是什么？它对奥林匹克运动有什么积极的作用？
6. 你是怎样理解“更快、更高、更强”的奥林匹克格言的？

第三章　体 育 文 化

内容提要：本章主要介绍了体育文化的概念、体育文化的产生与发展、体育文化的内涵、体育文化的价值、体育文化的特性、东方体育文化与西方体育文化，旨在提高大学生的体育文化素养和人文素养，培养大学生对体育运动的兴趣和对体育的理解。

学习目标：

1. 了解体育文化的概念、产生与发展及历史背景；
2. 掌握体育文化对人类社会发展的影响；
3. 掌握体育文化的内涵和体育文化的价值、特性；
4. 了解东方体育文化与西方体育文化的不同本质。

第一节　体育文化的概念

一、关于文化的概念

从广义来说文化是指人类所创造的物质财富和精神财富的总和及其创造过程；从狭义来说文化是指人类社会意识形态及与之相适应的制度和设施。根据这一解释我们可以把文化理解为以下三点：

(1) 人类改变过的自然界的一切痕迹及改变过程 ，如沧海桑田、岩画、高楼大厦，甚至于我们用的课桌等。

我们可以这样理解，凡人类改造自然界的过程和改造自然界留下的一切成果都可理解为文化。下面几张图也可算是一种文化的象征：如图 3-1 为沧海桑田，图 3-2 为人类留下的足迹，图 3-3 为大汶口陶器，图 3-4 为贺兰山岩画，图 3-5 为建设中的大楼。

图 3-1　沧海桑田

图 3-2　人类的足迹

图 3-3　大汶口陶器

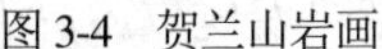

图 3-4　贺兰山岩画

图 3-5　建设中的大楼

(2) 人类所创造的精神财富及其创造过程，如儒家文化、道家思想、各宗教理论等。如图 3-6 反映儒家文化——孔子讲学，图 3-7 为太极先天六十四卦方位图，图 3-8 为少林寺——宗教文化。

图 3-6　孔子讲学

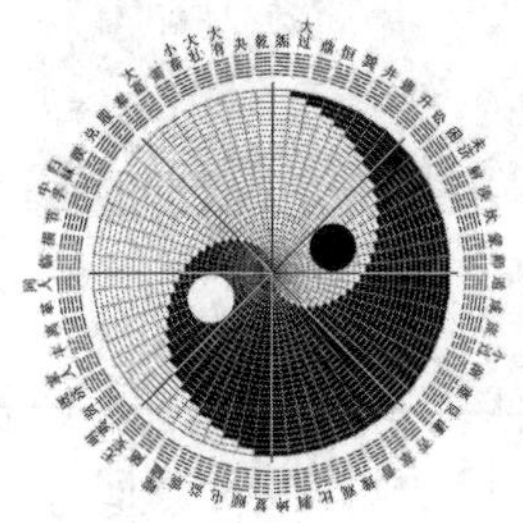

图 3-7　太极图

图 3-8　少林寺

(3) 人类社会发展过程中制定的一系列制度体系，如“三纲五常”、法律、各种规章制度、各种条例等。

总之，我们认为，文化与自然现象不同，它包括人类社会活动的全部成果，包括人类所创造的一切物质的与非物质的产品；也可以说，自然界本无文化，自从有了人类，凡经人“耕耘”过的一切均为文化现象。

二、体育文化

体育文化是关于人类体育运动的物质、制度、精神文化的总和。大体包括体育认识、体育情感、体育价值、体育理想、体育道德、体育制度和体育的物质条件等。我们从以下三个方面来理解体育文化：

(1) 凡与人类体育相关的物质的东西，均可称之为体育文化。如体育场地、体育器材、运动会遗址等，如图 3-9～图 3-11 所示。

图 3-9　鸟巢

图 3-10　体育器材

图 3-11　奥林匹克遗址

(2) 关于体育的法律、政策、条例、制度及相关规定等，如《体育法》、《全民健身条例》、《运动员管理办法》等，都可以理解为体育文化的范畴。

(3) 人类直接或间接地参与体育运动是体育文化最直接的表现方式。人类在体育运动中的竞争、合作、坚持、努力、拼搏、成功、失败真实地反映了运动员对体育的认识、情感、价值、理想、道德等深层的精神文化。

(4) 运动的人体是最美的，如图 3-12～图 3-14 所示，运动的人体是对体育文化酣畅淋漓的注解。

图 3-12　跨栏

图 3-13　健美

图 3-14　武术

研究体育文化的意义在于：一是把体育运动当做一种文化现象看待和研究；二是研究体育活动的文化背景，观察体育运动与文化的关系；三是考察体育运动的文化意义，确定体育在人类文化大系统中的地位；四是研究如何自觉地塑造具有独立形态价值的体育文化价值。

可以说体育文化的主体是人类，是人类特有的社会文化现象和文明的成果，泛指人类在体育历史发展过程中所创造的物质和精神财富的总和。

第二节　体育文化的产生与发展

一、体育文化起源的历史背景

从世界范围来说文化又大致可分为四大体系，即汉文化体系、印度文化体系、阿拉伯的伊斯兰文化体系和欧美文化体系。在这四大文化体系中除欧美文化外，其他三大文化体系都在世界的东方。通常人们称之为东方文化和西方文化；由于地域等多种因素，即使是上述三大体系的文化，各地区同样也呈现出不同的文化特征，但也存在相互交叉、认同的现象。

人类对文化的研究开始于19世纪中叶。许多研究资料表明，东方文化有着极其悠久的历史和深刻丰富的内涵。黑格尔在评论世界文化发展时指出，当黄河、长江流域已经孕育精美辉煌的古代文化时，泰晤士河、密西西比河、莱茵河上的居民还在黑暗的原始森林里徘徊，这表明了东方文化有着悠久的历史。然而，在几百年的历史演变中，东方文化发展缓慢，甚至停滞不前。所以，在很长一段时间内东方文化滞后于西方文化。

体育的历史与人类历史一样悠久，在人类文明的历史长河中，体育文化是一个逐渐发展的过程，是人类整个文化的重要组成内容。然而人类在与自然的斗争中，在很长一段时间里对体育文化的认识处在不知不觉之中。

二、体育文化对人类社会发展的影响

历史资料表明，人类真正感受到体育文化对社会发展产生的直接影响，还是在19世纪中叶的欧洲文艺复兴之后。特别是20世纪中叶以来，随着世界整体科学的发展，体育科技工作者得到不少新的启示。从此，许多学者更多地从体育哲学、人文社会学角度开展了广泛的研究，并逐步地由感性认识向理性方面发展。

早期的体育，尽管人们生活在不同的地域环境，有着不同的生活习惯，但创造的体育形态、性质和目的基本上是相同的。人类为了生存和延续，学会了跑、跳、投、攀爬等技能和生产劳动知识，并作为一种社会文化现象代代相传。随着时间的推移，逐渐形成了今天如此灿烂夺目的体育文化。

三、体育文化的产生和发展

关于体育文化的产生和发展有很多说法，但比较集中的有以下几种，其中包括：

1. *劳动起源论*

总体上说，人类的文化是通过人类自己的双手和大脑的思维创造出来的。早期人类在求生存中学会了奔跑、跳跃等技能，并在追捕猎物等活动中发展了速度、耐力、力量、灵敏度等各种身体素质。这个时候的体育鲜明地体现在以生存为直接目的而进行的各种能力训练上(见图3-15和图3-16)。

图3-15　史前人类活动图(沧源岩画)

图3-16　西班牙拉文特阿弼岩画上的捕猎图

2. *军事起源论*

这种说法是由于个人之间为争夺狩猎得来的猎物而产生的冲突以至后来发展为部落之间的武装冲突，各部落为了提高自己的力量进行了有组织的身体训练。其中还包括摔跤、飞镖、棍棒等技能。图 3-17 为部落间的战争图。

3. *游戏起源论*

这是当原始人在获得丰富猎物后，特别是当丰收之后，聚集在一起以游戏和唱歌跳舞的方式庆贺，也表明了体育是在跑、跳、投等劳动形态中演化出来的，并以唱歌和舞蹈表达内心的喜悦(见图 3-18)。

图 3-17　两部落间爆发的战争

图 3-18　巴西皮奥伊州岩画

4. *宗教起源论*

原始社会后期，由于生产力水平低下，又受到四季和环境的困扰，原始人为求助于自然恩施，祭祀天地而形成了原始宗教活动，并以体育形式进行求助祭拜(见图 3-19)。

图 3-19　原始宗教活动

5. *教育起源论*

生产劳动的发展以及在军事、游戏中演变出来的运动技能、技巧，以劳动教育的方式传授给后代。既发展了上述各种技能和身体素质，又逐步脱离了动物野性，向人性方向进化，形成了具有文化内涵的体育生活。

综上所述，体育文化的产生是在人类从动物野性向人性演化的过程中，上述因素相互综合的结果。也就是说，体育文化是人类在改造自身的过程中，由动物本能转变成自觉行为人性时，是原始的野性、进攻性通过劳动和游戏、教育以及合理的竞争方式逐步形成了人类社会特有的文化现象，即体育文化。

第三节　体育文化的价值

现代体育教育和世界教育发展潮流是一致的。一百多年来，不但极大地丰富了体育文化，提高了体育在社会中的地位和价值，而且在促进人的“全面发展”、“协调发展”、

“完善发展”中起到了重要作用。

一、奥林匹克运动的文化价值

现代奥运会经过一百多年的发展，已经成为世界上无与伦比的最广泛的社会文化现象。现代奥运会精神文化的设计，是对古代奥运会的简单继承和发展。古希腊的竞技运动受到社会各界的广泛支持和尊重。竞技场上的优胜者不仅被授予橄榄桂冠、棕榈花环和塑像等奖励，更重要的是他们像英雄一样受到故乡人民的崇拜，家乡还为他们举行盛大庆典。

奥林匹克的格言是“更高、更快、更强”，它激励青年人奋发向上、超越自我，向着更高的目标迈进。运动员们勇于克服各种艰难险阻，付出辛勤的汗水去争取胜利的意志和品质对所有人都是一种启迪。

奥林匹克精神是：互相理解、友谊、团结和公平竞争。

奥林匹克最终目的是为建立一个和平美好的世界做出贡献。

体育文化的任务由感性深入到理性，从形体美深入到心灵美。体育文化的理性任务要求锻炼者在身体健美、均衡和体态端正的基础上达到意志品质高尚、身心尽善尽美的境地，并与艺术相结合。这种深入的心灵美，是一种更高层次的体育文化的理性价值。

二、竞技体育文化的价值

体育与人类的生存、发展紧密相连，人类创造了体育，也创造了体育文化。体育文化是一种竞技运动文化。正是人类对这种竞技运动文化进行了改造，经济、文化才不断地获得创新与发展。然而这些创新与发展，是在众人不断地实践中完成的，并经历了与西方学者的社会变革的历史里程相对应的三个阶段，即宗教体育文化阶段、科学体育文化阶段和正在进行中的艺术体育文化阶段。

艺术体育摆脱了人类求生存的宗教体育文化和强身健体适应环境的科学化和功利性体育文化的特征之后，向着竞技与艺术相结合、形体美与心灵美相结合的形态发展。

三、大众体育文化的价值

在人类文明的进程中，出于人类的共同需要，对人类自身生存、发展、享受的追求和关注一刻也没有停止过，正是这种大众体育文化在教育全球化的浪潮中的推动力最大，影响最为广泛，也最为深刻。这是因为大众体育文化给人类带来快感和美感，并给社会带来健康和活力。无论中国的大众体育，还是西方的大众体育，都是以全面发展和和谐发展为根基的。

四、中国传统体育文化的价值

中国传统文化有着历史悠久、博大精深的光辉篇章，也是中华民族自强不息的象征。

自古以来，中国传统体育都是围绕“养生”为主开展的，人与自然的结合在于通过与自然的交换，排除身体内部的浊气，吸取真气，五脏通达，六腑调和，并认为决定健康和长寿的根本在于人体的内部而不在于外部；中国传统体育文化在体育形态上强调整体观和意念感受，动作简单而内涵深刻，很少有强烈的肌肉运动，因此缺少激进和冒险行为。随着东西方文化的交往，中国传统体育文化这种整体修炼和内在和谐之美，正在和现代科学相结合，形成新的独特风格而走向市场。

五、校园体育文化的价值

校园体育文化作为学校教育的重要组成部分，在德、智、体、美、劳全面发展的教育方针中，在培养身心健康和具有创新精神与实践能力的社会主义现代化合格人才中具有十分重要的作用。

1. 古代体育文化

古代体育尚处在原始教育阶段，因此，还谈不上具有规模性的学校体育，当然也就称不上校园体育文化了，但它也表现了不同时代的体育文化现象。

2. 近代校园体育文化

我国学校体育从孕育到诞生经历了一段漫长的历史过程。从 1840 年开始，帝国主义用炮艇轰开了我国闭关自守的大门。随着军事侵略，国外传教士纷纷来到中国，建立教会、兴办学堂、进行体育文化渗透，并在校园里积极开展了各种西方体育活动。

3. 现代校园体育文化

五四新文化运动对学校体育的贡献在于对军国民主义体育和国粹体育给以强烈的批评。与此同时，剔除了兵操内容，将体操课改为体育课，并引进西方体育。这虽然是文化流动的结果，但也引起了传统体育文化的冲突。然而由于文化的融合性，才逐渐缓和下来。尽管如此，学校体育还是在封建道德观的束缚下举步维艰。直到新中国成立，学校体育才确立了以增强体质为目标，并为学校体育的发展开辟了广阔的前景。

4. 当代校园体育文化

当代校园体育文化在坚持具有中国特色的社会主义体育教育方向的同时，既要发展中华民族传统的体育文化，又要引进国际先进的体育文化。为完成未来体育教育的使命，我国当代校园体育肩负着以下历史使命：

- 树立健康第一的教育指导思想。要树立在生理上、心理上和社会相适应的全面性健康要求，并明确要求加强学生的心理健康教育和对社会的责任感，培养坚忍不拔的意志和艰苦奋斗的精神。
- 为推行素质教育服务。体育教学中推行素质教育要更多地关注学生的个性发展，提高人文体育的素养，培养健康人格，增强健身意识和品德修养，协调人际关系和合作精神。
- 培养终身体育教育观念。终身教育是法国的保尔·朗格朗于 1965 年任联合国教科文组织成人教育局局长时提出来的。他认为，接受教育应当是每一个人从生到死永不休止的事情，终身教育是教育定向上的整合，终身体育是终身教育的一个组成部分。
- 校园体育文化的多样性。校园体育文化的宗旨主要是培养学生体育精神、体育意识和体育技能，提高体育文化素养，增进学生身心健康，并在此宗旨指导下开展多种多样的校园体育文化活动。

第四节　体育文化的特性

一、民族性

人类文化的存在和发展，不仅有共性的一面，也有极具丰富性的一面，甚至是具有很大个性的一面。这种人类文化的差异性，就是民族性的表现。各个不同地域的人类，创造了不同类型、不同形态的文化，又塑造了具有不同文化特征的群体。任何形式的民族文化，都与本民族的产生和发展密切相关，都与本民族的地理环境、人文特点、风土人情、经济条件、生产水平乃至和社会结构相适应。

二、时代性

时代在不断的演化和发展，各个不同的历史时期有着不同的生产方式。人们总是生活在一个特定的环境中，这个生活环境对人类来说，产生了重大的影响。人们在生活实践中所创造的文化，也都离不开这个环境的影响。因此，文化也具有特定的性质、特定的内容和特定的形态，表现出鲜明的时代性。

三、社会性

文化的社会性，也称文化的群众性。这是因为任何文化都离不开大众，更不能离开社会。如果说人离开了文化，就不能成为真正的人，同样，社会离开了文化就会变成一个愚昧的社会。因此，人、文化和社会三者之间形成了相互关联、相互作用的复合体。

四、差异性

文化的差异性既表现在一个地区、一个民族的行为习惯上，也表现在价值标准和价值观念上。例如，东方体育文化重礼节、求适中，重自身完善，求个人身心平衡的品格形式，表现了人的内在品质和言行相一致的东方色彩。而西方体育文化则表现出竞争、激进冒险的风格。人们常把身体健美的人视为崇拜偶像，表现了人的外在行为和言行开诚布公的西方特色。

五、继承性

也可称为传统性。在养生学的发展中，东方人原先主张以静养生，后来有人主张以动养生，再后来主张动静结合。这是人们对体育文化延续和不断深化认识的过程。例如，中国传统体育文化以前注重于修身养性，后来泛化为强身健体，直到今天的自娱与休闲文化。同样，中国传统体育文化中舞龙、舞狮、气功、武术等等都已经成为风靡全球的运动项目。

第五节　东方体育文化与西方体育文化

一、东西方体育文化概述

东方各民族生息于大河流域地区，生活环境相对稳定，其中一些民族生存环境又处于同外部世界相对隔绝的状态，宗教的影响渗透到社会生活的每一个角落，因此，东方许多民族形成了淡泊清静、自然调和、温顺好养的性格，致使他们的体育不是以争胜负、表现自我的竞技运动为主要形式，而是侧重于保健养生的活动形式。它与以古希腊竞技体育为代表的西方体育风格不同、效用迥异的实践类型。

中华民族祖先于史前时代便不断创造出丰富多彩的竞技运动形式和娱乐活动形式，它们是中国体育的有机组成部分，也是中国体育同其他东方国家体育在内容上的相通之处，然而，中国地处黄河流域，远离北非，西亚，南欧的文明，与南亚文明的联系也为高山所阻，因而，中华民族几乎世世代代生息于自给自足的小农经济的闭塞环境之中。这样的生活环境铸成了中华民族清静淡泊，清心寡欲、洁身自好、温良淳厚的民族性格，追求个人与社会、伦理与心理、理智与感情和谐统一的理想，重人伦、重情操的美德，因而，中华民族素以个人的修身养性为重。这就使可能萌发于史前时代的、采用控制呼吸等方法以获得超自然体验的特殊活动得以在中国延续发展。这种特殊的活动形式名为“养生”，与固有的竞技和娱乐活动共同构成了中华民族的体育内容。

中国古代特定的环境并不利于强烈对抗，带有强烈感情色彩的竞技运动难以充分发展。原始朴素和谐的理想，使中国的民族强调相互之间的平衡和稳定。中国哲人宣扬的是忠恕之道，中庸之道，提倡的是礼让、宽厚、平和。这在体育活动中，一方面使竞技体育的源泉——娱乐活动很难向竞技方向发展，如踢毽子游戏，长期停留在娱乐的阶段，直到今天才在竞争精神的鼓舞下，经改造而成为一个竞技项目——毽球。另一方面，却使一些竞技性的活动形式不能保持本身的对抗性而发生性质上的变化。如射箭，曾一度成为实施礼教的工具，武术变成表演(散打是在20世纪80年代后期出现的)，这种现象的出现诚然是许多原因造成，但中国人不热衷于激烈的竞争却不能不说是一个重要的原因。中西体育在竞技方面形成了鲜明的对比。

欧洲文明的发源地——地处西欧的罗马和希腊，由于不宜农耕，只宜发展商业的地理环境，养成了希腊人为求开拓，勇于开拓、勇于竞争的精神性格。加之希腊进入文明后，彻底摧毁了以血统关系为纽带的原始社会，因而在古希腊的城邦，公民敢于自我肯定，并对个人目标进行执着的追求。这样，古希腊体育以带有个人情感和以争胜负为特点的竞技运动为其主要形式。古希腊体育在产生形成的过程中，并未过多受到宗教的消极影响。他们信奉的是世俗性的宗教——神有人的情感和追求，这样的宗教不至于把人带向彼岸而忘却现世的欢乐，为希腊体育的发展提供了较为有利的条件。另外，他们在医学上的成果，使得体育走向更为理性的道路。

古希腊哲学家苏格拉底被认为是智慧的化身，他本人不仅十分推崇知识，而且十分重视健美。他曾感叹过：如果一个人一生都未曾使自己身体表现为力和美来，那是一个极大的悲剧。

二、我国传统体育与西方体育是哲学与科学的并存

我们知道，中国体育中见不到西方体育那种完整的田径特质，西方体育中也根本不存在中国体育诸如气功、太极等方面的特征；中国体育中从不以跑、跳、投这种方式进行比赛，因此显得十分柔软平缓，而西方体育中则难以觅见中国体育那种“非周期性”动作，且从不以力度、速度为主要标志的特实形态。

从世界规模的体育表现形式来看，具有代表意义的体育运动会(如奥运会、亚运会、泛美运动会等等)，其项目设置为什么几乎全是西方体育的内容，且这些内容与古希腊体育又有很大的同构性和承继性，而绝少能见到以中国为代表的东方体育？为什么西方体育能够沿着一条“更高、更快、更强”的道路，由初步产生时的游戏发展到竞争异常剧

烈的比赛，而东方体育特别是中国体育则几乎数千年如一日始终恪守着自己的慢节奏而优哉游哉？

三、我国传统体育文化与西方体育文化两种不同的思想反映

中国传统体育文化是中国传统哲学思想的反映其实质是对宇宙的把握。中国传统哲学认为人是天、地二气的产物，特别强调人与自然界和谐统一。所以中国体育的目标是修身、养性，典型项目是导引、气功和太极之类，其动作结构以研究模仿动物(如五禽戏)和平衡统一(如内外、神行、动静和刚柔之间的和谐)。中国传统哲学中最重要的专门范畴如太极、阴阳乾坤，天地、气、道等深刻而浓厚的浸透在中国体育的语义之中。

中国传统文化中的核心是儒家思想，而儒家思想则与周朝时期“易”的观念有承继关系。中国传统哲学及其各种学问所关心的一概是“天”“地”“人”问题。天地人同样是构成中国体育的根本依托。

由于天地人之间的变化关系在中国哲学中是以乾坤，阴阳、刚柔来对应解释的，那么，乾坤、阴阳、刚柔便成了中国体育的“运动神经”，制约、调动着每一个运动细节，如太极拳中所述的内容。

在中国哲学思想中，作为三道(天道、地道、人道)之一的人，必须与天地(大自然)保持协同。才能保持性命，维持健康。于是，顺应自然的(天人合一)又构成了极其重要的中国哲学观念。而且这种观念使中国体育明显地刻上了“合一”的痕迹。这也就是为什么中国体育中出现了西方少有的模仿动物活动的肢体运动，如八段锦、五禽戏、鹤翔庄、大雁功、猴拳、螳螂拳、蛇拳等。但这里需要指出的是中国体育中揉进如此之多的动物名称和动作，并不完全如以往人们所认为的那样，“动物的动作更有利于人的健康”，而是在这层意思之外，当时的人们在某种哲学的暗示下已经悟到了人应该像动物那样不受阶级社会中任何礼法的约束，在天地之中顺其自然，听任自由，自得其乐。这一哲学就是与儒学互为补充的庄子哲学。庄子哲学也就是使精神如身体一样，能翱翔于人际界线之上，整个大自然合为一体。如果说，儒家讲的是“自然的人”那么庄子讲的便是“人的自然化”，前者讲人的自然性必须符合和渗透社会性才成为人，后者讲人必须舍弃其社会性使其自然性不受污染而与宇宙同构才能恢复人。庄子认为只有这种人才是真正自由的、绝对快乐的人，这种人由于与自然保持一致而“寿比南山”。因此，庄子哲学倡导人们“静坐”、“坐忘”和“修炼”、“成仙”，既构成一种哲学观念，又形成一种修身养性的处事方法。由于庄子“对于现实的一切是采取着不合作的态度”，于是便“用自由的飞翔和飞翔的自由”来比喻精神的快乐和心灵的解放，从而达到“乘云气，骑日月而游乎四海之外”的心灵境界。这也是为什么中国体育在讲究“天人合一”的同时特别强调“意念”的作用。意念，原本就是保持或追求人的思想的自由驰骋。由于这种意念的作用和修身锻炼，才使中国体育有可能发展成“气功”和所谓“特异功能”，这才使中国体育如同中国艺术一样充满了“气”和“气势”。这是西方体育所不可想象的。

太极拳作为一项中国传统体育活动，毫不掩饰地用了一个最古老的中国哲学术语——太极，太极是远在奴隶社会周朝时期人们已形成的世界观。《易经》说：“无极生太极，太极生两仪，两仪生四象，四象生八卦。”那么，太极的含义是什么？宋代理学大师朱熹解释说：“太市道里之极致，总天地万物之理，便是太极。”另有一位理学家周敦颐写了

一本《太极图说》的书，他在书中说道：

“无极而太极，太极动而生阴阳，动极而静，静而生阴，静极复动，一动一静，互为其根。分阴分阳，两仪立焉。阳变阴合而生水火土金木，五气顺布，四时行焉。……”

其中讲释了天地万物和人的产生，讲了一事物与另一事物如何对立而又相互转化。足见，这太极就是指性命之理，之天地人三道之理。《太极先天之图》的哲学观念：“天地分太极，万物分天地，人资天地真元一气之中，以生成长养。观乎人则天地之体见矣。”意思是说，看到人的太极拳练习，就可以看到天地万物之运动变化。王宗岳在其《太极拳论》中说道：“太极者，无极而生，动静之儿，阴阳之母也。”所有这些例证，用我们今天的话来说，太极拳就是用人的肢体运动来体现这样一种宇宙观：“太极 = 五行 = 万物 = 人”的宇宙生化。

在今天，不管是二十四式还是四十八式太极拳，只要我们细心品味，就会发现，那一招一式和每个动作及其动作间的联套都在遵循并实现着上述“道”和“理”。

太极拳如此，中国其他体育活动都如此。如八卦拳(掌)也是从《易传》的“四象生八卦”中衍生出来的。概括起来我们可以肯定，中国体育完全有别于西方体育，是一种中国哲学具体化和人格生命化的修炼活动，它涵盖着远古华夏民族对宇宙万物的总认识。我们讲中国体育是一种哲学体育的依据也在于此。这也就便于我们理解为什么唯中国体育如此大讲阴阳协调、刚柔相济、内外平衡和神形统一等辩证统一内容。因为古老的《周易》中，中华民族就记录下了当时所感受到的“对立统一”，这一宇宙变化规律，即“一阴一阳之谓道”，“刚柔相推而生变化”。

四、西方体育文化是一种物理体育的科学思想的反映

现在的西方体育多指古希腊体育和形成于文艺复兴时期的西方各国家的体育。从运动的外在表现形式到基本理论术语都科学严谨地反映着其物理特性。

(1) 西方体育的基本术语多采用物理学术语，如运动和训练过程中常提到的运动量、强度、密度、负荷、频率、节奏、幅度、速度、力量弹性等。而东方体育若用这些物理术语无法得到充分说明，即使某些运动细节可以得到阐释，但本质上也无法说明诸如阴阳、动静、刚柔、统一、相济之尅的范畴和要领。

在运动技术诊断方面，生物力学这一由生物学和力学结合而成的分支学科是最重要的语言工具。对于西方体育来说，各种项目的活动都可以通过电子计算机加以模拟并处理成线条非常清楚的几何“棍图”，以显示整个技术动作的运动环节和人体重心的全部变化轨迹，并以此提出修改方案。东方体育如太极、气功即使也能被抽象为棍图，但这种棍图则无法说明其活动的另一方面如意念、神韵等等。东方体育原则上并不对某一具体动作考究是否符合力学原理，而是在总体上追求是否有那种特殊的“味儿”。

在对人体运动的生物学认识方面，东西方体育也各不相同。西方体育的理论基础是解剖学和生理学，而中国体育的理论基础则是阴阳五行说和脏象中医学。西方体育可被分解为运动轴(三个)、运动面(三个)和许多运动环节，还可以把人从系统到器官到细胞再到大分子而层层切割，而东方体育则根本与此不同，所用理论术语是“阳化气，阴成形”或“阴胜则阳病，阳胜则阴病”等阴阳相克学说。

(2) 西方体育的结果是物理学范畴，运动成绩的测量与评判采用的是物理学上的国际

统一单位制，如测量高度和远度用“米”、测量速度用“秒”、测量旋转角用“度”和球类比赛中的数量与准度等等。

(3) 西方体育有严谨的科学文化背景。与西方与古希腊体育鼎盛相对应的是古希腊高度发达的科学。这种发达的科学集中体现在希腊人天才的数学和物理学才能上面。古希腊有群星灿烂般的大哲学家。这些哲学家区别于东方哲学家的地方在于他们既是当时的伟大思想家，同时又是伟大的自然科学家。古希腊哲学家同时又是数学家。古希腊的哲学家用数学的语言解释过天体运动(如毕达哥拉斯)、推测过埃及金字塔的高度(如泰勒斯)、研究过物体的浮力现象(如阿基米德)。重要的是，他们用数学的方法研究过动物的运动和人体的结构。这与以希腊体育为主导的西方体育表现为物理体育特征具有极其重大的意义。

亚里士多德确曾对人做过数学方面的研究，他说：“人作为一个人是一件不可区分的事情。算术就考虑人作为不可区分而可以计算的事物时，它具有哪些属性；几何学家看待人时则既不把人当作一个人，也不当作不可区分物，而是当作一个立体”。这是用科学的角度揭示了人的数学特性。

达·芬奇则证明过希腊人对人体的数理研究，他说：“人体可以形成极为对称的几何图形，如脸部可构成正方形，叉开的腿成等边三角形，而伸展的四肢形成的图形更是希腊人认为最完美无缺的几何图形——圆。

因此我们说，西方体育中以各种物理形态为标志与古希腊就已经非常发达的数理科学的直接影响分不开。而以中国体育为主的东方体育的形成和定型借助的则不是自然科学而是当时的哲学。尽管中国的哲学风气不如希腊浓厚，尽管中国文学中只有“道”而无这种“哲学”，亦复如此。所以两者在风格上截然不同。

(4) 西方体育有物理性质的审美价值。正因为西方体育是物理体育，从而对这种有严密科学约束的肢体运动在发展和审美上都产生了巨大影响。从发展的角度看，西方体育可以通过调节某些物理指标(即进行运动训练)，如增加力量、改进技术(更符合力学原理)，从而使运动员跑得速度更快，投得距离更远，举得重量更重，旋转得难度更大，进而在现代则出现“更高、更快、更强”的竞技发展规则，使人体的高速、剧烈的运动处于激化状态。而东方体育则不能如此有由慢到快(速度方面)和由小到大(力量方面)的发展，它必须被控制在一个释放的速度、力量范围内，否则必然导致相对统一的破坏。东方体育速度过快、力量过大则谓“阳盛阴衰”，反之则谓“阴盛阳衰”，这些都会导致内心宇宙中平衡、统一协调的破坏。正是这种差别，西方体育才在运动量上比东方体育大得多，脉搏次数少则每分钟 120 次，多则每分钟 180～200 次以上不等，常常出现无氧供能。发展到今天，西方体育的这种运动已使运动员的每一个细胞都好像在做剧烈的加速运动，而中国古代体育的节奏格局则几千年不变，也不能改变。从审美的角度看，西方体育中越来越快的速度和越来越大的力量驱使着运动员好像要离开地球跃向天空。当代西方体育(如奥林匹克运动)更是具有这个特征，每一个运动员都在想方设法(而这种最佳方法就是使运动技术更加符合人体运动的物理学原理)，使自己的每一处运动才能和天分都最充分地表现出来，从而形成一种展现自我生命的格局。西方体育这种激昂的运动格局向人们展示着这样一个美学境界：运动员(代表人类)用最快的速度和最大的力量运动，企图摆脱地心引力对人的束缚，以表明人向自然的挑战。速度与力量达到完美展示的典型就是西方体育中的田径运动。

思 考 题

1. 文化的概念是什么?
2. 体育文化的起源有哪几种说法?
3. 如何理解体育文化与中国传统体育的关系?
4. 文化的特性有哪些?
5. 谈谈体育文化的价值所在。
6. 如何理解东西方体育文化的差异?

第四章 《国家学生体质健康标准》测试

内容提要： 本章主要介绍了《国家学生体质健康标准》的内涵及其功能，各项测试指标的意义、评价标准及测试方法。以及宁夏大学关于测试的组织实施及要求等内容，旨在使大学生全面了解《国家学生体质健康标准》，使测试工作顺利开展。

学习目标：

1. 了解《国家学生体质健康标准》的内涵及其功能；
2. 掌握《国家学生体质健康标准》各项指标的意义、评价标准及测试方法；
3. 了解《国家学生体质健康标准》测试的组织实施办法。

根据教育部2010年全国学生体质与健康调研结果显示，大学生身体素质继续呈现缓慢下降趋势；视力不良检出率继续上升，并出现低龄化倾向；肥胖检出率继续增加；龋齿患病率出现反弹。为了解决这些问题，适应社会发展以及人们对健康的迫切需要和对生活质量的不断追求，必须从少年儿童的健康抓起。教育部和国家体育总局在2007年4月下发了《关于实施<国家学生体质健康标准>的通知》，通知要求在全国各级各类学校全面实施《国家学生体质健康标准》，国家体育总局、教育部每两年组织一次对各地实施《标准》情况的检查，并公布检查结果。普通高校作为单独一组，每年组织一次《国家学生体质健康标准》测试，并将测试数据报送至教育部“国家学生体质健康标准数据管理系统”。

通过《国家学生体质健康标准》的测试，可以使学生清楚地了解自己体质与健康的状况，还可帮助学生监测自己的体质与健康状况的变化程度。这些都有助于学生有的放矢地制定自己的锻炼标准，有针对性地选择锻炼策略，制定切实可行的锻炼计划。

第一节 《国家学生体质健康标准》测试简介

一、《国家学生体质健康标准》的内涵

《国家学生体质健康标准》是测量学生体质健康状况和锻炼效果的评价标准，是国家对不同年龄段学生体质健康方面的基本要求，是学生体质健康的个体评价标准。健康的概念包括身体健康、心理健康和适应社会的能力。《国家学生体质健康标准》涵盖的是与学校体育密切相关的学生身体健康范畴。为了界定它的内涵，又避免与三维的健康概念混淆，故将“体质”作为“健康”的定语以示其内涵。

二、《国家学生体质健康标准》的功能

《国家学生体质健康标准》名称的外延涉及到它的激励和教育功能、反馈功能和指导

锻炼功能。

1. 教育激励功能

《国家学生体质健康标准》是促进学生体质健康发展、激励学生积极进行身体锻炼的教育手段。所选用的指标可以反映与身体健康关系密切的身体成分、心血管系统功能、肌肉的力量和耐力以及关节和肌肉的柔韧性等要素的基本状况。《国家学生体质健康标准》的实施将使学生和社会能够对影响身体健康的主要因素有一个更加明确的认识和理解，引导人们去积极追求身体的健康状态，实现学校体育的目标。《国家学生体质健康标准》实施办法还规定，对达到合格以上等级的学生颁发证章，以激励学生对体育锻炼的内在积极性。

2. 反馈功能

《国家学生体质健康标准》是学生体质健康的个体评价标准，并规定了各校应将每年测试的数据按时上报至国家学生体质健康标准数据管理系统，该系统具有按各种要求进行统计、分析、检索的功能，并定期向社会公告。该系统为学生及其家长提供了在线查询和在线评估服务，向学生提供了个性化的身体健康诊断，使学生能够在准确地了解自己体质健康状况的基础上进行锻炼；该系统还可为各级政府机关、教育行政部门、学校提供翔实的统计和分析数据，使之了解学生的体质健康状况，及时采取科学的干预措施。

3. 引导和锻炼功能

新的《国家学生体质健康标准》增加了一些简便易行，锻炼效果较好的项目，并提高了部分锻炼项目指标的权重，对引导学生进行体育锻炼具有较强的实效性；同时通过国家学生体质健康标准数据管理系统，学生还可以查询到针对性较强的运动处方，根据自身情况因地制宜地进行科学的体育锻炼，提高身体健康水平。

第二节　《国家学生体质健康标准》测试各项指标的意义

一、《国家学生体质健康标准》的测试项目及评价要求

根据《国家学生体质健康标准》的测试要求，大学生需要完成六项测试，分别是身高、体重、肺活量、台阶试验、50 米跑或立定跳远(选择一项)、握力或仰卧起坐(女生)或坐位体前屈(选择一项)。

在进行评价时，对五项指标进行评价：身高标准体重、肺活量体重指数、台阶指数、50 米跑或立定跳远(选评一项)、握力体重指数或仰卧起坐(女生)或坐位体前屈(选评一项)。在评价后，以 100 分进行记分，各项评价分数的权重系数是：身高标准体重 15 分；台阶指数 20 分；肺活量体重指数 15 分；50 米跑或立定跳远 30 分；握力体重指数或仰卧起坐(女生)或坐位体前屈 20 分。

二、各项测试指标的意义

1. 身高标准体重

身高标准体重是指身高与体重两者的比例应在正常的范围。它通过身高与体重一定的比例关系，反映人体的围度、宽度和厚度以及密度。身高标准体重是评价人体形态发育水

平和营养状况及身体匀称度的重要指标。它可以间接地反映人体身体成分，其测量方法简便易行。如果受测者所测得的身高标准数值大于或小于同年龄段的身高标准体重范围，就说明其身体匀称度欠佳，需要通过调整饮食结构或积极参加体育运动来增加肌肉组织或减少体内多余的脂肪。

2. 台阶试验指数

台阶试验指数是反映人体心血管系统机能状况的重要指数。台阶试验指数值越大，则反映你的心血管系统的机能水平越高，反之亦然。经常参加有氧代谢运动，可以提高心血管系统的机能水平，其表现为在完成台阶试验定量负荷工作时脉搏搏动比平时不参加运动者次数少，在试验结束后脉搏的搏动次数恢复到安静状态所用的时间缩短，台阶试验指数增高。

3. 肺活量体重指数

肺活量是评价运动人体呼吸系统机能状态的一个重要指标。科学家指出：肺活量低的人难以与肺活量高的人一样同享高寿。肺活量的大小与体重、身高、胸围等因素有密切的关系。因此，为了将学生身体发育的不同步因素在肺脏机能的评价中得以体现，在《国家学生体质健康标准》测试中选用了肺活量体重指数。

$$肺活量体重指数=\frac{肺活量(mL)}{体重}$$

4. 50 米跑

50 米跑成绩可综合反映神经过程的灵活性、身体的协调性、关节和肌肉的柔韧性以及肌肉的力量和耐力。它既能反映身体运动的综合素质，也是人从事体育活动、学习运动机能必须具备的身体基本素质。

5. 立定跳远

立定跳远主要是测量向前跳跃时的下肢肌肉爆发力。力量(最大力量)在体育运动和日常生活中都是非常重要的身体素质。腿部的爆发力是以腿部的力量为基础，没有力量就谈不上肌肉的耐力。

6. 握力体重指数

握力体重指数反映的是肌肉的相对力量，即每公斤体重的握力。握力主要反映前臂和手部肌肉的力量，同时也与其他肌群的力量有关，而且还是反映肌肉总体力量的一个很好的指标。

$$握力体重指数=\frac{握力(公斤)}{体重}\times 100$$

7. 仰卧起坐

仰卧起坐测试是评价肌肉力量和耐力的方法之一。由于它能比较安全地测试肌肉的力量和耐力，同时在仰卧起坐时主要是腹肌在起作用，髋部肌肉也参与工作，因此这种测试既评价了人体腹肌的耐力，也反映了髋部肌肉的耐力。由于女生这两部分肌肉的力量和耐力与其某些生理功能有密切联系，因此将仰卧起坐单独列为女生的一个选测项目。

8. 坐位体前屈

坐位体前屈测试反映的是关节和肌肉的柔韧性。柔韧性差意味着相应的关节和肌肉缺乏运动。长时间缺乏发展柔韧性的练习，可导致关节或关节周围软组织发生变性、挛缩，甚至粘连，因而限制了关节运动的幅度，牵拉时必然产生疼痛，所以扩大关节运动的幅度即扩大了人体活动的无痛范围。

第三节　《国家学生体质健康标准》测试方法

一、身高

1. 测试目的

将学生身高测试与体重测试相结合，评定学生的身体匀称度，评价学生生长发育的水平及营养状况。

2. 测试方法

受试者赤足，立正姿势站在身高计的底板上(上肢自然下垂，足跟并拢，足尖分开约 60°)。足跟、骶骨部及两肩胛区与立柱相接触，躯干自然挺直，头部正直，耳屏上缘呈水平位。测试以厘米为单位，精确到小数点后一位。测试误差不得超过 0.5 厘米(见图 4-1)。

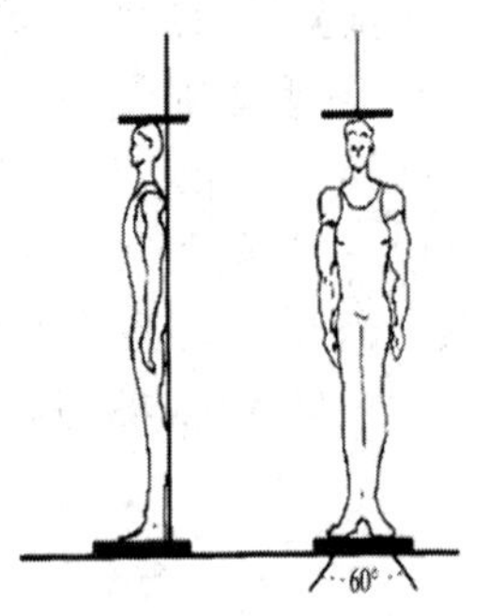

图 4-1　身高测试

3. 注意事项

(1) 身高计应选择平坦靠墙的地方放置，立柱的刻度尺应面向光源。

(2) 严格掌握"三点靠立柱"、"两点呈水平"的测量姿势要求。

(3) 水平压板与头部接触时，头顶的发结要松开，饰物要取下。

(4) 测量身高前，受试者不应进行体育活动和体力劳动。

(5) 定期校验仪器。

二、体重

1. 测试目的

内容同上。

2. 测试方法

测试时，杠杆秤应放在平坦的地面上，受试者赤足，男性受试者身穿短裤，女性受试者身着短裤、短袖衫，站在秤中央。读数以千克为单位，精确到小数点后一位。测试误差不超过 0.1 千克(见图 4-2)。

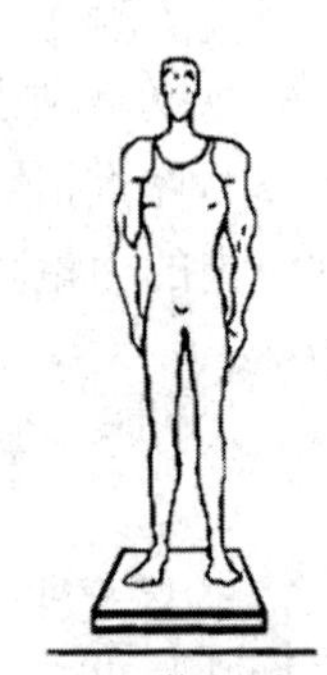
图 4-2　体重测试

3. 注意事项

(1) 测量体重前，受试者不得进行剧烈的体育活动和体力劳动。

(2) 受试者站在秤中央，上下杠杆秤时动作要轻。

(3) 定期校验仪器。

三、台阶试验

1. 测试目的

测试学生的心血管机能。

2. 测试方法

男生用高 40 厘米的台阶(或凳子)；女生用 35 厘米的台阶(或凳子)。测验前让受试者做轻度的准备活动，主要是活动下肢关节。上、下台阶的频率是 30 次/分，因而节拍器的节律为 120 次/分(每上、下一次是四动)。受试者按节拍器的节律完成试验。

台阶试验测试被测试者从预备姿势开始：① 被测试者一只脚踏在台阶上；② 踏台腿伸直，成台上站立；③ 先踏台的脚先下地；④ 还原成预备姿势(见图 4-3)。用 2 秒上、下一次的速度(按节拍器的节律来做)连续做 3 分钟。做完后，立刻坐在椅子上测量运动结束后的 1 分钟至一分半钟、2 分钟至 2 分半钟、3 分钟至 3 分半钟的三次脉搏数。并用下列公式求得评定指数，计算结果包含有小数点后的 1 位，进行四舍五入取整。

$$\text{评定指数}=\frac{\text{踏台上、下运动的持续时间(秒)}\times 100}{2\times(\text{3 次测定脉搏的和})}$$

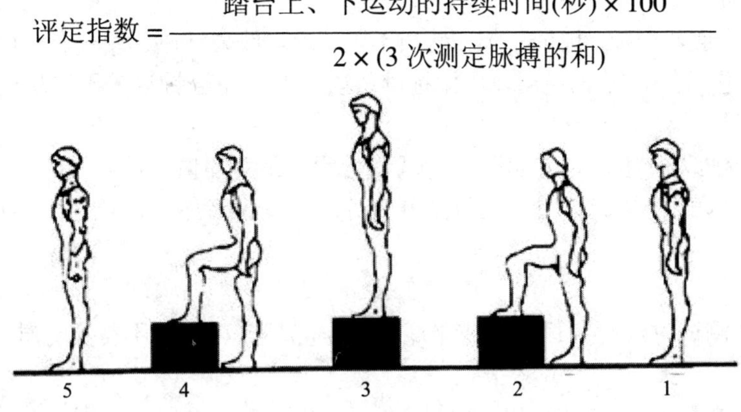

图 4-3 台阶试验测试

3. 注意事项

(1) 心脏有病的人不能测试。

(2) 按 2 秒上、下台阶的节奏进行。当受试者跟不上节奏时应及时提醒。如果三次跟不上节奏应停止测试，以免发生伤害事故。

(3) 上、下台阶时，膝、髋节都应伸直。

(4) 被测试者不能自己测试脉搏。

(5) 如果受试者不能完成 3 分钟的负荷运动，以实际上下台阶的持续时间计算，计算公式和方法同上。

四、肺活量

1. 测试目的

测试学生肺通气功能。

2. 测试方法

使用干燥的一次性口嘴。被测试者进行一两次较平日深一些的呼吸动作后，更深地吸一口气，向口嘴处慢慢呼出至不能在呼出为止(见图 4-4)。每位受试者测试三次，间隔 15 秒，记录三次数值，选取最大值作为测试结果。以毫升为单位，不保留小数。

图 4-4 肺活量测试

3. 注意事项

(1) 电子肺活量计应保持畅通干燥，吹气筒的气管必须在上方，以免口水或杂物堵住气道。

(2) 导气管存放时不能打折。

(3) 定期校验仪器。

五、50 米跑

1. 测试目的

测试学生速度、灵敏性及神经系统灵活性的发展水平。

2. 场地器材

50 米直线跑道若干条，地面平坦，地质不限，跑道线要清晰。发令旗一面，口哨一个，秒表若干块(一道一表)。秒表使用前应用标准秒表校对，每分钟误差不得超过 0.2 秒。

3. 测试方法

受试者至少两人一组，站立起跑，受试者听到“跑”的口令后开始起跑。发令员在发出口令同时要摆动发令旗。计时员视旗动开表计时。受试者躯干部位达到终点线的垂直面停表。

4. 注意事项

(1) 受试者测试时最好穿运动鞋或平底布鞋，赤足亦可。但不得穿钉鞋、皮鞋、塑料凉鞋。

(2) 发现有抢跑者，要立即召回重跑。

(3) 如遇风时一律顺风跑。

六、立定跳远

1. 测试目的

测试学生下肢肌肉爆发力及身体协调能力的发展水平。

2. 测试方法

受试者两脚自然分开站立，站在起跳线后，脚尖不得踩线。两脚原地同时起跳，不得有垫步或连跳动作。丈量起跳线后缘至最近着地点后缘的垂直距离。每人试跳三次，记录其中最好一次的成绩。以厘米为单位，不计小数。

3. 注意事项

(1) 发现犯规时，此次成绩无效。

(2) 赤足亦可，但不得穿钉鞋、皮鞋、塑料凉鞋。

七、坐位体前屈

1. 测试目的

测试学生在静止状态下的躯干、腰、髋等关节可能达到的活动幅度，主要反映这些部位关节、韧带和肌肉的伸展性和弹性及学生身体柔韧素质的发展水平。

2. 测试方法

受试者两脚伸直，两脚平蹬测试纵板坐在平地上，两脚分开约 10 cm～15 cm，身体前屈，两臂伸直向前，用两手中指尖逐渐向前推动游标，直到不能前推为止，如图 4-5 所示。记录以厘米(cm)为单位，保留一位小数。测试两次，取最好成绩。

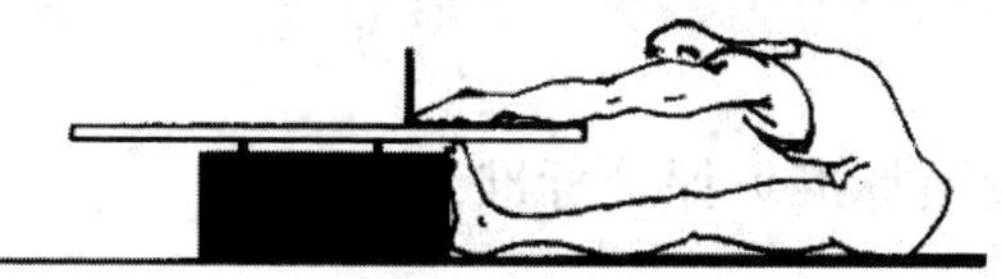

图 4-5 坐位体前屈测试

3. 注意事项

身体前屈两臂向前推游标时两腿不能弯曲，双臂不能前振。

八、握力测试

1. 测试目的

测试学生上肢肌肉力量的发展水平。

2. 测试方法

被测试者两脚自然分开成直立姿势，两臂自然下垂。一手持握力计全力紧握(此时握力计不能接触衣服和身体)，握力器显示数字，如图 4-6 所示。用力握三次，取最大值。以公斤为单位，测试时保留 1 位小数。

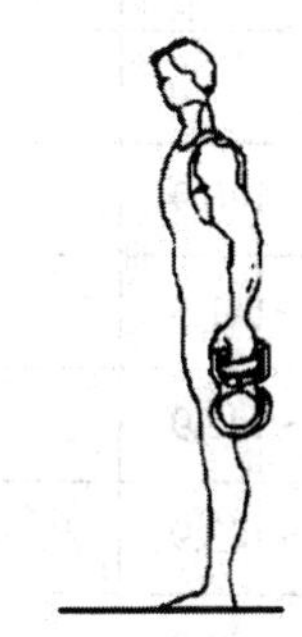

图 4-6 握力测试

3. 注意事项

保持手臂自然下垂姿势，手心向内，不能触及衣服和身体。

九、仰卧起坐

1. 测试目的

测试学生腹肌耐力。

2. 测试方法

测试者全身仰卧于垫上，两腿稍分开，屈膝呈 90° 左右，两手指交叉贴于脑后。另一同伴压住踝关节，以固定下肢。受试者起坐时两手触及或超过双膝为完成一次。仰卧时两肩胛必须触垫，如图 4-7 所示。测试人员发出“开始”口令的同时开表计时，记录 1 分钟内完成次数。1 分钟到时，受试者虽已坐起但未达到双膝者不计该次数，精确到个位。

图 4-7 仰卧起坐测试

3. 注意事项

(1) 如发现受试者借用肘部撑垫或臀部起落的力量起坐时，该次不计数。

(2) 测试过程中，观测人员应向受试者报数。

(3) 受试者双脚必须放在垫上。

第四节　《国家学生体质健康标准》测试评价标准

一、《国家学生体质健康标准》评分标准

(一) 男生身高标准体重评价

表 4-1 所示为男生身高标准体重评价(体重单位：kg)。

表 4-1　男生身高标准体重表　　kg

身高段(cm)	营养不良	较低体重	正常体重	超　重	肥　胖
	7 分	9 分	15 分	9 分	7 分
140.0～140.9	<32.1	32.1～40.3	40.4～46.3	46.4～48.3	≥48.4
141.0～141.9	<32.4	32.4～40.7	40.8～47.0	47.1～49.1	≥49.2
142.0～142.9	<32.8	32.8～41.2	41.3～47.7	47.8～49.8	≥49.9
143.0～143.9	<33.3	33.3～41.7	41.8～48.2	48.3～50.3	≥50.4
144.0～144.9	<33.6	33.6～42.2	42.3～48.8	48.9～51.0	≥51.1
145.0～145.9	<34.0	34.0～42.7	42.8～49.5	49.6～51.7	≥51.8
146.0～146.9	<34.4	34.4～43.3	43.4～50.1	50.2～52.3	≥52.4
147.0～147.9	<35.0	35.0～43.9	44.0～50.8	50.9～53.1	≥53.2
148.0～148.9	<35.6	35.6～44.5	44.6～51.4	51.5～53.7	≥53.8
149.0～149.9	<36.2	36.2～45.1	45.2～52.2	52.3～54.5	≥54.6
150.0～150.9	<36.7	36.7～45.7	45.8～52.8	52.9～55.1	≥55.2
151.0～151.9	<37.3	37.3～46.2	46.3～53.4	53.5～55.8	≥55.9
152.0～152.9	<37.7	37.7～46.8	46.9～54.0	54.1～56.4	≥56.5
153.0～153.9	<38.2	38.2～47.4	47.5～54.6	54.7～57.0	≥57.1
154.0～154.9	<38.9	38.9～48.1	48.2～55.3	55.4～57.7	≥57.8
155.0～155.9	<39.6	39.6～48.8	48.9～56.0	56.1～58.4	≥58.5
156.0～156.9	<40.4	40.4～49.6	49.7～57.0	57.1～59.4	≥59.5
157.0～157.9	<41.0	41.0～50.3	50.4～57.7	57.8～60.1	≥60.2
158.0～158.9	<41.7	41.7～51.0	51.1～58.5	58.6～61.0	≥61.1
159.0～159.9	<42.4	42.4～51.7	51.8～59.2	59.3～61.7	≥61.8

续表

身高段(cm)	营养不良	较低体重	正常体重	超　重	肥　胖
	7分	9分	15分	9分	7分
160.0～160.9	<43.1	43.1～52.5	52.6～60.0	60.1～62.5	≥62.6
161.0～161.9	<43.8	43.8～53.3	53.4～60.8	60.9～63.3	≥63.4
162.0～162.9	<44.5	44.5～54.0	54.1～61.5	61.6～64.0	≥64.1
163.0～163.9	<45.3	45.3～54.8	54.9～62.5	62.6～65.0	≥65.1
164.0～164.9	<45.9	45.9～55.5	55.6～63.2	63.3～65.7	≥65.8
165.0～165.9	<46.5	46.5～56.3	56.4～64.0	64.1～66.5	≥66.6
166.0～166.9	<47.1	47.1～57.0	57.1～64.7	64.8～67.2	≥67.3
167.0～167.9	<48.0	48.0～57.8	57.9～65.6	65.7～68.2	≥68.3
168.0～168.9	<48.7	48.7～58.5	58.6～66.3	66.4～68.9	≥69.0
169.0～169.9	<49.3	49.3～59.2	59.3～67.0	67.1～69.6	≥69.7
170.0～170.9	<50.1	50.1～60.0	60.1～67.8	67.9～70.4	≥70.5
171.0～171.9	<50.7	50.7～60.6	60.7～68.8	68.9～71.2	≥71.3
172.0～172.9	<51.4	51.4～61.5	61.6～69.5	69.6～72.1	≥72.2
173.0～173.9	<52.1	52.1～62.2	62.3～70.3	70.4～73.0	≥73.1
174.0～174.9	<52.9	52.9～63.0	63.1～71.3	71.4～74.0	≥74.1
175.0～175.9	<53.7	53.7～63.8	63.9～72.2	72.3～75.0	≥75.1
176.0～176.9	<54.4	54.4～64.5	64.6～73.1	73.2～75.9	≥76.0
177.0～177.9	<55.2	55.2～65.2	65.3～73.9	74.0～76.8	≥76.9
178.0～178.9	<55.7	55.7～66.0	66.1～74.9	75.0～77.8	≥77.9
180.0～180.9	<57.1	57.1～67.4	67.5～76.4	76.5～79.4	≥79.5
181.0～181.9	<57.7	57.7～68.1	68.2～77.4	77.5～80.6	≥80.7
182.0～182.9	<58.5	58.5～68.9	69.0～78.5	78.6～81.7	≥81.8
183.0～183.9	<59.2	59.2～69.6	69.7～79.4	79.5～82.6	≥82.7
184.0～184.9	<60.0	60.0～70.4	70.5～80.3	80.4～83.6	≥83.7
185.0～185.9	<60.8	60.8～71.2	71.3～81.3	81.4～84.6	≥84.7
186.0～186.9	<61.5	61.5～72.0	72.1～82.2	82.3～85.6	≥85.7
187.0～187.9	<62.3	62.3～72.9	73.0～83.3	83.4～86.7	≥86.8
188.0～188.9	<63.0	63.0～73.7	73.8～84.2	84.3～87.7	≥87.8
189.0～189.9	<63.9	63.9～74.5	74.6～85.0	85.1～88.5	≥88.6
190.0～190.9	<64.6	64.6～75.4	75.5～86.2	86.3～89.8	≥89.9

(二) 大学生体质健康评价标准(男生)

表 4-2 所示为大学生体质健康评价标准(男生)。

表 4-2　大学生体质健康评价表(男生)

等级 项目	优秀				良好			
	成绩	分值	成绩	分值	成绩	分值	成绩	分值
台阶试验	59 以上	20	58～54	17	53～50	16	49～46	15
肺活量体重指数	75 以上	15	74～70	13	69～64	12	63～57	11
50 米跑(s)	6.8 以下	30	6.9～7.0	26	7.1～7.3	25	7.4～7.7	23
立定跳远(cm)	255 以上	30	254～250	26	249～239	25	238～227	23
坐位体前屈(cm)	18.1 以上	20	18.0～16.0	17	15.9～12.3	16	12.2～8.9	15
握力体重指数	75 以上	20	74～70	17	69～63	16	62～56	15
等级 项目	**及格**				**不及格**			
	成绩	分值	成绩	分值	成绩	分值		
台阶试验	45～43	13	42～40	12	39 以下	10		
肺活量体重指数	56～54	10	53～44	9	43 以下	8		
50 米跑(s)	7.8～8.0	20	8.1～8.4	18	8.5 以下	15		
立定跳远(cm)	226～220	20	219～195	18	194 以下	15		
坐位体前屈(cm)	8.6～6.7	13	6.6～0.1	12	0.0 以下	10		
握力体重指数	55～51	13	50～41	12	40 以下	10		

(三) 女生身高标准体重

表 4-3 所示为女生身高标准体重(体重单位：kg)。

表 4-3　女生身高标准体重表　　kg

身高段(cm)	营养不良	较低体重	正常体重	超重	肥胖
	7 分	9 分	15 分	9 分	7 分
140.0～140.9	<36.5	36.5～42.4	42.5～50.6	50.7～53.3	≥53.4
141.0～141.9	<36.6	36.6～42.9	43.0～51.3	51.4～54.1	≥54.2
142.0～142.9	<36.8	36.8～43.2	43.3～51.9	52.0～54.7	≥54.8
143.0～143.9	<37.0	37.0～43.5	43.6～52.3	52.4～55.2	≥55.3
144.0～144.9	<37.2	37.2～43.7	43.8～52.7	52.8～55.6	≥55.7
145.0～145.9	<37.5	37.5～44.0	44.1～53.1	53.2～56.1	≥56.2
146.0～146.9	<37.9	37.9～44.4	44.5～53.7	53.8～56.7	≥56.8
147.0～147.9	<38.5	38.5～45.0	45.1～54.3	54.4～57.3	≥57.4
148.0～148.9	<39.1	39.1～45.7	45.8～55.0	55.1～58.0	≥58.1
149.0～149.9	<39.5	39.5～46.2	46.3～55.6	55.7～58.7	≥58.8
150.0～150.9	<39.9	39.9～46.6	46.7～56.2	56.3～59.3	≥59.4
151.0～151.9	<40.3	40.3～47.1	47.2～56.7	56.8～59.8	≥59.9
152.0～152.9	<40.8	40.8～47.6	47.7～57.4	57.5～60.5	≥60.6
153.0～153.9	<41.4	41.4～48.2	48.3～57.9	58.0～61.1	≥61.2

续表

身高段(cm)	营养不良	较低体重	正常体重	超重	肥胖
	7分	9分	15分	9分	7分
154.0～154.9	<41.9	41.9～48.8	48.9～58.6	58.7～61.9	≥62.0
155.0～155.9	<42.3	42.3～49.1	49.2～59.1	59.2～62.4	≥62.5
156.0～156.9	<42.9	42.9～49.7	49.8～59.7	59.8～63.0	≥63.1
157.0～157.9	<43.5	43.5～50.3	50.4～60.4	60.5～63.6	≥63.7
158.0～158.9	<44.0	44.0～50.8	50.9～61.2	61.3～64.5	≥64.6
159.0～159.9	<44.5	44.5～51.4	51.5～61.7	61.8～65.1	≥65.2
160.0～160.9	<45.0	45.0～52.1	52.2～62.3	62.4～65.6	≥65.7
161.0～161.9	<45.4	45.4～52.5	52.6～62.8	62.9～66.2	≥66.3
162.0～162.9	<45.9	45.6～53.1	53.2～63.4	63.5～66.8	≥66.9
163.0～163.9	<46.4	46.4～53.6	53.7～63.9	64.0～67.3	≥67.4
164.0～164.9	<46.8	46.8～54.2	54.3～64.5	64.6～67.9	≥68.0
165.0～165.9	<47.4	47.4～54.8	54.9～65.0	65.1～68.3	≥68.4
166.0～166.9	<48.0	48.0～55.4	55.5～65.5	65.6～68.9	≥69.0
167.0～167.9	<48.5	48.5～56.0	56.1～66.2	66.3～69.5	≥69.6
168.0～168.9	<49.0	49.0～56.4	56.5～66.7	66.8～70.1	≥70.2
169.0～169.9	<49.4	49.4～56.8	56.9～67.3	67.4～70.07	≥70.8
170.0～170.9	<49.9	49.9～57.3	57.4～67.9	68.0～71.4	≥71.5
171.0～171.9	<50.2	50.2～57.8	57.9～68.5	68.6～72.1	≥72.2
172.0～172.9	<50.7	50.7～58.4	58.5～69.1	69.2～72.7	≥2.8
173.0～173.9	<51.0	51.0～58.8	58.9～69.6	69.7～73.1	≥73.2
174.0～174.9	<51.3	51.3～59.3	59.4～70.2	70.3～73.6	≥73.7
175.0～174.9	<51.9	51.9～59.9	60.0～70.8	70.9～74.4	≥74.5
176.0～176.9	<52.4	52.4～60.4	60.5～71.5	71.6～75.1	≥75.2
177.0～177.9	<52.8	52.8～61.0	61.1～72.1	72.2～75.7	≥75.8
178.0～178.9	<53.2	53.2～61.5	61.6～72.6	72.7～76.2	≥76.3
179.0～179.9	<53.6	53.6～62.0	62.1～73.2	73.3～76.7	≥76.8
180.0～180.9	<54.1	54.1～62.5	62.6～73.7	73.8～77.0	≥77.1
181.0～181.9	<54.5	54.5～63.1	63.2～74.3	74.4～77.8	≥77.9
182.0～182.9	<55.1	55.1～63.8	63.9～75.0	75.1～79.4	≥79.5
183.0～183.9	<55.6	55.6～64.5	64.6～75.7	75.8～80.4	≥80.5
184.0～184.9	<56.1	56.1～65.3	65.4～76.6	76.7～81.2	≥81.3
185.0～185.9	<56.8	56.8～66.1	66.2～77.5	77.6～82.4	≥82.5
186.0～186.9	<57.3	57.3～66.9	67.0～78.6	78.7～83.3	≥83.4

(四) 大学生体质健康评价标准(女生)

表4-4所示为大学生体质健康评价标准(女生)。

表 4-4　大学生体质健康评价表(女生)

等级	优　秀				良　好			
	成绩	分值	成绩	分值	成绩	分值	成绩	分值
台阶试验	56 以上	20	55～52	17	51～48	16	47～44	15
肺活量体重指数	61 以上	15	60～57	13	56～51	12	50～46	11
50 米跑(s)	8.3 以下	30	8.4～8.7	26	8.8～9.1	25	9.2～9.6	23
立定跳远(cm)	196 以上	30	195～187	26	186～178	25	177～166	23
坐位体前屈(cm)	18.1 以上	20	18.0～16.2	17	16.1～13.0	16	12.9～9.0	15
握力体重指数	57 以上	20	56～52	17	51～46	16	45～40	15
仰卧起坐(次/分钟)	44 以上	20	43～41	17	40～35	16	34～28	15
	及　格				不 及 格			
	成绩	分值	成绩	分值	成绩		分值	
台阶试验	43～42	13	41～25	12	24 以下		10	
肺活量体重指数	45～42	10	41～32	9	31 以下		8	
50 米跑(s)	9.7～9.8	20	9.9～9.8	18	11.1 以下		15	
立定跳远(cm)	165～161	20	160～139	18	138 以下		15	
坐位体前屈(cm)	8.9～7.8	13	7.7～3.0	12	2.9 以下		10	
握力体重指数	39～36	13	35～29	12	28 以下		10	
仰卧起坐(次/分钟)	27～24	13	27～24	12	19 以下		10	

注：表 4-1 至 4-4 引自《中国国民体质监测系统的研究》。

二、《国家学生体质健康标准》评价等级

表 4-5 所示为《国家学生体质健康标准》评价等级。

表 4-5　《国家学生体质健康标准》评价等级与总分对照表

等级	得分	等级	得分
优秀	总分 86 分以上	及格	总分 60～75 分
良好	总分 76～85 分	不及格	总分 59 分以下

第五节　《国家学生体质健康标准》测试实施办法

宁夏大学《国家学生体质健康标准》在主管校长领导下，由教务处、体育学院、学生工作部、辅导员协同配合，共同组织实施，每学年进行一次测试。各测试项目的成绩，由体育学院汇总，并按照《国家学生体质健康标准》的要求评定成绩、确定等级，记入《学生体质健康标准登记卡》，在毕业时放入学生档案。

因病或残疾不能参加测试的学生，可向学校提交免予执行的申请，经医院证明，体育学院核准后，可以免予执行《国家学生体质健康标准》，所填表格存入学生档案。

一、测试流程

1. 学生信息汇总

每年测试前，各学院根据体育学院提供的表格格式将本学院参加测试同学的基本信息

填写完成后报体育学院相关负责老师。所有学生信息汇总后生成本年度体质测试数据库。

2. 身份确认

体育学院根据各学院人数，安排测试日程。测试时学生需带本人学生证，以便核对信息。每名学生测试前在测试地点入口处领取磁卡。

3. 测试数据的采集

参加测试学生进行每次测试前将磁卡交给各测试点负责教师，测试完成后领回，到下一测试点进行测试。全部测试完成后将磁卡交回成绩录入教师。测试流程如图 4-8 所示。

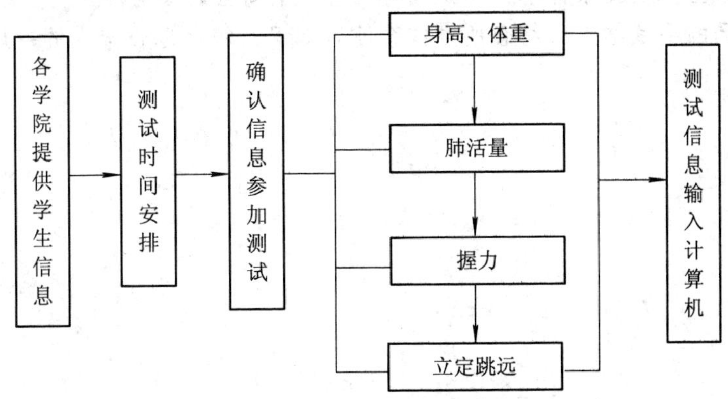

图 4-8 室内项目测试流程图

4. 室外项目测试

室外项目一般是女生 800 m 和男生 1000 m 跑，与室内项目时间不同，由体育学院统一安排。

二、测试注意事项

(1) 体质测试属正规考试，学生在参加测试时，必须持校园卡和学生证准时到达，缺少任何一卡均将不予测试；若有代测者，一经查出，将报教务处按考试作弊论处。

(2) 参加测试的学生均应穿着运动服、运动鞋，测试前做好准备活动，忌空腹、饱腹下进行测试。

(3) 800 m/1000 m 测试属室外测试项目，测试人员工作量大且组织繁琐，测试采用合班、整班进行测试的方法，各学院辅导员老师应认真负责，组织学生按时到场参加测试，若测试班级人数不全，将会安排其他人数齐全的班级优先测试。

(4) 凡因病或残疾不宜进行《学生体质健康标准》测试的学生，可持县级以上医院证明及病历，到体质测试中心办理免测手续。

(5) 近期曾患心肌病、发烧感冒等的同学，测试前应向测试教师说明，在测试过程中如出现身体不适应立即停止测试。

(6) 测试时，学生必须遵守测试工作相关规定，服从测试人员安排，不得佩带项链、手表等易造成伤害的物品，违反上述规定造成的一切伤害事故均由学生本人负责。

(7) 如有特殊情况不能参加测试的同学，必须携带由辅导员签字的假条请假，体育学院将另行安排时间进行补测。

思　考　题

1. 为什么要进行全国学生体质健康测试?
2. 《国家学生体质健康标准》测试指标有哪些?
3. 《国家学生体质健康标准》测试指标的测试方法各是什么?
4. 《国家学生体质健康标准》测试指标的测试有哪些注意事项?
5. 根据自己的测试结果，结合所学体育健康知识，制定适合本人的一周锻炼计划。

第五章　健 康 概 论

内容提要：本章主要介绍了健康、健康与生活方式以及亚健康，重点阐述了健康的概念、健康的四大基石、影响健康的因素、不健康生活方式与非传染性疾病、亚健康的表现等，并提到了健康的标准、亚健康状态，旨在使大学生掌握基本健康知识，树立正确的健康观，预防亚健康与疾病，提高自身健康素质。

学习目标：

1. 掌握健康的概念及健康的四大基石、影响健康的因素；
2. 了解生活方式的概念，以及不良的生活方式和非传染性疾病；
3. 了解亚健康状态的概念，以及如何进行亚健康判断；
4. 掌握体育锻炼对亚健康状态的消除方法。

世界卫生组织(WHO)提出：“健康就是金子，健康的钥匙在自己手中”。健康是人类生存发展的要素，它属于个人和社会，是人类永恒的主题。随着科学的发展和时代的变迁，物质文明变得越来越发达，但是也带来了严重的健康危机。与此同时，人们的健康观也悄然发生着变化，对于健康的理解已远远不是以前“身体好、不生病”的标准了，健康的涵义变得越来越复杂。大学生在了解健康知识的同时，要树立“健康第一”的思想，积极保持身体的健康状态，为自己以后的生活、工作奠定良好的基础。

第一节　健 康 概 述

1978 年，世界卫生组织在《阿拉木图宣言》中重申“健康不仅是疾病与体虚的匿迹，而是身心健康家庭幸福的总体状态，是基本人权，达到尽可能高的健康水平是世界范围的一项最重要的社会性目标”。可见，健康不仅仅是个人的问题，人人享有卫生保健、拥有健康也是全球永恒的目标。

一、健康的概念

健康是一个变化的概念，从古到今对健康的理解是不同的。过去，人们大都认为“没有疾病就是健康”，随着社会的发展和医学的进步，人们的健康观也经历了原始的健康观、自然学健康观、生物医学健康观、生物心理学健康观和社会健康观的变化过程，直到二十世纪七八十年代后，世界卫生组织对健康的概念进行了更新，现代健康观才为全球所统一采纳。

世界卫生组织在其宪章中提出：“健康不仅为疾病或羸弱之消除，而系体格、精神与社会之完全健康状态。”这是关于健康最权威的定义。

在此定义中，我们可以发现，健康的概念已经将“疾病”和“羸弱”状态分开，也间接确立了“亚健康”的范畴。另外，健康至少应包含身体、精神和社会方面的内容，是人在生理上、心理上、生殖上、道德上和社会上的完好适应状态，即身体健康、心理健康、道德健康和社会适应良好。近年来，生殖健康常常被单独提出来，作为健康的一个要素，日益受到全球重视。

（一）身体健康

身体健康主要体现在身体素质上，是由机体的形态结构、机能水平、物质能量储备及其代谢水平所决定的，包括肌力、耐力、关节柔韧性、速度、灵敏性、平衡素质、协调素质，以及身体成分、心血管机能等。

身体健康是关于健康最早也是最基本的认知部分。早期医学主要研究由自然因素引起的身体健康受损，治疗生理性疾病始终是医学界最重要的任务之一，我们也将治疗生理性疾病的临床医学称之为第一医学。

除了治疗已经发生的疾病，从古至今，医学界对于预防疾病都是非常重视的。二十世纪以来，各种传染性疾病的大规模爆发使第二医学，也就是预防医学开始受到许多国家的关注。尤其是 2003 年非典型性肺炎(SARS)的爆发，更让大多数发展中国家也开始重视预防医学。

自 20 世纪四五十年代，第三医学——康复医学逐渐发展起来，目的是使伤、病、残者在体格上、精神上、社会上、职业上得到康复，消除或减轻功能障碍，帮助他们发挥残留功能，恢复其生活能力和工作能力以重新回归社会。

引起生理性疾病的自然因素永远存在，包括受阳光、空气、水、气候与季节的影响，以及由病菌引起的抑制因素及自然界的生态平衡等。许多科学家已达成共识：地球正逐渐失去保证人类生活质量的能力，环境恶化的趋势令人担忧。这些迹象表明，目前由于自然因素使肉体受细菌或病毒感染，仍是影响人类生理健康的主要因素，我们必须继续给予高度的重视。

（二）心理健康

2011 年 6 月，中国《精神卫生法》草案公开向社会征求意见，精神卫生得以以立法的形式进行督促和改进，是一项很大的进步。当今社会，在健康的组成中，心理健康是一项非常值得重视的内容，心理不健康者对自身、他人乃至社会均是很大的威胁。

医学专家发现：经现代医学检查，约有 50%～70%的人都有心理异常表现，而这些人尽管未达到需求助医务诊治的程度，但一旦环境稍有变化，或精神受到某种刺激，健康依然受到威胁。特别当发现利用许多医学常规手段无法解决由精神引发的疾病时，医学研究开始根据人的社会属性，又提出了生物—心理—社会医学模式，从而想到要把社会环境引起的心理活动也包括在健康诊断之中。

许多发达国家通过心理学与医学的结合，不仅研究异常心理产生的原因，以及健康心理的形成过程，还把解决心理健康扩大至整个社会系统，具体包括生活方式、人生价值观、健康管理环境、健康教育者培训等内容，目的在于从各个方面研究与保证健康心理的形成。

(三) 生殖健康

生殖健康是指在生殖系统及其功能和过程所涉一切事宜上身体、精神和社会等方面的健康状态，而不仅仅是指没有疾病或不虚弱。

生殖健康本是隶属于身体健康的范畴，但是目前全球生殖健康的形势不容乐观，因此，特将生殖健康单独列出。生殖和性健康对于个人、家庭、社区和国家的社会和经济发展极其重要。2004 年 5 月，世界卫生组织通过了关于生殖卫生的第一项全球战略，经调查发现，生殖和性健康不良占全球健康不良的比例为女子 20%，男子 14%。

世卫组织将健康定义为体格、精神与社会的完全健康状态，而不仅仅是消除疾病。在此框架内，生殖卫生涉及生命各个阶段的生殖过程、功能和系统。艾滋病毒/艾滋病在世界上，尤其在发展中国家，仍是最重大的公共卫生挑战之一，性早熟在中国也是值得关注的严重现象。大学生处于身体和智力的高速发展期，了解生殖健康，掌握生殖保健的手段是十分必要的。

(四) 道德健康

从一定程度上来说，道德缺损是现代病的重要根源，所以健康还应有一个重要方面，就是道德健康。

道德健康是人的一种“本质力量”，由思想品德和人格自我完善两部分构成。严格地讲，思想品德作为完善人格的基础，是决定精神健康的重要内容；而人格自我完善本身，就是不断提高自身素质的文化修养水平，使个体思想、品质与行为趋于理想化。据世界卫生组织监测中心统计：结核病、流感、肺炎、糖尿病、脑血管病、冠心病等常见病的死亡率与道德、文化修养有着千丝万缕的联系。道德文化修养越高，则患这些疾病的死亡率越低。

实践证明，凡与人为善、助人为乐且具有高尚品德的人，总是心胸坦荡。人若处于无烦恼的心理状态，不仅能使人体分泌更多有益的激素、酶类和乙酰胆碱等，还可增强人体的抗病能力，这无疑对促进健康是有利的。但与之相反，倘若一个人有悖于社会道德准则，由于其胡作非为导致的紧张、恐惧、内疚等不良心态，就会给他带来沉重的精神负担，使之终日食不甘味，夜不成寐，这样的结果自然也就无健康可言了。

(五) 社会适应良好

社会适应对健康的影响是综合性的，主要来自社会环境因素，社会为人类日常生活提供物质条件，也受社会制度、文化传统、经济发展及与之有关的其他因素所制约。从局部而言：饮食营养、居住条件、医疗措施、家庭状况、卫生习惯、生活方式和行为规范等，都应视为是影响个体健康的社会因素。但从整体考虑，这种影响还取决于社会的发展程度以及不同国家为之提供的外部环境。

面对知识经济时代，人们获取知识的方式和途径不但在悄然发生变化，而且随着生活节奏加快，人际关系变得复杂，导致在日趋激烈的社会竞争中，伴随各种不同价值取向而产生的迷惘、困惑、抑郁、孤独与失望情绪，都会在现代人的生活中弥漫。

人们为适应社会环境，势必要以获得合理的社会定位概念与能力为主，即学会选择适合自我的价值观和人生态度，并有效建立起促进个人发展的精神背景和自我引导机制，以便能够按社会运行法则，处理好个人和社会之间的矛盾，具体包括对健康文化、健康观念、健康行为、健康产生和健康管理等知识的了解与遵循。

二、健康的标准

对于健康的标准，在不同的年代有不同的诠释，目前使用较多的是世界卫生组织提出的健康的十条标准：

(1) 精力充沛，能从容不迫地应付日常生活和工作的压力而不感到过分紧张。

(2) 处事乐观，态度积极，乐于承担责任，事无巨细不挑剔。

(3) 善于休息，睡眠良好。

(4) 应变能力强，能适应环境的各种变化。

(5) 能够抵抗一般性感冒和传染病。

(6) 体重得当，身材均匀，站立时头、肩、臀位置协调。

(7) 眼睛明亮，反应敏锐，眼睑不发炎。

(8) 牙齿清洁，无空洞，无痛感；齿龈颜色正常，不出血。

(9) 头发有光泽，无头屑。

(10) 肌肉、皮肤富有弹性，走路轻松有力。

三、健康的四大基石

1992 年，世界卫生组织发布了著名的《维多利亚宣言》，其中提到了心脏健康的“四大基石”，延伸出来也即为健康的“四大基石”，分别是：合理膳食、无烟生活方式、适量运动、良好的心理状态。图 5-1 表述的健康生活要素则更为宽泛。

图 5-1　健康生活要素

(一) 合理膳食

对于每个人来说，合理的膳食是保健因素中的关键。饭人人都会吃，但不见得人人都能把饭吃得科学。营养专家指出，人类的饮食结构已经由“饥饿时代”跨入“饱食时代”，人类在饥饿条件下形成的饮食经验，并不完全适用于饱食时代。有调查数据显示，我国居民每人每天油脂摄入量高达 44g，而《中国居民膳食指南》建议，成年人每人每天摄取的油脂不要超过 30 g。

由于西方饮食(高糖、高蛋白、高脂)的全球流行，肯德基、麦当劳等西式快餐的全球扩张，而引发的血脂异常、糖尿病、高血压、痛风、冠心病等非传染性疾病的发病率与死亡率日益增加，由膳食结构改变造成的疾病日益成为威胁人类健康的重要因素。

关于膳食营养我们在本书后面的内容中会有详细叙述。

(二) 无烟生活方式

烟草可以说是一种慢性自杀剂，它的化学成分十分复杂，烟草中含有大量尼古丁，仅有毒物质就有600多种，已确定的致癌物质便达40多种，如尼古丁、烟焦油、一氧化碳等。英国研究者公布的一项从1951年开始长达50年的医学研究结果表明，吸烟者的寿命比不吸烟者平均少10年左右，其中有1/4吸烟者在70岁前去世。吸烟已成为全球的公害。众多严谨的医学研究已证实，吸烟可导致肺癌、心脑血管疾病、肺气肿等多种疾病，是危害人类生命的第一杀手。

有资料表明，吸烟者肺癌发病率是不吸烟者的8～12倍，喉癌的发病率是不吸烟者的6～10倍，食管癌的危险高达6倍，膀胱癌的危险高达4倍。此外，吸烟还能引起皮肤癌、胃癌、肝癌等。统计资料表明，在所有肺癌患者中，有吸烟史者占80%。

但是对于吸烟的危害，烟民并没有深刻地认识到。2009年中国举行的一项调查显示，只有37%的烟民知道吸烟会引起冠心病，只有17%的烟民知道会引起中风。2003年叙利亚的一项调查结果亦显示，只有少数大学生能正确地将心血管病作为吸食卷烟或水烟的一项危害。其他国家的研究得出了类似的结果。因此，为了人类的健康，要拒绝烟草，防止烟草对人类健康的损害。

(三) 适量运动

身体活动是指由骨骼肌肉产生的需要消耗能量的任何身体动作。身体不活动(缺乏身体活动)是慢性病的一种独立高危因素，总体上估计在全球由此造成每年190万例死亡。

适当的体育锻炼，可以增强呼吸机能和肠胃消化功能，活跃大脑、神经以及全身循环，有规律地从事诸如步行、骑自行车或跳舞等身体活动对健康大有裨益，可降低心血管疾病、糖尿病和骨质疏松的风险，有助于控制体重，并促进心理健康。

人体在适宜的运动过程中，机体将产生一系列适应性的良性变化而达到健身防病的目的。然而，运动量过大，则可能因身体承受不了而导致伤害；运动量过小，又达不到刺激机体各组织器官从而提高生理功能的目的。人们应每天从事至少30分钟中等强度的身体活动，如果需要控制体重，可能需要加大活动量。

(四) 良好的心理状态

我们的祖先在2000多年前就发现了情绪对身心健康的影响。《黄帝内经》中曾多处提到了“怒伤肝”、“喜伤心”、“思伤脾”、“恐伤肾”等内容，现代心理学的研究也证明了许多疾病的发生与心理因素有关，如心血管疾病、高血压、肿瘤等。大量的临床实践也证明，消极的情绪(如悲伤、恐惧、紧张、愤怒、焦虑等)能引起各器官系统的功能失调，导致失眠、心动过速、血压升高、尿急、月经失调等症状。在我国癌症普查中还发现心理因素与食道癌、子宫颈癌的发病有着密切关系。

据世卫组织资料显示，逾4.5亿人患有精神疾患，有更多的人存在精神问题。社会、心理和生物方面的多重因素决定着人们在任何时间点的心理状态，即精神卫生状况。比如，持续存在的社会经济压力被看作是个人和社区的精神卫生危险因素，最为明显的证据与包括教育程度低在内的贫穷指标相关。

精神卫生状况欠佳还与社会的快速变革、工作压力大、性别歧视、社会排斥、不健康的生活方式、面临暴力和身体健康不良的风险以及违反人权相关联。特定的心理和个性因素也使人们容易罹患精神疾患。最后一点是，精神疾患具有某些生物学病因，这包括遗传因素以及大脑中的化学物质失衡。

对于上述因素，除了社会、国家的努力之外，个人在日常生活中也需要有的放矢地去调节心理状态，只有达到良好的心理状态，才能以良好的心态完成生活、工作，达到完美的健康状态。

四、影响健康的因素

一个人的健康，在其发展过程中，既受制于先天遗传条件，又不可忽视环境、体育锻炼等后天因素所起的作用。根据健康的整体概念和现代健康观念，影响健康的因素主要有遗传因素、气候地理因素、社会因素、医疗条件和自我管理等五个方面。

(一) 遗传因素

遗传是指子代和亲代之间在形态结构以及生理功能上的相似，是一切生物共有的基本特征。对人类来说，遗传除了影响人的自然寿命，还对身高、体重、皮下脂肪、血压等多项形态和生理指标都有影响，呈现不同程度的家族性倾向。

现代医学证明，遗传不仅使后代在形态、体质以及性格、智力、功能等方面和亲代相似，而且把亲代的许多隐性的或显性的疾病传给了后代。由生殖细胞或遗传物质突变所引起的疾病称遗传病。非遗传的出生时伴有缺陷的疾病称先天性疾病。目前已知遗传性、先天性疾病有 4000 种以上，严重危害健康。

目前，在大型医院都设有“遗传病检查中心”，可通过遗传学检查，决定是否生育，或选择生育男孩、女孩，避免将疾病的基因遗传给男性或女性后代，我国的“优生优育”政策对降低遗传病的发生作用显著。

(二) 气候地理因素

从中医角度来看，生病的诱因主要表现为风、寒、暑、湿、燥、火 6 种因素侵袭人的身体导致。例如春天多风，常发风温；夏天炎热，多发热病、中暑。另外，不同的地理环境有不同的气候特点，如西北之地的气候多风多寒；江南沿海则气候湿热。这些对健康的影响也有所不同。

现在环境污染非常严重，对人类健康造成了巨大的威胁。环境污染对健康的危害具有机制复杂、效应慢、周期长、范围大、后果重的特点。当前属于全球性的环境问题有：温室效应；镉、汞、硫、氮氧化物过量排放造成的酸雨；氟利昂造成的臭氧层空洞和放射性污染问题等。这些污染严重地破坏地球的生态系统，直接威胁着人类的生存和发展，对人类的健康时刻存在威胁，因此环境污染治理与环境保护是全人类面临的重大问题。

(三) 社会因素

社会因素即社会环境因素。社会环境包括政治、经济、文化、教育等多种因素，例如社会经济发展状况、社会秩序、伦理道德、风俗、教育水平等，不良社会环境直接或间接地危害人们的健康。

政治制度对健康至关重要，一个民主国家的公民具有较大的自由，健康水平一般要比非民主国家的公民高；经济是社会进步和社会生活的基础，社会经济状况与人民健康水平成正比；文化是社会的上层建筑，人群的文化水平与人群的健康水平之间存在着正相关关系，受教育程度和文化素养决定着人们的健康观和健康价值观，决定着人们是否能做出有益于健康的决策。

(四) 医疗条件

医疗条件也即卫生服务因素。卫生服务分为公共卫生服务和医疗服务两类。健全的医疗卫生机构，完备的服务网络，一定的卫生投入以及合理的卫生资源配置，均对人体健康有促进作用；反之，如果卫生服务系统有缺陷，就不可能有效地防治疾病、促进健康。

目前，病原菌等生物因子对健康的危害依然存在，而且不断出现新问题。艾滋病、结核病、淋巴腺鼠疫和黄热病等新出现的或卷土重来的传染病，对人类健康的威胁正在上升。在这种情况下，医疗水平直接决定人类的健康水平。目前来说，由于医疗水平等因素，发展中国家的死亡率仍然比发达国家要高。

(五) 自我管理

自我管理主要是指行为和生活方式，研究发现，不良的行为和生活方式与较低的教育程度密切相关。生活方式是人们在日常生活中所遵循的各种行为习惯，包括饮食、起居、娱乐方式和参与社会活动等。饮食和起居是身体健康的重要保证。

1992年世界卫生组织宣布，个人健康和寿命15%取决于遗传，10%取决于社会安定，8%取决于医疗条件，7%取决于气候，60%取决于自己。可见，健康和生命掌握在自己手中，生活方式关系到人一生的健康。

选择健康的生活方式应该“从我做起、从现在做起”。不吸烟、节制饮酒、每天吃早餐、注意饮食营养、维持正常体重、保证高质量的睡眠，以及拒绝毒品、坚持中等负荷的体育锻炼、保证有适量的社交活动都是不错的健康生活方式。

相关链接

青少年学生的健康要点

健康标准对不同年龄、不同性别的人具有不同的要求。世界卫生组织对年龄的分期是：44岁以前的成年人被列为青年；45～59岁的人被列为中年；60～74岁的人为较老年(渐近老年)；75～89岁的人为老年；90岁以上为长寿者。

青少年学生的健康要点是：

(1) 吃得正确。在青春期保持饮食平衡和有规律，有助于你现在健美，将来健康。

(2) 喝得正确。干净的水和果汁是有利于健康的，不要饮酒。

(3) 不要吸烟。如果你想健美从而具有吸引力，请别吸烟。

(4) 适当放松。运动、音乐、艺术、阅读及与其他人交谈，可帮助你成为兴趣广泛的人。

(5) 积极自信。要积极自信和富有创造性，要珍惜青春。

(6) 知道节制。遇事能三思而后行，大多数的事故是可以避免的。

(7) 行为检点。了解自己的性行为并对此负责。

(8) 坚持运动。运动可以使你健美，感觉良好，参加运动的每一个人都可赢得健康。

(9) 经常散步。散步是一种轻缓的运动，而且散步能使你感到舒适。

(10) 远离毒品。吸毒是一条死胡同，要坚决地说“不”。

第二节 健康与生活方式

生活方式决定了一个人的健康储备，在一生中，良好的生活方式是健康身体、完美生活的保证。

一、生活方式概述

(一) 现代生活方式

生活方式指人们在某种价值观念指导下，长期受一定社会文化、经济、风俗、家庭影响而形成的系列的生活习惯、生活制度、生活意识。生活方式可以理解为个人或群体生存实践活动过程中，长期共同在特定生活环境中形成的全部活动模式。

全球范围内膳食结构发生了明显的变化，如富含脂肪等高能量食品的使用量增加，尤其是饱和脂肪酸，以及粗粮的食用量减少。除了这种膳食结构的变化还伴随着能量消耗的减少，这是由于长期静坐、缺少运动等生活方式所致，例如汽车化交通、家庭中的省力设备、工作场所体力劳动日趋减少、休闲时间主要花费在不需体力的娱乐之中。如图 5-2。

有学者认为，人类经历了自身的进化、工具的进步，使动物性增强，而现有的技术发展和生活方式的改变，使得人类又向植物性发展，如图 5-3。

图 5-2 静坐生活方式

图 5-3 人由动物性向植物性转变

美国著名保健学家培洛克对几千人进行了 35 年的跟踪调查，证明具有 6 种良好生活习惯者的寿命要比其他人高 53%。这六种良好的生活习惯是：① 每日三餐定时，不吃零食；② 每周进行三次适当的锻炼活动；③ 每晚保证 7～8 小时睡眠；④ 不吸烟；⑤ 不酗酒；⑥ 保持正常体重。可见，生活方式对人体健康具有重要作用。

(二) 十大死亡原因

人的健康与生活方式有直接关系，不良的、失去平衡的生活方式是一种“自我创造的危险性”，前世界卫生组织总干事中岛宏告诫人们，大约在 2015 年，生活方式疾病将成为世界头号杀手。

心血管疾病是世界第一位死因。2008 年，730 万人死于缺血性心脏病，620 万人死于中风或另一种脑血管疾病。世界卫生组织列出了全球十大死亡原因，有不少是与生活方式有关的。

1. 低收入国家十大死亡原因

在低收入国家，不到五分之一的人能活到70岁，死亡人数中近三分之一是不满15岁的儿童。人们主要死于传染病：肺部感染、腹泻病、艾滋病毒/艾滋病、结核病和疟疾。妊娠和分娩并发症仍然是夺走婴儿和母亲生命的主要死亡原因。死亡原因与医疗水平呈现极大的相关性，死亡原因仍然集中在下呼吸道感染、腹泻等疾病上，甚至还有疟疾这一传染性疾病。但排在第三位的“艾滋病毒/艾滋病”是一项与生殖健康密切相关的疾病，与生活方式关系密切(见表5-1)。

表5-1 低收入国家十大死亡原因

死亡原因	死亡人数(百万)	占死亡总数的百分比
下呼吸道感染	1.05	11.3%
腹泻病	0.76	8.2%
艾滋病毒/艾滋病	0.72	7.8%
缺血性心脏病	0.57	6.1%
疟疾	0.48	5.2%
中风和其他脑血管疾病	0.45	4.9%
结核病	0.40	4.3%
早产及低出生体重	0.30	3.2%
出生窒息和产伤	0.27	2.9%
新生儿感染	0.24	2.6%

2. 中等收入国家十大死亡原因

在广大中等收入国家，死亡原因悄然发生了变化，传染性疾病中仅有结核病，其余如缺血性心脏病、中风和其他脑血管疾病、慢性阻塞性肺气肿、糖尿病、高血压性心脏病等非传染性疾病，以及艾滋病毒/艾滋病、道路交通事故，都与生活方式关系密切。引起死亡的原因已经由纯生物因素转向了生活方式因素(见表5-2)。

表5-2 中等收入国家十大死亡原因

死亡原因	死亡人数(百万)	占死亡总数的百分比
缺血性心脏病	5.27	13.7%
中风和其他脑血管疾病	4.91	12.8%
慢性阻塞性肺病	2.79	7.2%
下呼吸道感染	2.07	5.4%
腹泻病	1.68	4.4%
艾滋病毒/艾滋病	1.03	2.7%
道路交通事故	0.94	2.4%
结核病	0.93	2.4%
糖尿病	0.87	2.3%
高血压性心脏病	0.83	2.2%

中等收入国家，近半数人能活到 70 岁，慢性病是主要杀手。但是，与高收入国家不同的是，结核病、艾滋病毒/艾滋病和道路交通事故也是主要的死亡原因。

3. 高收入国家十大死亡原因

在高收入国家，三分之二以上的人能活过 70 岁，同中等收入国家一样，人主要死于慢性病：心血管疾病、慢性阻塞性肺病、癌症、糖尿病或痴呆症。肺部感染仍然是唯一主要的感染性死因。由表 5-3 中可见，生活方式引起的疾病致死率与经济发展水平密切相关。

表 5-3　高收入国家十大死亡原因

死亡原因	死亡人数(百万)	占死亡总数的百分比
缺血性心脏病	1.42	15.6%
中风和其他脑血管疾病	0.79	8.7%
气管癌、支气管癌、肺癌	0.54	5.9%
阿尔茨海默病和其他痴呆	0.37	4.1%
下呼吸道感染	0.35	3.8%
慢性阻塞性肺病	0.32	3.5%
结肠癌和直肠癌	0.30	3.3%
糖尿病	0.24	2.6%
高血压性心脏病	0.21	2.3%
乳腺癌	0.17	1.9%

4. 世界十大死亡原因

综合全球的死亡原因，世界卫生组织列出了全球十大死亡原因。其中，由于生活方式引起的非传染性疾病如缺血性心脏病、中风和其他脑血管疾病、癌症、糖尿病赫然在列，道路交通事故也排在其中。从全球角度出发，导致人类死亡的重点因素已经不是生物因子疾病，而是与生活方式密切相关的非传染性疾病和生活方式直接导致的死亡。

通过对 2008 年全球死亡人数的统计，世界卫生组织得出如下数据：“设想一个 1000 人的国际群体，代表全球各地于 2008 年死去的妇女、男人和儿童。其中高收入国家占到 159 人，中等收入国家 677 人，低收入国家 163 人。”可见，中等收入国家的死亡率是相当高的。全球十大死亡原因很大程度与中等收入国家的死亡原因相重合(见表 5-4)。

表 5-4　　世界十大死亡原因

死亡原因	死亡人数(百万)	占死亡总数的百分比
缺血性心脏病	7.25	12.8%
中风和其他脑血管疾病	6.15	10.8%
下呼吸道感染	3.46	6.1%
慢性阻塞性肺病	3.28	5.8%
腹泻病	2.46	4.3%
艾滋病毒/艾滋病	1.78	3.1%
气管癌、支气管癌、肺癌	1.39	2.4%
结核病	1.34	2.4%
糖尿病	1.26	2.2%
道路交通事故	1.21	2.1%

二、不健康生活方式与非传染性疾病

不良的生活方式是影响健康的主要因素。由于膳食结构和生活方式的变化，慢性非传染性疾病包括肥胖症、糖尿病、心血管病、高血压和脑溢血，以及各种类型的癌症，已经成为发展中国家和发达国家中的残疾和早逝的重要根源，这进一步加剧了原本就沉重的国家健康预算的负担。

(一) 不健康的生活方式

目前，“久坐不动的生活方式”正慢慢地损害着全世界人口的健康。全世界人口至少有 60%不能完成为产生健康效益建议所需的身体活动量。部分原因就是在休闲时间参加的身体活动不够，而且职业和家庭活动中久坐不动的行为有所增加。身体活动水平下降也与更多地使用“被动”的交通方式有关。

影响青少年的健康问题主要有：早孕和生育、艾滋病毒、营养不良、精神卫生、有害使用酒精、暴力、伤害等，其中多数是与生活方式相关的。

下面介绍几种常见的不健康生活方式。

1. *缺乏身体活动*

据世卫组织资料显示，身体不活动(缺乏身体活动)被认为是全球第四大死亡风险因素(占全球死亡人数的 6%)。2002 年在日内瓦举行的“世界卫生组织和粮农组织有关膳食、营养和慢性疾病预防的联合专家磋商会”也强调了体力活动的重要性，主要包括了以下内容：

(1) 通过体力活动而产生的能量消耗是决定体重能量收支平衡的一个重要方面。由于体力活动的减少而导致能量消耗的下降可能是导致全球体重超重和肥胖症流行的重要因素之一。

(2) 体力活动对人体成分：即脂肪、肌肉和骨骼组织的重量将产生极大的影响。

(3) 体力活动和营养在很大程度上具有相同的代谢途径，并通过各种不同的方式相互作用，从而对若干慢性疾病的风险和发病机理产生影响。

(4) 心血管的适应训练和体力活动可显著减少体重超重和肥胖症对健康的影响。

(5) 体力活动和食物摄取是相互影响的特殊行为，上述措施和政策在一定程度上可以并能够改变这些行为。

(6) 缺乏体力活动已经危及全球健康状况，并成为发展中国家和发达国家普遍存在并日趋严重的问题。

可见，全球都已经意识到了缺乏身体活动是一种极不健康的生活方式，WHO 在其网站上还特别列举出“关于身体活动的 10 个事实”：

(1) 缺乏身体活动是全球第四大死亡高危因素。

(2) 定期的身体活动有助于维持健康的身体。

(3) 身体活动不应与体育运动混为一谈。

(4) 中等和高强度的身体活动都可产生健康效益。

(5) 5～17 岁者每天至少应积累 60 分钟的中等至高强度的身体活动。身体活动超过 60 分钟，可提供额外的健康效益。

(6) 18～64 岁的成人在一周内至少应做 150 分钟的中等强度的身体活动，或者一周至少做 75 分钟的高强度活动，或者中等和高强度活动综合起来达到对等的量。每次活动的时间应至少达到 10 分钟。

(7) 65 岁及以上的成人为老年人，针对成人和老年人的主要建议相同。此外，行动不便的老年人每周应有三天或三天以上开展身体活动以加强平衡能力和预防跌倒。当老年人因健康条件不能达到建议的身体活动量时，他们应在自己能力和条件允许的范围内尽量积极参与身体活动。

(8) 除非有特殊健康状况表明其不适宜，否则这些建议适用于所有人，不分性别、人种、民族或收入水平。这些建议也适用于与行动能力无关的慢性非传染病患者，例如高血压或糖尿病患者。这些建议也对患有残疾的成人有效。

(9) 多少开展一些身体活动总比一点也不做要好得多。

(10) 支持性的环境和社区可帮助人们更多地参与身体活动。在加强人口身体活动水平方面，城市和环境政策具有巨大的潜力。此类政策的例子包括：确保所有人都能安全地步行、骑自行车和采用其他不用机动车的出行方法；或者确保学校有安全的场地和设施供学生开展课余活动。

2. 吸烟

烟草制品是完全或部分用烟叶作为原料制成的产品，用于抽吸、咀嚼或鼻吸。所有都包含尼古丁这种非常让人上瘾且能作用于精神的成分。吸烟是导致一系列慢性病，包括癌症、肺病和心血管病的主要危险因素之一。让我们记住图 5-4 这张宣传画吧。

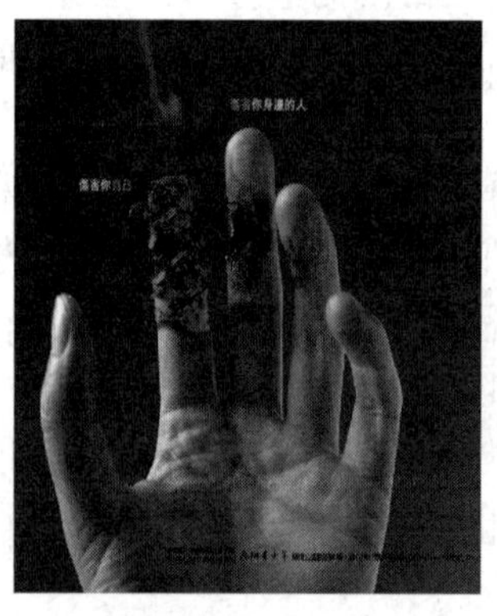

图 5-4　“吸烟有害”宣传画

每年全球死于与吸烟相关疾病的人数达 300 万。吸烟对健康的主要危害有五个方面：第一，吸烟是多种疾病的独立致病因素。吸烟者容易患肺癌和唇、舌、口腔、喉、食道和膀胱等多种癌症，以及慢性阻塞性肺病、冠心病、溃疡病等一系列与吸烟相关的疾病。第二，吸烟者污染环境，使不吸烟者被动吸烟，而遭受被动吸烟的危害性不亚于主动吸烟。第三，危害身体。从烟草中分离出的有害物质对人体造成多方面的危害，如血氧含量降低、血压升高、免疫机能下降、性功能障碍。第四，增加意外恶性事故发生，如有许多火灾即由吸烟引起。第五，由吸烟造成的医疗负担和缺勤误工带来了巨大的经济损失。

另外，吸烟对女性的损害往往更大，虽然女性吸烟的人数不多，但是，烟草对女性的危害在一定程度上要大于男性。为此，世界卫生组织提出“关于两性与烟草的 10 个事实”，非常值得我们警惕：

(1) 世界 10 亿吸烟者中，约 2 亿为女性。在全球，约有 40%的男性吸烟，相比之下，女性只有近9%。但是，在一些国家，女性使用烟草的现象正在日益增多。

(2) 目前在一些国家，女孩与男孩吸烟人数同样多。

(3) 男孩和女孩开始吸烟的原因不同。烟草控制战略必须认识到，不同的文化、心理和社会经济因素可能影响男孩和女孩使用烟草的决定。

(4) 每年有150万妇女死于使用烟草。

(5) 妇女是烟草业瞄准的最主要目标之一。

(6) 吸“清淡型”卷烟的女性多于男性。事实上，吸“清淡型”烟者往往会采取补偿性吸烟行为，通过更深的抽吸和加大吸烟频率，吸入足够的尼古丁量。

(7) 烟草使用对女性的危害不同于男性。

(8) 二手烟雾导致的死亡中女性占64%。在全世界，二手烟雾每年导致约43万成人死亡，其中64%发生在女性中。

(9) 吸烟者应避免让与其一起生活和工作的人们接触二手烟雾。

(10) 控制女性使用烟草是所有烟草控制战略的重要组成部分。

3. 有害饮酒

酒精消费对疾病和伤害造成的影响主要取决于饮酒的以下两个单独、但彼此相关的因素：饮酒总量和饮酒方式。大量饮酒(指饮用60克或60克以上纯酒精)是有害饮酒模式的一个主要特点。饮酒过量可引起酒精依赖、肝硬化、癌症和意外伤害。

有害饮酒每年造成250万人死亡。其危害远不止饮酒者的身心健康，还影响到饮酒者身边的人的幸福和健康。醉酒者可能会伤害他人或使他人受到交通事故或暴力行为的伤害，或使同事、亲友或陌生人受到不利影响。有害使用酒精对社会造成了深刻影响。

有害饮酒是导致神经精神障碍(如饮酒造成的疾患和癫痫)和其他非传染性疾病(如心血管病、肝硬化以及各种癌症)的一项主要因素。有害使用酒精还与若干传染病，如艾滋病毒/艾滋病、结核病和性传播感染等有关。饮酒造成这些疾患的原因是，它可削弱免疫系统，并对患者继续接受抗逆转录病毒治疗造成不利影响。有害饮酒造成的疾病负担很大一部分源自无意和有意的伤害，包括道路交通事故、暴力和自杀造成的伤害。饮酒引起的致命伤害多发生在较年轻的人群中。

世界卫生组织曾针对有害饮酒提出非常严峻的事实，分别是：

(1) 有害使用酒精每年造成250万人死亡。

(2) 在15岁至29岁年轻人中，每年有32万人死于与酒精相关的原因，占该年龄组死亡总数的9%。

(3) 酒精是全球疾病负担的第三大风险因素，是西太区和美洲区的最大风险因素，欧洲区的第二大风险因素。

(4) 酒精造成许多严重的社会和发展问题，如暴力、儿童遭受忽视和虐待以及旷工等问题。

图5-5所示的是按收入组别衡量的19项主要风险因素导致的残疾调整生命年所占全球总数百分比(资料来源于2009年《全球健康风险》)。我们可以看出，“酒精使用”作为一种风险因素，无论在低收入国家，还是在中等收入国家、高收入国家，对健康寿命的危险性都是非常大的，因此要引起注意。(注：残疾调整生命年是指从发病到死亡所损失的全部健康寿命年。)

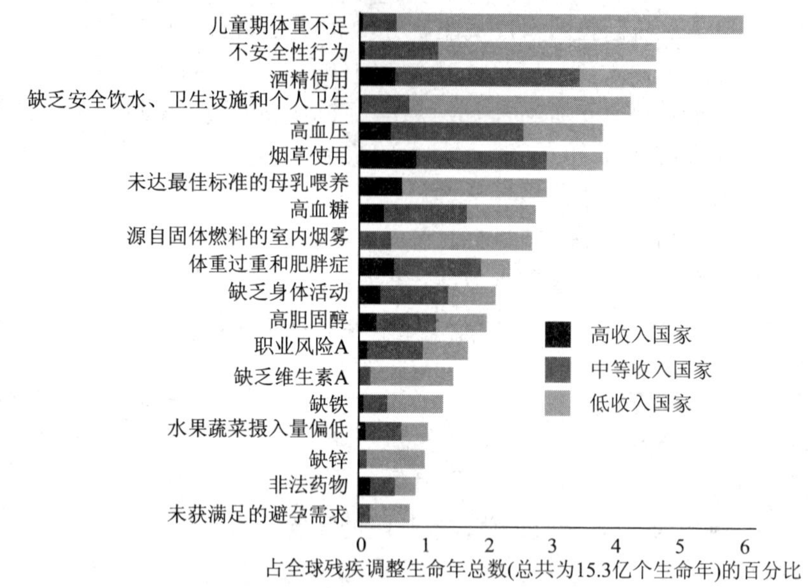

图 5-5　主要风险因素致残的调整生命年

4. 不良饮食习惯

暴饮暴食、偏食、厌食等不良的饮食习惯，再加上不合理的膳食，导致营养摄取不足或热量过多，产生一系列问题。膳食和营养是人类在整个生命进程中提高和保持健康状况的重要因素，它们对慢性疾病所起到的决定性作用已经十分清楚。

心脑血管病、高血压、糖尿病、各种癌症及其他胃肠疾病和肝脏疾病，都与不良饮食习惯和不合理膳食有关，可统称为“与饮食有关的非传染性疾病”。非传染性疾病目前是全球疾病控制的主要目标。随着社会经济的发展,出现了以高脂肪、高糖、高能量为特征的“三高膳食结构”。这种膳食结构造成体重超重和肥胖、血压升高、血胆固醇升高，成为心血管病的危险因素。肿瘤的发生与食物的构成也直接相关。

从世界卫生组织的统计来看，虽然艾滋病病毒/艾滋病、疟疾和结核病以及其他传染性疾病在非洲撒哈拉以南地区仍然是重要的疾病，但是全世界死亡人数中有 75%是因慢性疾病所致，而且，这种现象在发展中国家出现了。显然，慢性疾病的早期名称“富贵病”显得用词不当，因为不仅在较穷的国家，而且在较富裕国家的贫困群体中也有出现。这都与不良饮食习惯和不合理膳食关系密切。

(二) 非传染性疾病

1. 概述

世界卫生组织的定义如下：非传染性疾病或慢性病，是指病情持续时间长、发展缓慢的疾病。非传染性疾病的 4 个主要类型为：心血管疾病(如心脏病发作和中风)、癌症、慢性呼吸道疾病(如慢性阻塞性肺病和哮喘)以及糖尿病。

随着我国经济、社会的巨大发展以及城市化进程的加快和人口结构的转型，目前我国八成的疾病属于非传染性的，包括像心脏病、癌症以及慢性呼吸道疾病等，而癌症已经取代传统的传染性疾病，成为国民健康的主要威胁和患者的主要家庭负担之一。约瑟夫·沙巴博士认为：“中国的疾病剖面在许多方面显示出和发达国家相同的状况。”现在发达国家的死因分析中传染病仅占1%以下，中国约为5%。

我国前10种死因中，不良生活方式在致病因素中占44.7%。吸烟、吸毒、性传播疾病、心理和精神障碍导致的疾病正呈现上升趋势。有的医学家曾预言，大约在2015年，生活方式疾病将成为人类的头号敌人。

就非传染病而言，最重要的危险因素包括高血压、血液中胆固醇浓度高、水果和蔬菜摄入量不足、体重过重或肥胖、缺乏身体活动和使用烟草等，这都是不健康的生活方式，或不健康的生活方式所导致的。

2. 非传染性疾病与生活方式

2011年4月，在莫斯科召开了“首届健康生活方式和非传染性疾病控制问题全球部长级会议”，可见，生活方式与非传染性疾病的关系十分密切，已经引起全球关注。

从WHO“关于非传染性疾病的10个事实”，我们可以看出目前非传染性疾病的严峻现实：

(1) 全世界总死亡人数中的63%由非传染性疾病引起，主要是心血管疾病、癌症、慢性呼吸道疾病和糖尿病。

(2) 80%的非传染性疾病死亡发生在低收入和中等收入国家。

(3) 29%的非传染性疾病死亡病例年龄在60岁以下。

(4) 全世界男性和女性罹患非传染性疾病的几率相当。

(5) 非传染性疾病的主要风险因素为烟草使用、有害使用酒精、不良饮食和缺乏身体活动。

(6) 非传染性疾病不仅是一项健康问题，同时也是对发展的挑战。治疗方面的灾难性支出将人们推向贫困或将人们牢牢禁锢在贫困之中。

(7) 2008年，有15亿20岁及以上的成年人超重。

(8) 2010年，近4300万5岁以下儿童超重。

(9) 烟草使用导致每年近600万人死亡。到2020年，这一数字估计将上升至750万，占所有死亡人数的10%。

(10) 消除主要风险可预防大部分非传染性疾病。如果慢性疾病的主要风险被消除，大约四分之三的心脏疾病、中风和2型糖尿病以及40%的癌症将能够得以预防。

3. 年轻人的健康风险

8月12日是国际青年日，对年轻人来说，生活方式方面的健康风险尤其大。据世界卫生组织统计表明，大多数青少年身体健康，然而，一些重要事实说明，年轻人面临着非常多的健康风险，这些事实如下：

(1) 每年有260多万10到24岁年轻人死亡，而死因大多是可以预防的。

(2) 每年约有1600万15到19岁女孩生育。

(3) 2009年，在所有成年人新增艾滋病毒感染者中，15到24岁年轻人所占比例为40%。

(4) 在任何一年中，约有20%的青少年都会遭受某种形式的精神疾患，最为常见的是抑郁症或焦虑症。

(5) 据估计，有1.5亿年轻人使用烟草。

(6) 每天约有430名10到24岁年轻人因人际间暴力而死亡。

(7) 据估计，每天有700名年轻人死于道路交通伤害。

除了上述事实，还有相当多的年轻人因身患疾病而妨碍了身体生长发育，无法充分发挥潜力。但也有较多的年轻人染上不良行为习惯，不仅危害其目前的健康状况，往往还会对其今后的健康产生长期不利影响。

近三分之二的过早死亡和成人疾病中约三分之一与青少年时期出现的情况或行为有关，包括使用烟草、缺少身体锻炼、无保护的性交或接触暴力。因此，健康的生活方式对年轻人来说显得尤为重要。

三、生活方式干预

(一) 生活方式干预的重要性

中国有句话叫“不治已病治未病”，就是说防病的重要性在某种程度上来说更加大于治病。通过对膳食、营养、行为、身体活动等生活方式的干预，来预防慢性非传染性疾病，保障健康，是一项长期而艰巨的事业。

生活方式对健康的影响很大，反之，通过改变生活方式，也可以预防相关非传染性疾病等不健康状态或疾病状态。世卫组织总干事陈冯富珍博士曾做过“预防是攻克非传染病的最佳选择”的讲话，在讲话中，她提到：“全球非传染病网络将重点放在四大疾病上，即心血管病、癌症、糖尿病以及慢性呼吸道疾病。全世界目前每年60%的死亡病例是这些疾病造成的。”她还指出“全球非传染病网络重点关注四大风险因素：烟草使用、不健康饮食、缺乏身体活动、有害使用酒精。”并且，她又提到了“全球非传染病网络还重点关注四项生理风险因素：高血压、高胆固醇、高血糖、高身体质量指数。”这些都与生活方式关系密切，所以，她还特地强调了对生活方式的干预：“我们需要将重点放在全民措施上，促进人们采用健康的生活方式。”

(二) 生活方式干预的例子

来自世界卫生组织简报的消息提到了在伊朗进行的一项生活方式干预实验。具体方法是：伊斯法罕健康心脏计划在两个干预城市(伊斯法罕和纳贾夫阿巴德)和一个对照区(阿拉克)进行社区试验。对干预区城市和农村的人口实施生活方式干预，对阿拉克则不实施相应措施。在各社区以多阶段整群抽样法随机选取成年人样本。对饮食、体育活动和吸烟行为进行量化并记录为1(低风险)或0(其他)，记录时间为基准年(2000年)和干预区4年、对照区3年，每年进行记录。最后，将所有行为的得分相加，获得生活方式总得分。4年后结果表明，社区范围的生活方式干预计划在发展中国家可起到作用。

在芬兰，1972年至1995年期间，北卡累利阿冠心病干预项目开始实施。通过与社区开展合作，改变自然和社会环境，从而影响并改变人们的行为方式，引导人们选择健康的生活方式。后来发现，冠心病年龄调整使死亡率显著下降。

这个项目对三个重要的与生活方式关系密切的因素(吸烟、高血压、高血胆固醇)进行分析的结果表明，膳食可通过减低血胆固醇和血压而发挥作用，其在大幅度减少心血管病上发挥了较大的作用。药物治疗和医疗(抗血脂和降血压药、手术治疗)所发挥的作用甚小。相反，减少该疾病主要是通过社区行动以及消费者需求对食品市场施加的压力而实现的。芬兰和其他国家的经验表明，膳食结构的改变至关重要，干预措施是有效的。

韩国的经验也令人关注，尽管社会和经济发生了巨大变化，但整个社会还是基本保持传统的以大量蔬菜为主的膳食结构，因此，慢性疾病发病率较低，而且，与经济发展水平相似的其他工业化国家相比，其脂肪摄取量和肥胖症发生率均低于预计的水平。

另外，许多研究揭示了健康和收入之间的关系，在整个人口中最贫穷的群体往往是最易受害的群体。在慢性疾病的发生率和接受治疗上，贫困人口处于社会极为劣势的地位，与社会的其他群体相比，他们接受有益健康行为教育的比例也较低。因此，处在疾病风险之下的贫困人口应作为生活方式干预的目标来进行。

(三) 发展中国家的生活方式干预

大多数发展中国家传统膳食结构和生活方式的变化迅速，而且，在这些国家继续存在食品不安全和营养不足的同时，慢性非传染性疾病将上升为主要流行病。肥胖症的流行，加上其导致的疾病——心脏病、高血压、脑溢血、糖尿病，并不仅仅是发达国家的问题，而且，儿童的情况也与此相同。在过去二十多年的时间里，发展中国家儿童的体重超重发生率一直在上升，很令人担忧。在发展中国家存在的肥胖症发病率的日趋上升，也表明了缺乏体力活动已经成为这些国家日益严重的问题。因此，亟待进行生活方式干预。例如我国在二十世纪九十年代推出的“全民健身”活动，就是国家通过增加国民身体活动促进国民健康而进行的一项生活方式干预。

可见，通过对生活方式的干预，促使人们转而采用健康的生活方式，这将对健康起到至关重要的促进作用。

相关链接

电子娱乐设备的危害

电子设备会产生电磁波和辐射，长期与之接触会破坏人体的磁场和神经系统、免疫系统等。因为沉迷于现代娱乐工具而影响健康的事例常常见诸报端。某地一名年仅15岁的中学生，因为沉迷于电脑游戏。在电脑前度过了20多个小时，导致双眼暴盲(暂时性失明)，治疗后留下了后遗症，只要用眼时间过长就会流泪、眼痛；某地一个音响发烧友因为将音响的声音开得很大，一年以后听力严重衰退，并患上了心脏疾病；一位每天基本要看10个小时以上电视的观众因为饮食无规律而得了胃肠疾病，但是他未加注意，最后患上了神经性厌食……

第三节 亚健康概述

世界卫生组织指出：21 世纪威胁人类的头号杀手是生活方式疾病，尤其是它的“前奏”——亚健康。亚健康是界于健康与疾病之间的状态，是处于疾病与健康之间的一种生理机能低下的状态，也是很多疾病的前期征兆。亚健康通常发生在生活节奏快、工作压力大的中年人群中，但随着社会的发展，亚健康所困扰的主体人群正呈现低龄化发展趋势，尤其是在校大学生，他们已成为亚健康的高发人群。

从高中步入大学生活后，相对宽松和自由的生活方式让大学生们的生活逐渐变得散漫。中学时期的生活有父母的监管使起居作息无法偏离既定的轨道，而到了大学之后，时间就可以由自己掌握。不少大学生的生活状态表现为：晚上熬夜开夜车，早上逃课睡懒觉，上网达到“废寝忘食”；中午嫌食堂人多就回寝室把零食当午餐，时常一顿、两顿不吃，然后又狠吃一顿……，无规律的生活、无规律的饮食、无规律的睡眠已在透支自己的身体，出现了亚健康状态，为健康埋下隐忧。如果不能科学地自我调适和自我保护，就容易进入亚健康状态。如果不进行亚健康干预，包括大学生在内的社会人群中，将有不少人死于心脑血管疾病、与吸烟有关的疾病和肿瘤。

一、亚健康概念

(一) 传统医学中的“亚健康”

我们通常说患了疾病，但在古代“疾”与“病”含义不同。“疾”是指不易觉察的小病(疾)，如果不采取有效的措施，就会发展到可见的程度，便称为“病”。这种患疾的状态，现代科学叫“亚健康”或“第三状态”，在中医学中称“未病”。

“未病”不是无病，也不是可见的大病，按中医观点而论是身体已经出现了阴阳、气血、脏腑营卫的不平衡状态。我们的祖先早就意识到，有了疾病除积极寻找除疾之法外，还积累了许多预防疾患的措施。《黄帝内经》有曰:“圣人不治已病治未病，夫病已成而后药之，乱已成而后治之，譬犹渴而穿井，斗而铸兵，不亦晚乎？”由此可鲜明地看出我们的祖先已认识到对疾病应“未雨绸缪、防患未然”的重要。

(二) 现代医学中的亚健康

亚健康(Sub Health)即指非病非健康状态，是指人们尚未达到疾病标准，但已有程度不同的各种疾病的危险因素，具有发生某种疾病的高危倾向。这是一类次等健康状态，是界乎健康与疾病之间的状态，故又有“次健康”、“第三状态”、“中间状态”、“游离(移)状态”、“灰色状态”等的称谓。 亚健康是处于疾病和健康之间的一种生理机能低下的状态。亚健康状态也是很多疾病的前期征兆，如肝炎、心脑血管疾病、代谢性疾病等等。

亚健康是个大概念，包含着前后衔接的几个阶段：其中，与健康紧紧相邻的可称作“轻度心身失调”，它常以疲劳、失眠、胃口差、情绪不稳定等为主症，但是这些失调容易恢复，恢复了则与健康人并无不同。它约占人群的25%～28%。

这种失调若持续发展，可进入“潜临床”状态，此时，已呈现出发展成某些疾病的高危倾向 ，潜伏着向某病发展的高度可能。在人群中，处于这类状态的超过 1/3。他们的表现错综复杂，可为慢性疲劳或持续的心身失调，包括前述的各种症状持续 2 个月以上，且常伴有慢性咽痛、反复感冒、精力不支等。也有专家将其错综的表现归纳为 3 种减退，即活力减退、反应能力减退和适应能力减退。从临床检测来看，城市里的这类群体比较集中地表现为三高一低倾向，即存在着接近临界水平的高血脂、高血糖、高血粘度和免疫功能偏低。

二、亚健康的表现

大学生“亚健康”主要表现为长期持续的疲劳、失眠、多梦、四肢无力、经常性感冒、精神难以集中、感觉迟钝、记忆力减退、烦躁不安、情绪低落等。随着社会竞争更加剧烈，对大学生心理承受能力的要求越来越高，出现心理障碍人数的比例也愈来愈多，大学生在意识、智力、情感、意志、人格等方面的心理障碍表现比较突出。

亚健康状态临床上常被诊断为疲劳综合症、内分泌失调、神经衰弱等。亚健康完全是人体长期的过度疲劳而又得不到充分的调整和休息，造成精力和体力透支所致，大学生出现“亚健康”状态时，常常有以下具体表现：

(1) 心神不安，惊悸少眠。主要表现为心慌气短，胸闷憋气，心烦意乱，惶惶无措，夜寐不安，多梦纷纭。

(2) 汗出津津，经常感冒。经常自汗、盗汗、出虚汗，稍不注意就感冒、怕冷。

(3) 舌赤苔垢，口苦便燥。舌尖发红，舌苔厚腻，口苦、咽干，大便干燥、小便短赤等。

(4) 面色有滞，目围灰暗。面色无华、憔悴，双目周围特别是眼下灰暗发青。

(5) 四肢发胀，目下卧蚕。晨起或劳累后足踝及小腿肿胀，下眼皮肿胀、下垂。

(6) 指甲成像，变化异常。如指甲出现月痕不齐、峰突凹残、甲面白点等；异常甲象。

(7) 潮前胸胀，乳生结节。妇女在月经到来前两三天，四肢发胀、胸部胀满、胸胁串痛，妇科检查，乳房常有硬结。

(8) 口吐粘物，呃逆胀满。常有胸腹胀满、大便粘滞不畅、肛门湿热之感，食生冷干硬食物常感胃部不适，口中粘滞不爽，吐之为快。重时晨起非吐不可，进行性加重。

(9) 体温异常，倦怠无力。下午体温常在 37℃～38℃左右，手心热、口干、全身倦怠无力等。

(10) 视力模糊，头胀头疼。平时视力正常，突感视力下降，且伴有目胀、头疼。

三、亚健康的分类

亚健康状态是机体在无器质性病变的情况下发生的一些功能性改变，其主诉症状多种多样且不固定。亚健康主要分为以下几种。

(一) 躯体亚健康

躯体亚健康状态总的特征是持续的或难以恢复的疲劳，常感体力不支，懒于运动，容易困倦疲乏。中西医对此种亚健康的分类有所不同，中医分类如下：

(1) 疲劳型亚健康：持续 3 个月以上的疲乏无力为主要表现，并排除一切可能导致疲劳的疾病(如病毒性肝炎、肿瘤、糖尿病、重症抑郁等)。

(2) 睡眠失调型亚健康：以持续 3 个月以上的失眠(入睡困难，或多梦、易惊醒，或睡眠不安，或早醒、醒后难以入睡等)，或嗜睡，晨起时有明显不快感，或不解乏的睡眠为主要表现，并排除可能导致睡眠紊乱的各种疾病(重症抑郁、睡眠呼吸暂停综合症、发作性睡眠等)。

(3) 疼痛型亚健康：已持续 3 个月以上的各种疼痛为主要表现，并排除可能导致疼痛的各种疾病。如头疼，伴有头昏或眩晕，还有咽喉痛、肩颈部僵硬疼痛、背痛腰酸、肌肉酸痛、关节疼痛等。

(4) 其他症状型亚健康：已持续 3 个月以上的其他任何症状为主要表现，并排除可能导致这些症状的各种疾病。

种种的躯体不适，严重影响着人们的生活质量，妨碍生活、学习、工作和事业，并可以长期潜隐地损害健康，最终导致疾病，或促发危重症，甚至发生猝死。据统计，近几年来日本每年发生“过劳死”超过万例，我国青壮年人群猝死也明显增多。

西医根据生理病理特点，将亚健康状态分为以下类型：

分类	主要生理表现
易感冒型亚健康	显著特征是抵抗力下降，容易受感染，反复感冒、易出汗、常伴咽痛、低热等
心肺功能低下型亚健康	不明原因的胸闷气短、胸痛、喜叹气、心悸、心律失常、血压不稳，经各种检查排除器质性心肺疾病
消化不良型亚健康	常见食欲不振、有饥饿感却没有胃口、腹胀、嗳气、腹泻、便秘等症状
内分泌代谢紊乱型亚健康	性功能减低，月经紊乱、痛经，轻度的高血脂、高尿酸，糖耐量异常，腰痛、尿频，但经各种检查排除器质性肝肾相关疾病等

（二）心理亚健康

心理亚健康状态是由于社会竞争日趋激烈，生活节奏不断加快，人们不可避免地要面对各种矛盾和冲突，承受极大的心理压力造成的。被压抑的情绪和心理冲突，对机体的生理过程有明确的影响，引起自主神经系统、内分泌系统和免疫系统的一系列变化。最为常见的心理亚健康类型有下述几种：

(1) 焦虑型亚健康：持续 3 个月以上的焦虑情绪，并且不满足焦虑症的诊断标准。焦虑情绪是一种缺乏具体指向的心里紧张和不愉快的情绪，主要表现为精神焦虑不安、急躁易怒、恐慌，可伴有失眠、噩梦及血压增高、心率增快、口干、多汗、肌肉紧张、手抖、尿频、腹泻等自主神经症状，也可因这些躯体不适而产生疑病和忧郁。

(2) 抑郁型亚健康：持续 3 个月以上的抑郁情绪，并且不满足抑郁症的诊断标准。抑郁情绪是一种消极情绪，主要表现为情绪低落、抑郁寡欢、兴趣减低、悲观、冷漠、自我感觉很差和自责，还可以有失眠、食欲和性欲减低、记忆力下降、体重下降、兴趣丧失、缺乏活力等，有的甚至产生自杀欲念。

(3) 恐惧或嫉妒型亚健康：持续 3 个月以上的恐惧情绪，并且不满足恐惧症的诊断标准。主要表现为恐惧胆怯等不良情绪，还有妒忌、神经质、疑病、精神不振、记忆力减退、注意力不集中、失眠、健忘、反应迟钝、想象力贫乏、情绪易激动、遇小事容易生气、爱钻牛角尖、过于在乎别人对自己的评价等。

(4) 记忆力下降型亚健康：持续 3 个月以上的近期记忆力下降，或不能集中注意力做事情，且排除器质性疾病或非器质性精神类疾病者。

心理亚健康状态的普遍存在，必然导致工作效率降低，社会适应能力下降，人际关系不和谐，造成认识和决策偏差，严重影响生活质量和生命价值，甚至对自己、对家庭、对他人造成不应有的伤害，又常常不被他人所意识，不被社会所承认，不被医学所确认，因而使人感到莫名的痛苦。不良情绪持续存在，最终导致病理改变，即心身疾病。如常见的高血压、冠心病、胃和十二指肠溃疡以及癌症等。

(三) 社会交往亚健康

社会交往亚健康以持续 3 个月以上的人际交往频率减低或人际关系紧张等社会适应能力下降为主要表现。现代社会是开放和信息的社会，观念不断更新，新事物层出不穷，要求人们具备良好的社会适应能力。不能很好地处理社会与人际关系的个体，会出现适应不良的征象。

社会交往亚健康状态明显影响人们的学习、生活和身心健康。引起程度不同的心理障碍：压抑、苦闷、自卑、孤僻、意志脆弱，缺乏应付生活矛盾和克服困难的决心和毅力。人际关系的适应不良会导致不能融入群体，不能获得社会的援助，自怨自艾，无端猜疑，表现出某些偏执行为，或成为时代的落伍者，还可能诱发种种心身症状。

(四) 道德亚健康

道德亚健康是指持续 3 个月以上的道德问题，直接导致行为的偏差、失范和越轨，从而使人产生一种内心深处的不安、沮丧和自我评价降低的状态。由于思维方法不科学、错误选择接受、从众、去个性化等心理影响，在某些特定的时空，很多人存在世界观、价值观上不利于自己和社会的偏差，表现为道德及行为的偏差，既违反了社会伦理、道德规范，又损害了自己的身心，甚至导致违法犯罪。

相关链接

常见的亦病非病的亚健康综合征

计算机病：又称“反复紧张性损伤症”、“计算机键盘疲劳综合征”、“上网过多障碍症”等。

高楼综合征：以玻璃和混凝土为材料建成的现代高层楼房里，尽管装备着完善的空气调节器和人工照明设备，但是，在那里工作的人们的发病率却大大高于生活和工作在传统式楼房里的人们。

空调病：空调病是环境因素所致的疾病。随着空调在工作场所和居室的普及，其发病率逐年增高。

考试综合征：年年升学考试，年年总有一些考生平时成绩不错，但是一上考场，头脑一片空白，一旦考试结束，头脑中的知识又顿然跳了出来。这种“上场昏”现象在生理学上称为“怯场反应”，临床上称为“考试综合征”。

甜食综合征：糖是家庭必备食品，在糖的甜蜜之中隐藏着对人体健康的威胁。日常饮食中，偏爱甜食者，常常会因过量食糖而导致“甜食综合征”。

家电噪声病：联合国经济合作与发展组织对噪声污染的研究后得出结论:人能忍受噪声的限度平均不得超过 65 分贝。

办公室综合征：随着我国经济的不断发展，大大小小的办公机构也愈来愈多。井然有序、恒温舒适、富丽气派、清洁明亮的办公室如不注意环境保护，其工作人员则很容易患上“办公室综合征”。

书写痉挛：书写痉挛症是由职业因素长期从事手部精细动作，导致手部肌肉痉挛，出现以书写功能障碍为主的一种症状群。

四、大学生与亚健康

(一) 大学生出现亚健康的原因

当代社会，随着教育制度的改善，教育公平的推进以及社会的经济、文化不断发展，已经有越来越多的人进入大学学习，因此大学生逐渐发展成了一个庞大的社会团体，随之而来的则是关于大学生的各种问题，包括各种不利健康的因素。

以上海为例，一项调查显示，上海大学生亚健康发生率为 14.29%。其中，理科类学生的亚健康发生率为 12.16%，文科生为 16.25%；男生亚健康发生率为 13.26%，女生则为 16.07%。由此可见大学生的亚健康比例并不小，因此不容忽视。

引起大学生亚健康的原因不同，其表现各异，主要原因如下：

1. 学习强度过大引起的各种疲劳

疲劳是亚健康一种最为常见的表现。疲劳是机体功能的暂时性障碍，属正常生理反应，起一种防止机体“过劳”的“预警”作用，是人体健康的一种保护性反应。主要有体力疲劳、脑力疲劳、心理疲劳和混合性疲劳四种类型。

2. 长期睡眠不足

如今大多数大学校园都提供校园网，也有宽带网，因此喜欢网游的学生，尤其是男生，常常会熬夜玩游戏，导致精神亢奋，无法入眠。还有的学生喜欢上网聊天，不加节制，也造成睡眠严重不足。

长期持续睡眠不足很可能会间接地对健康状况产生不良影响，如自觉疲乏、呵欠、心慌、面色灰暗、嘴唇发紫、头昏、耳鸣、饮食无滋味以及食欲不振等亚健康表现。如果睡眠不足的亚健康状态得不到解决，久而久之将导致忧郁症、神经官能症，甚至心脏病。

3. 饮食结构不合理与营养摄取不均衡

一些大学生不习惯吃早餐或不重视早餐，造成营养摄取不足。不少大学生对于自己的饮食并不是很留意，忙碌时常常以泡面为食，或是食用其他低蛋白高热量的食物，更有一些女生采用不科学的减肥方法，经常不吃正餐，导致身体营养供应不足，免疫力也随之下降。

不科学的营养摄取还表现为如下现象：

(1) 脂肪摄入过多。脂肪是人体生命活动所必须的营养素之一，但是，摄入过多易造成肥胖。肥胖不仅人体外观臃肿，行动迟缓，还会引起高血压、高脂血症、冠心病等多种疾病。现代医学认为，肥胖、糖尿病、高血压、高脂血症和冠心病是互相联系、互为因果的五种疾病，是当今世界上威胁人类健康的主要疾病。

(2) 食盐摄入过量。食盐的主要成分是钠，是人体不可缺少的营养物质之一。如果长期吃高浓度盐的饮食，不但会诱发心血管疾病，而且还会引起胃炎、消化性溃疡等疾病。据上海地区第三次居民营养调查结果显示，上海地区城乡居民每人每日食盐摄入量平均高达 13.3 克，较世界卫生组织建议的每人每日摄入量 3～5 克，高 2.6～4.4 倍。

(3) 钙摄入不足。日常生活中如果钙摄入不足，人体就会出现生理钙透支，造成血钙下降。在缺钙初期，只是发生可逆性生理功能异常。持续的低血钙可导致骨质疏松和骨质增生。

(4) 铁摄入不足。营养学家认为，80%～90%的贫血是由于摄铁不足引起，尤以缺铁性贫血为多。铁是构成血红蛋白的主要成分，如果人体从膳食中摄入的铁不多，长期缺铁就会引起血红蛋白合成不足，造成红细胞减少而发生贫血。

(5) 维生素摄入不足。如果维生素摄入不足，物质代谢就会发生障碍，久而久之则导致维生素缺乏症或其他疾病。

4. 沉迷上网

部分大学生的课余大部分时间消耗在网上，上网时间过长也是健康的一大威胁：电脑的辐射会损伤皮肤，降低视力；长时间对着电脑屏幕甚至会引起精神紧张，大脑混沌。

长期沉迷于电脑游戏，这主要是针对男生，大学生玩家们经常可以花上一个晚上的时间玩电脑游戏会导致对生活中其他事物的兴趣逐渐消退，精神萎靡不振。

5. 运动过少

虽然学校开设有体育课，但是一周仅有两节，而在其他的课余时间里，许多大学生很少会自发地参加体育锻炼，因而普遍存在运动量不足(活动量不够或不能坚持不懈)，致“低动力疾病”日益增多，长期下去致使心血管、呼吸、运动系统等出现一系列病证，如心血管疾病、高血压、背部酸痛、肌力和肌耐力下降、关节僵直等。

6. 心理失调

大学生由于突然来到一个陌生的环境，而且要在高校生活几年，难免会产生对故乡和亲人的思念，出现消极情绪，从而导致机体的不适应，并且思乡还会出现在每个学期的开始。

另外，学业比较繁重，加之学生工作、升学、就业等等所带来的压力，一些大学生终日处在焦虑的状态，精神紧张，甚至心里失调。这些都可导致亚健康状况出现。

(二) 大学生亚健康的预防

亚健康状态作为健康与疾病的中间状态，处理得当可向健康转化，处理不当将直接导致严重的疾病。治疗亚健康的关键在于早发现、早诊断、早治疗。

从方法上，预防亚健康应从纠正病因开始，从平时的生活抓起，要从思想上重视自身健康，做到科学的健身、修养，营造良好的生活环境和人际关系，要从生物-心理-社会的角度全面加以预防。

1. 亚健康的三级干预

一级干预：以自我保健、健康教育为主，辅以运动指导、饮食指导、心理指导等措施以消除亚健康的危险因素。

二级干预：进行普查、筛检、定期健康检查以及用亚健康量表自测等来干预亚健康，以早发现、早诊断、早治疗。

三级干预：进行中医药、针灸、推拿、按摩、理疗等个体化干预。

2. 大学生出现亚健康状态的预防措施

(1) 调整生活节律，保证睡眠。科学的休息是保持身体良好状态的重要基础，经常加班加点，无规律的工作、生活以及过度的夜生活，都会严重影响人的睡眠和体能的恢复。

通常情况下，每个人都有自己的睡眠模式。睡眠时间不能少于5小时，或多于10小时，因为多睡或少睡都对身体不利。保证晚上睡眠是恢复疲劳的最好途径，所以要重视每天晚上的睡眠，减少夜生活，创造一个良好的睡眠环境，保持卧室安静，避免睡前饱食和饮用咖啡、茶叶等兴奋性饮料，睡前适当散步放松。

(2) 适当运动锻炼。有规律的适当的体育锻炼是改善和保持身体健康有效的方法之一。

适度的运动锻炼不仅可以增强人的体质，增加体力，而且可以使人身心愉悦，在减轻心理压力的同时，还可以降低不利的胆固醇和血压，减少某些疾病的发生。但是，运动的形式和运动量应该根据个人的年龄、体质和职业的不同而进行不同的选择，运动要适量，过与不及，均对身体产生不利的影响。

(3) 培养良好的生活习惯。世界卫生组织指出：一个人的生活方式，包括饮食、烟草、酒精和药物的消费及运动是决定一个人健康的主要因素。不良的生活方式和行为主要是指那些不懂得养生、不懂得营养、不讲卫生、性格不健全的生活方式和行为。过量饮用酒类、咖啡、饮料等，或暴饮暴食，或过度夜生活导致睡眠不足，体力透支的工作方式，吸烟等等，都可能引起身体的功能和素质的下降，进入亚健康状态。

五、体育锻炼与大学生亚健康

人们为了根治各种由于生活方式造成的社会疾病不得不把体育运动纳入医学的内容构成。因为体育运动是贯穿整个生活方式之中起着调节作用的成份，它调节并改善着人们由于饮食、营养、体重、作息等方面长期不合理的积习所造成的生活方面的健康效应。解决人们身心健康问题的最好办法就是动员他们面向体育运动，参与其间。而体育健身运动恰恰是治疗亚健康状态的一种最积极、最有效的手段，而且是最方便、最廉价的手段。

(一) 通过体育运动改善亚健康

适当的体育运动、均衡的营养搭配和良好的社会关系，是抵抗生理和心理疾病的最佳办法，也是防范和矫治亚健康的有效手段。

1. 改善心情

体育活动能促进人体释放一种内啡肽，使人心情愉快，精神振奋，情绪高涨。这对消除不良心境、缓解心理压力大有益处。每日傍晚锻炼30～60分钟，有助于提高睡眠质量，入睡前再烫烫脚，喝一袋牛奶，可安然入睡。

2. 降低心脑血管疾病

经常运动，动脉血管的弹性就会增大，伸缩性强，血液就能被顺畅地送到体内各组织器官。反之，血管若失去弹性，心脏负担就会加大，血压就会增高。有氧运动可以改善大脑皮质与植物神经的功能，扩张外周血管，从而降低血压、有利心脏健康，还能降低甘油三酯和低密度脂蛋白胆固醇含量，提高高密度脂蛋白胆固醇含量，具有抗动脉粥样硬化的作用，可降低心血管疾病的发病率。

3. 防治多种疾病

有氧运动可使免疫系统中的自然杀伤细胞(NKcell)、巨噬细胞活性明显增强，起到抵抗病毒细菌感染和抑制并杀死体内突变癌瘤细胞的作用，提高内分泌系统对全身各器官的调节能力，减轻功能紊乱，有助于情绪安定，因而能减轻更年期各种反应，还能预防中风，降低餐后血糖，预防骨质疏松症，控制体重等等。

(二) 科学健身预防和纠正亚健康

1. 选择适宜的运动项目

一个人选择什么样的运动项目，应该根据自己的年龄、性别、体质、环境、体育设施、个人爱好等来确定，做到因人、因地、因时而宜。

脑力劳动者容易患神经衰弱、高血压、消化不良、便秘等病症，可以选择能够促进脑细胞生长发育、提高心肺功能的运动项目，如游泳、慢跑、爬山、太极拳等。整天坐着工作的人，提倡打羽毛球、乒乓球等。身体肥胖的人，宜选择运动强度小、灵活轻松的项目，如步行、打羽毛球、骑自行车。身体瘦弱的人，应以增强肌肉力量为主，选择引体向上、俯卧撑、器械体操等项目，同时还要进行一些全身性的运动，如游泳、跑步等。妇女宜选择加强腹肌、骶肌的项目，如仰卧起坐、抬腿扩胸、跳舞等。

2. 掌握适宜的运动强度

要想获得理想的健康效果，必须达到一定的训练强度，要有一定的热量消耗。那么，是不是“运动量越大越有益于健康”呢？事实并非如此，运动量过大并不利于健康。掌握运动强度需要个体化，即依据个人身体状况慎重对待。

一般我们以心率作为运动量的指标，具体如下：

● 每分钟合适运动心率等于 170 减去年龄。如果有锻炼基础，可以稍快 5～10 次，如果平日心率较慢或有慢性病，可以慢一些，不要强求。

● 运动后心率增加次数：低强度运动量等于安静心率加上 24 次/分钟，中强度运动量等于安静心率加上 40 次/分钟，高强度运动量等于安静心率加上 60 次/分钟。

运动后心率以 10 分钟内应恢复到安静状态，运动中、后无明显不适为标准。

合适运动量的自我感觉是：运动时稍出汗、轻度呼吸加快、不影响对话，早晨起床时感觉舒适、无持续的疲劳感和其他不适。

3. 控制适宜的运动时间

运动时间以每周 3～5 次，每次 30～60 分钟为宜，午后 3 时至晚间 9 时为每日运动的最佳时间，通常晚饭后 45 分钟开始锻炼，这时也是减肥的最佳时间，环境最好选择在有花草、绿地、树木的场所。

以往我们通常以为锻炼最适宜在清晨，其实不然。因为早晨人的血液黏稠度较高，容易形成血栓，是心脏病发作的高峰期。早晨地面空气含氧量为一天中最低，如必须早晨锻炼，那也要等太阳出来半小时后再进行。另外，患感冒和感冒初愈后不要急于锻炼，要等到痊愈后 3～4 天再进行锻炼，这样避免了对心脏的损伤。

思考题

1. 健康、亚健康的概念是什么？健康包括哪些内容？
2. 世界卫生组织关于健康的标准有哪些？
3. 健康的四大基石是什么？影响健康的因素有哪些？
4. 不健康的生活方式有哪些？
5. 非传染性疾病是指什么？它包括哪些疾病？
6. 你认为目前年轻人面临的健康风险都有哪些？
7. 大学生出现亚健康的原因有哪些？
8. 体育锻炼对于缓解亚健康有什么样的作用？

第六章 体育锻炼与健康

内容提要：本章主要介绍心理健康、生殖健康、社会适应及道德健康的概念与标准；分析当代大学生心理健康、生殖健康、社会适应及道德健康的具体表现及面临的问题；探讨体育锻炼对大学生心理健康、生殖健康、社会适应及道德健康的促进作用。本章旨在帮助读者建立完整的健康观，倡导体育锻炼对身心健康的良好作用，帮助广大学生通过体育锻炼来改善和提高身心健康水平。

学习目标：

1. 掌握心理健康的内涵及判定心理健康的主要标准，了解影响大学生心理健康的主要因素，了解体育锻炼对心理健康的作用；
2. 掌握生殖健康的概念及标准，了解什么是婚前性行为与疾病传播，了解体育锻炼与生殖健康的关系；
3. 掌握社会适应的概念，了解大学生社会适应的重要性与社交不适的表现，了解体育锻炼对社会适应的积极作用；
4. 了解道德健康的概念，理解体育对道德教育的重要作用，掌握体育道德失范的相关理论，认识体育道德失范的严重性。

第一节 体育锻炼与心理健康

健康是每个人都关心和向往的目标。对于当代大学生来说，健康既是成长发展的前提，也是快乐学习、事业成功、生活愉快的基本条件。随着现代社会政治、经济的飞速发展，生活节奏的加快，人们面临的压力越来越大，这样那样的心理疾病层出不穷，心理疾病成为困扰人们生活的重要因素。因而，心理健康成为人们追求的一种时尚和目标。那么，什么样的心理是健康的呢？

一、心理健康的概念及标准

(一) 心理健康的概念

古往今来，人们对健康有着不同的理解。过去，人们认为身体无疾病就是健康，这也就是在生物医学模式下的健康概念。但随着社会的发展、科学的进步，人们对健康有了新的认识，单一的生物医学模式下的健康观被以“生物—心理—社会”医学的多重模式的健康观所代替。

1948 年，世界卫生组织(WHO)在宪章中指出：“健康不仅是免于疾病和衰弱，而且是保持身体上、精神上和社会适应方面的完善状态。”这一定义大大超越了疾病的范畴，将人的健康与生物的、心理的、社会的多方面的关系密切联系起来。1989年，世界卫生组织又一次深化了健康的概念，认为健康应包括躯体健康、心理健康、社会适应良好和道德健康。这一定义在原有理解的基础上又把道德健康纳入健康的内涵之中，使健康概念更为全面，这也就是21世纪的新健康观。

心理健康是指个体能够适应当前和发展着的环境，具有完善的个性特征，认知、情绪反应、意志行动处于积极的状态，并保持正常的调控能力。也就是说，提到心理健康的概念，至少包含三方面的含义：

(1) 认知健康：是指个体具有良好的感知觉，思维敏捷，做事注意力集中，富有一定的想象力，智力正常，记忆力良好，对生活中的事件能够采取理性的策略加以解决。

(2) 情绪健康：是指个体的情绪稳定乐观，意志坚强，行为规范协调，精力充沛。

(3) 人格健康：是指个体具有良好的个性特征，能够维持正常的人际交往，并保持个性的相对稳定性。

心理健康是一种心理上和行为上的良好状态，是个人所能达到的最佳状态。心理健康具有相对性，心理与行为的健康与不健康的划分只是相对的，在健康与不健康之间没有超然的、绝对的分界线。心理健康不能脱离个人的自身条件，不同社会对心理健康的划分标准也是不同的。心理健康具有动态性，心理健康是人的理想追求，是人的心理的最佳状态，健康无止境，它永远是人们努力追求的目标。

(二) 心理健康的标准

关于心理健康的标准，中外学者、专家提出众多的观点，至今尚无完全一致的标准。参照各种已发表的心理健康标准，我们归纳出以下8条主要标准。

1. 心理行为符合年龄特征

在人的生命发展的不同年龄阶段，都有相对应的不同的心理行为表现，从而形成不同年龄阶段独特的心理行为模式，如少年天真活泼，青年朝气蓬勃，中年平稳稳健，老年沉着老练。心理健康与否是指与同龄人相比，是否具有与多数人相符合的心理行为特征。如果一个人的心理行为经常严重偏离自己的年龄特征，一般都是不健康的表现。

2. 智力正常

智力是心理活动的认知功能的表现。智力主要由观察力、记忆力、思维力和想象力组成。良好的智力水平是保障一切社会的人学业成功、事业成功的必备心理基础。心理健康者能适应生活环境，能正常生活、工作、学习，智商大于70分。

3. 情绪稳定乐观

情绪和情感在心理健康中是一种明显的外部指标，它对人的心理活动常常起着推动或阻抑作用。乐观、开朗、兴奋使人思维敏捷，记忆力增强，充满信心；忧郁、悲观、沉闷导致思维抑制，记忆困难，悲观失望。心理健康者能经常保持愉快、开朗、自信、满足的情绪，他们善于从生活中寻求乐趣，对生活充满希望，更为重要的是他们情绪稳定，具有自制和自控能力，能够保持与周围环境的动态平衡：心理不健康者经常情绪波动、反复无常，对人或物无动于衷，冷漠无情，焦虑忧郁，情感不协调，无法自制、自控。

4. 意志坚定

心理健康的人具有良好的意志品质，主要表现为对自己的行为有一定的控制能力，能正确认识自己行动的目的和意义，遇事有一定的决断能力，凡事持之以恒，对冲动有克制能力，对紧急事件有良好的应变能力。心理不健康者的意志水平常表现为两种极端状态，要么武断独行，我行我素，固执己见，要么表现为犹豫不决，畏惧退缩，缺乏信心和决心。

5. 人际关系和谐

每个人都生活、工作在某一群体之中，人与人之间不断进行人际交往、共同协作。个体的心理健康水准往往在与他人交往中有所表现。和谐的人际关系既是心理健康不可缺少的条件，也是获得心理健康的重要途径。心理健康者在人际关系上表现为：乐于与人交往，有知心朋友；在交往中有自知之明，不卑不亢；能客观地评价别人，友好相处，宽厚待人。

6. 自我意识完善

心理健康者有正确的自我意识，能正确地认识自己，承认自己的优点与缺点，能够不断修正自己的缺点，努力完善自我，对自己的缺点和错误不掩饰、不自卑，对自己的长处不自傲。心理健康的人不挑剔自己或厌恶自己，他的生活观是积极的，能够以愉快的态度接纳自己。

7. 反应适度

人的基本心理活动是对外部信号接受和反应的过程，人的大脑接受外界环境的各种信号，通过分析、综合、判断、推理，作出相应的反应，从而达到生理、心理协调平衡的最佳状态。由于每个人对事物的反应能力和解决问题的敏捷程度各不相同，又由于各人的个性特点、思维模式、智力水平和社会适应性以及心理素质的差异，因而每个人对事物的反应具有某些差异性。心理健康者思维清晰、符合逻辑，行为有序、语言有条理，言行相符、思维行动一致，行为反应正常；心理不健康者思维混乱、不符合逻辑，行为无序、语无伦次，言行不一、思维与行为矛盾，行为反应过敏或迟钝。

8. 人格完整和谐

心理健康者有积极进取的人生观，需要、愿望、目标、行为统一，正直、热情、自信、勇敢；心理不健康者人生观消极、悲观失望，需要、愿望、目标、行为相互矛盾，冷漠、自卑、惧怕、自私。

(三) 心理健康的基本原则

1. 心理活动的主观感觉(快乐原则)

任何行为都必然伴随主观感受，主观感受指行为者自身的内心体验，这种体验中最基本的是本体感觉。无论是工作学习还是待人接物，不是依靠耳目的情报和抽象的道理来评定行为是否过分，而是靠内心体验来调整行为，大道理只能起“宏观”调控作用，时刻起作用的“微观”调控几乎完全取决于内心体验。

弗洛伊德于1911年在《详论心理功能的两个原则》中提出心理活动的第一原则为“快乐原则”。它表明，本能需要的即时满足给人带来快乐，不满足则会带来紧张、不安甚至痛苦，而每个人都具有追求快乐、避免痛苦的本性。快乐原则是指导人之初心理活动的唯一原则，也是衡量心理健康的首要法则。这种根据个人的主观感受做出自己是否处于健康状态的判断，一般是比较准确的。

2. 社会适应性(现实原则)

自我感觉很好的人不一定健康。比如，精神病人，这是心理疾病中最严重的一类疾病，但他们从来不会意识到自己有病，而且越严重的越不承认自己有病；自我防御意识很强的人，整天生活在自欺欺人之中，但自己并不觉察；自私自利的人，以自我为中心，内心充满了“我是上帝”的感觉，只管自己的感受，从不顾及对他人的伤害。这些人很快乐，但他们的心理并不健康，因为衡量一个人的心理是否健康，除了自我感受外，还必须考虑其社会适应性，一个人的心理活动与外部环境是否具有同一性(即一个人的所思所想、所作所为是否正确地反映外部世界，有无明显的差异)。这与弗洛伊德提出的心理活动的“现实原则”是一致的。每个人都生活在社会中，一个心理健康的人必须适应社会，与社会处于和谐状态而不是对立状态。个人与社会的适应情况表现在对自己、对他人、对集体、对社会的态度上，表现在与他人和社会建立的联系上，也表现在对各种事情的处理上。如果个人只顾追求快乐而忽视社会规范，迟早会受到社会的惩罚。因此，个人在追求快乐时，必须学会延迟满足，将眼前需要的满足与长远而持久的利益结合起来。需要指出的是，快乐原则与现实原则是衡量心理健康的两个基本原则，不论牺牲哪个原则，都是不健康的，甚至是病态的。

相关链接

健康的“五快三良好”

世界卫生组织就人体健康问题提出了几项既易记忆，又易理解的新标准。这几项标准包含了人体生理健康标准和心理精神健康标准，简称“五快三良好”标准。

(一) 生理健康的“五快”

(1) 吃得快：指胃口好、不挑食、吃得迅速，表明内脏功能正常；

(2) 便得快：指上厕所时很快排通大便，表明肠胃功能良好；

(3) 睡得快：指上床即能入睡，睡得熟、睡得深，醒来时精神饱满、头脑清晰，表明中枢神经系统的兴奋、抑制功能协调；

(4) 说得快：指语言表达准确、清晰、流利，表明思维清楚而敏捷，反应良好；

(5) 走得快：指行动自如，且转动敏捷，因为人的疾病和衰老往往是从下肢开始的。

(二) 心理健康的“三良好”

(1) 良好的个性：指性格温和，意志坚强，感情丰富，胸怀坦荡，心境良好，不为烦恼、痛苦、伤感所左右；

(2) 良好的处事能力：指沉浮自如，客观地观察问题，具有自我控制能力而能适应复杂的社会环境，对事物的变迁保持良好的情绪，常有知足感；

(3) 良好的人际关系：指待人宽和，不过分计较小事，能助人为乐，与人为善。

二、大学生心理发展的特点

(一) 大学生心理健康状况

根据全国各地对大学生心理健康状况的测评和我们的调查研究，多数大学生的心理是比较健康的。总体来说，当代大学生有较高的智力水平，有强烈的求知欲；他们有较稳定的情绪，乐观自信，有年轻人的朝气和活力，对未来满怀憧憬；他们有较健全的意志，不怕困难，果断，顽强，有自制力；他们人格完整统一，敢于竞争，努力向上，积极进取；他们有较完善的自我意识，能较好地认识自己，悦纳自己；他们拥有良好的人际关系，对社会现实有比较客观的认识，适应良好。

但是，也有一部分大学生的心理健康状况不容乐观，存在着不同程度的心理障碍。

1. 心理障碍的发生率

根据我们对全国六大区16所有代表性的院校600余名大学生所作的心理卫生自评量表SCL-90调查显示，其中22.35%的大学生在该量表的9个指标上至少有一个呈现心理障碍状况。

2. 心理问题的主要类型

根据问卷调查，揭示了全国大学生所遇的心理问题的主要类型。大学生希望解决的问题依次是人际关系问题、恋爱问题、神经症问题、学习问题和情绪问题。

3. 不同类型的大学生心理问题分布特点

调查发现，大学生日常所遇的心理问题在性别、年级、城乡等方面均呈现出一定的分布规律。这与他们的心理特点、生活方式及所遇问题的性质等因素密切相关。

例如就年级而言，大学一年级的主要问题是适应问题，二年级是人际交往问题，三年级是恋爱情感问题，四年级则是择业就职问题。就性别而言，男生的问题比较分散，表现为人际交往、恋爱、自我发展、能力培养、个性塑造、自我评价等方面，各项比例均较低；而女生多集中在人际交往问题、恋爱和情感问题上，此外情绪问题(尤其是自卑问题)、学习问题等也占有一定比例。城乡生源的大学生其咨询的内容也有所不同。比较起来，城市学生涉及的心理问题较广泛，但比例均较低，如人际交往、个性塑造、能力培养、事业发展、情感问题等；农村同学的问题则多集中在人际交往、自卑情绪和环境适应上。需要说明的是，上述的心理咨询中常见的心理问题并非都是心理障碍问题，它在更大的程度上反映的是学生关心的、容易遇到的或易引起学生困扰的现实问题。当然，这些问题如不及时、有效地得到解决，就容易干扰正常生活，严重的还会导致心理疾病，引起违法乱纪事件，甚至自杀，这样的事例时有所闻。

(二) 影响大学生心理健康的因素分析

1. 生理因素对心理健康的影响

对大学生心理健康产生影响的生理因素主要有四种：

(1) 大脑的器质性病变。根据临床观察和专家的研究分析，脑器质性病变，如脑肿瘤、脑萎缩、脑炎、脑血管病、脑外伤等，会直接导致各种心理异常表现，出现意识障碍、智力障碍、严重遗忘症、人格异常等。

(2) 躯体疾病。各种躯体疾病，尤其是慢性疾病，常可使人变得烦躁不安，敏感多疑，情绪稳定性降低，行为控制力减弱，兴趣缺乏，人际关系变得紧张，严重的还可能导致心理障碍。

(3) 遗传因素。大量研究表明，在精神疾病中，尤其是精神分裂症、躁狂抑郁症等的发病因素中，遗传因素占有重要的地位。

(4) 神经系统的先天素质不健全。专家认为，神经系统的先天素质不健全，如大脑皮层和皮层下神经组织之间的相互协调作用有某种障碍，大脑皮层的兴奋和抑制过程的协调作用有某种障碍，等等，会导致病态人格等心理异常，神经系统衰弱型的人更容易受到不良因素的影响而引起不健康的心理行为。

2. 社会因素对心理健康的影响

对大学生心理健康而言，社会因素比生理因素更为重要。这里所指的社会因素主要是指家庭、学校、社会等个体以外的客观因素。

(1) 社会紧张性刺激增多增强。现代社会中，大学生面临的挑战很多，心理上存在着多方面的压力源：一是来自社会责任的压力；二是来自生活本身的压力；三是来自竞争的压力；四是来自整个社会不断加快的节奏所带来的压力，它迫使大学生加快步伐。越是敏感、进取心强的大学生，这种压力感也就越明显。如果这种压力感过于沉重，就会出现心理障碍。

(2) 人际关系越来越复杂。不少大学生缺乏与人交往的勇气和方法，加之个性等原因，从而影响到他们与同学的相处，大学生的孤独感、寂寞感既有其年龄特点的因素，更有人际交往不良的因素。这些都会导致大学生的心理健康受到影响。

(3) 学习生活越来越紧张。许多同学常常为自己的学习成绩担心、不安，时时感到学习的压力。这种紧张和压力一方面是来自繁重的学习任务，较多的学习任务以及考试压力，另一方面来自同学的竞争以及社会的责任感。适度的紧张与压力对于一个人的成才是必要的，但如果这种感觉超过一定限度，成为一种心理负担，效果就会适得其反。

(4) 业余生活单调。缺乏足够的娱乐场所、活动器具以及娱乐形式和活动的技艺等，常使不少大学生感到大学生活“三点一线”的单调沉闷。这一年龄阶段正是大学生长知识长身体、喜动好玩、情感丰富热烈的时期，单调的大学生活会使人压抑、烦躁、兴趣减低，生活缺乏乐趣，减少了情绪宣泄和升华的场所、途径。

(5) 心理素质教育缺乏。长期以来，学校教育重智育轻德育、体育、美育、劳动教育；即使在智育中，也是偏重于分数而忽视能力，偏重于智力因素而忽视非智力因素。这些都影响了人的全面发展。学校教育还没有把培养学生的心理素质作为一项必不可少的重要任务来给予足够的重视。因此，无论是在大学里，还是走向社会后，大学生的困难最集中地反映在心理上不能适应。

3. 个体心理因素与心理健康

大学生的个体心理因素与心理健康是影响和制约大学生心理健康的主要内因，一般来说有以下几个方面：

(1) 认同的危机。大学阶段正是大学生解决“自我同一性”危机的时期。大学生不断地反省自我和人生，思索着自己、社会以及两者之间的关系。在确定“自我同一性”的过程中，大学生会经历种种的内心矛盾和迷惘，情感起伏大，容易诱发一些心理障碍。而“认同危机”解决得如何，本身也是心理健康的标志之一。

(2) 性的生物性与社会性冲突。青春期的大学生性已经成熟，有了性的欲望与冲动，然而由于社会道德、理智和法律的约束，这种欲望被限制和压抑着。一般情况下，大学生通过学习、工作、文娱活动、社交等途径可使生理能量得到正常的释放，得到某种程度的宣泄、代偿、升华，否则容易产生性压抑，有时甚至是比较严重的性压抑。性的压抑常常是导致心理障碍的重要因素。

(3) 挫折承受能力不足。一方面，由整个社会的紧张性刺激增多而带来的应激反应在广度和深度上都在增加；而另一方面，不少大学生心理素质的培养和熏陶却远远跟不上。在特定的环境中成长起来的大学生，相当一部分人心理素质脆弱，遇到一点不顺利、不如意，就容易有挫折感，尤其是当挫折的相对强度较大或时间较长时，就会转向失望、自卑，变得心灰意懒、萎靡不振。缺乏挫折承受力是引起心理障碍的关键因素之一。

(4) 情绪稳定性较差。大学生正处在情绪最强烈而又最动荡的时期。他们的情绪富有冲动性，常摇摆不定，跌宕起伏，往往缺乏冷静的思考，因而常会因做错事而懊丧悔恨。同时，由于情绪具有弥散性的特点，大学生对事物的判断有时会失去客观性，表现在对挫折的判断上往往会以点概面，使人生蒙上阴暗的色调。

(5) 个性发展缺陷。同样的环境因素，同样的挫折，不同的个体有不同的反应模式，这与人的个性有直接联系。性格内向孤僻、沉郁、压抑，过于自卑或过分自尊，急躁，冲动，固执，多疑，好钻牛角尖、易偏激，有太强的个人欲望和过高的个人期望，不善人际交往，唯我独尊，爱慕虚荣，娇生惯养，感情脆弱等个性特征都是不利于心理健康的，而其中有些本身就是心理障碍的表现。

(6) 人生观动荡模糊。大学生一方面正处于人生观逐步确立阶段，另一方面又面临多元价值体系的选择，加之某些社会思潮的影响，从而使得他们人生观的确立变得困难而复杂，动荡不定。人生观的动荡模糊往往会影响大学生对事物的评价，使得他们在遇到困难、挫折时会产生情感波动，不能正确对待，尤其那些错误的人生观往往限制了他们的视野，使他们容易被心灵的创伤所淹没。

(7) 内心矛盾重重。青年期是一生中苦闷、烦恼最多，体验最深刻的时期，他们内心敏感又脆弱，很容易受到伤害，当不良的社会环境因素与不良的生理、心理因素交互作用时，就会导致心理健康问题。可以说，青年期是发生心理障碍乃至精神疾病和自杀的高峰期，因此，特别需要加强心理健康教育。

青年期的大学生正处在由不成熟趋向成熟的过程中，成熟不成熟常常交叠在一起，这典型地反映在他们的内心矛盾冲突中。大学生常见的内心矛盾有：自立与依赖的矛盾，自信与自卑的矛盾，理想与现实的矛盾，知与行的矛盾，感情与理智的矛盾，需要与满足的矛盾，闭锁性与开放性的矛盾，冲动与压抑的矛盾，向善的愿望与从恶的意念的矛盾，等等。当一个人长期处于内心矛盾中或内心矛盾冲突的强度过大时，加之外界某些事件的作用，就可能破坏心理平衡而出现心理障碍。

(三) 加强大学生的心理健康教育

1. 心理健康教育的三级功能

谈到心理健康教育，一些人容易联想到“心理障碍”、“心理疾病”，以为加强心理健康教育是因为有心理障碍的人多了。其实这是一种偏见。心理健康教育在本质上是为了促进人的身心健康和发展，提高人的适应能力和生活质量。

为此，我们提出了心理健康教育“三级功能”的观点，即初级功能——防治心理疾病；中级功能——完善心理调节；高级功能——促进心理发展。

当代大学生正处于变革的社会背景之下，又恰逢动荡的年龄阶段，因而构成了动荡的心理现实。当大学生面临的冲突程度较大或时间较长，而又不能及时调节或得到外界帮助时，就可能引起一系列不良的生理和心理反应，严重的会导致不同程度的心理疾病。加强心理健康教育的意义之一是能及时发现心理异常者并及时采取相应措施，避免事态的扩大或恶性事件的发生，这是大学生心理健康教育的初级功能。大学生在学习、工作、性爱、人际关系等一系列事件中常会遇到一些挫折、困扰，从而引起情绪波动、心理烦乱，这是常有的事。心理健康教育有助于帮助大学生加强对自己、他人和社会的了解，完善心理调节机制，学会自我调节，增强挫折承受力和社会适应能力，保持积极乐观的情绪。这是大学生心理健康教育的中级功能。

大学生心理健康教育的高级功能是发展自我，完善人格。通过心理健康教育帮助大学生认清自己的潜力所在，培养开拓创新、勇敢坚毅、乐观自信的心理品质，更有效率地工作，全面而充分地发展自己，幸福而有创造性地生活。这是大学生心理健康教育的高级功能和最高目标。

学校心理健康教育的功能不仅体现于个体，也作用于群体。加强大学生心理健康教育，有助于培养心理健康的集体，创造良好的校园心理氛围，促进社会精神文明建设。

“三级功能”的观念有助于促进心理健康教育的重心从防治心理疾病转向以增进心理健康和发展为主，服务对象从少数人转向个体学生，参与人员从少数几个专业人员扩展到广大教师和同学。

大学生心理健康教育应立足于中级功能和高级功能，以培养心理健康、人格健全的大学生为目标，这正是现代学校教育的重要使命。没有心理健康教育的教育不是完整的教育。

2. 增进大学生心理健康的主要途径

大学生的心理健康状况，小而言之关系到大学生本人的生活、学习、工作、身心健康和全面发展，大而言之关系到民族的素质和祖国的建设。因此，增进大学生的心理健康，应成为全社会关注的问题，成为高等教育的重要目标，成为每个大学生努力的方向。

增进大学生心理健康的途径包括社会的努力和大学生自身的努力两个方面。

(1) 社会层面的途径：

首先，在学校教师、干部、医务人员中普及心理卫生知识。

其次，加强大学生心理健康教学和宣传。

第三，建立和健全心理健康教育、心理咨询机构。

第四，加强心理健康教育专业化建设。

促进大学生心理健康发展，需要学校、家庭和社会的共同配合，需要集体教育与个别指导相结合，需要社会和个人的共同努力。

(2) 个体方面的途径：

除了社会的积极努力外，大学生自身的努力在促进大学生心理健康中起着十分重要的作用，并且是最关键的。我们认为，只有学生主动、积极地参与，才能真正推进大学生心理健康教育。如果说心理咨询是我国大学生心理健康教育工作的第一个台阶，心理健康课程教学是第二个台阶，那么大学生的积极参与则是使大学生心理健康教育工作向前发展的第三个台阶。

首先，要努力学习心理健康知识。

其次，要积极参加各类实践活动。

第三，要培养良好的生活习惯。

第四，要大力加强自我心理调节。

第五，要及时寻求心理咨询帮助。

增进大学生心理健康，首先是大学生自身的事情，只有大学生自身的积极参与和不断努力，才能实现大学生的心理健康与充分发展。世界卫生组织原总干事马勒(H. Mahler)曾一针见血地指出：我们必须认识到健康并不代表一切，但如果失去健康也就失去了一切。同样，我们也可以说：心理健康并不代表一切，但如果失去心理健康也就失去了一切。心理健康教育的口号是：人人参与心理健康，最终人人达到心理健康。

小测验：你的心理健康吗？

(1) 心理健康的自我诊断。

以下列出了有些人可能会有的问题，请仔细阅读每一条，然后根据最近一星期来自己的实际感觉，选择最符合您的一种情况。其中，“没有”记 1 分，“较轻”记 2 分，“中等”记 3 分，“较重”记 4 分，“严重”记 5 分。

症　状	没有	较轻	中等	较重	严重
(1) 头痛。	1	2	3	4	5
(2) 神经过敏，心中不踏实。	1	2	3	4	5
(3) 头脑中有不必要的想法或字句盘旋。	1	2	3	4	5
(4) 头晕或晕倒。	1	2	3	4	5
(5) 对异性的兴趣减退。	1	2	3	4	5
(6) 对旁人求全责备。	1	2	3	4	5
(7) 感到别人能控制你的思想。	1	2	3	4	5
(8) 责怪别人制造麻烦。	1	2	3	4	5
(9) 忘性变大。	1	2	3	4	5
(10) 担心自己的服饰是否整齐及仪态是否端正。	1	2	3	4	5
(11) 容易烦恼和激动。	1	2	3	4	5
(12) 胸痛。	1	2	3	4	5
(13) 害怕空旷的场所或街道。	1	2	3	4	5
(14) 感到自己的精力下降，活动减慢。	1	2	3	4	5
(15) 想结束自己的生命。	1	2	3	4	5
(16) 听到旁人听不到的声音。	1	2	3	4	5
(17) 发抖。	1	2	3	4	5
(18) 感到大多数人都不可信任。	1	2	3	4	5
(19) 胃口不好。	1	2	3	4	5
(20) 容易哭泣。	1	2	3	4	5
(21) 同异性相处时感到害羞、不自在。	1	2	3	4	5
(22) 感到受骗、中圈套或有人想抓住你。	1	2	3	4	5
(23) 无缘无故地突然感到害怕。	1	2	3	4	5
(24) 自己不能控制地大发脾气。	1	2	3	4	5

续表一

症　　状	没有	较轻	中等	较重	严重
(25) 怕单独出门。	1	2	3	4	5
(26) 经常责怪自己。	1	2	3	4	5
(27) 腰痛。	1	2	3	4	5
(28) 感到难以完成任务。	1	2	3	4	5
(29) 感到孤独。	1	2	3	4	5
(30) 感到苦闷。	1	2	3	4	5
(31) 过分担忧。	1	2	3	4	5
(32) 对事物不感兴趣。	1	2	3	4	5
(33) 感到害怕。	1	2	3	4	5
(34) 你的感情容易受到伤害。	1	2	3	4	5
(35) 感到旁人能知道你的私下想法。	1	2	3	4	5
(36) 感到别人不理解你、不同情你。	1	2	3	4	5
(37) 感到人们对你不友好、不喜欢你。	1	2	3	4	
(38) 做事必须做得很慢以保证做得正确。	1	2	3	4	5
(39) 心跳的厉害。	1	2	3	4	5
(40) 恶心或胃部不舒服。	1	2	3	4	5
(41) 感到比不上他人。	1	2	3	4	5
(42) 肌肉酸痛。	1	2	3	4	5
(43) 感到有人在监视你、谈论你。	1	2	3	4	5
(44) 难以入睡。	1	2	3	4	5
(45) 做事必须反复检查。	1	2	3	4	5
(46) 难以做出决定。	1	2	3	4	5
(47) 怕乘电车、公共汽车、地铁或火车之类。	1	2	3	4	5
(48) 呼吸有困难。	1	2	3	4	5
(49) 一阵阵发冷或发热。	1	2	3	4	5
(50) 因感到害怕而避开某些东西、场合或活动。	1	2	3	4	5
(51) 脑子变空了。	1	2	3	4	5
(52) 身体发麻或刺痛。	1	2	3	4	5
(53) 喉咙有哽塞感。	1	2	3	4	5
(54) 感到前途没有希望。	1	2	3	4	5
(55) 不能集中精力。	1	2	3	4	5
(56) 感到身体某一部分软弱无力。	1	2	3	4	5
(57) 感到紧张或容易紧张。	1	2	3	4	5
(58) 感到手或脚发热。	1	2	3	4	5
(59) 想到死亡的事。	1	2	3	4	5

续表二

症　状	没有	较轻	中等	较重	严重
(60) 吃得太多。	1	2	3	4	5
(61) 当别人看着你或谈论你时就感到不自在。	1	2	3	4	5
(62) 有些不属于你自己的想法。	1	2	3	4	5
(63) 有想打人或伤害他人的想法。	1	2	3	4	5
(64) 醒得太早。	1	2	3	4	5
(65) 必须反复洗手、点数目或触摸某东西。	1	2	3	4	5
(66) 睡得不稳不深。	1	2	3	4	5
(67) 有想摔坏或破坏东西的冲动。	1	2	3	4	5
(68) 有一些别人没有的想法或念头。	1	2	3	4	5
(69) 感到对别人神经过敏。	1	2	3	4	5
(70) 在商店或电影院等人多的地方感到不自在。	1	2	3	4	5
(71) 感到做任何事情都很累。	1	2	3	4	5
(72) 一阵阵恐惧和惊慌。	1	2	3	4	5
(73) 感到在公共场合吃东西很不舒服。	1	2	3	4	5
(74) 经常与人争论。	1	2	3	4	5
(75) 单独一人时神经很紧张。	1	2	3	4	5
(76) 感到别人对你的成绩没有做出恰当的评价。	1	2	3	4	5
(77) 即使和别人在一起也感到孤单。	1	2	3	4	5
(78) 感到坐立不安、心神不定。	1	2	3	4	5
(79) 感到自己没有什么价值。	1	2	3	4	5
(80) 感到熟悉的东西变成陌生或不像是真的了。	1	2	3	4	5
(81) 大叫或摔东西。	1	2	3	4	5
(82) 害怕在公共场合昏倒。	1	2	3	4	5
(83) 感到别人想占你的便宜。	1	2	3	4	5
(84) 为一些有关“性”的想法而苦恼。	1	2	3	4	5
(85) 认为应该因自己的过错而受到惩罚。	1	2	3	4	5
(86) 感到要赶快把事情做完。	1	2	3	4	5
(87) 感到自己的身体有严重的问题。	1	2	3	4	5
(88) 从未感到和其他人很亲近。	1	2	3	4	5
(89) 感到自己有罪。	1	2	3	4	5
(90) 感到自己的脑子有毛病。	1	2	3	4	5

(2) 心理健康的自我评价。

该测验共有 90 个问题，题目内容涉及感觉、思维、情绪、意识、行为、生活习惯、人际关系，饮食睡眠等，这 90 个问题中隐含着 10 个因子，他们是：

① 躯体化测试，包括(1)、(4)、(12)、(27)、(40)、(42)、(48)、(49)、(52)、(53)、(56)、(58)，共 12 题。该因子主要反映主观的身体不适感，包括心血管、胃肠道、呼吸系统的主诉不适和头痛、背痛、肌肉酸痛，以及焦虑的其他躯体表现。

② 强迫性，包括(3)、(9)、(10)、(28)、(38)、(45)、(46)、(51)、(55)、(65)，共 10 题，与临床上所谓的强迫表现的症状定义基本相同，主要指那种明知没有必要，但又无法摆脱的无意义的思想、冲动、行为等表现。还有一些比较一般的感知障碍(如脑子变空了、记忆力下降等)也在这一因子中反映。

③ 人际关系敏感，包括(6)、(21)、(34)、(36)、(37)、(41)、(61)、(69)、(73)，共 9 题。这一因子主要指某些人的不自在感与自卑感，尤其是在与其他人比较时更突出。自卑感强、懊丧以及在人事关系方面明显处理不好的人，往往是这一因子的高分对象。人际交流中的自我敏感及反向期望也是产生这方面症状的原因。

④ 抑郁症，包括(5)、(14)、(15)、(20)、(22)、(26)、(29)、(30)、(31)、(32)、(54)、(71)、(79)，共 13 题。这一因子反映的是与临床上忧郁症状相联系的广泛的概念，忧郁苦闷的感情和心境是代表性症状。它还以对生活的兴趣减退、缺乏活动愿望、丧失活动力等为特征，并包括失望、悲观和与忧郁相联系的其他感知及躯体方面的问题。该因子中有几个项目包括了死亡、自杀等概念。

⑤ 焦虑症，包括(2)、(17)、(23)、(39)、(57)、(72)、(78)、(80)、(86)，共 9 题。它包括一些通常临床上明显与焦虑症状相联系的症状及体验，一般指那些无法静息、神经过敏、紧张以及由此产生的躯体特征(如震颤)。那些游离不定的焦虑及惊恐发作是本因子的主要内容。

⑥ 敌意，包括(11)、(24)、(63)、(67)、(74)、(81)，共 6 题。这里主要以三个方面来反映病人的敌对表现、思想、感情及行为。其项目包括厌烦、争论、摔物，直至争斗和不可抑制的冲动爆发等各方面。

⑦ 恐怖症，包括(25)、(33)、(47)、(50)、(70)、(75)、(82)，共 7 题。它与传统的恐怖状态或广场恐怖症所反映的内容基本一致，恐惧的内容包括出门旅行、空旷场地、人群或公共场合及交通工具。此外，还有反映社交恐怖的项目。

⑧ 妄想症：包括(8)、(13)、(43)、(68)、(76)、(83)，共 6 题。所谓妄想是一个十分复杂的概念，本因子只是包括了它的一些基本内容，主要是指想象、思维方面，如投射性思维、敌对、猜疑、虚构、被动体验和夸大等。

⑨ 精神病性，包括(7)、(16)、(35)、(62)、(77)、(84)、(85)、(87)、(88)、(90)，共 10 题。用于在门诊中迅速、扼要地了解病人的病情程度，以便作出进一步的治疗或住院等决定，故把一些明显的、纯属精神病性的项目汇集到了本因子中。有 4 个项目代表了一级症状：幻想、思维扩散、被控制感、思维被插入。此外，还有反映非一级症状的精神病表现，如精神分裂症状等项目。

⑩ 其他：包括反映睡眠的(44)、(64)、(66)，共 3 题，反映饮食的(19)、(60)共 2 题，反映死亡观念的(59)题和反映自罪观念的(89)题，总共 7 项。此因子的(59)、(89)两题和第 4 因子的(15)题 3 项，综合起来可反映自杀倾向。

评分规则：

换算表

F1		F2		F3		F4		F5		F6	
项目	评分	项目	评分	项目	评分	项目	评分	项目	评分	项目	评分
(1)		(3)		(6)		(5)		(2)		(18)	
(4)		(9)		(21)		(14)		(17)		(24)	
(12)		(10)		(34)		(15)		(23)		(63)	
(27)		(28)		(36)		(20)		(11)		(67)	
(40)		(38)		(37)		(22)		(39)		(74)	
(42)		(45)		(41)		(26)		(57)		(81)	
(48)		(46)		(61)		(29)		(72)		合计	
(49)		(51)		(69)		(30)		(78)			
(52)		(55)		(73)		(31)		(80)			
(53)		(65)		合计		(32)		(86)			
(56)		合计				(54)		合计			
(58)						(71)					
合计						(79)					
						合计					

F7		F8		F9		F10	
项目	评分	项目	评分	项目	评分	项目	评分
(33)		(8)		(7)		(19)	
(25)		(13)		(16)		(44)	
(47)		(43)		(35)		(59)	
(50)		(68)		(62)		(60)	
(70)		(76)		(77)		(64)	
(75)		(83)		(84)		(66)	
(82)		合计		(85)		(89)	
合计				(87)		合计	
				(88)			
				(90)			
				合计			

结果处理		
因子	合计分/项目数	T 分
F1	/12	
F2	/10	
F3	/9	
F4	/13	
F5	/10	
F6	/6	
F7	/7	
F8	/6	
F9	/10	
F10	=90−选“1”的项目数	

将因子 F1(躯体化)、F2(强迫性)F3(人际关系敏感)、F4(抑郁)、F5(焦虑症)、F6(敌意)、F7(恐怖症)、F8(妄想症)、F9(精神病性)、F10(其他)各自所包括的项目得分分别累计相加，即可得到各个因子的因子分数——T 分数。如果将各个因子分数相加，即可得到总因子分数。此外，若将整个问卷的总项目数减去选中“1”的答案项，还可得到反映症状广度的阳性项目数。

该测验结果的解释可以从许多角度进行。既可从整个量表中的阳性症状广度和总因子分数出发来宏观评定被试者心理障碍的大体情况，又可从统计原理出发，对被试的某一因子得分偏离常模团体均数的程度加以评定。

SCL—90 在国内已有 18～29 岁的全国常模，见下表。该常模给出了各种因子的平均分 X 和标准差 SD。一般而言，如果某因子分数偏离常模团体平均分达到两个标准差时，即可认为是异常状态。在对大学生进行心理健康测评和心理咨询过程中，比较粗略、简便、直观的判断方法是看因子分数是否超过 3 分，若超过 3 分，即可表明该因子的症状已达中等以上的严重程度，此时，应对受测大学生采取必要的心理治疗措施。

全国常模(18～29 岁)

项　目	X + SD	项　目	X+SD
躯体化	1.34 + 0.45	敌意	1.50+0.57
强迫性	1.69 + 0.61	恐怖症	1.33+0.47
人际关系	1.76 + 0.67	妄想症	1.52+0.60
抑郁	1.57 + 0.61	精神病性	1.36+1.47
焦虑症	1.42 + 0.43	阳性项目数	27.45+19.32

三、体育锻炼行为对心理健康影响的理论及干预

(一) 体育锻炼产生心理效益的基本理论

体育锻炼和身体活动为什么能促进人的心理健康？对于这一问题，目前有以下几种理论。

(1) 认知行为假说。认知行为假说认为，身体活动和身体锻炼可诱发积极的思维和情感，这些积极的思维和情感对抑郁、焦虑和困惑等消极心境具有抵抗作用。

(2) 社会交互作用假说。社会交互作用假说的观点是，身体活动和身体锻炼中，与朋友、同事等进行的社会交往是令人愉快的，它具有改善心理健康的作用。

(3) 分散注意力假说。分散注意力假说认为，身体活动和身体锻炼给人们提供了一个机会，使他们能够分散对自己的忧虑和挫折的注意力。

(4) 内啡肽假说。内啡肽假说认为，身体活动和身体锻炼能促进大脑分泌一种具有类吗啡作用的化学物质，内啡肽引起的这种愉快感可降低抑郁、焦虑、困惑以及其他消极情绪的程度。

(二) 体育锻炼对心理健康的影响

体育锻炼对心理健康的影响，主要表现在以下几个方面。

(1) 体育锻炼有助于个体认知能力的发展。经常参加体育锻炼可以使个体的注意、感知觉、记忆、思维和想象力等认知能力得到充分发展，提高活动的效率，从而对人的智力功能具有积极的促进作用。研究表明，体育锻炼能有效地促进血液循环，增强心肺功能，使大脑获取更多的氧气，有效提高人体的新陈代谢速度，从而给大脑的记忆和思维能力提供充分而必要的物质保证，提高脑力劳动的效率；体育活动不仅能使神经系统的兴奋和抑制过程更加有效，使其对各种刺激的反应更加迅速、准确，为智力的发展奠定物质基础，而且还可以提高人的视觉、听觉、本体感觉、神经传导速度、神经过程的均衡性和灵活性，

促进神经系统功能的发展；体育活动有助于消除大脑的疲劳，使大脑皮层的相关区域形成兴奋与抑制的合理交替机制，降低疲劳感，提高学习的效率。

(2) 体育锻炼可有效调节情绪。情绪状态的调控能力是衡量体育锻炼对心理健康促进作用的最主要的指标。个体在复杂多变的社会环境中，常常会产生焦虑、紧张、压抑、不安、忧虑、烦恼等不良情绪反应，体育锻炼可以降低个体的应激水平，有效调节神经系统的活动，使人的情绪得到有效的改善。心理学的研究表明，经常参加身体锻炼者的焦虑、抑郁、紧张和心理紊乱等消极情绪的水平明显低于不常参加身体锻炼者，而愉快、高兴等积极的情绪体验则明显高于不常参加身体锻炼者。其原因在于，体育锻炼能促进人体释放一种多肽物质——内啡肽，它能使人获得愉快、兴奋的情绪体验。因此参加体育锻炼，尤其是那些自己喜爱和擅长的体育活动，可以使人从中得到乐趣，精神振奋，从而产生良好的情绪体验。

(3) 体育锻炼有助于人际关系的改善。现代社会生活节奏的加快使人们越来越趋向封闭的状态，造成人与人之间感情交流缺乏，人际关系疏远。体育锻炼则打破了这种封闭状态，让不同年龄、性别、职业、文化的人相聚在运动场上，进行平等、友好、和谐的交往，拉近了人们彼此间的距离，使人们相互间产生信任感，可有效进行情感和信息的交流，将人们内心深处的不快抒发出来，从而有效地改善了人际关系。体育锻炼给人们提供了相互交流的平台，在共同的活动中，不知不觉拉近了彼此间的距离，使人们产生深厚的情感和亲近感。同时，在体育活动中，互相指导，共同学习，更加增进了彼此的了解。

(4) 体育锻炼有助于确立良好的自我概念。自我概念是个体主观上对自己的身体、思想和情感等的整体评价，它是由许多的自我认识所组成的。例如我是什么样的人、我喜欢什么、我不喜欢什么等。自我概念包括身体自我、心理自我和社会自我。身体自我是个体对自己的身体及生理状况的认识和体验，如是否健壮、漂亮等。心理自我是指对自身心理特征如气质、性格、兴趣、能力、情感等的认识和体验。社会自我是对自己在社会关系、人际关系中的角色、作用、地位和权利等的认识和体验。通过体育锻炼，一方面可使个体的体质增强，体格健壮，提高个体的身体自尊；另一方面，通过体育活动，加强了彼此的认识，从而加强了对个体社会和心理自我的认识。有研究表明，肌肉力量与身体自尊、情绪稳定、外向性格和自信心呈正比，加强力量训练会使个体的自我概念显著增强。

(5) 体育锻炼有助于坚强的意志品质的形成。意志品质既是在克服困难的过程中表现出来的，又是在克服困难的过程中培养起来的。体育锻炼的特点在于需要不断克服客观困难(如气候条件、动作难度等)和主观困难(如胆怯、畏惧和紧张等)，是培养坚强意志品质的有效手段。通过参加运动场上形势瞬息万变且需要配合默契的球类项目的锻炼，可以使参与者形成果敢的意志品质；通过参加需要克服生理极限、持久性的项目(长跑、游泳等)的锻炼，可以使参与者养成坚韧的意志品质；通过参加需要腾空、跨越或有一定危险性的项目(跳高、跨栏、体操、武术等)的锻炼，可以使参与者形成勇敢的意志品质等。因此，体育锻炼有助于磨炼大学生的意志，对培养大学生吃苦耐劳、坚韧不拔、果断、勇敢、自控、自信等良好的心理品质具有很好的促进作用。

四、大学生性心理卫生与性健康

(一) 大学生性心理卫生的基本状况

根据现有调查，大学生的性心理发展总的来说是正常的、健康的，多数大学生能较好地调节性欲、性冲动，表现出既符合社会规范也符合身心健康要求的性心理行为，能较正常地对待两性交往，具有比较健康文明的性观念。

然而，比较起心理发展的其他方面，大学生性心理发展过程中的问题还是比较多的，由此引起的性困扰、苦恼和不良适应也很多。当代大学生的一个显著特点是生理成熟期提前而心理成熟滞后，其中最重要的是性生理成熟提前而性心理成熟相对滞后。并且在性心理走向成熟的过程中，由于传统性观念与西方性观念的影响及整个社会性心理气氛的影响，使得相当一部分学生的性观念出现了混乱，这种矛盾和混乱使原来就存在的生物性需求与社会性要求的矛盾、冲突更为扩大、剧烈。

大学生性心理健康问题具有广泛性、轻微性、冲突性和隐蔽性的特点，即虽涉及的人数众多，但多数是属于调节问题而非障碍，且以对性的内心矛盾不安为主。这些问题常会由于社会的忽视或个体的掩饰而不易被发现，而以其他曲折的形式表现出来。

(二) 大学生性心理的发展特征

大学生的性心理发展主要表现为以下几个特征：

1. 性心理的本能性和朦胧性

相当一部分大学生的性心理尚缺乏深刻的社会内容，基本上还是一种生理急剧变化的本能的作用，好像鬼使神差似地对异性发生兴趣、好感、爱慕，但这种萌动披着一层朦胧的轻纱。

2. 性意识的强烈性和表现上的文饰性

青年期很显著的特征是闭锁性和强烈的求理解性，这就导致了其心理外显方式的文饰性，在对待性问题上也是如此。他们十分重视自己在异性心目中的印象、评价，但表面上又表现得拘谨、羞涩、冷漠。

3. 性心理的动荡性和压抑性

青年期是人一生中性能量最旺盛的时期，但由于不少大学生的心理还不成熟，尚未形成稳固的、正确的道德观念和恋爱观，自控能力较弱，因而他们的性心理易受外界不良风气的影响而动荡不安。

4. 男女性心理的差异性

在对异性的感情流露上，男生表现得较为外显和热烈，女生往往表现得含蓄、深沉；在内心体验上，男生更多的是新奇、喜悦和神秘，而女生则常常羞涩、敏感和内心矛盾等。

(三) 大学生性心理健康的干预

1. 健全的性心理结构

大学生性心理健康的关键在于培养大学生健全的性心理结构。具体表现为：

(1) 有正常的性需求和性欲望；

(2) 有科学的性知识，合理的性认识，健全的性态度；

(3) 有正当的健康的性行为方式。

达拉斯、罗查斯认为，一个有着良好性教养的人，应该符合以下标准：

(1) 具有良好的性认知；

(2) 对于性没有由于恐惧和无知所造成的不当态度；

(3) 性行为是符合道德的；

(4) 在性方面能做到“自我实现”；

(5) 能负责地作出有关性方面的决定；

(6) 能较好地获得有关性方面的信息交流。

2. 加强大学生性教育

性教育一直是一个禁区，近年来尽管有所改变，但步履维艰。直到今天，还可以说，性教育仍是学校教育的一个盲区。大学生的性教育既是知识的教育，更是身心健康的教育，完善人格的教育。根据已有调查表明，56%的学生对“性教育是人格教育”的观点有了深刻的认识，88%的学生认为性教育对自己帮助很大，99%的学生认为很有必要开设性教育课程。由此可见，性教育是大学生希望获取性知识的重要渠道，我们应该把它看成是一门知识来传授给学生，而不是采取禁、堵、压或放任不管的态度。

五、常见的心理障碍及体育疗法

(一) 青少年常见的心理障碍

心理障碍，是指心理上因周围环境的刺激所致的躯体反应失常表现。其发生率在学生中较高，但由于现代生活的种种因素，使青少年过早地进入青春期，呈现一派“早熟”现象。一般常见的心理问题有：忧郁、焦虑、恐怖、人际关系敏感、敌对情绪、偏执、强迫症状、神经衰弱、犯罪等。

(二) 产生心理障碍的原因

心理失常的发生原因可归纳为如下 6 个因素：

(1) 青春发育期提前，而学生的心理社会发育却相对推迟；

(2) 处在青春期的学生，其生活重心开始从家庭移向社会，许多人往往不能适应这种生活重心的转移；

(3) 个别性格内向、脆弱和情绪不稳定的学生，在生活中遇到挫折时，过于悲伤消沉，而又不乐意向亲朋倾诉，长期积于心中，久而久之，易患忧郁、神经衰弱等；

(4) 学习负担超重或劳逸结合不当，使大脑处于高度兴奋状态，久之，易引发失眠、记忆力下降和神经衰弱等；

(5) 由于学习、考试、升学等竞争而导致心理负担增加，造成过度紧张、焦虑、自卑感等心理卫生问题；

(6) 身体素质差、对繁重的学习任务不适应。

(三) 心理障碍的预防

心理卫生问题虽然各种各样，但究其诱发因素有许多相似之处，教师、家长和学生都应当学习卫生知识、社会心理知识，做到因势利导，注重预防。

(1) 应教育和启发学生树立正确的人生观、价值观和道德观。这不仅有利于开拓学生的智力，而且对培养健康的心理素质有潜移默化的作用。

(2) 培养优秀的思维素质。青少年优秀的思维素质应包括思维的广度、深度、独立性、批判性、灵活性、逻辑性和创造性。这对改变学生的不良心理状态、纠正偏见、预防心理失常很有好处。

(3) 自我意识的培养和人际关系的训练。良好的自我意识是学生健康成长的重要方面，教师和家长都应教育学生正确地了解自己，把握自己，克服缺点，发挥优势。要经常训练学生的人际交往能力以及在交往中应当遵守的原则，如良好的自我形象、尊重他人、助人为乐、信守诺言等，这些都能有效地纠正心理上的失落感和孤独行为等。

(4) 加强体育锻炼。体育锻炼能有效地调节肌体各系统的功能，增强大脑兴奋和抑制过程的协调性。体育锻炼还能消除心理紧张状态和压抑感，对培养良好的性格起到促进作用，对防治焦虑、抑郁、失眠和内向性格有明显效应。体育活动对沟通同学间的交往、协调人际关系、纠正孤僻寡欢的心理状态也有不可替代的作用。

(四) 心理缺陷的体育疗法

任何个体生命的存在总是不完善的，在心理健康和心理疾病之间，尚有一类为数不少的心理缺陷人群，他们常常无法保持正常人所具备的心理调节和适应的平衡能力，但尚未达到心理疾病程度。体育锻炼对克服心理障碍，纠正心理缺陷，提高心理健康水平有着特殊的作用。

(1) 孤独、怪僻的心理缺陷：假如你觉得自己不大合群，不习惯与同伴交往，那你就应选择足球、篮球、排球以及接力跑、拔河等集体项目。坚持参加这些集体项目的锻炼，会帮助你慢慢地改变孤僻的习性，逐步适应与同伴的交往，并热爱集体。

(2) 腼腆、胆怯的心理缺陷：如果你感到胆子小，做事怕风险，容易脸红，怕难为情，那应多参加游泳、溜冰、滑雪、拳击、摔跤、单双杠、跳马、平衡木等项目活动。这些活动要求人们不断地克服害怕摔倒、跌痛等各种胆怯心理，以勇敢、无畏的精神去战胜困难，越过障碍。经过一个时期的锻炼，你的胆子自然会大，处事也老练了。

(3) 优柔寡断的心理缺陷：如果你觉得自己处理事情常犯犹豫不决、不够果断的毛病，那就多参加乒乓球、网球、羽毛球、拳击、摩托、跨栏、跳高、击剑、角力等体育活动。在这些项目面前，任何犹豫、徘徊都将延误良机，导致失败，久练能帮助你增强果断的个性。

(4) 急躁、易怒的心理缺陷：倘若你发现自己遇事容易急躁、感情容易冲动，那就应多参加下棋、打太极拳、慢跑、长距离的步行及游泳和骑自行车、射击等缓慢、持久的项目。这些体育活动能帮助你调节神经活动、增强自我控制能力、稳定情绪，使容易急躁、冲动的弱点得到改善。

(5) 缺乏信心的心理缺陷：如果你感到自己做事老是担心完不成任务，那就得事先选择一些简单、易做的如跳绳、俯卧撑、广播操、跑步等体育项目。坚持锻炼一个时期，信心自然能逐步得到增强。

(6) 遇事紧张的心理缺陷：假使你感到自己遇到重要的事情容易紧张、失常(如考试)，那应多参加公开的激烈的体育比赛，特别是足球、篮球、排球等项目。因为场上形势多变，比赛紧张激烈，只有冷静沉着地应对，才能取得优势。若能经常在这种激烈的场合中接受考验，遇事就不会过分地紧张，更不会惊慌失措，从而给学习、工作带来益处。

(7) 自负、逞强的心理缺陷：倘若你发觉自己有好逞强，易自负的短处，可选择一些难度较大、动作较复杂的如跳水、体操、马拉松、艺术体操等体育项目，也可找一些实力水平超过自己的对手下棋，打乒乓球或羽毛球等，以不断地提醒自己“山外有山”，万万不能自负、骄傲。

第二节　体育锻炼与生殖健康

一、生殖健康概述

生殖健康是近年来国际社会提倡的一个新的概念，它与生殖保健科普知识一样都是计划生育宣传的重要内容。世界卫生组织指出：生殖健康是指关于生殖系统及其功能和过程所涉一切事宜，包括身体、精神和社会等方面的健康状态，而不仅仅是没有疾病或不虚弱。生殖健康表示人们能够有满意而且安全的性生活，有生育能力，可以自由决定是否和何时生育及生育多少孩子。男女均有权获知并能实际获取他们所选定的安全、有效、负担得起和可接受的计划生育方法，以及他们所选定的、不违反法律的调节生育率的方法，有权获得适当的保健服务，使妇女能够安全地怀孕和生育，向夫妇提供生育健康婴儿的最佳机会。生殖健康包含生育调节、母亲安全及婴儿健康、生殖系统疾病防治、性健康等几方面内容。其目的是增进生活和个人的关系，而不仅仅是与生殖和性疾病传播有关的咨询和保健。

二、性健康

(一) 性健康概述

世界卫生组织认为，随着人类文化和生活水平的提高，人类的性问题对个人健康的影响将远比人们以前所认识的更为深入和重要。对性的无知或错误观念将极大地影响人们的生活质量。

性健康是指具有性欲的人在躯体上、感情上、知识上、信念上、行为上和社会交往上健康的总和，它表达为积极健全的人格，丰富和成熟的人际交往，坦诚与坚贞的爱情和夫妻关系。它包括以下 3 个方面内容：

(1) 根据社会道德和个人道德观念享受性行为和控制生殖行为的能力。

(2) 消除抑制性反应和损害性关系的诸如恐惧、羞耻、罪恶感以及虚伪的信仰等不良心理因素。

(3) 没有器质性障碍、各种生殖系统疾病及妨碍性行为与生殖功能的躯体缺陷。

(二) 不同年龄阶段性健康的内容

性卫生保健也就是如何实现性健康的问题，它不仅和生育与生育控制有关，也和预防艾滋病等性传播疾病侵袭的医疗保健有关，还是生活质量不断提高的保证。性卫生保健问题贯穿于人的一生，在不同年龄阶段具有不同的重点和内容。

儿童期：父母如何对待儿童玩弄生殖器官的性行为问题，怎样回答孩子提出的形形色色的性问题，父母在孩子面前的亲昵等行为举止的适度与禁忌问题等。

少年期：孩子们对性器官的好奇，性器官的较量，性游戏(如医生、护士的扮演，过家家等)，模仿父母或影视银幕所见的成人行为等。

青春期：手淫，因身体发育带来的种种性困惑或性焦虑，同伴间的性尝试，恐人症，孤独感，无聊感，躯体不适，情绪波动，白日梦等。

未婚成年期：对性的需要，寻找伴侣所遇到的困难，自卑感，失落感，失恋或失足，性焦虑，没有归宿的爱情，愿意接触异性又害怕妊娠，充当第三者等。

已婚成年期：随结婚而出现的性问题，新婚的适应困难，处女膜问题，情感疏远问题，离婚，婚外恋，无端嫉妒与猜疑，中年性失调，老年性淡漠等。

避孕也是性健康关键所在，当前未婚先孕问题很严重，必需选择合理的避孕方法，无论是药物、安全期都有不妥之处。避孕套是十分安全的，因其安全系数高，所以越来越受未婚同居者的喜爱。

总之，性健康是人类健康的一个不可缺少的重要组成部分，要想实现性健康就必须重视性卫生保健。而性教育是性卫生保健的基础，尤其是加强父母对子女的早期性教育(主要是言传身教，树立正确榜样和形象)，发挥学校在履行性教育中的积极作用(这将起到家长难以发挥的作用)，凡此种种将给青春发育期的孩子带来能受益终生的良好影响，从而保证了他们一生的幸福与性健康。当然，人们也不能忽视对人生其他不同时期人群的针对性的性教育。

三、大学生所面临的性问题

当前大学生所面临的性问题主要是婚前性行为、未婚先孕与流产、生殖系统疾病等。在当今大学生的教育中，性教育已经成为社会关注的问题，“性”已经不是个人的事情，而成为一个社会问题。高校性教育的长期空缺，性知识的严重匮乏，给大学生带来了巨大的身心伤害。早孕、性病、艾滋病在大学生中时有发生，且大学生性犯罪率、性犯罪案件不断上升，给国家和社会带来了巨大的负面影响。所以，要本着“适时、适宜、适度”的原则，对大学生开展性教育，重点要进行性生理、性道德、性健康等方面的教育。

(一) 婚前性行为的危害

1. 不利于恋爱过程的顺利发展

恋爱的主要任务是男女双方在相互选择的基础上，进一步相互认识，加深了解，沟通和发展感情，它是男女走向婚姻之前的一个“缓冲带”。

在恋爱期间发生性行为，双方将会过分强调彼此关系中的肉体成分，整体情感被削弱，影响爱情的稳定和完善，影响恋爱任务的圆满完成。研究表明：

(1) 由于性要求常伴随着对爱情的憧憬而产生，因此很容易把性生理上的欲望误作为相爱，这只是性魅力，而非真挚爱情。

(2) 爱情的魅力在于它的神秘性，尤其是在初恋阶段，爱情必须在两性之间保持一定的审美距离才会产生。婚前性行为的发生，就意味着审美距离和神秘色彩的消失。

(3) 如果能轻而易举地占有一个异性，连两性之间最神秘的领域都已经领略过了，那么其他的交往便变得平淡无奇了，热恋的亢奋可能就会逐渐消退，甚至出现疏远或懊悔等心理。

2. 不利于身体健康

热恋中的青年男女一旦发生婚前性交后，由于性交频率高，迫于舆论的隐秘活动，性器官清洁条件差，因而极易引起疾病。如果性交频率较高，有效的避孕措施不足，易造成怀孕，又因不具备结婚条件，女性会被迫人工流产，不得不忍受手术的痛苦及所引起的并发症。同时为掩人耳目，手术后不敢休息，营养得不到补充，可能遗留下多种疾病，最为严重的是子宫、输卵管、卵巢等产生炎症，造成婚后不育。所以婚前性交对女性身体健康造成的危害很大。

3. 不利于心理健康

在我国，从传统道德和法律上来看，绝不是任何男女之间都能发生性交的。性交只有在受法律保护的婚姻关系中进行才是合理的，是法定夫妻的权力。因此，婚前性行为是不道德的行为。尽管婚前性行为本身并没有违反法律，但它也不受法律保护，属于一种不法行为。社会舆论道德和法律会对婚前性行为当事人造成很大的思想压力，不管这种行为是被迫还是自愿，双方都会不自觉地产生一种因违反道德、伦理而造成的不良心理。临床资料显示，一些妇女的性心理障碍，如性冷漠、性高潮缺乏等，溯其根源，往往有婚前性行为的经历，从而对性生活产生了不洁感，犯罪感、厌恶感。

4. 不利于婚后夫妻关系和谐及家庭稳定

恋爱中的男女通过不断深入的了解、交往，如果觉得对方不合适，是可以也应该分手的。但如果没有结婚就发生了性关系，重新选择的机会就会大大受到限制。女性因已经“失身”，虽明知与对方没有共同语言，为了顾及名誉，也只好勉强凑合。男性因生米已成熟饭，即使对方不理想，但因好汉做事好汉当，最后只好勉强结婚了事，这给婚后生活投下阴影。再者，男性在性冲动时，尽管是自己坚决要求与对方性交，但事后又会觉得女方太随便，认为女方既然能在婚前与自己发生性关系，就有可能与别的男性发生性关系，彼此产生不信任感，造成家庭的不稳定，甚至婚姻破裂。

5. 不利于受教育和求职

如果因婚前性行为成为了母亲，这将严重地限制女性受教育及求职的可能性。缺乏教育的结果限制了妇女选择和寻求合适报酬的工作。同样，较早肩负父亲责任的年轻男性获得经济收入的机会也会减少。最近的研究表明，在 19 岁就成为父亲的男性比那些在 24 岁以后有孩子的男性就业机会少。美国的一项研究表明，青少年时就生孩子的女性，比那些推迟生孩子的二十几岁的女性工作地位要低。在发达国家中，十几岁的未婚妊娠者可能因单亲而受到经济和未来社会的压力，或者同其对象没有充分准备而结婚，其离婚的可能性很大。

(二) 未婚先孕与流产

1. 怀孕

妇女育龄期一般是 15～45 岁，卵巢每月排出一个成熟卵子，排出的卵子大约在 8～10 分钟内由输卵管伞部吸入输卵管内。男女两性同房后，卵子与精子在输卵管内结合受精后移动于子宫内着床。如果输卵管以往曾有过炎症，管壁肌肉遭受损伤时，受精卵就不能顺利地通过输卵管，有可能在输卵管内滞留而造成输卵管妊娠，称为宫外孕。

受精卵子在子宫着床后，怀孕妇女会出现一些症状，首先是停经，即应该行经的时候，月经却不来潮。如果该妇女平时月经规则，性交时未采取避孕措施，且停经超过 10 天以上，最大可能是妊娠。月经素来不规则的妇女，停经不一定妊娠，需要考虑是否同时存在其他的症状如恶心、呕吐等。其次，清晨初醒时出现恶心、呕吐，也可在清晨以外。再次，怀孕后会出现乳房胀痛与乳头皮肤有刺痛或瘙痒的感觉，特别是沿着乳头附近。

确定是否正式怀孕可通过医院检查做妊娠实验及 B 超检查。

2. 避孕

避孕是指运用科学方法干扰和影响怀孕的一个或几个环节，使妇女不受孕。避孕方法按所起作用不同可分为以下几类：

(1) 抑制排卵：吃避孕药或打避孕针都有这种作用。

(2) 阻止精子和卵子相遇：用手术的方法切断、结扎输卵管或输精管，以及使用避孕套。

(3) 杀死精子或降低精子活力：用化学药物制成药栓、药片、药膜等，过性生活时放在阴道内以杀死精子，如乐乐醚避孕药膜。

(4) 阻止受精卵在子宫着床：如避孕药(环)可干扰子宫，使受精卵不能正常着床。

3. 适合女大学生的科学避孕方法

一个健康的妇女在长达 30 多年的生育期内，如果不避孕，有可能怀孕几十次，一年内人流多次，对身心健康造成一定的危害。每一个育龄妇女都应学习和掌握常用避孕方法的有关知识，增强自我避孕、自我保健的意识。常用的避孕方法如下：

(1) 口服避孕药及长效避孕针。口服避孕药可分为短效口服避孕药、长效避孕药和速效避孕药。

(2) 外用避孕药具。外用避孕是一类放入阴道内，以杀死精子而达到避孕目的的药物，常用的有壬苯醇醚避孕片(栓、膜、胶冻)。使用方法是将药物植入阴道深部，等 5 分钟到 10 分钟药物完全溶解后再开始性生活。

(3) 避孕套。避孕套为男用避孕工具，是用优质乳胶制的袋状物。同房时将避孕套套在阴茎上，避免射精时将精子射入女性生殖道而怀孕。在使用中如发生避孕套破裂或滑脱，可以用 53 号抗孕片等方法补救。

4. 紧急避孕

紧急避孕是指在无防护性生活后或避孕失败后的 72 小时或 5 日内，妇女为防止非意愿性妊娠发生而采取的紧急措施。出现以下 7 种情况应紧急避孕：

(1) 未使用任何避孕方法；

(2) 避孕套破裂、滑脱；

(3) 体外排精未能做到；

(4) 安全期计算错误；

(5) 漏服避孕药；

(6) 宫内节育环脱落；

(7) 遭到性暴力。

5. 理智面对意外怀孕

意外怀孕是指已婚女性计划外怀孕，或者未婚女性怀孕。当意外怀孕发生时，不要惊慌，要理智面对。

(1) 告诉最信任的人。可能每个未婚女青年在家人面前承认自己怀孕的时候，都经历过一种惶恐和痛苦。但大多数父母对这个消息的反应都是非常积极的。尽管开始他们会震惊，会愤怒，但最终他们会了解你的苦恼，也明白你需要帮助，因为他们是最爱惜你的，所以肯定是第一个向你伸出援助之手的人。因此，鼓起勇气告诉他们吧。

(2) 接受医生指导。所有怀孕妇女，尤其是年轻少女，都需要悉心的照料，所以，对怀孕三缄其口是件非常冒险的事儿。你愈早得到医疗护理愈好，即使你不能面对父母，也应该告诉医生。很多女孩子认为告诉医生并不是一个办法。医生只不过是个陌生的人，向他们表白多令人尴尬。其实这个时候非常需要医生的照顾、心理的辅导，需要医生帮助你减少焦虑、做出决定。

(3) 尽早实施人工流产。堕胎又叫人工流产，目的是终止妊娠。愈早堕胎愈安全，如果怀孕期是在三个月以下，手术比较简单，手术进行后，略为休息几天，就可恢复行动。但是，如果胎儿已有三个月以上，情况就复杂得多，手术也相应复杂，对人身的伤害也会随之加重。

(三) 女大学生常见生殖系统疾病

1. 月经失调

女性青春期从 11～14 岁起至 16～20 岁，此期是性器官成熟的过程，女性青春期内主要表现是乳房发育、月经来潮。

正常女性的月经周期为 25～35 天，持续日期为 2～7 天，出血量为 50 mL～200 mL。一旦卵巢或子宫发生障碍，月经周期会比正常延长或缩短，出血量增多或减少，月经天数变长或变短，出血量异常多，有时混有血块。常见于子宫肌瘤、子宫内膜炎、子宫肥大症及子宫息肉等疾病，25 岁以上的女性应考虑上述疾病。青春期女性子宫尚未发育完全，当卵巢分泌的雌激素还不足时，会出现月经过多，待子宫和卵巢发育成熟后，症状就会因而自愈。月经过少常见于子宫发育不全或卵巢功能失常的人，需及时医治，否则可能演变成无月经，可导致不孕。

2. 月经前紧张症

月经虽属正常生理现象，然而部分女性却在月经前几天到 10 天之内出现不适症状，这些症状在月经开始后会自然消失，常见症状是焦躁易怒、困倦、浮肿、乳房膨胀，下腹部胀感，腰部以下感沉重，呕吐感或呕吐，个别人还会突然发出青春痘，皮肤荨麻疹，鼻出血，甚至还出现鼻塞、耳鸣或手脚冰冷等。出现这些症状的原因是形成性周期的各种荷尔蒙之间不平衡，使体内组织中水分蓄存增加所致。此外，所处环境的不满和精神压抑也是月经前紧张症原因之一。治疗的原则是减少体内水分的蓄积，尽量减少盐分的摄取，注意饮食生活，适量的运动可促进水分排出，促进血液循环，减轻浮肿和困倦等症状。

3. 痛经

痛经是女性的常见病症，据资料统计，约有 30%～40%的女性在经期内常有下腹或腰底部疼痛的现象。痛经大多在月经来潮的当天出现，也有的在月经前出现。常为下腹绞痛，并有面色苍白、头痛、恶心呕吐、手脚发凉，重者出现休克症象。痛经可持续数小时或 1～2 天。存在顽固性痛经时，就需去医院找妇科大夫检查确诊。痛经轻者可以忍受并能正常工作，重者可以造成疼痛性休克甚至危及生命。

常见轻微痛经可采用如下自疗方法：

(1) 疼痛时立即服用速效救心丸 2～5 粒，半小时见效。

(2) 月经来潮前第 1 天开始服用芬必得 2 粒，每日 1 次，连服 5 天，同时月经前 7 天每次服三七片 4 片，每日 3 次，连服 1 周。

(3) 每晚睡前喝一杯加一勺蜂蜜的热牛奶。

(4) 用手掌上下左右来回轻轻按摩脐下至耻骨联合间小腹部。

(5) 月经前 3 天，每晚用双手重叠，掌心向下压于小腹正中，作逆时针旋转按摩 10 分钟，同时从小腹至脐部反推 30～50 次。

(6) 运动疗法：俯卧在床上两手平放在两侧，先将头部和胸部抬离床面，然后将背部抬起呈弓状，如此反复进行，或俯卧于床上两手身后抓住两脚踝关节，轻轻向前拉，还可以将身体在床上前后摇动。

4. 月经期的自我保健

(1) 做些力所能及的活，避免接触毒性物质及下井、下水活，避免过度疲劳、劳累、长途步行、旅游，月经期间适当休息，家务劳动应适可而止。学生月经期应避免剧烈运动，如游泳等体育比赛活动。

(2) 保持心情愉快、舒畅，同学间要和睦相处，互相帮助，互敬互爱。

(3) 注意保暖。月经期间全身抵抗力下降，如果经期受凉，尤其下半身受寒，会刺激盆腔血管收缩而发生月经减少，甚至突然停止或疼痛。所以，月经期要避免淋雨或冷水洗澡、洗脚，避免坐凉地、水泥地、砖地、泥地等。即使在夏天也要注意避免喝过多的冷饮料。原则上月经期禁止吃冰冻食品。冬季要多穿些衣服，要像产妇一样保养。经期少到公共场所，如集市、影院等，避免感冒及传染疾病。

(4) 合理调节膳食，补充营养食品。经期由于失血，体内需要加倍的高蛋白、高维生素、高脂肪及高铁质的食物。月经期食欲不振，不想吃，这在体内形成恶性循环。另外，月经前几天就应多吃些高蛋白食品，如鸡蛋、禽类、豆类、黑木耳等。月经期间可多喝些水，保持大便通畅，不吃辛辣生冷等刺激性食物，经期饮食不宜过咸，否则会加重水肿。总之，月经期要加倍补充营养。

(5) 注意月经期和月经垫的卫生。经期要注意卫生，月经用具要放在干净的地方，保持清洁、卫生，内裤及时更换、洗净，置于阳光下暴晒。

(6) 保持外阴清洁。经常用干净的温水擦洗外阴，避免经血结痂。清洗外阴时，下身不要泡在水中，以免脏水流进，使用的盆要单独保管。

(7) 禁止性生活。经期绝对不能过性生活，以防感染等情况的发生。无特殊情况也不要做妇科检查。

(四) 女大学生生殖道炎性疾病的预防

(1) 养成良好的个人卫生习惯，每日用温开水清洗外阴，可以适当使用洁尔阴等妇科洗液清洗，切忌用洗脸水、洗脚水洗外阴。

(2) 小便后，用消毒的手纸擦外阴；擦大便时，应从前向后擦拭，以免大便污染阴道。

(3) 内裤要勤换、勤洗，洗后在太阳下暴晒。要穿纯棉织品的内裤，内外裤不要穿得过于紧身。

(4) 月经期要使用消过毒的卫生巾、卫生纸，不要用质量差的卫生巾、卫生纸，以免因使用质量差的卫生纸、卫生巾传染上滴虫、霉菌等。

(5) 女性生殖系统疾病大多数与男性有关，男性也要讲究卫生，性生活要有节制，要有固定的配偶，杜绝乱交。

(6) 不要在月经期、流产后身体尚未恢复健康状态下过性生活。

(7) 定期参加普查普治，积极治疗，防止病情加重。

(8) 霉菌性阴道炎、滴虫性阴道炎要男女同治。

(9) 经检测 80%以上的妇女都患有阴道炎，为不使炎症扩散、加重，做放环、取环、人流、引产、结扎等手术前，要自觉接受白带检验，如患阴道炎等炎性疾病应先治疗后做手术。

(五) 男大学生常见的生殖卫生问题

1. 阴茎大小问题

阴茎的大小个体差异明显，正常范围内的阴茎并不影响男性性反应。如果因“阴茎短小”而产生自卑和恐惧心理，反而可能导致心因性功能障碍。

小阴茎症是指男性进入青春期后，阴茎仍处于儿童型状态，或青春期前长度小于 2.5 厘米，青春期后仍不足 5 厘米者，并伴发育不正常及缺乏勃起功能或第二性征发育不良。上述症状可能与内分泌功能障碍有关，应到医院诊治。

2. 包皮过长

包皮过长和包茎是小儿的正常现象。但仍有三分之一左右成年男子的包皮遮住龟头，仅在用手将包皮翻上或阴茎完全勃起时，才能露出龟头及尿道口。包皮过长时，如不注意局部清洁卫生，包皮垢积聚会使龟头及包皮发炎，可致性交疼痛。

包茎是指包皮无法翻起，勃起时强行翻上，过小的包皮口可形成包皮嵌顿，影响局部血液回流，发生水肿，此种情况下应行包皮环切术。

3. 遗精

遗精是指无刺激的情况下发生的一种射精活动。它可以发生在睡眠状态，也可以发生在清醒状态，有时伴有性梦则称为梦遗。遗精是男性性器官成熟后的正常生理现象，遗精发生的频率有极大的个体差异。一般每隔 1～5 周出现 1 次。正常的遗精，不论从量或质来讲，对身体是没有什么影响。

遗精也是一种反射活动，可由精神或局部刺激引起，如性梦、包皮垢、紧身裤、被褥过热等。所以遗精是正常生理反应，对身体没有害处。

(六) 手淫的不良影响

手淫可能使一些青年出现失眠、乏力、记忆力减退等，主要是错误地宣传“道德败坏”和“危害健康”等造成精神压力而产生的不良后果，并非手淫本身引起的，而是对手淫的畏惧和内疚的心理反应。

频繁的手淫指每日一次或每日数次，对身体无益，因为性器官受到频繁的刺激会造成性功能障碍，尤其是男性在中老年后及婚后会出现阳痿，影响精液的质与量，女性则影响婚后的性满足。

手淫尽管对性活跃期青年具有积极的方面，并且也可以作为短期的替代措施，或在夫妻性生活中作为前奏的爱抚手段，但仍需避免一些错误的方式，因为人类性发育的自然过程应该从性自慰过渡到成年的异性性生活，这才是众所期望的。

(七) 预防和应对性侵犯

(1) 树立正确的人生观，胸怀远大的理想，明确基本的道德观念，增强辨别是非、善恶的能力和自我保护的能力；

(2) 有防范性侵犯的意识，无论是陌生人还是熟悉的人，依据他们的行为表现做出决定，提高警惕，防止受骗上当；

(3) 不看黄色淫秽的书报杂志和影视录像，不要出入色情场所；

(4) 不要单独一个人活动，尤其是女生尽量不要单独到僻静和隐蔽的地方，以免发生意外而无人救助；

(5) 外出活动要征得父母的同意，并详细告知自己的交通工具、目的地、与谁有约以及预定归来的时间，并尽可能避免走偏僻捷径，更不要天黑后独自外出；

(6) 不要轻易告诉他人有关家里的计划和日常安排，不能轻信陌生人，更不能单独和陌生人外出或带路；

(7) 要与行为不检点的人保持一定的距离，更不要接受陌生人赠送的钱财和礼物，不搭乘不熟悉的人或了解不深的人的车，不乘坐无证经营的出租车或长途汽车即所谓的“黑车”，遇到跟踪，要赶快走入附近的商店或可靠的住家，或打电话要求家人来接；

(8) 不要单独在异性朋友家过夜，更不要尝试用性行为的方法表达感情；

(9) 遇到性骚扰或猥亵电话，要理直气壮地予以斥责和抵制，勇于抗争，大声呼喊，义正词严地表明自己的立场，态度要明确，口气要坚决，还要善于使用身体的防卫技巧，如语言坚决、动作利索、神情愤怒、行为果断；

(10) 遇到严重的性侵犯要保持镇静，不要惊慌失措，要大声斥责和呼救，并迅速跑向人多的地方，利用正义和群体的力量吓退对方；

(11) 自己的行为举止要端正，衣着不要太露，穿着袒胸的上衣或超短裙容易招致坏人的袭击。

(12) 与异性约会，要拒绝吸烟、用药及喝酒，否则，这些东西都会使你的判断能力减弱；

(13) 会拨打 110 报警，或牢记救援者(亲朋好友和老师)的联系电话；发生性侵害事件，应当立刻向父母、老师、可靠的亲人或朋友说出事实，必要时运用法律手段保护自己的合法权益。

四、体育锻炼与生殖保健

人一生要工作、要生活，就必须有充沛的精力和健康的身体。要精神饱满地干事业，首先要保持血管年轻。血管年轻，机体富有弹力；血管老化，机体也随之衰老。30 岁以后骨质的再生小于损耗，身体的长度萎缩，体型向宽度发展，遂显得肥胖。随着年龄的增大，肌肉逐渐失去力量和柔软。40 岁以后，心肺功能逐渐退化，关节韧带开始僵化，身体易受损伤，给活动带来不便。所有这一切变化均可控制延缓，甚至扭转，最好的办法就是体育锻炼。

第三节　体育锻炼与社会适应

一、社会适应的概念

社会是人类生活的大集体。社会适应能力是指人适应社会环境的调节功能。良好的社会适应状态是指一个人的外显行为和内在行为都能适应复杂的环境变化，能为他人所理解，为社会所接受，行为符合社会身份，因而能保持正常的人际关系。社会环境是人类在自然环境的基础上有目的、有计划地创造而成的人工环境，社会环境是人类物质文明和精神文明的发展标志，社会环境还包括政治、经济、文化、教育等因素，其中经济因素起决定作用。

社会适应能力的提高，是一个人从幼儿开始的自然人，经过社会、家庭、学校的教育，逐渐学习社会知识、技能与规范，成长为自觉遵守、维护社会秩序，拥有正确价值观念与行为方式的社会人的过程。适应能力强的人，在遇到各种复杂、紧急、令人恐惧或危险的情况时，能发挥自己原有的能力，具有摆脱困境的力量。适应能力弱的人，遇到特殊情况就紧张、不知所措，发挥失常。适应能力强的人一般具有以下特征：一是有独立自主的个性；二是能借鉴过去成功与失败的经验教训；三是具有明确的人生目标，并且深知取胜之道；四是有稳定的性格，且确立了一定的价值尺度；五是有较强的判断力和自我克制力；六是善于体察别人的利害关系和有关情况。

二、大学生与社会适应

(一) 大学生社会适应能力的重要性

大学生的成长、发展、成功、幸福都与社会交往密切相关。对当代大学生而言，正常的人际交往和良好的社会适应能力都是心理正常发展、个性保持健康、生活具有幸福感和事业获得成功的必要前提。比起中学生，大学生的社会交往更为复杂，更为广泛，独立性更强，更具社会性。再者，交往能力越来越成为现代社会衡量大学生综合素质的一项重要指标。

社会适应能力差的人，常常因为人际关系的不和谐，与他人之间的感情不融洽，产生矛盾、冲突和仇视，彼此相互攻击，心理压力便会增大，如果持续出现焦虑、压抑、冷漠、愤怒等消极的情绪及内心体验，必将导致心理障碍，严重的会影响心理的健康发展。

社会竞争越来越激烈，对于几乎毫无社会经验的大学生来说，更是处处充满残酷的竞争。如果不具备良好的社会适应能力，根本无法融入社会，也就不能很好地实现自己的人生价值和理想。因此，对于即将踏出校门走向社会的大学生，社会适应能力显得尤为重要。

(二) 大学生社会交往的不适表现

现代社会是一个开放的社会，开放的社会需要开放的社会交往。对于正在学习、成长中的大学生来说，培养良好的社会交往能力，不仅是大学生活的需要，更是将来适应社会的需要。然而，并不是每个大学生都具备良好的社会交往能力，他们在与他人的交往中可能表现出种种不适应，既影响了自己的身心健康，也制约着自身的发展。

大学生社会交往的不适表现，通常可以分为两大类型：一般性社交不适和严重的社交障碍。一般性社交不适的大学生人数比例较高，对身心健康和自身发展的影响稍小一些；而严重的社交障碍比例虽小，但对身心的健康发展危害很大，甚至会使大学生走上犯罪的道路。

1. 一般性社交不适

一般性社交不适，虽然影响不是太大，但也要注意克服。一般性社交不适主要表现为缺少知心朋友，与个别人难以相处，与他人交往平淡，感到交往有困难。例如，有的大学生没有关系比较密切的朋友，难以保持和发展良好的人际关系，常常会感到空虚、迷茫、失落；有的大学生渴望交往，但由于交往能力有限、方法欠妥或个性缺陷、交往心理障碍等原因，致使交往不尽如人意，很少有成功的体验，他们往往感到苦恼，很希望改变社交状况。

2. 严重的社交障碍

社交恐惧症属于严重的社交障碍。这类大学生对人际交往特别敏感、害怕，极力回避与人接触，不得不交往时则表现出紧张、恐惧、心跳加快、面红耳赤、难以自制，总是处于焦虑状态。他们害怕自己成为别人注意的中心，害怕自己在别人面前出洋相，害怕被别人观察，总担心自己会出现错误而被别人嘲笑，总处于一种莫名的心理压力之下。与人交往，甚至在公共场所出现，对他们来说都是一件极其恐怖的任务。

相关链接

大学生的社会适应能力及发展

大学生迈向社会，究竟如何去适应这个社会呢？经过对自身以及社会的剖析，我们认为必须从自身的实际出发，应从以下几个方面进行培养和发展：

(1) 人生一定要有目标，处理好当下和长远的关系。圣经说：你定意要做何事，必然给你成就，亮光也必照耀你的路。你一定要有个目标，就像你无法从你从来没有去过的地方返回一样，没有目的地，你就永远无法到达。同时，目标能激发我们沉睡的潜能，一个没有目标的人就像一艘没有舵的船，永远漂流不定，只会到达失望、失败和沮丧的海滩。当然，目标的作用不仅是界定追求的最终结果，它在整个人生旅途中都起着重要作用。可以说，目标是成功路上的里程碑，它还使我们看清使命，不要走弯路。一个组织要想进步，关键在于其成员是否有上进心，不能随波逐流。设立目标，设计未来，从现在开始。

(2) 责任意识。常言道："能力不足，责任可补；责任不够，能力无法补；能力有限，责任无限。"

我们要注意所谓的蝴蝶效应——"巴西亚马逊丛林一个蝴蝶轻拍一下翅膀，可以导致一个月后德克萨斯州的一场龙卷风"，一个极小的事情如果得不到应有的重视，逐级放大，就会导致可怕的后果。要学会超前工作、到位工作、主动工作。决定一个国家整体的生产水平的不是最好的一点，而是最差的一点。如果不能做好当下的工作，就永远不能得到提升。

(3) 要提高"三商"：智商、情商和危机商。智商的重要性在这里就不再讲述了。我们主要讨论一下情商，情商指的是对自己感情以及对别人的感情的控制能力。我们对自己的能力和水平要有很准确的定位。所谓准确的定位就是既不能盲目地过分自信——自大，也不能自己看不起自己——自卑。一个跟得上现代社会进步步伐的年轻人需要有自我调控、自我约束、自我激励的能力。另外我们还要注意危机商的培养，有危机感，才能够不放过生活中的每一个细节。“危机商”指的是善于冲破人生的舒适区。机遇要靠我们迎头赶上，因为它是属于“心理阳面”的人，“每天见到阳光就微笑”。

(4) 有合理的知识结构。基础知识一定要牢固，牢固的基础知识是创新的前提。另外，技能知识(语言能力，计算机能力等)的培养也要予以重视，因为只有基础知识，没有技能知识，就好比只有许多砖瓦，却没有建设高楼的设计方法，终究还是一堆砖瓦，不能成就什么样的大事情。掌握知识有两个标准：一是能用简练的语言给别人把事情讲明白；二是能用简洁的文字写出让别人看明白的东西。一个人拥有的知识游离其专业越远越好，当学科交叉很多的时候，最容易迸出创造的灵感火花。任何行当内都有知识，关键是要做出名堂来。

(5) 提高自身融入社会的能力。成绩不只是干出来的，更重要的是总结。并且，人际交往能力和语言表达能力十分重要。融入社会，关键是要“悟”，而不是从书本中学来。在生活的坎坷与无奈的后面，静静的体会与感受，你会得到更多的东西，有时候这些东西比你先前预想的成功更重要一些，甚至，你悟出来的可能是更大的成功。与人交往时要注意“第一印象”，注意生活中的一些小事更能体现一个人的素质。这就是平常人们说的——细节决定成败。“社会不等待你成长”，你只有快速地成长以跟上社会的步伐。机会是把握在自己手中的，就好比路是自己走的一样，没有人可以代替你自己。

(中青在线(http://www.jyb.cn/ xy/xyzt/t20071227_134017.htm))

三、体育锻炼与社会适应能力的形成

体育活动能促使人们达到对社会环境适应方面的良好状态。体育活动对提高人的社会健康水平，成为社会人，具有重要的促进作用，这是由体育活动的社会特征所决定的。人们在体育活动或竞赛当中，既有互相协作配合，又存在相互竞争，还必须遵守一定的规则。这种在体育活动中形成的交往合作、竞争、遵守规则的意识和行为会迁移到日常社会生活、学习、工作中去，有利于社会适应能力的培养。大学体育有助于在校大学生在性格、能力、学识、体态、交际手段与社会经验等方面锻炼自己，使自己能适应大学生活，为个人成长创造有利条件。

(一) 体育锻炼有利于提高人体适应各种自然环境的能力

人类在大自然中，面对季节、气候变化，寒冷温热，大风暴雨，电闪雷击，自然界的动物、植物对生态环境的影响时，必须能承受、适应自然界的这些变化，才能生存发展。不适应自然环境的恶劣变化，又无法改变自然环境，则只有灭绝淘汰。但是，人是有创造力的，能千方百计地设法适应这种自然变化：一是改善自然条件，如改变居住条件，改变生态环境，提高空气、水的质量；二是加强人类自身的适应能力。体育活动、体育锻炼是提高人体适应环境的最佳方法之一。长期进行体育锻炼，不仅增进了健康，强壮了体格，而且身体的各个组织系统在中枢神经系统的支配下，承受外界刺激和协调各组织系统的能力都将得到增强。如冬季经常进行户外锻炼，可有效提高人体的抵御寒冷的能力。

(二) 体育锻炼有利于人际关系的发展

1. 体育锻炼促进人际关系的心理作用

体育活动、比赛能增加人与人接触和交往的机会，缩短互相之间的距离，进行互相沟通。中美建交，首先以乒乓球打开封闭二十年的隔阂；开通台湾与大陆的隔绝关系，也从乒乓球交往开始。体育历来是人生的友谊使者，我们原本互不相识，通过一次球赛、一次体育活动彼此有了初次的了解，搭起了沟通的桥梁，为以后的交往奠定了基础。体育活动、比赛能够改变、调整、强化人际交往。人际关系最重要的特点是它具有情感因素，即人际关系是在人们相互间通过交往而产生的、一定的情感基础上形成的。人际关系的各种类型都清楚地反映出人们之间的满意与不满意、吸引与排斥的程度，如得到满足就相互吸引，心理距离就近，否则，就相互排斥，心理距离也就远。

人与人之间彼此需要产生吸引，受以下几个因素的制约：外貌、距离、能力、个性等。体育活动能对这些因素起到积极作用，例如外貌，它是引发第一印象的窗口，较好的外貌、矫健的身材能够使人感到轻松愉快，构成一种精神欣赏，内心产生一种“容易接近，容易交往”的第一印象。而事实上，第一印象突出者并不多，通过体育运动比赛可以弥补外表的不足。如篮球运动中协调高超的球艺、快速超人的弹跳素质，体育舞蹈中优美的舞姿、标准的身材，健美比赛中发达的肌肉、优美的造型，都给人留下了美的印象，这给人际交往增加了无形的情感成分。同时，体育运动又是一项缩短人际交往距离的项目，例如舞蹈、球类比赛等都要通过互相的配合及接触，并在运动中表现出每个人的个性、能力以及相互之间相似的兴趣爱好，为进一步的交往打下良好的基础。

但是，通过体育活动促进人际关系的发展，必须建立在互相之间诚实守信、互相尊重、平等交往、严于律己、宽以待人、团结友爱、互相帮助的原则上，坚持友谊第一，比赛第二，才能起到正面效果，否则将是人际关系失和的因素之一。

2. 体育锻炼有助于培养良好的合作精神

合作是建立在团体成员对团体目标的认同的基础上的，合作被认为是有价值的行为。在合作的社会情景中，个人所得有助于团体所得，合作的优越性体现在个人与他人一起合作时所获得的社会效益，如增加交流、相互信任等。合作的心理品质需要通过某一种活动，通过人与人交往的过程，通过共同完成任务和对各种结果的经历以及成果的共同分享和责任共同承担的关系去培养。参加集体项目如篮球、足球、排球的合作会使活动更为有效，因为团体要获得成功，团体成员就必须相互协作，共同努力完成。集体运动项目是培养和发展合作意识的有效工具，现代社会需要合作精神，一个人的力量微不足道。一个人要想在社会中取得成功和成就，就需要与他人合作，需要得到他人的帮助，孤军作战，即使个人有再大的本事，终难成大业。合作能力既是体育活动参与者的必备条件，也是通过体育活动需要发展的能力。从事体育活动，特别是集体性的体育活动需要与他人通力合作，并且以各自不同的角色，达到协调配合的目的。如篮球的前锋和后卫，各自以不同的地位发挥作用，达到提高篮球比赛群体作战的效率，使每个成员都感到满足。群体内每个角色都是互相关联的，为了达到某个目标而结成相互促进的关系，这种关系可以使成员之间相互支持和相互信赖，稳定每个角色的作用，发展协同与合作精神，使集体目标得以实现。经常性地参加体育活动，有利于个体加强合作意识，有利于个体培养团队精神，从而有助于个体社会适应能力的加强。

3. 体育锻炼有助于形成竞争意识

竞争，与合作相对立，它是指为了自己的利益和需要而同他人争胜的行为。在竞争的社会情景中，一方的得益会引起另一方的利益损失，而且个人对个体目标的追求程度高于对集体目标的追求程度。竞争观念在现代社会中是一个重要的价值观念，竞争既是体育的特征之一，又是体育精神的重要内容之一。现代奥林匹克口号“更快、更高、更强”就是竞争的体现。市场经济社会就是竞争的社会，各行各业的竞争归根到底是人才综合素质的竞争，竞争过程也是他们身心素质、各方面的知识、能力优胜劣汰的筛选过程。竞争是体育运动的主要特征之一，在体育运动中，时时处处充满着竞争，既有对自己运动能力的挑战，又有人与人的竞争，也有团体与团体之间的竞争，取胜主要靠自己的能力。体育运动与保守性格势不两立，强烈的竞争性督促着每一个参与者不断去创新和变革。通过体育活动的竞争来培养自己积极进取的意识，为日后走出校门、走向社会、投身于激烈的竞争的社会，提高思想上应变的准备，加强社会适应能力打下良好基础。

(三) 体育锻炼有利于提高社会生活的适应能力

1. 体育锻炼有助于锻炼个人承担社会角色

社会是一个由政治、经济、文化等因素构成的交互场所，每个人在社会中都不同地充当几种、甚至多种的社会角色。在不同的场合、以不同的身份与他人交往，能够根据不同的社会环境进行相应的调整作出恰当的、合乎角色的反应，这是社会适应能力的重要体现。而体育运动场所，恰好能为人们学会承担社会角色提供优越的环境与适宜的条件。比如，某个班在分组进行篮球比赛时，两个组各自的边锋、中锋、后卫等各个角色都在自己所处的位置上，通过与该位置相适应的角色行为而产生相互的社会关系。由体育而结成的社会关系中，每个角色都有获胜的权利、获得嘉奖的权利和按照规则进行技术动作的权利，同时也有遵守体育法律规范、道德规范和技术规范的义务。社会角色是完成社会活动的必要的社会形式和个人的行为方式。通过体育角色的学习，使学生们懂得了社会角色与人们的某种社会地位、身份相一致的权利和义务的规范与行为模式。社会角色是人们对具有特定身份的人的行为的期望，有利于人们懂得“做什么像什么”的社会意义，为将来走向社会适应各行各业的需要，干好本职工作打下坚实的思想基础。通过体育活动角色的学习，还可以使同学们体会到经过个人努力是可以成功扮演各种角色的，从而明白人的客观努力是改变社会地位的重要途径，对于现代青年来说，这一点尤为重要。

2. 体育锻炼能培养人对社会节奏的适应性

随着社会开放的进一步深入，经济发展的速度加快，社会运动的时间节奏越来越充分展现出由慢到快的变化趋势。高效率的工作和社会节奏，一方面给社会带来了物质财富和精神财富，另一方面，也给人们带来了许多健康方面的麻烦，如心理紧张、情绪压抑等。体育活动和娱乐活动是人们调整、顺应新的生活节奏的重要辅助手段。一些社会实验和社会调查表明，运动员、经常参加体育锻炼的人，对生活节奏的改变有较强的适应性。这是因为在体育活动中，人们所掌握的各种活动技能和快速活动方式，有利于人们准确、协调、敏捷地完成各种生产生活动作，既可避免多余动作，又不会力不胜任。体育活动对人体的神经系统、心血管系统的锻炼，更能够提高人体对快速节奏生活的应变能力。此外，体育活动和娱乐消遣还可以克服人们对快节奏生活的抵触、恐惧、焦虑等心理障碍，可以稳定心理情趣，抑制身心紧张。

四、社会适应能力的自我管理

(一) 社会适应能力自测

1. 社会适应能力的自我诊断

下面的测验题目可帮助你更好地了解自己的社会适应能力，请用“+”表示同意、“-”表示不同意、“？”表示无法肯定来回答下面的问题。回答并无正确、错误之分，只要符合你的实际情况即可。

(1) 我最怕转学、转班、换单位，因为每到一个新环境，我总要经过很长一段时间才能适应。

(2) 到一个新的地方，我很容易同别人接近。

(3) 在陌生人面前，我常无话可说，以致感到尴尬。

(4) 我最喜欢学习新知识、新技术，它给我一种新鲜感，能调动我的积极性。

(5) 每到一个新地方，我第一天总是睡不好，就是在家里，只要换一张床，有时也会失眠。

(6) 不管生活条件有多大变化，我也能习惯。

(7) 越是人多的地方，我越感到紧张。

(8) 在正式比赛或考试时，我的成绩多半会比平时差。

(9) 我最怕在会上讲话，大家都看着我，心都快跳出来了。

(10) 即使同学、同事对我有看法，我仍能正常同他们交往。

(11) 老师、领导在场的时候，我做事情总有些不自在。

(12) 和同学、同事、家人相处，我很少固执己见，乐于采纳别人的看法。

(13) 同别人争论时，我常常感到语塞，事后才想起该怎样反驳对方，可惜已经太迟了。

(14) 我对生活条件要求不高，即使生活条件很艰苦，我也能过得很愉快。

(15) 有时自己明明把考试内容背得滚瓜烂熟，可在考场上还是会出差错。

(16) 在决定胜负成败的关键时刻，我虽然很紧张，但总是能很快地使自己镇定下来。

(17) 我不喜欢的东西，不管怎么学也学不会。

(18) 在嘈杂混乱的环境里，我仍能集中精力学习或工作，并且效率不减。

(19) 我不喜欢陌生人来家里做客，每逢这种情况，我就有意回避。

(20) 我很喜欢参加社交活动，我感到这是交朋友的好机会。

2. 社会适应能力的自我评价

根据下表，可以计算出每一项的得分，累计相加即为自己的总分。

题号	1	2	3	4	5	6	7	8	9	10
+	0	2	0	2	0	2	0	0	0	2
?	1	1	1	1	1	1	1	1	1	1
—	2	0	2	0	2	0	2	2	2	0
题号	11	12	13	14	15	16	17	18	19	20
+	0	2	0	2	0	2	0	2	0	2
?	1	1	1	1	1	1	1	1	1	1
—	2	0	2	0	2	0	2	0	2	0
总分										

对分数的解释：

38～40 分：社会适应能力很强。你能很快地适应新的学习、工作、生活环境，与人交往轻松、大方，给人的印象良好。你无论进入什么样的环境，都能应付自如，左右逢源。

34～37 分：社会适应能力良好。你能较好地适应环境的变化，态度积极，乐于与外界交往，有较强的适应能力。

29～33 分：社会适应能力一般。当你进入新环境后，经过一段时间的努力，基本上就能适应。

23～28 分：社会适应能力较差。你习惯于依赖较好的学习、生活环境，一旦遇到困难则怨天尤人，甚至消沉、退缩。

22 分以下：社会适应能力很差。你在各个新环境中，即使经过一段时间的努力，还不一定马上能够适应，常常因为与周围事物格格不入而苦恼。在与他人的交往中，总是显得拘谨、羞怯，手足无措。

如果你在本测验中得分较低，你不必忧心忡忡，因为一个人的社会适应能力是随着年龄的增长，知识、经验的丰富而不断增强的。只要你有信心，努力学习，加强锻炼，多参加社会实践活动，一定会成为适应社会的成功者。

(二) 人际交往能力自测

1. 人际交往能力的自我诊断

这份社交能力自测表，共包括 30 道题，你可按照自己的符合程度进行打分。凡符合者打 5 分，基本符合者打 4 分，难于判断者打 3 分，基本不符合者打 2 分，完全不符合者打 1 分，最后统计总分。

(1) 我上朋友家做客，首先要问有没有不熟悉的人在场，如有，我的热情就明显下降。

(2) 我看见陌生人常常觉得无话可说。

(3) 在陌生的异性面前，我常感到手足无措。

(4) 我不喜欢在大庭广众面前讲话。

(5) 我的文字表达能力远比口头表达能力强。

(6) 在公共场合讲话，我不敢看听众的眼睛。

(7) 我不喜欢广交朋友。

(8) 我的要好的朋友很少。

(9) 我只喜欢与同我谈得来的人接近。

(10) 到一个新环境，我可以接连好几天不讲话。

(11) 如果没有熟人在场，我感到很难找到彼此交谈的话题。

(12) 如果要在“主持会议”与“做会议记录”这两项工作中挑一样，我肯定是挑选后者。

(13) 参加一次新的集会，我不会结识很多人。

(14) 别人请求我帮助而我无法满足对方要求时，我常感到很难对人家开口。

(15) 不是不得已，我决不求助于人，这倒不是我个性好强，而是我感到很难对人开口。

(16) 我很少主动到同学、朋友家串门。

(17) 我不习惯和别人聊天。

(18) 领导、老师在场时，我讲话特别紧张。

(19) 我不善于说服人，尽管有时我觉得很有道理。

(20) 有人对我不友善时，我常常找不到恰当的对策。

(21) 我不知道怎样同嫉妒我的人相处。

(22) 我同别人的友谊发展，多数是别人采取主动对策。

(23) 我最怕在社交场合中碰到令人尴尬的事情。

(24) 我不善于赞美别人，感到很难把话说得自然亲切。

(25) 别人话中带刺挖苦我，除了生气之外，我别无他法。

(26) 我最怕做接待工作，同陌生人打交道。

(27) 参加集会，我总是坐在熟悉人的旁边。

(28) 我的朋友都是同我年龄相仿的人。

(29) 我几乎没有异性朋友。

(30) 我不喜欢与地位比我高的人交往，我感到这种交往很拘束，很不自由。

2. 人际交往能力自我评价

把你的得分相加即为本测验的总分。你的总分越高，你的社交能力就越弱；反之，你的总分越低，你的社交能力就越强。

对分数的解释：

如果你的总分大于 120 分，那么你的社交能力存在很大的问题，你不太善于交往或你不喜欢社交，社交对于你来说，是一件痛苦或害怕的事情。你在社交场合，习惯于退缩、逃避，你对自己的社交能力没有自信，你还没有学会如何与别人尤其是陌生人打交道。为此，你要走出自我封闭的圈子，尝试去与人交往，不怕失败和尴尬，你会发现人际交往带给你的许多乐趣和益处。

如果你的总分在 91～119 之间，你的交往能力还有待进一步提高，你对人际交往还有些拘谨和尴尬。但你是可以交往的，如果你更大胆些，更多地注意培养自己的社交能力，那么你会从社交活动中获得更大的快乐和成功。

如果你的总分在 70～90 之间，你的社交能力尚可。

如果你的总分低于 70 分，那么，你是一个善于社交的人，你喜欢社交，能从社交中获得快乐和收获。你能与不同的人相处，能较快地适应环境。你的总分越低，你的社交能力就越强。

相关链接

如何处理人际关系

作为一个社会中的人，人际关系是人们维持交际的一个重要因素。但是，在人与人的相处中也会遇到这样或那样的问题，这时候，我们应该如何处理人际关系呢？下面，我们就来为大家介绍处理人际关系时应该注意的几个方面。

处理好人际关系的关键是要意识到他人的存在，理解他人的感受，既满足自己，又尊重别人。下面有几个重要的人际关系原则：

(1) 人际关系的真诚原则。真诚是打开别人心灵的金钥匙，因为真诚的人使人产生安全感，减少自我防卫。越是好的人际关系越需要关系的双方暴露一部分自我。也就是把自己真实想法与人交流。当然，这样做也会冒一定的风险，但是完全把自我包装起来是无法获得别人的信任的。

(2) 人际关系的主动原则。主动对人友好，主动表达善意能够使人产生受重视的感觉。主动的人往往令人产生好感。

(3) 人际关系的交互原则。人们之间的善意和恶意都是相互的，一般情况下，真诚换来真诚，敌意招致敌意。因此，与人交往应以良好的动机出发。

(4) 人际关系的平等原则。任何好的人际关系都让人体验到自由、无拘无束的感觉。如果一方受到另一方的限制，或者一方需要看另一方的脸色行事，就无法建立起高质量的心理关系。

(幸福密码网(http://www.xmima.com))

第四节　体育锻炼与道德健康

体育是人类社会文化生活的重要组成部分。随着体育和社会的发展，体育锻炼和道德健康已成为我国体育事业发展中不可或缺的一项内容，是完善我国体育事业的重要方面，在塑造人的理想、强化人的内心信念、规范人的行为、形成健康的生活方式上起着不可替代的作用，它们不仅直接影响到体育事业的健康发展，还会对社会的稳定与进步起着不可忽视的作用。

一、道德健康概述

(一) 道德健康概念

对于健康的概念，世界卫生组织已经提倡把“道德”纳入健康的范畴，健康不再只是简单意义上的身体健康和心理健康，道德健康同样是健康的重要组成部分，是衡量健康与否的标准之一。因此，重视健康的人就需要加强自身的道德修养。

道德健康是指不能因为满足自身的需要而损害他人利益，同时要具备辨别真假、是非、对错、美丑等的意识，能按照社会行为的规范准则来要求自己并支配自己的思想和行为，以此获得心地踏实、心境平和，产生一种价值感和崇高感，并用道德健康促进整个人的身心健康。

(二) 道德健康的内容

道德健康的主要内容包括两个方面：

(1) 责任感、良知。良心是在履行应尽的义务过程中形成的道德责任感和自我评价能力。

(2) 人道主义行为选择。人道主义特别强调的是对普通人的尊重和关心，直接关注道德健康。国外科学家通过大量调查发现，与人为善有助于身心健康。因为，融洽的社会关系、良好的心理活动可以使体内分泌出一些有益的激素、酶类和乙酰胆碱等，这些物质能把血液的流量及神经细胞的兴奋调节到最佳状态。同时，大脑中也会分泌出一种天然镇静剂，可使人获得内心温暖，从而缓解心中常有的烦恼。助人为乐的行为有助于增强人体免疫系统功能，使神经系统及时沟通骨髓与脾脏，产生抵抗感染的细胞，从而免受多种疾病的侵袭。相反道德不健康会损害身心健康。一个凡事有悖社会道德准则的人，其行为必然导致紧张、恐惧、内疚等种种心态，而这些心理状态就会影响其健康状态。因此，一个人不履行应尽的义务，违背自己的良心，做出一些违背社会公德的事情，必将会陷入道德危机中，从而导致寝食不安，惶惶不可终日。这种精神负担则会在不同程度上引起神经中枢、内分泌系统的功能失调，干扰各种器官组织的正常生理代谢过程，削弱其免疫系统的防御功能，最终导致恶劣的心境重压，诱发各种身心疾病。

当前，我国社会正经历着转型期的深刻变化，社会经济成分、组织形式、就业方式、利益关系和分配方式日益多样化，各种社会矛盾比较突出，不稳定因素逐渐增多。因此，要构建一个法治、民主、诚信、富裕、公平和充满活力的社会主义和谐社会，道德健康应该成为一个重要的话题，引起国人的关注。

二、体育锻炼对道德健康的影响

体育作为人类特有的一种社会活动形式，它既是一种有趣的、有益的、有效的身体活动，又包含了诸多教育因素。为了追求健康，提高生活质量，现代社会生活中人们越来越注重体育锻炼。体育锻炼不仅对身体健康有益，它还对道德健康有着一定的促进作用。体育锻炼对道德健康的影响主要从两个方面进行论述：体育与德育的关系和体育锻炼对道德健康的影响。

(一) 体育与德育的关系

体育与德育作为教育的组成部分，对人的培养目标是一致的。体育主要是进行身体锻炼，培养人类的良好身体素质和心理素质，并使其具有正确的道德品质；德育主要是进行思想品德的教育，能够培养人们良好的道德意识、道德情感和道德行为习惯。两者之间既有区别，又相互联系，表现为体育是德育的一种有效手段，德育是体育教育的一项重要内容。

在体育锻炼活动中，严格的技术规范和严密的竞赛规则，要求个人必须在遵守规章制度的前提下才能进行个人行为，由此能够加强个人的遵纪守规品行，从而逐渐形成良好的道德意识。体育锻炼中有很多集体项目，锻炼形式也多以集体活动为主，通过正确处理个人与集体、个人与个人的关系，从而达到人与人之间的协调配合、统一行动，促使道德情感的发展，培养集体责任感、荣誉感，增进良好的道德情感，促进正确道德意识的形成。

(二) 体育锻炼对道德健康的影响

对于经常参加体育锻炼的人来说，体育锻炼不仅仅是一种强身健体的方式，更是一种愉悦身心的活动。体育锻炼的功能大致分为三个方面：教育功能、健身功能、娱乐功能。人一生接受教育的时间，从幼儿园开始，一直到小学、中学、大学，参加工作后还需要接受教育，而现在所提倡的“终身教育”，就是要人们不断学习，不断接受教育，一直到最后的生命终结。因此，教育是一个漫长的过程。

体育是教育的重要组成部分，体育教育的时间也是一个漫长的过程，贯穿人的一生。毛泽东曾在20世纪20年代《体育之研究》一文中精辟论述“体育之效在于‘强筋骨’、‘增知识’、‘调感情’、‘强意志’”。新中国建立以后，他又提出“思想好、学习好、身体好”

作为培养社会主义事业接班人的目标。现在我们提出的"健康第一"、"终身体育"的思想，无一不体现出体育对一个人身心和道德协调发展的影响是全方位的。体育锻炼可以培养团队精神、竞争意识、协作能力和克服困难的坚强意志，这些优良品质和良好心理素质的培养和形成是其他学科教育难以替代的。同时体育锻炼可以让人精力充沛、思维敏捷、情绪良好、奋发向上，可以让人有追求之志、求实之诚、百折不挠的精神，有经得起失败和挫折的心理素质。这些人生态度、社会公德、协作精神、拼搏勇气是全社会共同认可的，是人们适应社会、取得成功的必备的道德品质。

三、体育道德

(一) 体育道德的概念和作用

1. 体育道德的概念

作为社会生活的一个领域，体育领域也有其独特的道德标准。体育是由多个复杂的社会群体共同参与的一项社会活动，有着较为广泛的覆盖面，也会产生较大的影响，不仅关系到个人的身体健康，更会关系到国家的荣誉。因此，体育道德是一个涉及面较为广泛的概念。

所谓体育道德就是指在体育领域中，在一定政治、经济、文化的基础上产生的，通过社会舆论、内心信念和传统习惯等手段来评价他人的行为，调整运动员、教练员、体育组织个体与社会的关系的原则和规范的总和。体育伦理学认为，体育道德既包括社会体育公德，也包括体育职业道德。可以将体育道德按照参与人员的不同，划分为运动员道德、教练员道德、裁判员道德、体育教师及体育科研人员道德和体育观众道德等。在观念形态上，它表现为体育道德原则和与之相适应的一整套规范、规则、公约等，这对人们的体育行为起着指导和约束作用。

2. 体育道德的社会作用

(1) 体育道德的调节作用。整个社会是一个有机整体，道德调节作用的发挥是与政治、法律等方面相互作用的。体育道德是保证体育实践活动健康有序发展的重要手段之一。随着体育的不断发展，体育道德也随之不断完善，它的调节作用也不断增强。体育道德通过社会舆论、风俗习惯、榜样激励和体育道德教育等方法和手段，将体育道德准则和规范转化为参加体育活动的人群内心的信念和情感，帮助参与体育活动的群体建立起一个道德尺度和价值观念，从而树立正确的体育道德评价标准，进而自觉地按照体育道德原则和规范去行动，自觉地调整参加体育活动的个体之间、个人与集体、集体与社会之间的关系，构建合理的体育活动方式。

(2) 体育道德的影响作用。道德是一种特殊的社会意识、行为规范，是人类实践精神的产物，是人类把握世界、完善自身发展的社会活动。它是人类社会生活的产物，同时又反映和改造着人类的社会生活，体育道德也不例外。体育道德的影响作用主要体现在体育实践活动中，同时对社会的经济、文化等都产生着巨大的影响。体育是一种复杂的社会文化现象，它以身体与脑力活动为手段，以达到增强体质、培养道德和意志品质为目的，促进人体的全面发展，是一种有计划、有目的、有意识的社会活动。体育具有教育、健身、休闲娱乐的功能，体育活动对公民道德教育有着重要的作用。体育道德的影响作用不仅范围大，而且能够取得较理想的效果，其所提倡的体育道德的内容也能够被人们所接受。但是，如果体育道德教育不到位，就可能产生负面、消极的影响。

(3) 体育道德的评价作用。体育道德的评价作用主要是通过体育道德对不道德的体育行为进行批评或指责，来告诉人们什么是正确的、符合体育道德的行为，什么是应当摒弃的不道德的行为，以促进人们树立正确的体育道德评价标准，从而按照正确的体育道德的原则和规范去行动，自觉地调整体育活动中的各种关系。

(二) 体育道德教育的作用

1. 提高体育道德觉悟

体育道德教育能使体育道德原则和体育道德规范转化成为个体道德意识，是形成个人体育道德品质的重要环节。良好的体育道德意识有利于帮助个体在体育实践活动中树立正确的人生观和价值观。体育道德品质是体育道德原则和体育道德规范的再现，是在个人思想和行动中所表现出来的比较稳定的特征和倾向。在社会实践中，要有组织、有计划地帮助个体自觉地接受体育道德教育，加强自身修养，逐步形成良好的体育道德品质。

2. 塑造新时代体育人才

体育在人的现代化进程中，扮演着十分重要的角色。体育事业的发展和进步，都要求新时期的体育工作者应当是全面发展的人才。但是，高尚的体育道德不可能自发形成，即使体育道德品质的形成有着良好的外在条件，也需要体育道德教育的促进。只有进行完善、持久的体育道德教育，才能对旧有的体育道德观念和习俗在批判的基础上继承，并摒弃社会中仍旧存在的一些落后的体育道德观念，这样才能使新的适应社会发展的体育道德深入人心，培养出社会所需要的体育人才。

3. 改善体育道德风尚

体育道德风尚是由各个社会成员在体育实践活动中的道德品质构成的，每个社会成员的体育道德品质状况，与整个社会的道德品质状况有着密切的联系。体育精神就是赋予体育以生命活力，是一种体育精神文化形态，它具有价值导向，包含凝聚群体、陶冶精神、规范行为、建构心理、辐射社会等方面的功能，还具有不可替代的激励作用、感召魅力和驱动力量，所以世界各民族都十分重视优良体育精神的培育。因此，要充分发挥体育道德教育的作用，除了要求运动员要具备较高水平的竞技能力外，对运动队进行思想政治、道德水平的教育也显得非常必要。

4. 调节体育活动中的各种矛盾

在社会生活和体育实践等各个领域中，充斥着诸多矛盾。体育道德教育通过示范、激励、教育等方式对这些矛盾进行调节。它以自身所特有的原则、规范和范畴为尺度，来评价人们的行为，使人们知荣辱、辨善恶、明是非，进而影响人们在体育实践活动中的行为和交往，达到调节个人与社会整体关系的目的。体育道德教育的调节范围主要是体育事业内部的矛盾，它不具有强制性，也不是万能的。要发挥它的重要作用，还必须借助政治、法律、经济等手段，共同调节。体育道德教育应强调为全体谋利益，注重社会需求，着重解决沉沦颓废的社会状态和社会危机。通过体育道德教育，使个体在体育实践过程中学会自我控制和尊重他人权利。

四、大学生体育道德教育

目前，体育道德在体育的发展过程中具有很重要的作用，但是体育道德失范等问题也一直困扰着人们，同时也影响着体育的发展。因此，体育道德教育对于体育道德的发展具有较好的支持作用，同时，体育道德教育也是体育道德活动的一种主要形式，是促使体育道德社会化，产生更大影响的重要手段。大学生作为我国体育事业的重要参与者，对我国体育事业的发展起着较为重要的作用。大学生的体育道德素质水平对我国体育道德的发展产生着重要的影响，也影响到未来精神文明和物质文明的建设。因此，加强大学生体育道德的培养，使他们具有良好的意志品质和勇敢、顽强的精神，是现代体育教育的重要组成部分。大学生体育道德教育的内容如下：

(一) 爱国主义教育

大学生的体育道德教育，首先要加强爱国主义教育，要激发大学生的爱国情感，激励民族意识。爱国主义是对祖国的忠诚和热爱，爱国主义是多年来巩固起来的对自己祖国的一种最深厚的感情，因此，加强体育道德教育必须围绕爱国主义这一核心。一个运动员的竞技水平、精神风貌常常代表一个国家的民族精神，运动员在赛场上的胜利，无疑代表了一个国家的胜利。而一名大学生的体育道德素质就是一个民族道德素质的重要体现。在新时期进行爱国主义教育就是让大学生和体育工作者始终不会作出有违道德品质的事情，在改革开放的路上不迷失方向，永远记住祖国的利益高于一切，为国争光。对大学生进行爱国主义教育是非常必要的，只有加强爱国主义教育，才能将体育道德转化为良好的体育运动风范，从而取得优异的成绩。

(二) 集体主义教育

集体主义教育对大学生来说，不仅是在体育界，在其他方面也有着较重要的地位。要想更好地体现集体主义精神，更好地进行大学生的集体主义教育、体育道德教育，就应把集体的利益、目标作为自己的行为规范和准则。在体育训练和比赛中，一名运动员的成功不仅需要个人的刻苦锻炼，而且还需要全队人员乃至各方面的团结协作。例如中国国家乒乓球队，他们在这方面是有着光荣传统的。众所周知，几十年来国家乒乓球队征战四方，先后涌现出诸多世界名将，为祖国赢得了很多的荣誉，但他们的背后有一群默默无闻的“陪练队员”，还有无数为他们默默奉献的人们。这些人们没有鲜花，没有掌声，没有高额的奖金，为了模仿其他国家运动员的不同打法，甚至不能有自己的技术风格，但他们仍怀着对国家的热爱，对事业的忠诚兢兢业业地工作，为祖国体育事业的发展腾飞做出了自己的贡献。因此，集体主义教育是体育道德教育的重要内容之一。对于大学生而言，小到一个班级、一个学校，大到一个社会，都是一个集体。而作为这个集体中的一员，大学生肩负着振兴祖国、建设家园的责任，集体主义教育就显得尤为重要。

(三) 体育法规法纪学习

体育崇尚的是公平、公正、平等、合理的竞争，没有公平就没有真实，“不以不正当手段取胜”是奥林匹克运动的神圣誓言。大学生只有通过对相应的体育法律法规和竞赛规则的认真学习，才能够做到公平公正，也才能真正做到扬国威、振民心，才能真正促进体育事业的进步发展。从我国目前体育法律的要求来看，社会体育、学校体育、竞技体育都有对公民进行体育道德教育的任务。从国家体育基本法对体育任务的规定来看，也应该大力强调体育道德的教育功能。

(四) 现代意识教育

现代意识具体包括竞争意识、平等意识、创新意识、风险意识、法治意识、开放意识，而这些正是当代大学生所必须要具备的。竞争意识是体育改革的指导思想，是体育发展的动力，是体育本身固有的属性，是新时期体育道德的一个重要内涵。体育比赛必须在平等的条件下，堂堂正正地比，才能够真正地体现体育的内在精神。运动员要服从裁判，裁判员要公正裁判。在目前体育法律法规制度尚未健全的形势下，应加强对大学生的平等意识教育，让他们认识到采用不正当的手段谋取胜利是不光彩的，是可耻的，是违背体育道德的行为，这样才能够更大程度上遏制体育道德失范的发生，也才能有效地推进体育公平公正地进行。

(五) 礼仪教育

体育比赛往往有成千上万的观众，运动员的言行、举止、衣着、仪表等行为规范对观众都有很大影响，尤其是一些冠军运动员，更是有一大批的崇拜者，他们的公众形象是有着很大的榜样作用的，因此，加强礼仪教育对于运动员来说十分重要。同样，对于大学生来说，作为一名运动员，参赛道德很重要，而作为一名观众，观赛道德也很重要。因为运动员在场上参加比赛，需要一个良好的氛围。加强礼仪教育对于观众的道德也有很大的帮助，应避免一切不道德行为的发生，比如足球流氓等。要做到“三尊重”，尊重对方，尊重裁判，尊重观众，并多次强调裁判也要尊重运动员，观众也要尊重运动员和裁判员。运动员如能做到文明礼貌尊重他人，就有利于赛出风格，赛出水平，有利于增强体育的凝聚力。

五、体育道德失范

(一) 体育道德失范的内涵

所谓道德失范，是指在社会生活中，作为存在意义、生活规范的道德价值和伦理原则体系的缺失，或者缺少有效性，不能对社会生活和人们的个人生活发挥正常的调节引导作用，从而表现为社会生活和个人生活的失控、失序和混乱。

体育道德失范是指，在体育活动中作为存在的意义、体育规范的道德价值及其规范要求缺失或者缺少有效性，从而不能对体育活动发挥正常的调节作用。体育道德失范行为表现为体育运动在一定程度上丧失了道德规范的约束力，即参与者面对规范而又不能遵从的行为。

(二) 体育道德失范的分类

体育道德失范包含了两层含义：一是体育道德规范体系其自身出现的失范行为；二是体育参与者的道德失范的行为，如暴力、作弊、贿赂、滥用药物等。依据体育道德的分类以及体育道德失范所包含的内容，体育道德失范主要分为以下几类：

1. *运动员中存在的体育道德失范行为*

运动员中的体育道德失范主要表现为运动员的真实身份和参赛资格不符的“异化现象”，如虚报年龄、以大充小、冒名顶替、弄虚作假等；对竞争对手或裁判员进行贿赂；在赛场上赌球，打假球，恶意假摔等；在比赛中辱骂比赛对手或裁判员，甚至大打出手；为提高成绩而服用兴奋剂；为谋求私利而罢赛罢练；等等。

2. 教练员中存在的体育道德失范行为

对于很多教练员来说，金牌就意味着巨额的奖金和官职的提升。因此，很多情况下，教练员其实是裁判员和运动员产生体育道德失范行为的始作俑者。有些教练员欺骗运动员，甚至在训练时辱骂和殴打运动员，窃取运动员的工资及奖金，或者默许及鼓动运动员使用兴奋剂之类的违禁药品。作为教练员，应该是教育者，也应该是运动员的引导者，但是很多教练员没有起到教育者的作用，反而将一些不道德的行为运用到体育比赛中，破坏体育的正常运行。

3. 裁判员中存在的体育道德失范行为

随着我国足球假球事件浮出水面，再次将裁判员的体育道德失范问题推向了风口浪尖。目前很多裁判员在执行裁判工作时没有做到认真、严肃、准确、公正，而是徇私舞弊，收受贿赂，带起了一股不正之风，在球类比赛中时有吹黑哨，在主观评分的比赛项目中故意打人情分、关系分，使得很多比赛失去了公平公正性。我国现行的裁判制度是计划经济的产物。裁判以业余和兼职的居多，主要由运动员和一部分与体育界关系密切的人转化而来，人数少，规模小，没有组织体系，裁判执法靠临时抽调。参与比赛时，裁判群体常以行帮形式出现，自我约束力原本不强的执法队伍，如果再受到场外经济利诱、人情干扰和行政干预，便很容易出现损害公平竞争的事件。因此，加强裁判员体系的管理、运行监督体制有很大的必要性。

4. 体育官员中存在的体育道德失范行为

现行体育体制下，有些体育官员为了政绩，为了奖牌，使用或唆使他人使用一些不道德手段在比赛中取得胜利，由此引起上级部门对体育局工作的重视，从而获得财政拨款，使得自己的仕途平坦，却完全忽视了体育道德的存在。有效遏制官员的体育道德失范，对于我国体育事业的健康发展有着莫大的帮助。

5. 体育观众中存在体育道德失范行为

在体育赛场上，经常发生由于狭隘的地方意识而引起的赛场骚乱，例如在足球比赛中，部分球迷因为自己喜欢的球队输球或是赢球而做出一些违反体育道德的事情。在世界范围内，球迷闹事的事情经常发生，这就体现了体育道德素质较低的问题。作为一名观众，应该文明观赛事，理智应对输赢，不能因为自己的个人喜好而口出恶言或是做出一些不文明的、破坏性的举动。

相关链接

体育道德有着悠久的历史。早在公元前 7 世纪，古希腊一些伟大的先哲就开始积极地办学布道，他们在宣传哲学、教育、科学思想的同时，也阐述了关于体育和体育道德的思想。随着社会的发展和进步，体育道德也不断地完善和创新，不断地适应着社会的发展。

思　考　题

1. 什么是心理健康？心理健康的标准是什么？

2. 影响心理健康的因素有哪些？

3. 根据本章的基本理论，如何通过体育锻炼改善自身所存在的心理健康问题，结合自我生活实践谈谈你的观点。

4. 什么是生殖健康？什么是性健康？

5. 你认为对大学生进行生殖健康教育有必要吗？为什么？

6. 简述大学生社会适应能力的重要性。

7. 论述体育锻炼对人际关系发展的作用。

8. 通过社会适应能力自我诊断，评价自己的社会适应能力，并提出提高自己社会适应能力的计划。

9. 什么是道德健康，道德健康包含哪些内容？

10. 体育锻炼对大学生的道德健康会产生什么样的影响？

11. 你如何理解体育道德失范？

12. 目前随着我国体育事业的发展，体育道德失范事件也频繁发生，对于如何有效遏制体育道德失范，你有何建议？

第七章　膳食营养与体育锻炼

内容提要：本章主要介绍了膳食营养知识、平衡膳食与膳食指南、营养与体育锻炼，以及减控体重的运动与营养措施，着重对营养缺乏病、平衡膳食、饮食宜忌、合理减肥等内容加以介绍，旨在让大学生了解膳食营养与体育锻炼的知识，并在日常生活中应用，提高大学生的营养知识水平，促进健康。

学习目标：

1. 掌握七大类营养素；
2. 掌握平衡膳食、中国人的膳食指南及“平衡膳食宝塔”；
3. 掌握运动与营养的关系、合理减控体重的运动与营养措施。

2004 年 5 月，第五十七届世界卫生大会(WHA)通过了世界卫生组织“饮食、身体活动与健康全球战略”的草案，该草案主要针对两项主要的非传染病危险因素，即饮食和身体活动而制定。

可见，膳食营养、体育锻炼与健康的关系十分密切，已引起了全球的重视。大学生正处于身体与心智高速成长的时期，应注意摄入均衡的膳食，并进行适量的体育锻炼，以塑造健康、完美的人生。

第一节　营养概述

营养是指机体摄取、消化、吸收和利用食物中的养料，用以维持生命活动的整个过程。营养是人类生存的最基本的物质条件，它关系着人民的体质强弱，民族的繁衍昌盛，还是衡量一个国家经济和科学文化发展水平的一个标志。我国有句古语叫“民以食为天”，人们一日三餐所供主、副食品总称为膳食。人体获得营养的基本途径是通过口进膳食，以获得营养。

一、营养素

食物中对机体有生理功效的，而且为机体正常代谢所必需的成分，称为营养素。人体需要的营养素可分为七大类，分别是蛋白质、脂肪、碳水化合物(糖)、矿物质(无机盐)、维生素、水和膳食纤维。

(一) 蛋白质

蛋白质是一切生命的物质基础，正常成人体内含有蛋白质约 16%～19%，主要分布在毛发、皮肤、肌肉、血液、内脏器官、大脑和骨髓中。

1. 主要生理功能

蛋白质的主要生理功能：① 构成机体组织的重要成分；② 调节机体生理生化功能；③ 增强机体免疫能力；④ 供给热能。

2. 分类

蛋白质的基本单位称为氨基酸,共20种,可分为必需氨基酸和非必需氨基酸(见表7-1)。

表7-1 必需氨基酸和非必需氨基酸

种 类	名 称
必需氨基酸(EAA)	苯丙氨酸(Phe)、蛋氨酸(Met)、赖氨酸(Lys)、苏氨酸(Thr)、色氨酸(Trp)、亮氨酸(Leu)、异亮氨酸(Ile)、缬氨酸(Val)
非必需氨基酸(NEAA)	丙氨酸(Ala)、精氨酸(Arg)、天冬酰胺(Asn)、天冬氨酸(Asp)、半胱氨酸(Cys)、谷氨酰胺(Gln)、谷氨酸(Glu)、甘氨酸(Gly)、组氨酸*(His)、脯氨酸(Pro)、丝氨酸(Ser)、酪氨酸(Tyr)

注：*为婴幼儿必需氨基酸。

(1) 必需氨基酸。机体自身无法合成，必须由食物途径获得的氨基酸称为必需氨基酸(EAA)，共有8种。

(2) 非必需氨基酸。机体自身可以合成，不一定通过食物摄取的氨基酸称为非必需氨基酸(NEAA)。在非必需氨基酸中，组氨酸在成年人体内是可以合成的，但是婴幼儿不能自身合成，必须依赖外源进行补充，因此，组氨酸也被称为"半必需氨基酸"。

据估算，人体中的蛋白质分子多达10万种，根据所含氨基酸的种类和数量不同，从营养价值出发，蛋白质可以分为三类：

(1) 完全蛋白质。这类蛋白质所含的必需氨基酸种类齐全，数量充足，而且，各种氨基酸的比例与人体的需要基本符合，容易吸收利用，可以维持成年人的健康，对于儿童和老年人均有很好的作用。此类蛋白质大多数存在于鱼、禽、蛋、奶类之中。

(2) 半完全蛋白质。这类蛋白质含必需氨基酸的种类基本齐全，但是含量比例不当，不太符合人体需要，如果以其作为唯一的蛋白质来源，虽然可以维持生命，但不能促进生长发育。此类蛋白质大多存在于小麦、大麦之中。

(3) 不完全蛋白质。这类蛋白质所含必需氨基酸种类不全，缺少一种或数种人体必需氨基酸，质量也差，如果用它作为唯一的蛋白质来源，就不能促进生长发育，维持生命的作用也很差。此类蛋白质多存在于动物的结缔组织、肉皮之中。

3. 膳食来源与参考摄入量

(1) 膳食来源。蛋白质广泛存在于动植物性食物中，如畜、禽、鱼、蛋类、鲜奶、大豆、谷类，其中动物蛋白和大豆蛋白为优质蛋白质，谷类蛋白质的利用率较低，质量较差，但是大豆对谷类蛋白质有较好的互补作用(见表7-2)。

(2) 参考摄入量。儿童、青少年、孕妇、乳母、创伤病人合成新组织蛋白质，需要从食物中多摄取蛋白质。一般来说，每日蛋白质摄取量普通成人为1g/kg 体重，儿童青少年为(2～4)g/kg 体重，孕妇及乳母为(2～4)g/kg 体重。成年人每日蛋白质摄入量应占总热量的10%～15%。

表 7-2　常用食物的蛋白质含量

食物名称	含　量(%)	食物名称	含　量(%)
黄豆	36.5	猪肉(肥瘦)	9.5
豆腐	4.7	猪肝	21.3
豆浆	4.4	牛肉(肥瘦)	20.1
熏豆腐干	18.9	鸡肉	21.5
绿豆	22.7	鸡蛋	14.7
炒西瓜子	31.8	松花蛋	17.6
炒花生仁	26.5	大米	8.3
炒葵花子	34.6	标准面粉	9.9
牛奶	3.3	对虾	20.6

4. 缺乏与过量

蛋白质每日有 3%更新，这部分需要食物进行补充，正常人体内存在蛋白质的动态平衡——氮平衡，但是如果摄入蛋白质过少或过多，就会产生负氮平衡和正氮平衡。

(1) 负氮平衡。摄入蛋白质过低，会使组织蛋白质分解加速，成人表现为疲倦、体重降低、贫血、愈合不良、白蛋白下降，女性月经障碍、乳汁分泌减少等。

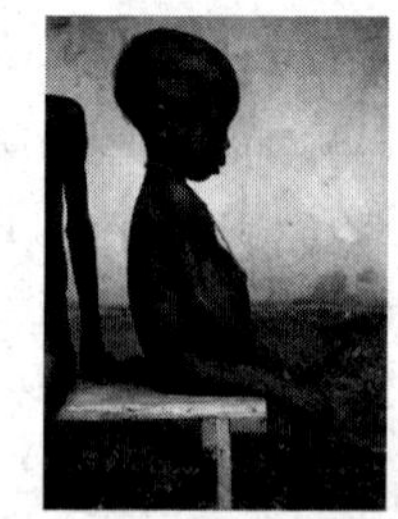

图 7-1　蛋白质—能量营养不良

蛋白质摄入不足常伴随能量缺乏，即“蛋白质—能量营养不良”(见图 7-1)，其类型有：① 恶性“蛋白质—能量营养不良”：主要是蛋白质不足，儿童出现腹部、腿部水肿，表情淡漠，生长迟缓，头发变色、易脆、易感染等症状；② 干瘦型“蛋白质—能量营养不良”：蛋白质、能量均不足，儿童表现为消瘦无力，易染病死亡；③ 混合型“蛋白质—能量营养不良”：既有水肿，又有消瘦。

(2) 正氮平衡。正氮平衡即摄入的蛋白质远远大于所需要的量。蛋白质，尤其是动物蛋白质摄入过多，易导致以下危害：① 高血脂等心血管病；② 过多的氮代谢分解，肾负荷增大，造成肾脏损害；③ 含硫的氨基酸过多，加速骨中钙的丢失，造成骨质疏松。

(二) 脂肪

脂肪是脂类的一种，由甘油和脂肪酸结合而成，是一种高能量的营养素，人体必不可少的组成成分之一。食物中的脂类有 95%属于脂肪。

1. 主要生理功能

脂肪的主要生理功能：① 提供和储存热能；② 促进脂溶性维生素的吸收；③ 防震和隔热保温作用；④ 提高膳食的饱腹感，改善膳食的感官性状。

2. 必需脂肪酸

脂肪酸分饱和脂肪酸和不饱和脂肪酸，前者多存于动物性脂肪中，后者多存于植物性脂肪中。在不饱和脂肪酸中，有一类对机体正常生命活动起到非常重要的作用，叫做必需脂肪酸(EFA)，它是维持人体正常生长所需，且体内不能合成，必须从食物中摄取的脂肪酸。

必需脂肪酸一般包括亚油酸和亚麻酸，但是，如果食物中亚油酸供应充足，亚麻酸一般也不会缺乏。

3. 膳食来源与参考摄入量

(1) 膳食来源。脂肪的食物来源非常丰富(见表 7-3)。动物性食品中的骨髓、肥肉、内脏和奶脂蛋类，植物性食物中的各种植物油和坚果等都能提供脂肪，而谷物、蔬菜、水果中的脂肪量很少。

表 7-3　富含脂肪的食物

食物名称	脂肪含量(%)
纯油脂：牛油、羊油、猪油、花生油、芝麻油、豆油	90～100
各种肉类：牛肉、羊肉、猪肉	10～50
蛋类	6～30
乳及其制品	2～90
硬果类：榛子、核桃、花生、葵花子	30～60
黄豆类	12～20
腐竹	24

就必需脂肪酸来说，最好的食物来源是植物油，特别是棉籽油、豆油、玉米油、芝麻油、花生油等亚油酸含量较高，菜籽油和茶油的亚油酸含量比其他植物油低。

另外，蛋黄、肝脏、大豆、麦胚、花生是磷脂的良好来源，而胆固醇在动物的脑、肝、肾及蛋黄中含量较高。

(2) 参考摄入量。膳食中脂肪的供给量目前各国均未作出明确规定，每日摄入脂肪的量约占总热量的 15%～35%之间不等。一般要求脂肪供热量占每日摄入总热量的 20%～25%，必需脂肪酸应占总热量的 2%。婴幼儿、青少年与极重体力劳动者为保证热量的供应，可适当提高脂肪的摄入量。

4. 缺乏与过量

(1) 缺乏。脂肪摄入量过少往往导致必需脂肪酸、脂溶性维生素和热能的缺乏，必需脂肪酸摄入不足会导致生长迟缓、生殖功能障碍、视觉障碍、皮肤损伤，及肝、肾、神经等多种疾病。

(2) 过量。脂肪摄入过多，会使得多余的脂肪在体内堆积，导致肥胖，从而引发血脂异常、高血压、冠心病、胆石症及癌症等疾病。肥胖症本身又容易引起疲劳、睡眠困难、下肢水肿等，并有可能对患者造成心理负担，影响其生活质量。

(三) 碳水化合物(糖)

碳水化合物又称糖类，是自然界分布最广的有机物质，也是人体主要的能量来源，约占人体总能量的 40%～80%。

1. 主要生理功能

碳水化合物的主要生理功能：① 为机体提供所需的能量；② 构成组织；③ 节约蛋白质的作用；④ 抗生酮作用；⑤ 解毒保肝作用；⑥ 促进运动性疲劳恢复的作用。

2. 分类

根据碳水化合物的结构特点，可将其分为单糖、寡糖和多糖三类。

(1) 单糖。单糖是最简单形式的糖，包括葡萄糖、果糖、半乳糖等。葡萄糖是血糖的基本成分，果糖是最甜的糖，存在于很多的水果、蜂蜜中。

(2) 寡糖。寡糖是低聚糖，以双糖存在最为广泛，双糖包括蔗糖、麦芽糖、乳糖等。乳糖存在于人及动物的乳汁中。如果人体内缺乏催化乳糖分子水解的乳糖酶，就不能正常地消化牛奶和乳制品，称为“乳糖不耐受症”，在这种情况下，可以用酸奶来代替牛奶饮用。

(3) 多糖。多糖是高分子有机物，没有甜味，大多不溶于水，重要的多糖有淀粉、糖原、纤维素等。淀粉主要储存在植物的种子、果实和块茎中，是人类食物中的主要营养素之一。糖原又称“动物淀粉”，广泛分布于人体及动物体各组织器官中，以肝糖原和肌糖原最为重要，是为机体提供能量的重要来源。

3. 膳食来源与参考摄入量

(1) 膳食来源。碳水化合物大多来自植物性食品，动物性食品中只有肝脏含有少量糖原，乳类中含有一定量的乳糖，其他食物则含糖量很少。

谷类、豆类、薯类、根茎类、干果类是膳食中淀粉的主要来源，也提供丰富的膳食纤维；蔗糖、蜂蜜、糖果、各种甜食、甜味水果及含糖饮料等则是饮食中单、双糖的主要来源；普通的蔬菜、水果含糖量较低，一般在10%以下。

(2) 参考摄入量。膳食中碳水化合物的摄入量主要根据民族的饮食习惯、经济条件、劳动强度和环境因素决定。我国营养学会推荐碳水化合物摄入量为总热能的60%～70%。

4. 缺乏与过量

碳水化合物是机体供能的主要物质，缺乏时直接导致人体热量摄入不足，心脏、肝脏等由于缺乏血糖、糖原而出现问题。

如果摄入过多，通过糖、脂肪之间的转换代谢，会转变成脂肪在体内堆积，造成肥胖。肥胖的人群中有很大一部分都是由于碳水化合物摄入过多导致的，而不是摄入脂肪过量所致，这在日常饮食中要加以注意。

(四) 膳食纤维

膳食纤维是指不能被人体消化酶所消化吸收的多糖以及非多糖类的木质素。人类缺乏分解膳食纤维的酶，不能直接从中获得能量，但是膳食纤维对促进人体健康有着重要的作用。

1. 主要生理功能

膳食纤维的主要生理功能：① 促进肠道蠕动，防止便秘，预防肠癌；② 降低血清胆固醇，预防心血管疾病和胆结石形成；③ 减少热量摄入，控制肥胖；④ 降低餐后血糖，预防糖尿病；⑤ 对抗有害物质。

2. 膳食来源与参考摄入量

(1) 膳食来源。膳食纤维的来源非常广泛，主要是植物性食物。麦麸、米糠中的膳食纤维含量最高，燕麦片、嫩玉米、豆类等含量也较高。其他含量较高的还有蔬菜中的芹菜、韭菜、竹笋、芦笋、萝卜、豆角等，水果中的柑橘、草莓、橙子、柚子、柿子等，菌类中的木耳、银耳等，藻类中的紫菜、海带、琼脂等，坚果中的花生、核桃等。

(2) 参考摄入量。成人每天膳食纤维的供给量为 4～12 克。正常饮食中适量食用杂粮和蔬菜水果，不吃过分精细的食物，一般均能满足膳食纤维的需求。

3. 缺乏与过量

膳食纤维摄入过少，可导致肠道疾病，如便秘、痔疮、肛裂、结肠息肉、结肠癌和憩室性疾病等，还可以增加血脂异常、胆结石、肥胖、糖尿病等疾病的发病率。

膳食纤维摄入过多，会降低糖类、脂肪、蛋白质的吸收，增加粪便中脂肪和氮的排出，同时引起脂溶性维生素的丢失及矿物质排出量的增加。过多摄入膳食纤维还会引起腹部不适，如增加肠道的蠕动和产气量等。

(五) 矿物质(无机盐)

矿物质也称无机盐。机体含量大于 0.01%的称为常量元素，每人每日需要量在 100mg 以上，包括钙、磷、镁、钾、钠、氯、硫七种；含量小于 0.01%的称为微量元素，每人每日需要量不到 100 mg。1995 年 FAO/WHO(联合国粮农组织/世界卫生组织)将铜、钴、铬、铁、氟、碘、锰、硒、锌、钼 10 种元素列为正常人体生命活动不可缺少的必需微量元素。我国人群中比较容易缺乏的有钙、铁及锌，在特殊地理环境下还容易缺乏碘、硒，容易过量的矿物质为钠、磷。

1. 钙

钙是人体含量最多的无机盐。新生儿体内的钙含量约为 28 克，成人体内含钙量可达 1200 克，其中有 99%的钙存在于骨骼和牙齿中，其余 1%的钙存在于软组织、细胞外液和血液中，这部分钙与骨钙保持不断更新的动态平衡，维持机体正常的生理功能。

(1) 生理功能。钙的生理功能有：① 构成骨骼和牙齿；② 维持神经和肌肉的活动；③ 是许多酶的激活剂，也是一种凝血因子。

(2) 吸收。一般食物中钙的吸收率为 20%～60%，钙的吸收率受机体需要量、年龄、膳食等多种因素影响。有利于钙吸收的因素有维生素 D、乳糖及蛋白质等；不利于钙吸收的因素主要有草酸盐与植酸盐，膳食纤维，长期服用制酸剂、肝素等药物及脂肪消化不良等。

(3) 膳食来源与参考摄入量。钙的膳食来源应考虑两个方面，即钙含量及吸收率。乳与乳制品含钙丰富、吸收率也高，是最理想的钙来源。另外，水产品中小虾皮含钙特别多，其次是海带、小鱼等。豆和豆制品以及坚果类含钙量也不少，特别突出的有黄豆及其制品、黑豆、赤小豆、各种瓜子、芝麻酱等。绿色蔬菜、水果中的山楂及某些野菜如荠菜等含钙量也比较高，但是可能因所含草酸含量对钙的吸收有影响。

我国推荐的膳食中钙摄入量为 0.5～2 岁者每日 600 mg，生长发育期的青少年每日 1000 mg，成年男女每日 800 mg，孕妇、乳母每日 1500 mg。

(4) 钙缺乏。儿童缺钙常伴有蛋白质和维生素 D 缺乏，从而引起生长迟缓、骨钙化不良、新骨结构异常、骨骼变形、佝偻病以及牙齿发育不良，易患龋齿等。成人钙摄入量不足，会导致骨骼逐渐脱钙，可发生骨质疏松症或骨质软化症。一般来说女性 40 岁、男性 60 岁以后都会发生钙质丢失。

2. 铁

铁是人体必须的微量元素中机体内含量最多的一种，总量约为 4 g～5g，其中约 75%在血红蛋白、肌红蛋白和含铁的酶中，其余储存在于肝、脾、骨髓中。

(1) 生理功能。铁的生理功能有：① 参与氧的转运；② 参与组织呼吸、促进生物氧化还原反应；③ 参与红细胞的生成与成熟；④ 催化 β-胡萝卜素转化为维生素 A、促进嘌呤与胶原的合成、抗体的产生以及药物在肝脏的解毒等作用。

(2) 吸收。膳食中的铁有两种存在形式，分别是血红素铁和非血红素铁。血红素铁主要是以血红蛋白及肌红蛋白等形式存在于肉类食物中，占膳食中铁总量的15%，吸收率较高，一般在20%～30%之间。非血红素铁又称离子铁，此类铁主要以 $Fe(OH)_3$ 络合物的形式存在于谷类、豆类、水果、蔬菜及蛋类中，占膳食中铁总量的绝大部分。这类铁必须被还原后才能被吸收，吸收率很低，大约在1%～5%之间。

促进铁吸收的因素有维生素C、半胱氨酸、肉类中的一些因子、维生素B，另外，葡萄糖、果糖等单糖，柠檬酸、琥珀酸等有机酸，以及一些发酵的蔬菜、酱油以及含硫的氨基酸等，也可促进铁的吸收。不利于铁吸收的因素有膳食中的磷酸盐、植酸盐、草酸盐，以及茶叶和咖啡中的鞣酸、多酚类等物质，还有膳食纤维、碱及碱性药物、蛋类的卵黄高磷蛋白、大豆蛋白及钙也可干扰铁的吸收。

(3) 膳食来源与参考摄入量。膳食中铁的良好来源为动物肝脏、动物全血、畜禽肉类、鱼类，另外，豆类、某些蔬菜(黑木耳、大油菜、大白菜、菠菜)、干红枣、葡萄、核桃仁等含铁也较多，但蔬菜整体含铁量不高，且利用率低。

机体排出铁的量很少，因此只要在食物中加以弥补就可以满足需要。但婴幼儿和妇女需要适当增加供应量。我国建议的每日铁供给量为1岁以内者10 mg，1～9岁者10 mg，10～12岁者12 mg，13～17岁男子15 mg、女子20 mg，成年男子12 mg、成年女子18 mg，孕妇、乳母为28 mg。

(4) 铁缺乏。婴儿四个月后需要补铁，因为母乳中含铁较少，牛奶也是贫铁食品；铁摄入不足对女性的影响较大。铁缺乏时，会导致月经过多、痔疮、消化道溃疡、肠道寄生虫等引起的出血，以及缺铁性贫血。

3. 碘

人体内含碘总量为20 mg～50 mg，甲状腺组织中含碘最多，约占体内总碘量的20%左右。饮食中的碘极易被吸收。

(1) 碘的生理功能。碘在体内主要参与甲状腺素合成，甲状腺素的作用是促进和调节代谢及生长发育。

(2) 膳食来源与参考摄入量。海带、紫菜、鱼类等海产品与海盐中含碘丰富，是碘的良好食物来源。其他食品的含碘量与产地的土壤和水中的含碘量相平行，因此，远离海洋的内地山区，水和食物中含碘量较低，碘缺乏病比较多见。

我国推荐的每日膳食中碘的供给量为婴儿 50 μg，儿童 50μg～90 μg，青少年 120 μg～150 μg，成人 150 μg，乳母和孕妇200 μg。

(3) 缺乏与过量。碘的摄入量对甲状腺的功能影响甚大。如果碘摄入不足，成人可引起甲状腺肿，婴幼儿会引起呆小症(克汀病)(见图7-2)。

图7-2　大脖子病与呆小症

碘摄入过量比较少见，在山东、河北个别区县曾有深层高碘饮水或食用高碘食物造成高碘甲状腺肿的报道。

4. 锌

人体含锌总量2 g～2.5 g，主要存在于肝、肾、肌肉、骨骼、皮肤中。锌主要在小肠吸收，食物中的锌吸收率为20%～30%。

(1) 生理功能。锌的生理功能：① 酶的组成成分或酶的激活剂；② 促进生长发育与组织再生；③ 促进食欲；④ 促进维生素A的代谢和生理作用；⑤ 参与免疫功能。

(2) 膳食来源及参考供给量。海产品中的生蚝及海蛎肉含锌量最高，其次是牡蛎、贝类，还有瘦肉、肝脏、蛋类含锌量也较丰富。植物性食物中以干豆类、坚果含量较高，其余植物性食物含锌量较低，且多含植酸、草酸，影响吸收。

人体对锌的需要量取决于各种生理条件，例如生长、妊娠、授乳均使其需要量增加，我国推荐的每日膳食供给量标准为1～9岁10 mg，10岁以上15 mg，孕妇、乳母20 mg。

(3) 锌缺乏。锌缺乏对处在生长期的儿童影响较明显，可能导致生长迟缓、垂体调节机能障碍、食欲不振、味觉迟钝甚至丧失、皮肤创伤不易愈合、易感染等，锌缺乏还会导致男性第二性征发育障碍、性机能减退、精子产生过少等。

5. 硒

硒在人体内含量约为14 mg～20 mg，以肝、胰、肾、心、脾、牙釉质和指甲中含量最高。食物中硒的吸收率为60%～80%。

(1) 生理功能。硒的生理功能：① 抗氧化功能；② 维护心脏和血管健康；③ 对重金属有解毒作用；④ 促进生长发育、增强免疫力、保护视觉器官以及抗肿瘤。

(2) 膳食来源与参考摄入量。海产品和动物内脏等动物性食品是硒的良好食物来源，如鱼子酱、海参、牡蛎、蛤蜊、肝、肾等，蔬菜和水果中含硒量较低，食物中硒的含量也与当地的水质和土壤中硒的含量有关。中国推荐的每日硒摄入量为1岁以内15 μg，1～13岁20 μg～45 μg，14岁以上50 μg，孕妇和乳母分别为50 μg/d和65 μg/d。

(3) 硒缺乏与硒中毒。硒缺乏会影响生长、视力等，发生“克山病”、大骨节病等。人因食用含硒量高的食物和水，或从事某些常常接触到硒的工作，可出现不同程度的硒中毒症状，包括毛发脱落、皮肤脱色、指甲异常、疲乏无力、恶心呕吐、呼出气有大蒜气味等。

(六) 维生素

维生素是维持人体生长发育和代谢所必需的一类小分子有机物。维生素既不参与机体组成也不提供热能，具有特殊的生理功能。

根据溶解性质，维生素可分为脂溶性维生素和水溶性维生素。脂溶性维生素包括维生素A、D、E、K等，在食物中通常与脂肪一起存在，吸收需要脂肪和胆汁酸；水溶性维生素包括维生素B_1、B_2、B_6、B_{12}、PP、泛酸、生物素、叶酸、维生素C等。

1. 维生素A

又称视黄醇、抗干眼病维生素。

(1) 生理功能。维生素A的生理功能：① 维护夜视功能；② 维护上皮组织的健康；③ 影响骨骼发育；④ 促进细胞生长与增殖；⑤ 促进牙齿健康。

(2) 膳食来源。维生素A主要来源于动物性食物，如动物肝脏、蛋黄、奶类及水产品虾类等，各种动物肝脏、鱼肝油中维生素A含量最丰富，其次是禽蛋和奶类。植物性食物含有的是维生素A原即胡萝卜素，进入机体后有50%变成维生素A，含量丰富的有深色蔬菜和水果，如胡萝卜、菠菜、油菜、苜蓿、辣椒、豌豆苗、甘薯、南瓜、杏、橘子、柿子、芒果等。维生素 A 和胡萝卜素加热时很稳定，烹调时间不太长的情况下，维生素 A 的破坏率很低。

(3) 缺乏与过量。维生素 A 缺乏，可导致儿童发育不良、皮肤干燥、干眼病、夜盲症。摄入过多又可引起中毒，造成骨关节疼、皮肤干燥、脱发、恶心、头痛。中毒多因摄入维生素 A 浓缩制剂过多，一般饮食摄取时不会发生中毒现象。

2. 维生素 D

维生素 D 又称钙化醇、抗佝偻病维生素、“阳光维生素”。

(1) 生理功能。维生素 D 的生理功能是调节体内钙、磷代谢，促进钙、磷的吸收和利用，促进骨组织的钙化，以构成健全的骨骼和牙齿。

(2) 膳食来源与参考需要量。除了阳光之外，人体还可以从膳食中获得维生素 D，如肝、黄油、鱼肝油、牛奶、蛋黄等动物性食品，还有食用菌(蕈)及麦角等。维生素 D 在烹调时一般不会因加热而被破坏。一般每日需要量为成人 5 μg，妊娠期和哺乳期女性应增加 1 倍左右。我国规定可耐受最高摄入量为每日 20 μg。成年人一般不需要补充，只需依靠日照即可。

(3) 缺乏与过量。维生素 D 缺乏时，导致佝偻病、严重的蛀牙、软骨病、老年性骨质疏松症，严重者血钙明显下降，可引起手足搐搦症(缺钙)。摄入过多，导致血钙过多，会出现厌食、恶心、腹泻、异常口渴、眼睛发炎、皮肤瘙痒、嗜睡、尿频以及钙在血管壁、肝脏、肺部、肾脏、胃中的异常沉淀，使关节疼痛和弥漫性骨质脱矿化。

3. 维生素 E

维生素 E 又称生育酚、抗不育维生素。

(1) 生理功能。维生素 E 的生理功能有：① 抗氧化作用；② 保持红细胞的完整性；③ 防癌以及抗衰老作用。

(2) 膳食来源。我国推荐的膳食中维生素 E 标准为成年人每日 10 mg，孕妇、乳母及老年人每日 12 mg，但是膳食中的不饱和脂肪酸、口服避孕药、阿斯匹林、酒精饮料等都会增加维生素 E 的需要量。

维生素 E 主要存在于各种油料种子及植物油中，谷类、坚果类和绿叶蔬菜中也含有一定的量，肉类、奶类、蛋类及鱼肝油中也含有。食物在一般烹调时，维生素 E 丢失不多，但是在高温中加热，常常使其活性降低。

(3) 缺乏与过量。维生素 E 广泛存在于食物中，且在人体内各种组织中都有储存(脂肪组织、肌肉、肝脏)，加上储存时间较长，故一般缺乏症极少发生于人类。维生素 E 即使摄入过多也不会造成很大的危害，相对于其他脂溶性维生素比较安全，只会引起轻度的胃肠道不适。

4. 维生素 K

维生素 K 又称甲萘醌、凝血维生素。

(1) 生理功能。维生素 K 的生理功能是促进血液正常凝固及骨骼生长，防止新生婴儿出血疾病，预防内出血及痔疮，减少生理期大量出血，促进血液正常凝固。

(2) 膳食来源。深绿色蔬菜及肝、蛋类、优酪乳是日常饮食中容易取得的维生素 K 补给品，维生素 K 可以由人体肠道菌合成。

(3) 缺乏。维生素 K 的人体需要量少，新生儿却极易缺乏。如果维生素 K 摄入量过少，会出现新生儿出血疾病，成人不正常凝血，导致流鼻血、尿血、胃出血及瘀血等症状；低凝血酶原症，症状为血液凝固时间延长、皮下出血；小儿慢性肠炎；以及热带性下痢。

5. 维生素 B_1

维生素 B_1 又称硫胺素、抗脚气病维生素。

(1) 生理功能。维生素 B_1 的生理功能：① 治疗脚气病；② 是脱羧辅酶的重要成分，参与调节糖代谢；③ 可维持神经、消化、肌肉、循环系统的正常功能；④ 增进食欲，增强胃肠的蠕动，改善便秘；⑤ 促进乳汁的分泌；⑥ 治疗婴儿消化不良、腹泻、烦燥、发绀、突然尖叫等症状。

(2) 膳食来源。维生素 B_1 多在麸皮、胚芽中存在，动物瘦肉、肝、肾、心、豆类、粮谷类、干果、坚果中含量较丰富，水果、蔬菜、蛋、奶中含量较低。维生素 B_1 在酸性溶液中比较稳定，但易为碱性溶液所破坏，因此烹调含维生素 B_1 较多的食物时不要加碱。另外，米面过于精细和过分淘洗，也会造成其大量损失。

(3) 缺乏症。维生素 B_1 缺乏时，可引起脚气病。表现为糖代谢受阻，神经系统受到损害，四肢麻木，浑身酸痛，感觉异常等；可出现食欲不振、消化不良。

6. 维生素 B_2

维生素 B_2 又称核黄素。

(1) 生理功能。维生素 B_2 是人体内许多重要辅酶的组成成分，参与生物氧化酶体系，能促进生长发育。

(2) 膳食来源。动物性食物中含维生素 B_2 较高，肝、心、肾、奶类及蛋类中尤为丰富，植物性食物以大豆、绿叶蔬菜中含量较多，谷类和一般蔬菜较少。

(3) 缺乏症。由于维生素 B_2 来源不太广泛，我国人民膳食中的供给量往往不能满足需要，因此轻度缺乏症者经常可见。缺乏时，可引起组织呼吸减弱，代谢强度降低，发生如口角炎、口唇炎、舌炎、阴囊皮炎、脂溢性皮炎，以及睑缘炎等疾病，严重缺乏可发生角膜周围充血及角膜血管形成。

7. 维生素 PP

又称烟酸(尼克酸)、烟酰胺(尼克酰胺)、抗癞皮病因子。

(1) 生理功能。维生素 PP 能维持神经组织的健康。

(2) 膳食来源。维生素 PP 广泛存在于食物中，含量最丰富的为酵母、花生、豆类及动物的内脏和肌肉，蔬菜、水果中的含量较少。维生素 PP 在烹调中不易被破坏。

(3) 缺乏症。维生素 PP 缺乏多发生在以玉米、高粱为主食的地区，缺乏时，表现出神经营养障碍，出现“癞皮病”，早期症状是疲劳、乏力、工作能力减退、记忆力差及经常失眠，典型症状为皮炎、腹泻、痴呆，由于这三种症状英文单词的首字母都是“d”，所以又称为“3D”症状，常与其他 B 族缺乏症混淆。

8. 维生素 B_6

维生素 B_6 又称吡哆素，包括吡哆醇、醛、胺。

(1) 生理功能。维生素 B_6 不能在能量代谢中起直接作用，主要参与蛋白质的代谢，是一切氨基酸的合成和代谢所必需的。

(2) 膳食来源。维生素 B_6 广泛存在于食物中，含量丰富的有瘦肉、肝脏、蛋黄、绿叶菜、酵母，牛肉、菜花、土豆的含量较高。

(3) 缺乏症。维生素 B_6 缺乏时引起氨基酸和蛋白质的代谢异常，其临床表现为生长不好、虚弱、紧张、失眠、皮肤损害、贫血等。单纯的维生素 B_6 缺乏症在人类极少见。临床上应用维生素 B_6 制剂防治妊娠呕吐和放射病呕吐。

9. 维生素 B_{12}

维生素 B_{12} 又称钴胺素，是唯一含必需矿物质的维生素，因含钴而呈现红色。

(1) 生理功能。维生素 B_{12} 促进蛋白质的合成，保护叶酸的转移和储备。

(2) 膳食来源。维生素 B_{12} 主要存在于肉、贝、鱼、禽和蛋类，肝脏中含量丰富，乳类含量较低，植物类(海藻类、紫菜除外)几乎不含，但是微生物能产生维生素 B_{12}，发酵豆制品中含量非常高。

(3) 缺乏症。维生素 B_{12} 缺乏很少见。只有在长期素食、小儿不合理喂养、疾病或药物影响其吸收时缺乏，表现为巨幼红细胞贫血及神经系统症状。

10. 叶酸

叶酸又称蝶酰谷氨酸，一种水溶性 B 族维生素。

(1) 生理功能。叶酸参与合成许多重要物质，特别是 RNA、DNA 以及蛋白质的合成，是生命活动必需的。

(2) 膳食来源。叶酸每日摄入量维持在 3.1 μg/kg 体重的水平，体内有适量贮备。在此基础上，无叶酸摄入仍可维持 3～4 月不出现叶酸缺乏症。但是，当消耗增加时，如妊娠、哺乳期就必须增加摄入量。一般来说，成年人需要量 400 μg，怀孕期间至少 800 μg。叶酸的食物来源广泛，肝、肾、蛋、豆类、酵母及绿叶蔬菜含量丰富，牛肉、土豆、谷类及一些水果、坚果含量也较多。

(3) 缺乏症。孕妇、老人、酗酒者、服用药物(避孕药、抗肿瘤药物)者是叶酸缺乏的高危人群。叶酸缺乏时，会表现为巨幼红细胞贫血、舌炎、胃肠功能紊乱等症状。

11. 维生素 C

维生素 C 又称抗坏血酸。性质不稳定，易被氧化破坏，烹调蔬菜时加少量食醋可以避免维生素 C 的破坏。

(1) 生理功能。① 构成人体氧化还原体系；② 促进组织中胶原蛋白形成，防止毛细血管脆弱出血；③ 参加胆固醇代谢；④ 参与解毒，具有防癌作用。

(2) 膳食来源。维生素 C 的来源主要是新鲜蔬菜和水果，一般是叶菜类含量比根茎类多，酸味水果比无酸味水果含量多。含量较丰富的蔬菜有辣椒、油菜、卷心菜、菜花等。含量较多的水果是山楂、柑橘、柚子、草莓等，某些野菜、野果中含量也很丰富，如苋菜、苜蓿、刺梨、沙棘、猕猴桃和酸枣等。

(3) 缺乏症。人体不能合成维生素 C，缺乏时易患坏血病，主要是毛细血管脆性增加。早期症状是倦怠、疲乏、牙龈疼痛出血、伤口愈合不良、关节肌肉短暂性疼痛、易骨折。典型症状为牙床溃烂出血，牙齿松动，继之发生皮下、肌肉关节出血及紫斑或血肿，严重者可引起黏膜和内脏出血，如尿血、便血、妇女月经过多及贫血。

(七) 水

水为生命之源，是最基本、最重要的营养素。水是机体中含量最多的组成成分，约占成人体重的 60%左右。俗话说：“人能三日无粮，不可一日缺水。”

一个健康的人每天至少要喝 8 杯水(约 2.5L)，运动量大或天气炎热时，饮水量就要相应增多。人不吃食物，大约可存活 4 周，甚至两个半月，但如果滴水不进，人在常温下只能忍受 3 天左右。

人类饮水的数量和水质，直接关系到人的健康长寿。但是在人们越来越注重营养的今天，却往往只关注“食”，而忽视“饮”。2008 年的数据表明，我国农村约有 3 亿多人饮水不安全，6300 万人饮用高氧水，内蒙古、山西、新疆、宁夏新发现 200 多万人饮用高砷水致病，东部沿海地区 3800 多万人饮用苦咸水。

二、热能

热能又称热量、能量等，是生命的能源。热能不是营养素，是营养素的产物。

人在一生中可以食用数十吨食物，大部分都变成了热能，通过生命活动和从事各种脑力、体力活动而消耗掉了。

(一) 热能的单位

人体所需的热能单位，国际上通用以焦或焦耳(J)表示。在实际应用中，多以千焦(kJ)和兆焦(MJ)作为单位。

以往营养学上热量的单位是千卡(kcal)。1 kcal 相当于 1000 克水升高 1 度(由 15℃升高到 16℃)所需要的热量。

焦耳与千卡的换算关系为：

$$1\ \text{MJ} = 1000\ \text{kJ} = 10^6\ \text{J}$$

$$1\ \text{kcal} = 4.184\ \text{kJ}$$

$$1\ \text{kJ} = 0.239\ \text{kcal}$$

$$1\ \text{MJ} = 239\text{kcal}$$

(二) 热能的来源

我们所获得的热能是由摄取的食物中的化学能转变而来的。食物中能产生热能的营养素只有碳水化合物、脂肪、蛋白质，在体内经生物氧化而产生热能，是人体热能的来源，被称为热源物质或能源物质。

每克碳水化合物、脂肪、蛋白质在体内氧化，为人体提供的热能分别为 16.7 kJ(4kcal)、37.7 kJ(9kcal)、16.7 kJ(4kcal)。

(三) 热能的消耗

人体每日的热能消耗主要用于维持基础代谢、食物的特殊动力作用和体力活动等方面的需要，对于儿童、孕妇、乳母等还要满足其各自的特殊生理需要。许多因素都可以影响机体的能量代谢，从而影响人体的热能消耗。

1. 基础代谢

基础代谢是指人体在基础状态(室温为 20℃～25℃、清晨、空腹、清醒而又极其安静)下的能量代谢。

一般来说，儿童的基础代谢率比成人高，随着年龄的增长，基础代谢率逐渐降低，20 岁以后即保持恒定，老年阶段基础代谢率又逐渐下降。

健康成人的基础代谢率为每小时每千克体重消耗能量 1 kcal。也就是说，如果一个成年人体重为 70 千克，则一昼夜至少需要 1680 kcal 的热量才能维持最基本的生命活动。

2. 肌肉活动

肌肉活动对能量代谢的影响最为显著。肌肉活动的强度称为运动强度，通常用单位时间内机体的产热量来表示，表 7-4 为我们提供了不同肌肉活动时机体的能量代谢值。

表 7-4 劳动或运动时的能量代谢值

肌肉活动形式	平均产热量(kJ/m^2·min)
静卧休息	2.73
出席会议	3.40
擦窗	8.30
洗衣物	9.89
扫地	11.36
打排球	17.04
打篮球	24.22
踢足球	24.96

3. 精神活动

大学生的学业压力很大，有时候还没下课，肚子就饿得咕咕叫。有的同学很奇怪，我都没有动弹，没消耗能量，怎么还能那么饿？其实，像学习这种脑力活动也是影响热能消耗的重要因素。

人脑的重量只占体重的 2.5%，但其在安静状态的耗氧量接近肌肉的 20 倍。人在较高应激状态时，基础代谢可提高 25%，这是由于精神紧张状态时，随之出现的机体无意识的肌紧张增强，以及交感神经兴奋，刺激代谢的激素(如甲状腺素、肾上腺素)释放增多等原因而导致的。

4. 食物的特殊动力作用

人在进食之后的一段时间内(从进食后 1 小时左右开始，延续 7～8 小时)，即使处于安静情况下，机体的产热量也比进食前增多，这种能量消耗的增加是由于摄入的食物引起的。食物的这种刺激机体产生额外热量消耗的作用，叫做食物的特殊动力作用。人体在进食时必须加上这部分多消耗的量。

5. 环境温度

环境温度对机体的热能消耗也起到一定的作用。环境温度较低时，由于寒冷的刺激，反射性地引起寒战以及肌肉紧张度的增强，使得代谢率有所增加。在 20℃～30℃时，肌肉比较松弛，所以代谢率比较稳定。而当环境温度超过 30℃时，代谢率又将逐渐增加。

(四) 摄入热量过多或不足的危害

一般情况下，一个健康成年人摄入的热能与所消耗的热能经常保持着平衡状态。一旦出现不平衡，就会有碍机体的正常活动。

1. 热量过多的危害

机体摄入热量过多，自身不能完全消耗掉，多余的热量就会在体内以脂肪的形式储存起来。1 克脂肪会产生 9 千卡的热量，由于脂肪含水量很低，1 公斤脂肪大约可以提供 8000 千卡的热量。反之，如果有多余的 8000 千卡热能，则可以转变为 1 公斤脂肪。

脂肪储存的部位主要有全身皮下、内脏器官的周围、腹部大网膜等部位，脂肪储存过多易形成肥胖。肥胖不仅仅是失去形体美，增加机体负担，妨碍运动，更是许多慢性非传染性疾病，如血脂异常、高血压、糖尿病、动脉粥样硬化、冠心病等的源头，对健康是个极大的潜在威胁。

2. 热量过少的危害

机体摄入热量不足也是危害机体健康的一个原因。长期摄入热量不足会导致饮食性营养不良和体重过轻，影响身体正常活动。

体重过轻的人，不仅常有“力不从心”的感觉；而且抵抗力低、免疫力差、耐寒抗病能力弱，易患肺结核、肝炎、肺炎等疾病，也经不起疾病的折磨，对环境变化的适应能力差。

而热能不足导致的蛋白质严重缺乏，会引发“蛋白质—能量营养不良”，严重时可直接造成死亡，对儿童的生长发育和患者的康复都影响很大。

相关链接

脚气病是指维生素 B1 或硫胺素缺乏病。维生素 B_1 缺乏可导致消化、神经和心血管诸系统的功能紊乱。

脚气病主要累及神经系统、心血管系统和水肿及浆液渗出。临床上以消化系统、神经系统及心血管系统的症状为主，常发生在以精白米为主食的地区。其症状表现为多发性神经炎、食欲不振、大便秘结，严重时可出现心力衰竭，称脚气性心脏病；还有的有水肿及浆液渗出，常见于足踝部，其后发展至膝、大腿至全身，严重者可有心包、胸腔及腹腔积液。

脚气病不是我们平时所说的脚气。脚气病没有传染性，而脚气有传染性。

第二节　平衡膳食与膳食指南

中国有句名言：“药补不如食补。”合理营养不仅能够增进健康，并可作为防止疾病的手段。营养失调不仅使人体质衰弱，而且可引起疾病。

一、食物的营养价值

食物的种类共有五大类：谷类及薯类、动物性食物、豆类及其制品、蔬菜水果类和纯热能食物。

(一) 谷类及薯类

谷类及薯类即我们所说的粮食。谷类包括米、面、杂粮，薯类包括马铃薯、甘薯、木薯等。主要提供糖类、蛋白质、膳食纤维及 B 族维生素。

(二) 动物性食物

动物性食物包括肉类、禽类、鱼类、奶类、蛋类等，主要提供蛋白质、脂肪、矿物质、维生素 A 和 B 族维生素。

(三) 豆类及其制品

豆类及其制品包括大豆及其他干豆类，主要提供蛋白质、脂肪、膳食纤维、矿物质和

B 族维生素。

(四) 蔬菜水果类

蔬菜水果类包括鲜豆、根茎、叶菜、茄果类等，主要提供膳食纤维、矿物质、维生素 C 和胡萝卜素。

(五) 纯热能食物

纯热能食物包括动物油、植物油、淀粉、食用糖和酒类，主要提供热能。植物油还可提供维生素 E 和必需脂肪酸。

二、平衡膳食的营养素构成

平衡膳食是指膳食中热能和各种营养素含量充足，种类齐全，比例适当，膳食中供给的营养素与机体的需要保持平衡，又称健康膳食、营养膳食。

(一) 三大能源物质

1. 供能比例

蛋白质、脂肪和糖在膳食中含量最多，它们在人体的代谢过程中关系最为密切。

在一般人的科学膳食中，根据我国人民的膳食习惯，糖、脂肪和蛋白质热能供给量分别占总热量的 60%～70%、20%～25%和 10%～15%为宜。

2. 氨基酸平衡

平衡膳食中的蛋白质要含有人体 8 种必需氨基酸，应种类齐全，数量充足，比例适当，而且还要含有一定比例的非必需氨基酸。一般认为，理想的膳食蛋白质，必需氨基酸和非必需氨基酸的比值应为 4∶6。

3. 脂肪酸平衡

适当摄入脂肪有益人体健康，平衡膳食中，应保持饱和脂肪酸和不饱和脂肪酸之间的平衡。不饱和脂肪酸包括单不饱和脂肪酸和多不饱和脂肪酸。通常建议三者比例为，饱和脂肪酸∶单不饱和脂肪酸∶多不饱和脂肪酸 = 1∶1∶1。

(二) 钙磷平衡

钙、磷两类矿物质对人体的生长发育和体质健康影响较大，膳食中的钙、磷比例要适当，一般成年人为 1∶1.5，儿童为 1∶1。

(三) 其他

除了上述几类营养素构成，还应注意必需微量元素之间的比例。

维生素有很重要的作用，虽然没有固定的比例，但是在代谢过程中也互相有影响，应在平衡膳食中保证其每日的供给量。

三、合理膳食制度

(一) 膳食制度的制定原则

(1) 保证食物中的营养素能被充分消化、吸收和利用；

(2) 适当的进餐间隔，保证进餐时既不能有明显的饥饿感，又能有良好的食欲；

(3) 合理分配全天各餐的比例；

(4) 用膳时间与生活工作制度相配合。

(二) 不合理饮食现象

目前我国人民在饮食营养上存在一些不合理现象，对国民生活质量和健康造成了威胁，主要有以下几点：

(1) 偏食、暴饮暴食现象比较普遍；

(2) 片面追求食品的色、香、味、形，尤其是高档筵席上一些五颜六色、姿态各异的形象菜点，有时对人体是有害的；

(3) 饮食中过多地使用人工食品添加剂，即使在限量范围内，长期食用添加剂也存在潜在性危害；

(4) 食品强化出现混乱现象，有些强化食品因缺乏科学营养指导而带来相反效果，降低了食品的营养价值；

(5) 北方大部分地区居民食盐摄入量偏高，钠元素摄入过多，容易诱发水肿、高血压等病症；

(6) 膳食纤维摄入量偏低，尤其是城市居民中比较明显；

(7) 居民膳食中脂肪摄入量逐渐增多，有的城市居民已经达到日平均摄入量 100 g 左右，比正常需要量约高一倍。

(三) 合理的膳食制度

(1) 合理安排餐次。按照我国人民的生活习惯和工作学习的要求，通常是一日三餐，每餐间隔 5～6 小时。对于退休在家的老年人或一些病人，也可以选择少食多餐的原则。有条件的话，两餐间隔以 4～5 小时为宜，一日进食四餐比三餐好。

(2) 合理分配热能。一日三餐应包含平衡膳食的全部营养物质，单就热能比例而言，早餐应占 25%～30%，午餐应占 40%，晚餐应占 30%～35%，活动量少或肥胖者晚餐应少于全天总热量的 20%。

三餐中，要特别强调早餐的质量，长期不吃早餐易患胆结石、胃炎、肥胖症等。早餐的质量可以影响到全天的工作、学习、劳动的效率，早餐中不仅要有足够的糖类作为热能来源，而且还要有一定数量的蛋白质、脂肪和其他营养素。

四、膳食指南及平衡膳食宝塔

膳食指南，又称膳食指导方针或膳食目标，是各国营养机构针对本国存在的营养问题而提出的一个通俗易懂、简明扼要的合理膳食基本要求。

(一) 中国人的膳食指南

1997 年中国营养学会修订了《中国居民膳食指南》，其主要内容如下：

(1) 食物多样，谷类为主；

(2) 多吃蔬菜、水果和薯类；

(3) 每天吃奶类、豆类或豆制品；

(4) 经常吃适量的鱼、禽、蛋、瘦肉，少吃肥肉或荤油；

(5) 食量与体力活动要平衡，保持适宜体重；

(6) 吃清淡少盐的膳食；

(7) 如饮酒，应限量；

(8) 吃清洁卫生、不变质的食物。

(二) 平衡膳食宝塔

《中国居民膳食指南》专家委员会针对中国居民膳食结构特点，以平衡膳食为原则，按各类食物在膳食中的地位，推荐了一个比较理想的膳食模式，并以直观的宝塔形式表达出来，称为中国居民平衡膳食宝塔(见图 7-3)。

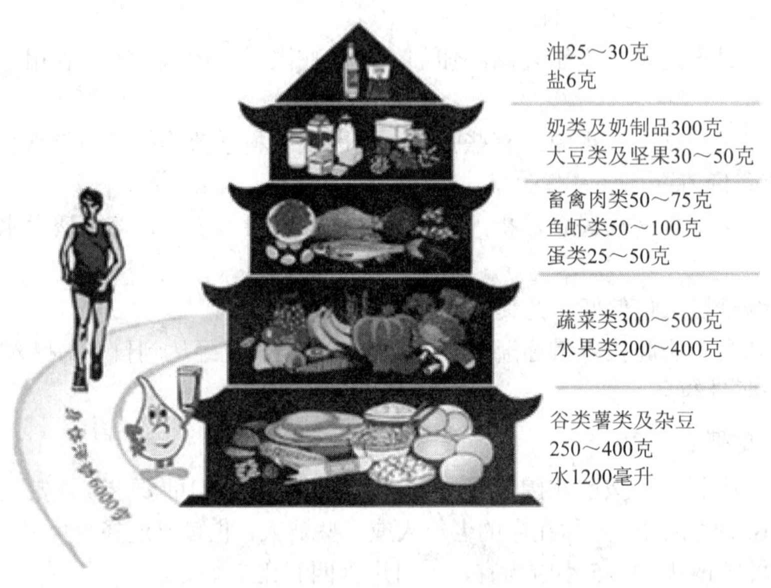

图 7-3　平衡膳食宝塔示意图

平衡膳食宝塔共分五层，包含我们每天应吃的主要食物种类。宝塔各层位置和面积，反映出各类食物在膳食中的地位和应占的比重。宝塔建议的各类食物的摄入量一般是指食物的生重，主食中生熟食品折算见表 7-5。

表 7-5　主食生熟食品折算

相当 100g 粮食的熟食品名称	熟食品重量(g)	相当 100g 粮食的熟食品名称	熟食品重量(g)
(稻米)米饭	285	(小麦面粉)油饼	80
(小麦面粉)馒头	140	(小麦面粉)油条	80
(小麦面粉)面条	300	(小麦面粉)火烧	150
(小麦面粉)烙饼	140	(小麦面粉)脆麻花	140
(小麦面粉)烧饼	80	(玉米面)窝窝头	180

(1) 谷类。谷类是膳食中热能的主要来源，也是我国部分居民膳食中蛋白质的主要来源。

(2) 蔬菜和水果。这是两类食物，各有优势，不能完全相互替代。重量按市售鲜重计算。一般说来，红、黄、绿色较深的蔬菜和水果含营养素比较丰富，所以应多选用深色蔬菜和水果。

(3) 鱼、虾、肉、蛋类。鱼、虾及其他水产品含脂肪很低。猪肉含脂肪较高，所以不应食用过多肉类。蛋类因胆固醇高，不宜过多食用。宝塔建议的 100 g 奶及奶类制品按蛋白质和钙的含量来折合相当于鲜奶 200 g 或奶粉 28 g。

(4) 豆类及奶类。豆类及豆制品包括许多品种，宝塔建议的 50 g 是个平均值，相当于大豆 40 g 或豆腐干 80 g 等。我国居民平均的奶类食品摄入量较少，直接导致钙的摄入量偏低。我国营养学界和医学界提出了“为民族强盛加杯奶”的全民行动的倡议。宝塔建议的每人每日各类食物适宜摄入量范围适用于一般健康成人，应用时要根据个人年龄、性别、身高、体重、劳动强度、季节等情况适当调整。宝塔建议的各类食物摄入量是一个平均值和比例。若营养摄入不足，导致营养缺乏，对身体会造成很大的危害。

(三) 饮食建议

今天的世界，尤其是发展中国家，正面临着营养不良的双重负担：营养不足和超重。世界卫生组织对人群和个体提出了饮食建议，包括如下方面：

(1) 实现能量平衡和健康的体重；

(2) 限制来自总脂肪量的能量摄入，将脂肪消费从饱和脂肪转向不饱和脂肪并逐步消除转脂肪酸(反式脂肪酸)；

(3) 增加消费水果和蔬菜以及豆类、未加工的谷物和果仁；

(4) 限制摄入游离糖；

(5) 限制所有来源的盐(钠)消费和确保食盐碘化。

相关链接

世界卫生组织公布的全球十大“垃圾”食物

1. 油炸类食品：导致心血管疾病、致癌、破坏维生素等；
2. 腌制类食品：导致原发性高血压、鼻咽癌、损害肠胃黏膜；
3. 加工类肉食品(肉干、肉松、香肠等)：含致癌物、防腐剂；
4. 饼干类食品(不含低温烘烤和全麦饼干)：含香精和色素、热量过多、营养成分低；
5. 汽水可乐类食品：导致钙丢失、含糖量高；
6. 方便类食品(主要指方便面和膨化食品)：含防腐剂和香精、热量多、营养成分低；
7. 罐头类食品(包括鱼肉类和水果类)：热量过多、营养成分低；
8. 话梅蜜饯类食品(果脯)：含致癌物、防腐剂、香精；
9. 冷冻甜品类食品(冰淇淋、冰棒和各种雪糕)：含糖量过高导致肥胖；
10. 烧烤类食品：含致癌物。

第三节 合理营养与体育锻炼

著名营养学家、诺贝尔奖金获得者莱纳斯·波林斯曾断言：“合理营养可使人的寿命延长 20 年。”法国著名思想家伏尔泰曾说：“生命在于运动。”古希腊思想家亚里士多德也说：“最易于使人衰竭、最易于损害一个人的，莫过于长期不从事体力活动。”

合理营养与体育锻炼是维持和促进健康的两个重要条件。

一、营养素与运动

(一) 蛋白质与运动

影响人体运动能力的许多因素，如肌肉收缩、氧的运输与储存、物质代谢与生理功能的调节等都与蛋白质有密切关系。

体育锻炼使体内蛋白质代谢发生变化。耐力性运动使蛋白质分解加强，合成速度减慢，机体尿氮和汗氮排出量增加。力量性运动使蛋白质分解加强的同时，活动肌群蛋白质的合成也增加，并大于分解的速度，因而肌肉粗壮，以上反应均使机体对蛋白质的需要量增加。

动物实验表明，运动前和运动后立即供给蛋白质，对改善肌肉的力量有良好效果。

(二) 脂肪与运动

脂肪是运动员从事耐力运动的主要能源物质。在氧充足的情况下，一般是在运动强度小于 55%最大耗氧量时，脂肪酸才能氧化供能，长时间运动 40 分钟后，主要供能物质就是脂肪。耐力训练可以改善体内脂肪酶的活性，提高氧化脂肪的能力。但是，摄取过多的脂肪还会引起肥胖，影响呼吸和循环系统的机能，导致运动耐力下降。

(三) 碳水化合物与运动

运动时热能消耗很大，糖在提供热能方面起重要作用。无论是无氧运动还是有氧运动，碳水化合物都是机体运动时主要的能源物质。糖在体内的存在形式主要是血糖、肌糖原、肝糖原。

运动时，机体首先动用肌糖原，促使肌肉完成动作，随着运动的进行，血糖被动员起来，当血糖降低不利于运动时，肝糖原也被动员起来转化成血糖以供机体利用。事实证明，肌糖原和肝糖原的储备量与耐力性运动能力密切相关，而且是决定耐力训练能力的重要因素之一。

(四) 维生素与运动

维生素在能量代谢及其调节过程中起着重要的作用。大多数维生素都参与辅酶的组成，缺乏会引起代谢失调，降低机体的运动能力。

有研究表明，补充维生素 E、C 和 A，可增强机体抗氧化能力，防止运动疲劳过早出现，并可延缓衰老。因此，科学、适量补充维生素对机体是有益的。但是，在体内不缺乏维生素时，过量摄入维生素没有提高运动能力的作用。

(五) 无机盐与运动

运动时无机盐的代谢明显增加，其浓度变化与运动负荷性质、强度、持续时间、运动者体内离子水平、出汗率等多种因素有关。血中电解质如钠、钾、镁等浓度的变化与人体机能状态或疲劳有一定联系。因此，补充这些元素对运动的机体非常重要。

(六) 水与运动

水丢失严重即形成脱水(dehydration)，会不同程度地降低运动能力。

轻度脱水指脱水量约占体重的 2%，细胞外液减少，身体会逐渐丧失调节的能力，若没有及时补充流汗所失去的水分，体温可能会持续上升，进而导致体力的下降。当脱水量占体重的 4%～6%时，则肌力及耐力下降，同时会引起热痉挛，导致长时间活动能力下降

20%～30%，进而会影响体内无氧代谢的供能过程。在心血管方面，脱水会使血浆容量下降和血液渗透压升高。

人体在运动中发生肌肉痉挛与严重的脱水有关。在水分吸收方面，胃排空的正常速度是每小时 600 mL～800 mL；冷水或温水在胃内排空的速度明显高于体温水，运动时喝低温的水对降低体温的效果优于运动前摄取等量水的效果；纯水或低渗透压饮料的胃排空速度高于高渗透压的饮料。为了预防失水，要采取少量多次补充的饮水方法。

因此，为保证运动员体内有充足的水分储备，运动前应饮水 300 mL～500 mL，运动中每 15 分钟左右补充水 200 mL～300 mL，运动后以少量多次为原则，1 小时不宜超过 800 mL，水温以 8℃～12℃为宜。

(七) 膳食纤维与运动

膳食纤维在减少一些有害物质吸收的同时，也会减少一些营养素的消化和吸收。若过多摄食膳食纤维，将影响铁、锌、钙、镁等元素的吸收，还会造成运动中腹痛等。

二、不同锻炼项目的营养需求

(一) 跑步的营养需求

(1) 短跑。短跑是群众体育竞赛活动中经常设立的一个项目。它以力量素质为基础的无氧代谢供能为特点，工作时间短，强度大，要求有较好的爆发力。在膳食中要有丰富的动物性蛋白质，以增大肌肉体积，提高肌肉质量，蛋白质的摄入量每日每公斤体重可达 3.0 克左右。另外，要求在膳食中增加磷和糖的含量，为脑组织提供营养，改善神经控制和增强神经传递，动员更多的运动单位参加收缩。还要求在膳食中增加矿物质如钙、镁、铁及维生素 B_1 的含量，以改善肌肉收缩质量。

(2) 长跑。长跑以有氧耐力素质为基础，以有氧代谢供能为特点，要求有较高的心肺功能及全身的抗疲劳工作能力。虽强度较小但时间较长，体力消耗较大。要求膳食中含有较全面的营养成分，以增加机体能源物质的贮备。在丰富的维生素、矿物质成分中，突出铁、钙、磷、钠、维生素 C、B_1 和 E 的含量，有利于提高有氧耐力。

(二) 操类项目的营养需求

健美操以及在一些群众体育活动中开展的竞技体操、艺术体操等，动作复杂而多样，要求有较强的力量与速度素质以及良好的灵巧与协调性，对神经系统有较高的要求。其营养特点是高蛋白质、高热量、低脂肪，维生素、矿物质应突出铁、钙、磷的含量及维生素 B_1、C 的含量。需引起注意的是，参加该类项目有时为比赛需控制体重，但不能过分控制饮食，避免造成营养不良，特别是不能影响参加锻炼的儿童少年的生长发育。

(三) 球类项目的营养需求

球类项目对力量、速度、耐力、灵敏、柔韧等素质有较高的要求。食物中要含丰富的蛋白质、糖以及维生素 B_1、C、E、A。球的体积越小，食物中维生素 A 的量应更高些。足球活动时间较长且在室外活动，矿物质、水分丢失较多，应及时补充。

(四) 冰雪项目的营养需求

冰雪项目由于长时间在冰雪上活动，加之周围环境温度较低，为维持体温机体产热过程增强，所以蛋白质和脂肪消耗较多，膳食中必须给予保证。同时，要增加糖类食物的量以提供能源物质。补充维生素要以 B 族维生素为主，并增加维生素 A 的摄入，以保护眼睛，适应冰雪场地的白色环境。

(五) 游泳项目的营养需求

游泳项目在水中进行，机体散热较多、较快，冬泳更是如此。游泳锻炼要求一定的力量与耐力素质，要求膳食中含有丰富的蛋白质、糖和适量脂肪。老年人及人在水温较低时出于抗寒冷的需要，可再增多脂肪摄入。维生素的补充以 B_1、C、E 为主。矿物质的补充应增加碘的含量，以适应低温环境甲状腺素分泌增多的需要。

(六) 棋牌类的营养需求

棋牌类是以脑力活动为主的项目，脑细胞的能源特质完全依赖血糖提供。当血糖降低时，脑耗氧量下降，工作能力下降，随之产生一系列不适症状，所以棋牌类项目对糖类有着特殊的需求，可在下棋、打牌时随时补充。膳食中应增加蛋白质和维生素 B_1、C、E、A 的供给，提高卵磷脂、钙、磷、铁的含量。此外，膳食中应减少脂肪摄入，以降低机体耗氧，保证脑组织的氧供应。

三、不同气候条件下锻炼的营养特点

(一) 冬季体育锻炼的营养特点

冬季气温较低，寒冷的环境使机体代谢加快，散热量增加，所以膳食中应增加蛋白质及脂肪含量。同时，增加含热能充足的食物和维生素 A、B_1、B_2、C、E 含量的食物。因冬季着装较多，户外活动少，接受日光直接照射的机会、时间较少，因此还应在膳食中补充维生素 D 和钙、磷、铁、碘的含量。

(二) 夏季体育锻炼的营养特点

夏季气候炎热，此时锻炼应多在通风、树荫处进行。夏季锻炼时及时、合理地补充水与电解质、维生素，比补充蛋白质、糖、脂肪更加重要。在电解质中，食盐的摄入常温下每人每天为 10 g～15 g，夏季高温再增加 10 克左右。另外，还应再补充维生素包括 B_1、B_2、C、B_6、泛酸、叶酸等。而蛋白质的补充也较平日增多，并减少脂肪成分。膳食搭配应清淡可口，以增加食欲，并多吃一些蔬菜与水果，以增加矿物质、维生素的摄入。

四、运动后经常补充的营养物质

(一) 糖

经常从事长跑锻炼者的营养需求以糖的补充最为重要，因为长时间的体力消耗需大量的糖作为能量的补给。

1. 运动前补糖

补糖的时间以运动前 0～30 分钟为宜。应避免在赛前 30～90 分钟补糖，可预防血中胰岛素升高，导致血糖降低。

2. 运动中补糖

运动时间大于 60 分钟的运动一般需要在运动中补糖。每隔 20 分钟补充含糖饮料或容易吸收的含糖食物，补糖量一般不大于 20 g/h～60 g/h 或 1 g/min，通常采用少量多次饮用含糖饮料的方式。

3. 运动后补糖

运动后补糖开始的时间越早效果越好。理想的方法是在运动后即刻、运动后 2 小时内以及每隔 1～2 小时连续补糖。补糖量为 0.75 g/kg～1.0 g/kg 体重，24 小时内补糖总量达 9 g/kg～16 g/kg 体重。

4. 补糖类型

(1) 单糖。葡萄糖的吸收最快，最有利于合成肌糖原，果糖的吸收也很快，主要为肝脏利用，但是果糖使用量大时容易引起胃肠道紊乱，应与葡萄糖联合使用。

(2) 低聚糖。低聚糖甜度小，渗透压低，吸收快，是机体获得较多的糖，也是运动中补糖的常见种类。

(3) 淀粉类食物。除了含有复合糖外，还含有维生素、无机盐等，可作为运动后糖的补充。另外，运动前 4 小时补充的也是淀粉类食物。

(二) 蛋白质

蛋白质对于提高抵抗力、增粗肌纤维、保持肌肉线条有很好的帮助。

(三) 肌酸

能量的“最佳补给手”莫过于肌酸。虽然葡萄糖也是能量来源之一，但它需要经过一连串分解过程，产生三磷酸腺苷才能供给机体直接利用。肌酸的重要作用就在于它负责三磷酸腺苷代谢后的再合成作用，以提供源源不断的持续力与爆发力。

(四) 氨基酸

氨基酸是组成蛋白质的基本单位，即最小单位。摄取氨基酸能使新陈代谢率提高，促进肌肉生长，并使耐力与爆发力增加，因此氨基酸的补充更为重要。

(五) 鱼油

补充鱼油可降低血液中的胆固醇及血脂，使血液流动流畅。近几年研究表明鱼油对舒缓关节疼痛有显著成效。长跑者长期的重复锻炼对骨关节的伤害不容忽视，可用鱼油搭配葡萄糖胺制品来保养。

(六) 花粉和蜂王浆

花粉和蜂王浆富含维生素 B、C、氨基酸、多元不饱和脂肪酸、酵素、胡萝卜素、钙、铜、铁、镁、钾、锰、钠及蛋白质，还含有天然植物性胆固醇，有助于调整内分泌，适当摄取对长跑锻炼者是有益的。

第四节　减控体重的运动与营养措施

成年人能否保持恒定体重取决于热能摄取量与消耗量之间的平衡。年龄超过 25 岁，每 10 年热量的需要摄入量要减少 2.5%。人的进食量和体力活动量是影响体重的两个主要因素。

一、营养与肥胖

体重严重超重会引起肥胖症，肥胖症是指体内脂肪堆积过多或分布异常、体重增加的病理状态，是遗传因素和环境因素共同作用的结果。近年来我国人民生活水平得到改善，肉类、鸡蛋、牛奶、水产品和油脂等食物的消费量成倍地增加，肥胖症已成为现代社会主要的“生活方式病”。

(一) 蛋白质、脂肪和碳水化合物之间的关系

蛋白质、脂肪、碳水化合物都是供给机体热能的物质，它们都是通过三羧酸循环完全氧化释放出能量，其中间代谢产物可互相影响，互相转化(见图 7-4)。

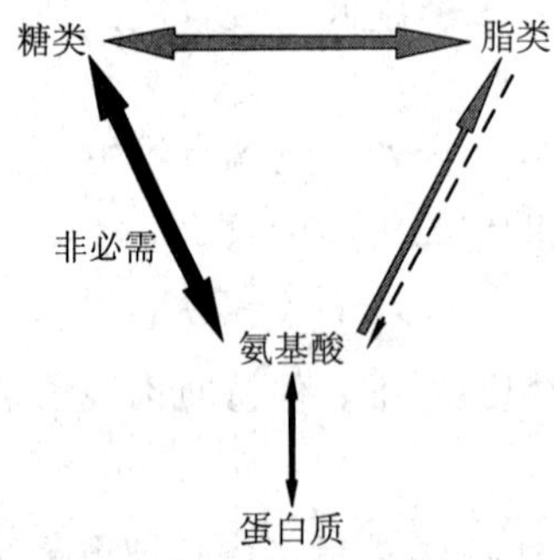

图 7-4　糖、脂、蛋白质之间的转换

生糖氨基酸可转变为糖，生糖氨基酸与生酮氨基酸在体内均可转变为脂肪。碳水化合物也很容易通过中间产物乙酰辅酶 A 转变为脂肪。糖与脂肪的关系密切，其中一种的代谢障碍可引起另一种的代谢障碍，如糖尿病患者常伴有脂类代谢障碍。例如摄入大量蔗糖可引起血脂升高，但若同时食入多不饱和脂肪酸，血脂升高的程度减弱。

糖最容易转变成脂肪，而脂肪向糖和蛋白质转变比较困难，因此摄入碳水化合物过多，也很容易引起体脂增加，导致肥胖。

(二) 肥胖的评定

1. 体脂百分比

水下称重法和双能 X 线测量法(通过仪器对全身各成分进行测量)是测定体脂百分比的“金标准”，皮褶厚度法也很常用，而且很方便，适合广大群众。正常体脂百分比为：男子 15%～19%，女子 22%～26%。一般超出正常体脂百分比即可视为肥胖(见图 7-5)。

图 7-5　肥胖者

2. 身体质量指数(BMI)

BMI 的计算方法为体重(kg)/身高(m^2)，是衡量肥胖最常用的指标(详见第十章体育锻炼与运动处方)。

3. 标准体重

标准体重(kg) = [身高(cm)−105](kg)，上下浮动 10%为正常体重，大于标准体重 20%即为肥胖。

4. 腰围及腰臀比

男性的腰围大于 90 cm，女性的腰围大于 80 cm 或男性的腰臀比超过 0.9，女性的腰臀

比超过 0.85，即可视为肥胖。

二、减控体重的注意事项

(1) 用长期禁食或通过控制饮食来限制热量的摄取是不科学，也是危险的。

(2) 长期的禁食或控制饮食将丢失大量的水分、电解质、无机盐、糖以及蛋白质，应防止用此方式来换取有限脂肪的减少。

(3) 长期较为温和地控制饮食也会造成营养不良。

(4) 动力性身体活动，即参加体育锻炼能增加肌肉组织和骨密度，并减轻体重。

(5) 科学地控制膳食结构、有效的体育锻炼，以及正确的饮食习惯是理想的减控体重方法，但是每周体重下降不能超过 1 kg。

(6) 要想达到理想的体重和体脂比例，需要一生保持良好的饮食习惯和坚持体育锻炼。

三、合理减控体重

(一) 不同人群的营养标准

减控体重的原则就是采用科学饮食与有效运动相结合的措施，使能量的消耗量大于摄入量，但是一味减少热能的摄入，会导致机体营养不良。因此，了解不同人群的营养标准，就可以把握膳食摄入量，制定运动处方，达到减控体重的目的。

一般把劳动强度分为五级，即极轻体力劳动、轻体力劳动、中等体力劳动、重体力劳动和极重体力劳动，不同劳动强度者的营养标准都有所不同。

1. 极轻体力劳动者的营养标准

极轻体力劳动者通常从事身体主要处于坐位的工作，不需要太紧张的肌肉活动，如办公室工作、开会、读书、写字和修理钟表、收音机等工作。其营养标准如表 7-6 所示。

表 7-6 极轻体力劳动者的营养标准

男	热　量	kcal (MJ)	2400 (10.04)	热比(%)
	蛋白质	(g)	70	11.7
	脂　质	(g)	54	20.3
	碳水化合物	(g)	408	68
	外加食盐	(g)	≤8	
女	热　量	kcal (MJ)	2200 (9.21)	热比(%)
	蛋白质	(g)	70	12.7
	脂　质	(g)	50	20.5
	碳水化合物	(g)	367	66.8
	外加食盐	(g)	≤8	

2. 轻体力劳动者的营养标准

轻体力劳动者主要从事站立为主的工作或伴有步行，或坐着工作伴有不十分紧张的肌肉活动，如商店售货员、实验室工作人员、教师讲课等。其营养标准如表 7-7 所示。

表 7-7　轻体力劳动者的营养标准

男	热　量	kcal (MJ)	2600 (10.88)	热比(%)
	蛋白质	(g)	75	11.5
	脂　质	(g)	58	20.1
	碳水化合物	(g)	445	68.4
	外加食盐	(g)	≤8	
女	热　量	kcal (MJ)	2400 (10.04)	热比(%)
	蛋白质	(g)	70	11.7
	脂　质	(g)	54	20.3
	碳水化合物	(g)	408	68
	外加食盐	(g)	≤8	

3. 中等体力劳动者的营养标准

中等体力劳动者指肌肉活动较多或较为紧张者。如从事重型机械操作、驾驶拖拉机、驾驶汽车和一般农田劳作的劳动者；从事电工安装、金属切削、木工和一般生活劳动等的劳动者，学生的日常活动等也相当于中等体力劳动。其营养标准如表 7-8 所示。

表 7-8　中等体力劳动者的营养标准

男	热　量	kcal (MJ)	3000 (12.55)	热比(%)
	蛋白质	(g)	85	11.3
	脂　质	(g)	65	19.5
	碳水化合物	(g)	520	69.2
	外加食盐	(g)	≤10	
女	热　量	kcal (MJ)	2800 (11.72)	热比(%)
	蛋白质	(g)	80	11.4
	脂　质	(g)	60	19.3
	碳水化合物	(g)	485	69.3
	外加食盐	(g)	≤10	

4. 重体力劳动者的营养标准

重体力劳动者指从事非机械化农业劳动、半机械化搬运工作、炼钢、车床操作等工作的劳动者以及进行舞蹈、体育活动(游泳、爬山、足球运动等)相当于重体力劳动的劳动者。

其营养标准如表 7-9 所示。

表 7-9 重体力劳动者的营养标准

男	热 量	kcal (MJ)	3400 (14.23)	热比(%)
	蛋白质	(g)	100	11.8
	脂 质	(g)	75	19.8
	碳水化合物	(g)	581	68.4
	外加食盐	(g)	≤12	
女	热 量	kcal (MJ)	3200 (13.39)	热比(%)
	蛋白质	(g)	95	11.9
	脂 质	(g)	71	20.0
	碳水化合物	(g)	545	68.1
	外加食盐	(g)	≤12	

5. 极重体力劳动者的营养标准

极重体力劳动者指从事非机械化的装卸工作和采矿、砸石、铸造、伐木以及开垦土地等工作的劳动者，基本都是男性。其营养标准如表 7-10 所示。

表 7-10 极重体力劳动者的营养标准

男	热 量	kcal (MJ)	4000 (16.74)	热比(%)
	蛋白质	(g)	120	12
	脂 质	(g)	90	20.2
	碳水化合物	(g)	677	67.8
	外加食盐	(g)	≤14	

(二) 减肥不减营养

肥胖已经成为一个社会问题，甚至已经作为一种疾病的名称为大众所熟知，即“肥胖症”。对于减肥的人来说，存在一种误区，认为减肥就要减少营养的摄入。其实，这是两码事。减肥者要减去的是身体多余的脂肪，而营养不等于脂肪，它为机体提供生命所需物质，营养合理的人一般不会发生肥胖。

1. 不让食欲得逞

饥饿感是一个人先天的生理反应过程，是主观体验，而食欲是一种想要进食的生理需求。食欲与个人肥胖有密切的关系。为了不让食欲大行其道，从而减少人体摄食量，要注意以下几点：

(1) 保持胃中以低热量的食物充盈；

(2) 提高血糖的水平；

(3) 增加流食特别是水的摄取；

(4) 蔬菜汁或果汁是较好的选择；

(5) 在吃正餐前食入一些糖果；

(6) 在摄入同等量的食物时，尽量延长进餐时间。

2. 小心减肥药

目前是一个追求“以瘦为美”的时代，这有利于预防肥胖、减少疾病，但是过度追求“骨感”非常有害，尤其是牺牲营养、疯狂食用减肥药的做法，是非常不科学的。

目前商业化的减肥药物大有被滥用的趋势，虽然有些减肥药物已经比较安全、有效，且副作用小，但是仍然存在很多问题。例如比较成功的降低食欲类的减肥药，往往药效过短，使用者很容易产生抗药性，并容易上瘾，还会引起比较严重的营养不良的症状，如神经质、眩晕症、虚弱、疲劳及失眠症等。有的药物甚至还会引发心脏病变。

因此，对于减肥药的选用一定要谨慎。至今为止，没有一种灵丹妙药能够安全有效地降低食欲、减少体脂以及控制体重。目前唯一有效的处方就是制订合理的饮食计划，改变不良生活方式，遵照减肥运动处方，加强体育锻炼。

3. 减控体重的营养改进措施

(1) 制定合理的体重目标，避免过度减轻体重；

(2) 体脂含量过低时(男小于 7%，女小于 10%)，不可再减体重；

(3) 膳食热能摄入量达到最小的安全水平(参考表 7-6～表 7-10 不同人群的营养标准)；

(4) 不限制水分摄入量，不采取病理的减体重措施；

(5) 采用平衡膳食，适量的糖、优质蛋白质、低热能、低脂，但营养密度高，并有充足的维生素、无机盐和水分。

4. 关于“节食”的忠告

单纯通过“过度控制饮食”来减控体重，往往会导致身体的代谢率下降、能量贮存的增加，容易使水分、肌肉而不是脂肪减少。在减控体重时，节制饮食是必需的，但是要注意以下参考事项：

(1) 每天至少摄入 1200 kcal 的热量；

(2) 每天至少饮 10 杯水；

(3) 准确了解你的需要，摄入足够量的蛋白质；

(4) 每天至少摄入 50～100 克碳水化合物和 10 克脂肪，用以防止蛋白质转化为糖或脂肪，防止降低食欲；

(5) 即使不饿也要按顿吃饭，并且吃各类食物；

(6) 体重减少控制在 0.5～1 千克/周，直至达到目的；

(7) 预先了解食物成分，记录饮食过程，发现问题及时纠正；

(8) 避免用致泻剂、刺激剂、利尿剂进行减肥，保证维生素和无机盐的摄入；

(9) 饮食方案一定要与体育锻炼相结合，而且每周至少锻炼 3 次，每次至少 30 分钟；

(10) 任何一个理想中的方案都要有至少坚持 12 个月的心理准备。

(三) 身体活动与能量平衡

1. 身体活动的能量消耗

身体活动是能量消耗的一个主要决定因素，因而身体活动对于能量平衡和体重控制至为重要。身体活动可减少心血管病和糖尿病的危险，并可预防多种疾病(不只是与肥胖相关的疾病)，而且身体活动对代谢综合征的有益影响通过超越控制过重体重的机制予以促成。

包括运动在内的身体活动与合理节制饮食相结合是减控体重的最佳措施，比只运用一种方法更能安全、有效地降低体重。

2. 身体活动金字塔

身体活动金字塔建议个人在整个生命历程中从事适量身体活动。要获得不同的健康结果，就需要进行不同形式和不同运动量的身体活动。

平日至少30分钟经常的、强度适中的身体活动可减少发生心血管病和糖尿病、结肠癌和乳腺癌的危险，在此基础上再进行额外的体育锻炼，将会取得更好的效果。加强肌肉和平衡训练可减少老年人摔倒，并增进功能状况；而且，体重控制可能需要更多的活动。

3. 运动减肥有讲究

由于肥胖类型的不同，有些中心性肥胖的人群往往热衷于通过体育锻炼减去特定部位的脂肪，但是体育锻炼是一项全身性的活动，其能量来源于全身各处脂肪的“燃烧”，而不是某个特定的活动部位。

运动减肥也是有讲究的，通过体育锻炼达到减肥的目的，要注意以下事项：

(1) 有氧运动降低全身的脂肪比例，不存在“局部减肥”；

(2) 各种运动方式均可达到减肥目的，要选择好适宜的运动方式；

(3) 锻炼的次数越多，消耗的热量也就越多，每周3～4次体育锻炼才有明显效果；

(4) 锻炼的强度是决定降体重计划能否实现的关键，中、低强度运动比高强度运动更有效；

(5) 持续运动的时间对降低体重最为重要；

(6) 力量练习能有效减少脂肪、增长肌肉和增加肌力；

(7) 大肌肉群参与运动能够消耗更多的热量；

(8) 体育锻炼要与控制饮食相结合，不仅要运动自己的腿，还要管好自己的嘴。

四、食品、饮食与身体活动的五大要点

世界卫生组织、第29届奥林匹克运动会组织委员会、中华人民共和国卫生部和北京市食品安全委员会在2008年推出了一本《健康三要素》知识手册，里面对食品安全、健康饮食、适当身体活动三个健康要素总结了五大要点，这五大要点是日常运动与营养措施的一项重要指导。

(一) 食品安全五大要点

1. 保持清洁

(1) 拿食物前先用肥皂洗手，食物制备过程中也要经常洗手；

(2) 便后请用肥皂洗手；

(3) 食物制备过程中，要清洗操作台面并保持餐厨用具的清洁；

(4) 防止昆虫、老鼠及其他有害生物进入厨房接近食物。

2. 生熟分开

(1) 生鲜肉类、禽类和海产类食物要与其他食物分开；

(2) 加工处理生鲜食物要用单独的器具，如刀、案板和其他用具；

(3) 生熟食物要用不同器皿分开存放，不要生熟混放。

3. 完全煮熟

(1) 食物，尤其是肉、禽、蛋类和海产品要完全煮熟；

(2) 炖汤、炖菜要煮沸，食物中心温度至少应达到 70℃；肉和禽类食物要煮透，不能带血丝；最好使用食物温度计；

(3) 菜肴再次加热要热透；

(4) 炸、烤和烘制食物时不要过度烹调，以免产生有害物质。

4. 食物要保存在安全温度以下

(1) 熟食不要在室温下存放超过 2 小时；

(2) 熟食和易腐败的食物应及时冷藏(最好在 5℃以下)；

(3) 热餐在食用前温度应保持在 60℃以上；

(4) 即便在冰箱中，食物也不能储存过久；

(5) 冷冻食物不要在室温下解冻。

5. 确保水和食物原材料安全

(1) 饮用符合安全标准的水；

(2) 挑选新鲜和有益健康的食物；

(3) 选择经过安全处理的食物，如巴氏消毒奶等；

(4) 要清洗水果和蔬菜，尤其在生吃前；

(5) 不要食用超过保质期的食物。

(二) 健康饮食五大要点

1. 婴儿满 6 个月前，提倡只用母乳喂养

(1) 婴儿满 6 个月前，提倡只用母乳喂养；

(2) 婴儿饥饿应随时哺乳。

2. 食物多样化

膳食应由多种食物配合组成，包括主食、豆类、蔬菜、水果和动物性食物。

3. 多吃蔬菜和水果

(1) 食用多种蔬菜和水果(每天至少 400 克)；

(2) 用新鲜蔬菜和水果作零食，取代高糖或高脂肪的零食；

(3) 蔬菜、水果不要过度烹调，以免破坏一些重要的维生素；

(4) 食用蔬菜和水果罐头时，要选择不添加盐或糖的产品。

4. 食用脂肪和油要适量

(1) 选择富含不饱和脂肪的植物油(如橄榄油、大豆油、向日葵油和玉米油等)，少吃饱和脂肪含量高的植物油(如椰子油和棕榈油等)和动物脂肪；

(2) 选择低脂肪的白肉(如禽肉)和鱼，少吃红肉；

(3) 少吃脂肪和盐含量高的加工肉和午餐肉；

(4) 如有条件，应选择低脂乳制品；

(5) 少吃加工过程中易产生反式脂肪酸的油炸和烘烤食物。

5. 少吃盐和糖

(1) 烹调和制备食物时尽量少放盐；

(2) 少吃含盐多的食物；

(3) 少喝加糖的软饮料和果汁饮料。

(三) 适当身体活动五大要点

1. 现在就开始做经常性的身体活动，改变久坐不动的习惯

(1) 选择一项有乐趣的身体活动；

(2) 身体活动要循序渐进，逐步增加；

(3) 无论在家中或户外，多与家人一起做身体活动；

(4) 改变久坐不动的习惯，如少看电视或玩电脑游戏。

2. 每天尽可能以各种方式进行身体活动

(1) 步行去附近的商店；

(2) 多走楼梯，少乘电梯；

(3) 坐公交车时提前下车，步行走完剩下的路程。

3. 每周至少 5 天，每天至少做 30 分钟中等强度的身体活动

(1) 让身体活动成为日常生活的一部分；

(2) 约上朋友一起做身体活动；

(3) 午餐前后与同事一起做身体活动。

4. 有规律地做一些高强度的运动，会对健康更有益处

(1) 高强度运动包括足球、羽毛球、篮球、跑步、游泳以及其他有氧运动；

(2) 根据爱好，加入一个团队或健身俱乐部；

(3) 骑自行车代替开车去上班。

5. 青少年每天应进行至少 60 分钟中到高强度的身体活动

(1) 鼓励青少年为了乐趣而参与各项体育运动和身体活动；

(2) 为青少年身体活动提供安全、适宜的环境；

(3) 鼓励青少年在学校和家庭做各类身体活动。

相关链接

食物相克举例

萝卜、人参忌同时服用；

喝咖啡不宜放过多的糖；

熬粥不宜加碱；

牛奶不宜与巧克力同时食用；

忌用牛奶送服药物；

菠菜、豆腐不宜同食；

红、白萝卜忌合煮；

萝卜不宜与橘子等同食；
炖骨头不宜加醋；
进食海味后不宜食水果或维生素 C；
鸡蛋与豆浆不要同食；
柿子与白薯不宜同食；
蜂蜜不宜与洋葱同食；
西瓜不宜与羊肉同食；
香蕉不宜与马铃薯同食；
花生不宜与黄瓜同食；
鲤鱼不宜与甘草同食；
螃蟹不宜与柿子同食；
羊肉不宜蘸醋；
海带不宜与猪血同食。

思考题

1. 人体所需的七大类营养素是什么？其膳食来源都有哪些？
2. 钙、铁、锌、硒、碘这些矿物质缺乏会导致什么症状？
3. 维生素如何分类？简单介绍一下重要的维生素的作用。
4. 热能摄入过多或不足有什么样的危害？
5. 食物分几大类，每类食物可提供什么营养素？
6. 中国人的膳食指南是什么？
7. 世界卫生组织对人群和个体提出了饮食建议，包括哪些方面？
8. 请说出减控体重的营养改进措施。

第八章　体育健身原理与方法

内容提要：本章主要介绍健身的好处，健身新要素，健身新方法及常见的体育锻炼误区。本章旨在介绍更简单、更直接、更容易的健身方法，使健身更加自然、自发、实际地融入大学生的生活，从而使健身的益处更容易被人们接受。

学习目标：

1. 了解健身使你的身心产生哪些变化以及不健身会产生那些后果；
2. 掌握健身都有哪些要素；
3. 掌握随时随地就可以进行健身的方法；
4. 了解健身活动中常见的误区。

第一节　健身给你带来了什么

健身的益处为人们所知已有上千年之久了。早在耶稣诞生前 300 年，古希腊哲学家亚里士多德就写到“不关心健身的人就将陷入病痛。”此后，这一观点被知名医生不断强调。

一、锻炼：你的身体极需要它

人的身体——估计存在 2 亿 5 千万年了——实际上整天都在锻炼，因为我们的所有生活都依赖锻炼，不持续锻炼的结果是没有晚餐吃，或者变成别人的晚餐。只是到最近，从 20 世纪初的工业革命开始，我们的身体才不得不长时间坐着，这是大量生物因素无法面对的情况。

既然我们的身体因为锻炼进化成今天的模样，那么，我们为什么突然认为我们的身体不需要它了呢？

请看下文列出的 17 条理由。如果里面有一条对你有吸引力，那么就为这一条开始锻炼吧。

(1) 健身通过扩张血管加强血液循环，甚至带来新的循环，因而降低了心脏病和中风的风险。此外，它还通过改善氧气的输送和其他对体细胞(包括脑细胞)起关键作用的重要营养物质的输送，提高了身体素质和保持头脑旺盛的精力。

(2) 健身可以降低血压，高血压是引发心脏病、动脉瘤、青光眼和中风的主要因素。

(3) 健身可以降低血液中的高密度脂蛋白与低密度脂蛋白的比率，从而降低患心脏病的风险，因为心脏病是由动脉阻塞造成的，动脉阻塞又是由动脉管壁上沉积物增多造成的。

(4) 健身可以帮助身体更好地利用胰岛素，实质性地降低患 II 型糖尿病的风险。

(5) 健身可以改善肺功能，并通过增加血液中氧气的含量增强体力和脑力。

(6) 健身可以提高免疫系统功能，从而增强人体对各种疾病的抵抗力。

(7) 健身通过提高人体对钙的吸收来增强骨骼，从而大大降低患关节炎的风险。

(8) 健身可以提高反应速度，降低遭遇车祸及家庭事故的风险。

(9) 健身可以提高协调能力，降低与摔倒有关的风险。

(10) 健身可以帮助消化，还有利于关键性营养物质的充分吸收。

(11) 健身有利于促进肠胃规律性的蠕动，从而降低患肠胃疾病几率。

(12) 健身有助于消耗脂肪并保持适当体重，从而提高精力，改善外表，降低高血压、关节损伤，甚至一些癌症的危险。

(13) 健身有助于宁静、高质量的睡眠。

(14) 健身可以通过提高每一次心脏收缩的供血量来降低安静心率，从而每天减少心跳 5 万次，每年减少心跳 1 千 8 百多万次。

(15) 健身可以通过改善心血管循环，增强对每一个细胞(包括皮肤)的关键营养物质的输送和废物的消除来帮助延缓衰老。

(16) 健身有助于保持关节健康，从而降低患关节炎的风险。

(17) 健身可以通过提高身体承受能力、柔韧性、体形和自我满意感，改善性能力。

二、锻炼：你的大脑也需要它

健身不仅给你的身体以应有的生理运动，而且有益于你的大脑，因为我们的大脑需要我们的身体给其提供关键养分。经常进行健身，通过给大脑稳定地输送葡萄糖，使大脑获得更好的营养。此外，更加自由的氧气循环也有助于保持血管的清洁。健身使我们获得了更加强健的精神承受力，同时也提高了创造力和智力。

健身通过身体运动更好地改善脑功能。大脑可能自以为是“老板”，但如果没有健康的身体来支持它，它就像“一个没有获得任何选票的候选人”一样毫无作为。现在的研究结果表明，经常性的体育锻炼可以通过以下途径改善脑功能：

(1) 提高记忆力。记忆力依赖人脑各个部分的良好交流，健身帮助这些负责交流的连线——血管保持良好状态。

(2) 提高解决问题的能力和创造力。通过健身受益的脑细胞，可以变得更加“聪明”。沃兹沃斯、梭罗、爱因斯坦和亚里士多德等大脑的真实记录均可证明这点。

(3) 创造更强的压力承受力。心脏病专家罗伯特·S·艾里特解释道：“健身从表面而非内部，通过能量消耗消除过多的引发压力的化学物质。这些化学物质造成的压力可能是有害的。”

(4) 帮助我们保持振作。对抑郁症患者的临床研究证明，健身是一种有效的情绪调节器。

(5) 提高持久力。当我们疲乏时很难保持敏锐的意识，这一点不容回避。而健身可以为脑力持久提供体力上的支持。

三、锻炼不足带来的问题

世界卫生组织估计，全球因缺乏运动而引起的死亡人数，每年超过二百万。不运动，会使身体的免疫能力下降，某些疾病和病毒不能得到有效免疫而诱发猝死。还有一个重要的情况，如果小孩不进行足够多的体育锻炼的话，那他们的大脑发育也不会很好，表现为智力稍微有点低下。

随着社会进步和科学技术的发展，人们的生活水平和工作条件也日益提高和改善。家用电器化代替了家务劳动，农业机械化代替了繁重农田体力劳动，川流不息的车辆代替了肩担及路途跋涉。一句话，生活工作方式改变了，劳动负荷减轻了，人们在一定程度上存在着运动不足。长期运动不足，会给人体健康带来严重影响。人体各器官只有在运动中才会得到锻炼和加强，长期不运动就可能逐渐退化和萎缩。运动不足使心肺功能显著减弱，血液供应和氧气摄入量明显减少。长期活动量减少，免疫系统的免疫能力下降，各种疾病就会接踵而来。缺乏运动是导致肥胖症、糖尿病、高血压、脑溢血、心脏病等“运动不足病”的重要原因，对人们的身体健康造成严重危害，对青少年生长发育尤为不利。时下，肥胖儿很多，一是营养过剩，二是运动不足。肥胖很易导致心血管系统疾病，严重影响身体健康，应当引起社会与家长的重视。

运动不足主要出现在长期久坐伏案工作的人群，他们很容易引起下列病症：

(1) 颈椎病及颈部劳损。轻者感到颈肩部酸胀，重者骨质增生，疼痛难忍。

(2) 腰部劳损。久坐，使腰部负荷长期过重，造成腰骶部肌肉劳损，常感腰部疼痛及全身疲倦，腰部酸软。

(3) 久站不运动，如理发工作人员，易引起下肢血液回流不畅，静脉血液郁滞，出现下肢静脉曲张。

(4) 久坐，肠道血液淤滞，肠蠕动减弱，易引起痔疮与便秘。

(5) 久坐不运动，可出现脊柱弯曲，双腿无力，膝关节弯曲，缺乏弹性。双腿肌肉及韧带萎缩，肌力减退，体能减弱。胖者臃肿无力，瘦者弱不禁风，软弱无力，身体失去活力，易发生早衰。

因此，长期运动不足的生命，无论是生理上还是心理上都是病态的，急需通过运动振奋精神，焕发生命的活力。这就要求每一个人都要增强保健意识，不要贪图安逸和懒散，要弃车步行，多动手，多走路，多活动，使身体得到锻炼，肌肉变得结实，机体功能得到加强，以提高健康水平。

第二节　健身新要素

一、想象力

如果说以前我们宣传的健身方法中缺少什么关键因素的话，那就是想象力。不可否认，充分的鼓励和启示能够引导你锻炼身体的各部分肌肉，但这些引导通常严格受限于某种形式。我们需要健身器材，需要健身房来锻炼我们的胸肌，或是用其他低成本的器械来瘦腰吗？当然是运动本身在起作用，而非健身器械。除了用健身器进行锻炼之外，还有很多种方法可以达到同样的健身效果。其实，最重要的是我们在呼吸，是停止那些不必要的、过于复杂的健身方法。发挥你的想象力，去发现适合你的健身方法。例如，我们每天早晨起床前在床上做一些伸展运动；在去教室的路上尽量不要骑车，要么步行要么跑步；在上楼时，不要坐电梯而是走楼梯；在课间利用课桌、课椅做一些力量练习。总之，充分发挥想象力，运动无处不在。

二、增强力量运动

健康不仅仅是为了拥有一颗健康的心脏，还需要强健的肌肉来配合这颗健康的心脏。肌肉不是仅仅为了搬动各种重物，肌肉对控制体重十分重要，因为它是我们身体中最好的卡路里消耗组织。即使在休息时，肌肉也比脂肪更能消耗卡路里，在运动时，肌肉的卡路里消耗可以成20倍地跃升。所以，我们的肌肉越发达，我们就能更好地消耗卡路里，即便是在看电影时。

人们仅做有氧运动——它对增强肌肉力量并不有效——在停止运动后容易发胖的原因：因为在没有肌肉群可以依赖的情况下，他们的卡路里消耗几乎只能全部依靠他们在进行筋疲力尽的有氧运动时消耗殆尽的物质——脂肪了。如果他们因为受伤或太忙了。突然中断锻炼，又加上不能恰当控制饮食的话，那么卡路里消耗就会停止，脂肪就会出现。

肌肉组织由两种纤维构造而成：快肌纤维和慢肌纤维。当一块肌肉在做有氧运动时，主要是慢肌纤维在活动。这种纤维通过锻炼可以提高持久力，但肌肉不能获得明显的增强或增大，因此，最好的马拉松运动员都像小鸟一样轻盈。尽管他们承受筋疲力尽的、每周50公里的训练，但他们的大腿肌肉并没有增大。但是，当一块肌肉以增强力量的方式运动时，快肌纤维在运动，它们可以使肌肉增大。

三、柔韧性运动

柔韧性，指最大幅度地运动我们身体的每个部位的能力。但这并不意味着我们的身体要柔韧得和杂技演员一样。这只是说，我们必须保持肌肉和关节的灵活性，从而避免不适感。这一点对整天坐着的人尤为重要。进行柔韧运动可以使我们获得一种对自己身体的柔韧性体验。肌肉和连接组织(韧带和肌腱)随着年龄的增大，会习惯性地变短、变硬，因此，你可以想象，那些整日埋头文案的人们处于多么不利的境地。慢性背痛、颈椎痛、肩痛、头痛、肥胖、过度疲劳以及过度脆弱，这些都可能是由肌肉和关节过于紧张导致的不良后果。

幸运的是，我们向你推荐的用于增强心血管承受力和肌肉力量的运动和活动，能够帮助你保持放松，但是还必须有一套伸展性运动相配合，以避免长时间坐着带来的一些问题

——这就是造成你在电脑前工作数小时后，突然感觉自己像是用水泥做的一样僵硬，或是感觉在露天看台看垒球比赛的加时赛(超过两小时)，感觉无法移动膝盖和脚趾头的原因。

第三节　健身新方法

一、晨练

对晨练，每个人有每个人的感觉：有的人喜欢它，有的人只是尽量打发掉它。晨练的选择有多种，可以混合搭配所选择的锻炼项目，以创造一种适合你的，同时也能放进你的日程中的活动安排。所以，选一个你真正感兴趣而且符合你的时间限制的运动是非常重要的。做任何能使你全身活跃起来的活动，可以使你这一天有一个充满活力的开始。

(一) 早间柔韧运动

通常情况下，许多人起床时都还是昏昏欲睡的，而一些有效且容易的伸展运动会帮助你摆脱昏睡状态，此外，这些运动还能够帮助你为即将来临的冗长乏味的工作做好准备。

伸展运动可以在不打乱你日常生活安排的情况下，插入你早上的活动中。大多数伸展运动甚至可以在你起床前做。养成每天一醒来就做同样的伸展运动习惯，这样它就会变成一个你每天必需的项目了。找一个特别适合伸展身体的地方是很重要的，如同热水有助于放松肌肉一样。

注意，伸展运动时一定要慢，而且避免肌肉或关节组织受伤，一定不要伸展到疼痛的程度。最后请记住，做伸展运动时要进行呼吸调节。

1. 床上的伸展运动

在起床前，你就可以做完一些——不是全部——一天中所需要的柔韧性运动。这样还会加快血液循环，帮助你过好一整天。

(1) 曲背法。此法可缓解坐了一天之后背部僵硬感。具体做法：双手置于面前，俯卧。缓缓地、轻轻地支起双臂，使上半身离地，臀部和身体下部保持不动，保持笔直，直到感觉下背部有一股轻微张力。保持这种姿势 5 秒钟，放松，重复 5 次(见图 8-1 和图 8-2)。

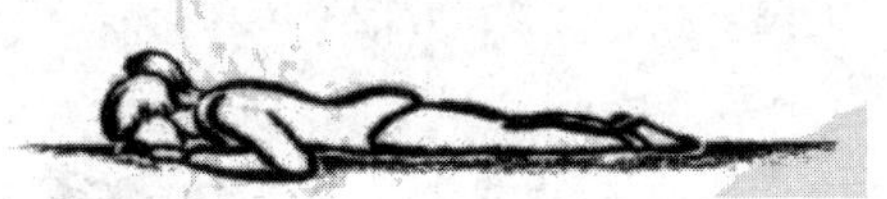

图 8-1

图 8-2

(2) 膝旁腱伸展。对久坐的人来说，这是另一种很好的伸展方法。既可作为跑步或步行后的有益补充，帮助防止膝旁腱受伤，也可以防止下背部疼痛。具体做法：头枕枕头，躺在门口的地面上。抬起一条腿，脚跟靠在门框上，体会大腿后部肌肉拉伸的感觉(腿伸得越直越好，如果你不能完全伸直就慢慢来)。保持此姿势 20 秒，换另一条腿，重复每条腿两次(见图 8-3)。

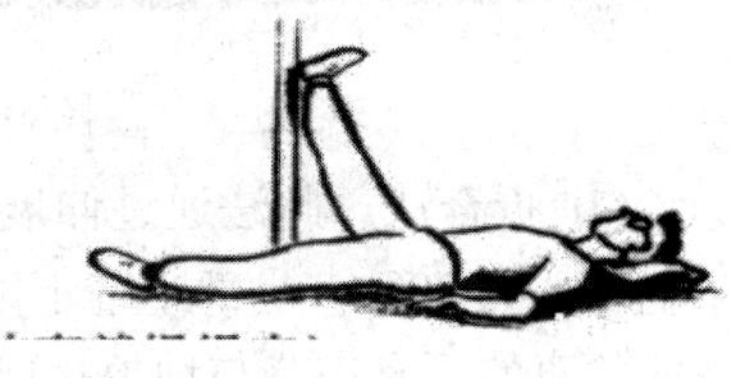

图 8-3

(3) 小腿伸展。跑步和步行后做小腿伸展的动作，可有效缓解小腿肌肉紧张。具体做法：面对墙壁，双手置于墙壁上。一只脚上前，与另一只脚保持两足距离。保持后面一条腿笔直，双脚平踏地上，弯曲前面一条腿，直到感觉后面那条小腿，肌肉轻微拉伸感。后面那只脚的脚跟不能离地。保持此姿势 30 秒，交换双腿重复一次(见图 8-4)。

图 8-4

(4) 体侧弯曲。此法对长时间伏案学习的人来说是一种缓解肌肉压力的良方。具体做法：背靠墙壁站立，双足分开保持一足距离，双膝自然弯曲不绷直。双手互握置于脑后(如果感觉更舒适，也可置于臀部)，身体缓缓向一侧尽可能弯曲，头、肩和臀部靠在墙上。保持这种弯曲姿势到 30 秒钟。重复弯曲另一侧，每侧做两次，深呼吸(见图 8-5 和图 8-6)。

(5) 腰部和大腿伸展。此法可保持大腿前部(股四头肌)肌肉和腰部肌肉柔软。具体做法：单膝跪地，另一条腿膝盖弯曲向前足底着地。收紧腹肌，身体前倾(背部不要弯曲)感觉到大腿前部伸展。配合要适当，弯曲的膝盖正好处于前脚正上方。保持此姿势 20 秒，换腿，重复两次(见图 8-7 和图 8-8)。

图 8-5　　图 8-6　　图 8-7　　图 8-8

(6) 臀部伸展。这是为久坐的人量身定做的方法，它能帮助放松臀部和腰部区域的肌肉。具体做法：仰卧，头枕枕头，将一只脚置于另一条腿的膝盖上。穿过双腿，双手抓住起支撑作用的那条腿，轻轻地拉向你的胸部(你可以用一条毛巾帮你这么做)。体会臀部伸展之力。保持此姿势 20 秒钟，换腿，重复两次(见图 8-9 和图 8-10)。

图 8-9　　图 8-10

(7) 折合法。此法通过伸展下背部和大腿肌肉减轻下背部疼痛。具体做法：仰卧，一条腿弯曲约 90°，足部平踏于地上。从后面抓住弯曲的那条腿的膝盖拉向胸部，保持另一条腿笔直的而且完全与地板接触。保持此姿势 20 秒钟，换腿，只要感觉舒适，尽可能频繁地重复(见图 8-11 和图 8-12)。

(8) 四肢伸展。对放松大腿前部四头肌很有效。具体做法：侧卧，大腿并拢，抓住上面那只脚，使脚后跟向你臀部接近，直到感觉到一种舒适的张力。保持背部笔直不弯曲(如果手够不着脚，用一条领带或袜子缠在你的脚踝上)。保持 20 秒钟换腿，重复。你也可以站着做四肢伸展，这时你要用手撑在墙上支撑自己(见图 8-13)。

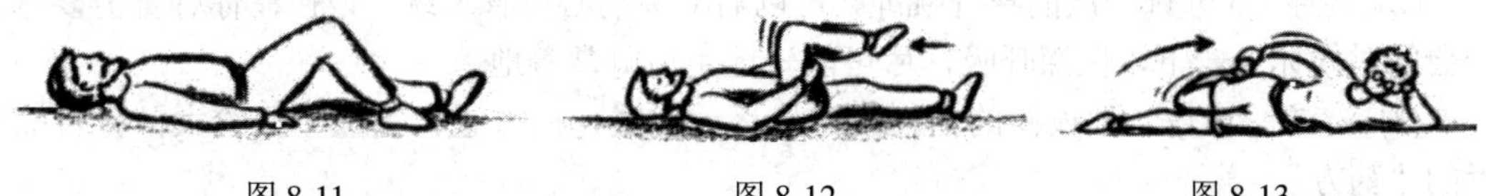

图 8-11　　图 8-12　　图 8-13

2. 洗浴间的伸展运动

很多人发现，在洗浴间做伸展运动很舒适，因为有温湿的环境，这种环境能够缓和、放松僵硬的肌肉。为了最大限度地利用你洗头的时间，试试下面的方法：

(1) 刷牙时，慢慢地、尽量大范围地用你的臀部画圈转动。这样做对放松你腰部和臀部肌肉有好处。

(2) 洗脸时，轻轻地尽量向一侧压你的头，以伸展你的颈部和下半部。

(3) 洗完脸时，做体前屈，尽量保持两腿伸直，用双手去抓摸脚趾。这样做对拉伸大腿后部肌肉、韧带有好处。

(二) 早间的有氧运动

就算你早晨的日程里仅包括一项 10 分钟的散步，你也会发现你要比以前更容光焕发。而和早晨不运动的同学相比，你更机敏而且精力充沛，因为你已经为自己的身体准备了充足的氧气。同时，你还除掉了早上身体的僵硬，使自己的身体处于活跃状态，从而为你积极的、高效率的大脑提供一个良好的氛围。研究表明，在适当而非过量的有氧运动条件下，我们的身体受益最大。

1. 早间 10 分钟的室内有氧运动

在做室内有氧运动时，你可以随意听着收音机，甚至穿着睡衣或者内衣都是完全可以的。

(1) 蹦跳。这是运动量很大的活动，但是必须确保你的地板足够硬，以免打扰到你的邻居。

(2) 跳绳。是一种十分节省时间的极好锻炼方法，但请记住，它必须在坚硬的地板上进行。

(3) 爬楼梯。是另一种好的锻炼心血管系统的运动，而且不耽误你收听早间新闻。

(4) 原地跑。如果你的跑步步速中等，你在 10 分钟内可以跑 500 米或更多。

(5) 踏步。这是最好的心血管功能运动之一，若加上手臂运动，将对大腿和手臂的力量增强很有好处。

2. 早间 10 分钟的户外有氧运动

光是早上到外面走走，就能让你精神焕发，要是有 10 分钟的运动，就更能使你精力充沛。但是，如果上面的建议中，有任何破坏你日间学习所要求的特别着装或发型的，你完全可以选择用户外运动代替它。在户外和户内运动之间转换，实际上能够增加你早间锻炼项目的多样性。

(1) 慢跑或是快走 10 分钟。跑步是最能消耗卡路里的运动方式之一，但一定要穿上一双好的跑鞋，而且在最初的几个星期会有疼痛感。在早晨坐公交车上学时，提前几站下车，下车后散步 10 分钟或骑 10 分钟的自行车，又或者干脆跑步或者走路去上课。如果你起得早，你还可以绕着远路去上学。

(2) 跳绳。5 分钟一次的户外跳绳，可以启动你的心血管系统。记住在你感觉需要休息一会的时候休息一下，做深呼吸，尽可能轻地用后脚掌着地。

(3) 游泳。这是一种很棒的消耗卡路里运动方式，而且它也是医生开给大部分背痛患者的“药方”。

(三) 早间的力量运动

人每天的运动目标是至少 20 分钟的心血管运动、5～10 分钟的力量活动和 5～10 分钟的伸展运动，个人可以把这些时间，按需要分成更小的时间段，并自由安插到自己的生活中。所以，如果想在早上增大一点运动量，可以试试下面的方法。而且不需要穿专门的服装，睡衣和汗衫一样可以排汗。

室内力量运动发达肌肉要靠频繁使用肌肉来实现。但是，在当今这个高科技世界，怎样才能做到这一点呢？下面这些方法可以帮助人们不需要任何设备，随时随地做这些练习。

(1) 臂部大圆环：练习者要保持肩部动作幅度，加强臂部肌肉，任何地方都可以做以下练习(如果怕同学不解，你就去树林中做)。

站立或坐姿，双臂从两侧笔直伸出。双臂开始转圈，慢慢增大幅度，持续 30 秒钟。休息一会儿，重复 3 次(见图 8-14)。

(2) 曲肘角力法：此方法对巩固和加强肱二头肌、前臂、肱三头肌和胸大肌非常有效，并且站立，坐下或斜靠时都可以做。双肘弯曲呈 90 度直角，转动右前臂，保持右手手掌心朝上。将右手掌放在左手腕上。用全力上抬左手，同时右手尽力下压。你的双手保持不动。保持 5 秒钟。休息 20 分钟，重复 3 到 4 次，换手，重复 4 到 5 次(见图 8-15)。

(3) 坐椅升降法：此法对加强肱三头肌和胸肌很有效。练习者可以用带扶手的任何椅子做这种练习。

将双手掌置于椅子扶手上，双臂上撑直至笔直，将身体撑离椅子。保持 1 秒钟或稍长，然后缓缓下降，直到坐下，重复 5 次(见图 8-16)。

图 8-14

图 8-15

图 8-16

(4) 桌子升降法：升降法也可用课桌或台子的边缘完成。

背靠桌子或台子站立，双脚离桌子或台子 6 到 12 英尺。根据需要屈膝，将双手置于身后桌子边缘，掌心向下，胳膊笔直。使用臂部肌肉，身体慢慢下降，感觉舒适为度。缓慢支撑向上直到双臂伸直，尽可能地重复(见图 8-17)。

(5) 祈祷法：此法可巩固胸肌，并对锻炼背阔肌也有很好效果。你可以在桌子旁，或在超市排队等候时，或其他时候花上几分钟练习此法。

双手并拢，置于胸前。用最大力气挤压双手(这样做的时候，你的双肘会抬起来)。保持 5 秒钟，休息 10 秒钟，重复 5 次直到疲劳(见图 8-18)。

(6) 三角肌加强法：此法锻炼位于肩端的三角肌。

站在门口，双手下垂，置于体侧，掌心朝向身体，双臂外移直到手背触及门框。保持臂部笔直，努力上抬，用全力紧压门框。持续 5 秒，休息 10 分钟，重复 4 次(见图 8-19)。

(7) 肩部推举：此法对加强肩胛骨肌肉很有效，也可负重进行练习。

仰卧，每手抓住 0.5 公斤重物，靠近胸部。背贴地板不动，推举重物直至双臂笔直。保持 5 秒，重复 10 次(见图 8-20)。

图 8-17

图 8-18

图 8-19

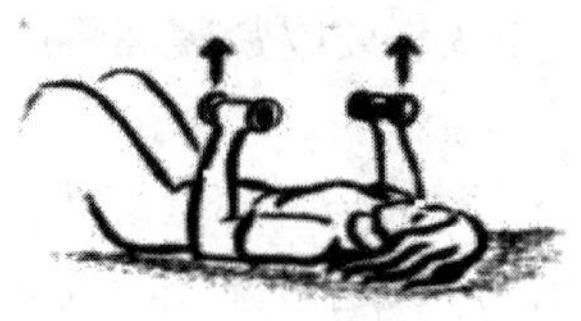
图 8-20

(8) 蝴蝶式：如果肩部有紧张感，此法很有效，同时也可以加强肩部力量。

每只手抓住 1 磅重物，俯卧，前额贴地(如果不舒适，可将头扭向一侧，但颈部不可有紧张感)。由肩部伸出双臂，双肘弯曲，挤压双肩尽量靠拢。保持 1 秒，重复 10 次(见图 8-21)。

(9) 超人式：另一种肩部伸展和加强法，可以在床上或地上进行。

俯卧，双手各抓 0.5 公斤重物，双臂笔直伸出至头部前方，前额贴在地板上。从地板上上举双臂，保持 5 秒，放松。重复 10 次(见图 8-22)。

(10) 胸部飞翔式：此法有益于肩部和胸部肌肉。

双手各握 0.5 公斤重物，仰卧，双臂笔直伸出于身体两侧。同时，缓缓向两侧抬起双臂，稍稍停留，然后慢慢下放。重复 10 次(见图 8-23)。

(11) 站立背部上举：此法对肩部和上背部的强壮和灵活十分有益。

笔直站立，双手各持 0.5 公斤重物。笔直站立双臂置于身体两侧，缓缓向两侧抬起双臂，然后再缓缓下放。重复 10 次(见图 8-24)。

图 8-21

图 8-22

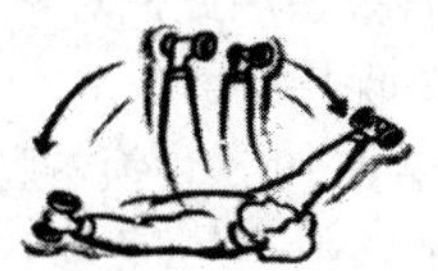
图 8-23

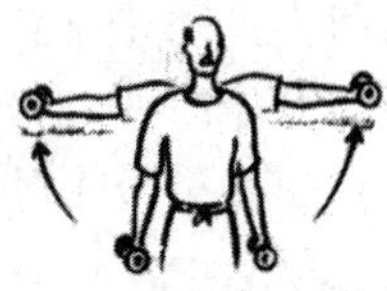
图 8-24

(12) 半仰卧起坐：此法可加强腹肌，防止下背部疼痛。

仰卧，双腿弯曲呈 90°，下颚内收，缓缓抬头，肩膀离开地面。保持此姿势 5 秒后，慢慢躺下。重复 10 次。依照上面相同步骤，抬起头部和肩部向身体右侧 10 次。重复向左 10 次。注意：保证颈部放松，力量应来自腹部(见图 8-25～图 8-29)。

图 8-25　　图 8-26　　图 8-27　　图 8-28　　图 8-29

(13) 下腹部锻炼法：此法有助于加强下腹部一带力量。

仰卧，屈膝，双足平置于地上，双臂放于体侧。双膝上抬，朝向腹部做踏车动作。持续 10 秒，重复数次(见图 8-30 和图 8-31)。

注意：保证颈部放松，力量应来自腹部。

(14) 骨盆倾斜法：这是一种很好的练习法，你可以在任何地方进行，它有助于加强你的腹部肌肉。

站姿或坐姿收紧腹部肌肉，臀部卷曲向前。保持姿势 5 秒，重复至少 5 次(见图 8-32①②)。

(15) 背部与臀部锻炼法：此锻炼法可同时加强臀部、腹部、后背部的肌肉。

俯卧，双足微分开，双臂伸向前方。面部朝下，腹部肌肉紧绷，抬起一条腿和另一侧的胳膊，离地 0.8～1.5 米。保持此姿势至少 1 秒，重复 10 次，然后换另一侧腿和胳膊(见图 8-33)。

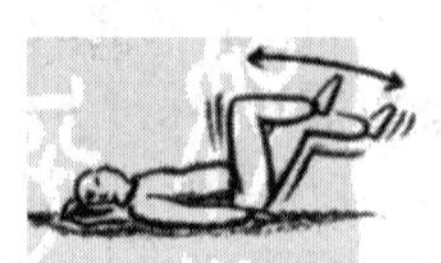

①　②

图 8-30　　图 8-31　　图 8-32　　图 8-33

(16) 墙壁滑动法：此法对巩固和加强大腿上部十分有效。

图 8-34　　图 8-35

背靠墙壁站立。双脚外移，离墙一足距离。身体倚墙下滑，直到双膝弯曲至大约 45°。保持此姿势，数到 10，然后下滑复原。重复 10 次或直到疲劳为止(见图 8-34 和图 8-35)。

(17) 四肢锻炼法：此法对腰部稳定有奇效，通过加强腰部一带肌肉，防止下背部疼痛，因此，对臀部肌肉也有效。

开始时四肢着地，保持腰部水平，向后伸左腿直到与地面水平。保持至少 1 秒，重复 10 次，换右腿，方向同上(见图 8-36～图 8-38)。

注意：保持腰部水平，防止腰部受压，并且确保你使用了正确的肌肉。

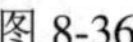

图 8-36　　图 8-37　　图 8-38

(18) 抬腿法：此法锻炼股四头肌。

坐在地上，双手稍稍后置，一条腿伸开，另一条腿弯曲。用力使伸直的那条腿的脚趾朝向你，同时使膝盖下压。抬起伸直的腿 0.8～1.5 米，然后缓缓放到地上。放松，重复 10 次。用另一条腿同样重复做 10 次(如果感觉此法对你效果不大，就在脚踝加上重量)(见图 8-39 和图 8-40)。

(19) 侧抬腿：此法对加强大腿上部肌肉很有效。

侧卧，用手支撑头部，另一只手置于身前支撑。缓缓抬起上面那条腿，在舒适范围内尽可能抬高。换个侧面，用另一条腿做 10 次(见图 8-41)。

注意：保证你的腰部与地面垂直，不前后晃动。

(20) 后抬腿：这种抬腿运动旨在加强大腿后部和臀部的肌肉。

俯卧，缓慢抬起一条腿，在舒适范围内尽可能抬高，保持 5 秒，慢慢放下。重复 10 次，换一腿重复进行(见图 8-42)。

图 8-39

图 8-40

图 8-41

图 8-42

(21) 腿内侧上台：腿上部内侧肌肉因很少使用而受到忽视，此法会有助于加强它。

侧卧，上面那条腿弯曲置于另一条腿后，用身前之手支撑自己，抬起伸直的那条腿。保持至少 1 秒，然后缓缓放下。重复 10 次，然后换个侧面重复进行(见图 8-43)。

图 8-43

注意：确保你的腰部垂直于地面，不要前后晃动。

(22) 脚趾上升法：这是锻炼小腿的绝好方法，你可以在做事时或在排队时练习此动作。

双膝上抬，直到你用脚趾站立，如果不能保持平衡，利用柜子或墙壁支持自己。缓缓下降，重复 10 次(或者在排队时以适当频度重复进行)(见图 8-44)。

(23) 腰部巩固法：此法对加强腰部肌肉很有效，甚至可以在看电视时进行。

坐姿，脊背正直，手臂置于体侧。缓缓抬起右膝靠向胸部(确保脊背正直)，右臂放于膝上用力下压。保持此姿势 3 秒，重复 3 次，然后用左腿和左臂重复以上步骤(见图 8-45)。

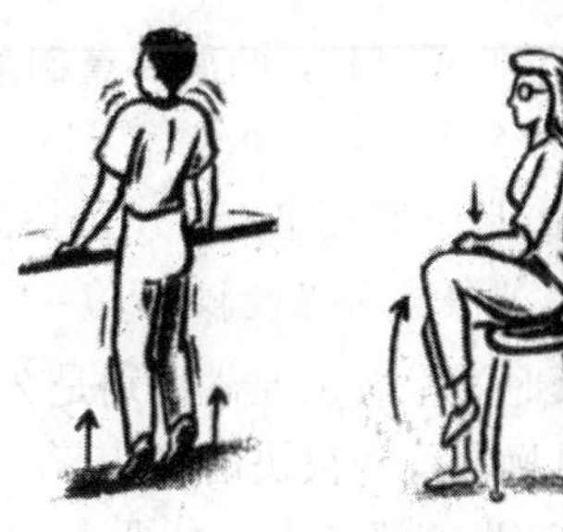
图 8-44　　图 8-45

(四) 速效消除压力法

压力以使肌肉呈紧缩状态为特征，因此，与身体压力作斗争的好方法是舒展这些紧张的肌肉，帮助它们放松。

(1) 耸肩法：缓缓抬肩朝向双耳，保持 10 秒，同时深呼吸，放松，重复 3 次(见图 8-46)。

(2) 投降式挤压法：双手上举稍高于肩部，双肘向后移动，挤压两肩合拢到一起，保持 10 秒，同时深呼吸。放松，重复 3 次(见图 8-47)。

(3) 伸颈法：假象一根绳索系在你的头颅，脖子向上伸，就像绳索在拉你一样。保持10秒，同时深呼吸，放松，重复3次(见图8-48)。

(4) 触摸法：坐姿或站立，伸展双臂至头顶，尽量上举，保持 5 秒，同时深呼吸，放松，重复5次(见图8-49)。

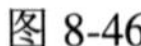

图 8-46　　图 8-47　　图 8-48　　图 8-49

二、无处不在的锻炼

课间休息时间可以选择的运动——心血管运动是很好的热身运动：它为身体提供充满活力的氧气，帮助清除淤积在血管中的废物，并且根除由学习带来的后遗症——肌肉抽筋。

1. 课桌旁的身体练习

(1) 全身放松，两眼平视，注意力集中。身体挺直，做一次深呼吸，腹肌内收，保持这种姿势1～2秒钟，重复7～8次。

(2) 两脚用力撑地，保持10～12秒钟，重复5～7次。

(3) 用力收缩臀肌，借力把身体从椅子上微微抬起一点，保持这种姿势4～6秒钟，重复6～8次。

(4) 两手在身体两侧撑住座椅面，尽量把身体抬起，保持这种姿势3～4秒钟，重复7～8次。

(5) 伸直身体，两肩尽量向后用力，使背肌紧张，保持这种姿势4～6秒钟，然后放松，连做3～5次。

(6) 把手放在桌上，用力压桌面，保持紧张状态5～7秒钟，重复5～7次。

2. 消除疲劳保健操

长时间坐着上课，特别是久了，会感到很累。这时休息一下，做做专为学生设计的这套保健操，就能很快消除疲劳、恢复体力。

(1) 坐在椅子上，背要直，双手放膝盖。一臂前伸，连同身体一起后转，目光盯住手掌——吸气，还原——呼气，换手再做。

(2) 坐在椅子上，双手放膝盖。屈臂握拳，勾脚尖抬起，稍停。双手放回膝盖的同时，绷脚尖，同时脚后跟带动脚尖一起转动。

(3) 双臂屈肘，双手放肩上。两肘前后做圆周运动。

(4) 双臂交叉，胸前抱臂。抬起双臂，在胸前做圆周运动，同时活动双肩、肩胛骨和胸肌。

(5) 坐在椅子上，背要直，双手抱一膝盖尽量贴近腹部。然后向前伸直这条腿，放回地面，换腿再做。

(6) 向前伸直双手，做游泳的动作；如蛙泳。尽量向前和向两侧伸长身体。

(7) 坐在椅上，一条腿膝盖弯曲后转向一侧——朝同一侧跨出一步，还原，换腿再做。

(8) 屈臂握拳，放胸前，伸开双手向前，向两侧，再向上伸。

(9) 一条腿伸直，脚尖朝上，另一条腿弯曲，脚尖朝下，模仿走路动作，轮流换脚。

(10) 坐在椅上双腿伸直，抬腿，向两侧转动，在地板上空划圆。

(11) 坐在椅上屈臂，双手放肩上，左右来回转动身体，使胳膊肘尽量靠近椅背。

(12) 坐在椅上，双手放头后，头向两侧来回转动。

(13) 双手放膝盖，一只手从上伸肩后，另一只手从下向上伸肩胛骨处，双手背后交叉，换手再做。

(14) 紧贴椅背坐在椅上，挺直脊柱，微微低头，向两侧轻轻转动。假设胸前有一小球，尽量用下颌去够球。眼睛睁大，跟着头转动。

3. 振奋精神操

长时间坐着工作，或者乘飞机、坐火车及看电视时间长了，人就会感到腰酸背痛。这时若能走一走跑一跑，弯弯腰踢踢腿，那该多好。假如连这也做不到，那该怎么办呢？下面这套操能排忧解难，使人神清气爽，活力再生。

(1) 掌心向上，将左手拇指轻轻向手腕扳动，换右手做，重复几次。

(2) 掌心向上，将手指逐个轻轻下按，同时呼气，换另一只手再做。

(3) 按顺时针和逆时针方向转动手掌，左右各5～10次。

(4) 上下抖动手掌。

(5) 按顺时针和逆时针方向缓缓转动头部各5次。

(6) 双肩上耸——吸气，然后放松呼气。反复做4～5次。

(7) 转动肩关节，前后各5次。

(8) 按顺时针和逆时针方向转动脚踝，左右各10次。

(9) 交替踮脚，左右各20～30次。

(10) 用指尖轻击头顶和太阳穴若干次。

(11) 用指尖从太阳穴按摩至下颌。

(12) 用大拇指和食指按摩眉弓。

(13) 用手指按摩眼眶，然后沿鼻翼下按摩至上颌。

(14) 用指尖按摩下颌。

(15) 手掌按住鼻尖，分别向顺时针和逆时针方向各揉5次。

(16) 用力将耳朵向上、向外牵拉，再将耳垂向下牵拉，各5次。然后将耳朵向前后各拉3次。

三、让女生形体更美的锻炼

目前，我国绝大多数女性还不能接受像男人一样发达的肌肉，下面介绍的练习方法主要是用于改善形体的，不会练出发达的肌肉。手持器械最好是可调节重量的哑铃，如果没有，可用书籍等代替。

(一) 颈部

(1) 坐式或站立，将头部最大限度地旋转画圆，顺、逆时针交替进行。

(2) 双手交叉置于脑后，下颌贴胸上部，然后双手向下压头部同时抬头后仰。每分钟 5～10 次。

(3) 仰卧，双臂自然贴近身体两侧。头部慢慢抬起，将下巴尽量向胸部贴近，直至极限。每分钟做 5～20 次。

(二) 肩部

(1) 臂回环：双腿自然站立，双手握拳。然后伸直双臂，做大回环运动，直到感觉疲劳为止。每分钟环绕 40 次以上。

(2) 双臂交叉侧平举：紧握双拳，做直臂体前迅速交叉动作，还原。重复至疲劳为止。每分钟 40 次为宜。

(3) 前平举：徒手，每分钟重复 20～30 次。也可持哑铃做。

(4) 侧平举：徒手，每分钟 15～20 次。也可持哑铃做。

(三) 臂部

(1) 哑铃弯举：两腿自然站立，两手掌心向上手持哑铃，两臂下垂，上翻至胸前，稍停，缓慢由原路返回。也可单手交替进行。

(2) 臂屈伸：两腿自然站立，挺胸收腹，双手各持一哑铃。开始时手臂伸直过头，然后慢慢向脑后弯曲，使哑铃置于颈后位置后，慢慢把手伸直还原。

(3) 屈体后伸：上体前屈与地面平行，双膝微屈，屈臂持哑铃，拳心相对。平臂后伸与地面平行，慢慢还原。

(四) 胸部

(1) 俯卧撑：每分钟 10～20 次。

(2) 双手持哑铃自然站立，一手前平举与肩同高，另一手沿体侧下垂。然后两臂于身体上下交替平举哑铃。每分钟 25～30 次。

(3) 斜板卧推：仰卧于斜板，双手握哑铃置于体侧。然后两臂轮流举哑铃于头前上方。每分钟 20～30 次。

(五) 腰腹部

(1) 仰卧起坐：每组 8～15 次，做 3 组。肥胖者最好屈腿做。

(2) 仰卧，双腿伸直，双臂上举。然后迅速屈膝收腹，双手抱膝，慢速伸展还原。每分钟 20 次左右。

(3) 仰卧，双手抱头，分腿屈膝。收腹使上体抬起，坚持不动 3 分钟左右(可间断休息)。

(六) 臀部

健美的臀部丰满圆翘，富有弹性，是体现女性形体美的重要部位。

(1) 仰卧，两胯上部放一重物，然后臀部用力上抬，至最高点静止片刻，慢慢落下。每分钟上抬 20 次左右。

(2) 跪撑举腿：双手撑地下跪，一条腿跪地，另一条腿先弯曲至胸前，然后快速并最大限度地向后上方展直。感到疲劳时，再换另一条腿。

(3) 仰卧，头偏向一侧，双腿合并伸直，然后双腿尽量上举，与上体垂直，慢慢还原。每分钟 20 次左右。这个动作也锻炼腰腹部。

(4) 侧卧抬腿：直体侧卧，脚尖绷直，身体下面的手臂伸向头前，将头枕在上面，另一手臂屈肘于胸前撑地面。然后，将上面的腿抬起，至最高点，慢慢还原。重复练习 15～20 次。转身换另一侧卧，抬另一条腿。腿抬起时不得弯曲。

(七) 大腿部

(1) 仰卧，双腿屈膝置于胸前，然后伸直上举，与上体垂直，慢慢还原，每分钟 15～20 次。

(2) 直立，一手扶支撑物，另一手撑腰。然后用力摆腿做侧上举动作。两腿交替进行。每分钟 25～30 次。

(3) 双手握椅背下蹲，然后站起，下蹲。每分钟 25～30 次。

(4) 直立，双手叉腰，然后两腿屈膝交替上抬至胸前。每分钟 25～30 次。

(5) 跪腿后踢：体前屈双手撑地，屈膝跪地，上体与地面平行，抬头目视前方。然后，先将一腿伸直，向后上方踢抬，还原。换另一条腿。左右各做一遍为 1 次，做 15～20 次。

(八) 小腿部

(1) 直立，两手扶一固定物体，前脚掌踩在一块砖头上，脚跟悬空。然后将脚跟提起，尽量抬高，稍停后下落。注意保持平衡，不要左右摆动。每分钟做 15～20 次。

(2) 背靠椅子坐下，大腿抬起。然后上举小腿，尽量展直，还原。每分钟 15～20 次。

(3) 站立，上体前倾，脚跟着地，脚尖朝上。用脚后跟向前走动。

四、让男生形体更美的锻炼

这套由 7 个动作组成的健身操需要跳绳、排球、哑铃等简单的健身器械配合，除此之外，练习的过程中要注意连续性，连续做完 7 个动作为 1 组，练习的过程中不能有间歇，每组动作的练习时间应该保证 30～60 秒，所以最好随身携带一块秒表来保证练习时间的充足。如果你刚刚接触这样的练习，可以在开始的几次重复 2～3 组，等到能够轻松完成时，再把运动量增加到 5 组。

(一) 腹部练习

这组腹部练习可以有效消除腹部脂肪。背部着地平躺在毯子上，双腿并拢、抬起，膝盖稍微弯曲。双手托住一个排球，将排球从大腿处开始慢慢向上推，同时上身自然地向上抬起。等到排球被推到小腿处时，保持姿势 2 秒钟，然后让球再滚回大腿部位，同时上身回到原位，重复上述动作。注意练习的过程中眼睛要始终盯住球。

建议：当腹部开始有酸痛感时，不要马上停止，这时你还可以重复动作 5 次。

(二) 跳绳练习

每部分练习结束后都应该以跳绳为过渡，因为它可以锻炼身体的耐力、协调性、张力和灵活性，是进行下一组动作的过渡和热身练习。

跳绳时应该配合正确的姿势：上臂和肘部贴紧身体，以小臂的力量把绳子摇起来，然后手腕发力摇动绳子。跳起的高度应该以绳子刚好能够从脚下过去为标准，同时膝盖略微弯曲。各种不同的跳法应交替使用，如双腿并合跳、单腿跳、正跳、反跳等。注意在跳绳的过程中头部要放正，眼睛看向斜下方，不要耸肩。

建议：跳绳可以使人大量出汗，心跳变快，不过跳过之后，双脚分开站立一会，双臂向上伸并深呼吸几秒钟，心跳就会慢慢平缓下来。

(三) 肩部练习

通过这组练习可以塑造肩部肌肉并使其变得更加灵活。以弓步姿势站立，右腿向后退一步，左腿膝盖稍微弯曲，将身体重心放在左腿上。双手各握一个1～2公斤的哑铃，掌心相对，双臂平行向前伸出，然后翻转，使肘部和手指向外。注意做这个动作时不要耸肩。

建议：多次重复练习比增加哑铃的重量更有效。当肌肉感到酸痛时，可以将手臂翻转回正常姿势，再重复动作。

(四) 手臂练习

这是手臂和肩部的综合力量练习。以弓步姿势站立，左腿向后退一步，右腿膝盖稍微弯曲。两手抓住拉力绳的两端，左臂自然下垂置于身侧，右手将拉力绳的一端沿对角线向右上方拉起，直至手臂与肩部同高。然后慢慢地放下右手，回到开始姿势，交换手臂，再继续上述动作。

建议：开始练习前应将拉力绳调整到适合自己的长度。

(五) 颈部练习

因为长时间面对电脑，人的颈部肌肉在一般的练习中不容易得到充分的放松，但下面这组练习可以拉伸和锻炼颈部肌肉，有效缓解肌肉的紧张感。俯卧在毯子上，鼻尖贴于地面，脚面绷直，手臂向前伸出，双手拉紧一条拉力绳。脸部微微抬起，双臂抬起将拉力绳举至下巴高度，然后放下手臂。注意头部与脊椎应该在同一个高度上。

建议：练习结束后放下拉力绳，双手交握，向前伸出，做放松运动，还可以有效抻拉韧带。

(六) 腿部练习

这组跳跃练习可以很好地锻炼耐力和协调性。站在原地，向右侧跳一步之后再反向重复动作一次。然后向前、向后各跳跃一次，注意跳跃的幅度不要太大。跳跃20秒钟之后可以加快或放慢跳跃的节奏、改变跳跃距离的长短。

建议：跳跃时夹紧膝盖，可以提高动作的难度，也能使练习达到更好的效果。落地时膝盖弯曲以保护膝部关节不受伤害。

(七) 胸部练习

锻炼胸部肌肉最好的方法就是俯卧撑。俯卧在垫子上，双手分开与肩同宽，撑地。双腿并拢，双脚脚尖着地，以双手和脚尖为支点将身体撑起，等到大臂与小臂成90°、大臂与肩同高时，抬高左腿。注意做这个动作时背部挺直，目光看向地面。

建议：不要因为不习惯这个动作而放弃练习，这组动作使手腕受伤的可能性很小。

第四节　走出体育锻炼的误区

人们都很清楚地认识到，合理地进行体育锻炼是获得健康的最佳途径和重要手段。体育锻炼要取得良好的效果，应遵循科学规律。人人都崇尚健康，向往更好的生活。可以说健康是人们成就事业、享受生活的物质基础。为此，科学的锻炼方法是不可忽视的。现将在体育锻炼中的一些不够全面甚至错误的认识，也就是常见的误区列举如下，以便提高锻炼效果，真正从体育锻炼中增进健康，终身受益。

1. 准备活动不重要

随着健康意识的增强，群众性体育活动的积极性不断升温。在体育锻炼中经常忽略准备活动的现象普遍存在。不做准备活动不仅会影响锻炼效果，还容易发生运动损伤。准备活动能提高大脑皮层的兴奋性，使与运动有关各个方面协调地配合，充分发挥肌肉的力量，能与正式运动的动作结构紧密结合，使许多反射活动协调，使肌肉活动协调工作尽快地进入状态，提高运动效果。

2. 运动量越大效果越好

适当参加体育锻炼可以提高新陈代谢，改善血液循环，使各器官充满活力，从而延缓衰老过程，延长寿命，提高健康水平。但是不是运动量越大作用就越大呢？对平时缺乏经常性锻炼的人来说，答案是否定的。运动量过大，运动中可能发生过度紧张，超体力负荷运动可能出现头晕、恶心、呕吐甚至休克。其表现为面色苍白、呼吸困难，甚至昏迷。同时容易造成关节损伤、肌肉拉伤、韧带扭伤等。因此，在体育锻炼中要持之以恒，循序渐进，并注意自我观察，自我监督，及时调整和控制好运动量，决不能盲目贪大。

3. 健康性锻炼即可达到锻炼目的

所谓健康性锻炼从体育专业的角度讲，泛指小运动量。人体虽然能够轻松地胜任，但不能动员人体各个器官，各个系统的潜在能力，这样对各器官各系统的功能作用也就很小。小运动量适应后，适当逐步加大运动量可以收到最好的锻炼效果。

4. 身体没有病就是健康，就不用锻炼

在说到这个问题时，首先要弄清楚什么叫健康。世界卫生组织对健康的定义：① 有充沛的精力，能从容不迫地应付日常生活的工作压力而不感到过分地紧张；② 处事乐观，态度积极，乐于承担责任，事无巨细不挑剔；③ 善于休息，睡眠良好；④ 应变能力强，能适应外界环境的各种变化；⑤ 能够抵抗一般性感冒和传染病；⑥ 体重得当，身材均匀；⑦ 站立时，头、肩、臀位置协调；⑧ 眼睛明亮，反应敏锐，眼睑不易发炎；⑨ 牙齿清洁、不空洞，无痛感，无头屑；⑩ 肌肉、皮肤有弹性。其中前四条为心理健康的内容，后六条则为生理学方面的内容。心理健康的标准：① 智力正常；② 能动地适应环境；③ 热爱人生；④ 情绪稳定；⑤ 意志健全；⑥ 行为协调；⑦ 人际关系适应；⑧ 反应适度；⑨ 心理年龄与生理年龄一致；⑩ 能面向未来。由此可见，健康的人应该是生理和心理两方面都健康的人，而不仅仅是没有病的人。因此，“吃得香，睡得香，无病便是健康”的说法是不大正确的，观念是错误的。营养、休息和运动是人类健康生存的基本条件。生理健康与心理健康是紧密相连的，因此衡量一个人是否健康，必须根据生理、心理两方面进行综合评析。

5. 体育锻炼后饮酒有助消除疲劳

从生理的角度讲，酒精的分解主要在肝脏进行，因此饮酒会引起脂肪肝、肝硬化甚至肝癌。酒精还会刺激食道和胃，导致食道炎、胃炎、胃溃疡等。酒精还会损害中枢神经，增加患高血压和中风的可能性。特别是青少年正处于生长发育的高峰期，酒精的毒害更甚。这里所讲的是大量或经常饮酒。至于少量饮酒，一般认为可改善血液循环，对加速疲劳消除有一定的积极作用。中老年人运动后少许饮酒不作非议，青少年则不予提倡。

6. 扁平足(即平脚板)的人不宜运动

足弓的形态是先天的，如果不注意保护也有后天的。平脚板不是一种缺陷或疾病。扁平足人不仅可以、还应该积极参加体育锻炼。在优秀的运动员中，扁平足者不乏其人。

7. 运动后应多补充水分

在进行剧烈的体育锻炼时，人体会大量出汗，运动后应补充水，但并不是大量喝水。因为机体对水的需要量是依据消耗所决定的。正常情况下保持平衡即可。当摄入小于排泄时会导致缺水，摄入大于排泄时导致水蓄积，超限时可能出现水中毒，所以大量饮水的观点是错误的。正确的补水方法是少量多次地进行补充。

8. 增加营养可以代替体育锻炼

有人认为，体育锻炼的目的是增强体质，这是正确的。那么生活水平提高了，营养好了，也会使体质增强，所以说可以不参加体育锻炼了，实际上用营养加强代替了体育锻炼。这种说法是不科学的，这种认识是错误的，这种做法是不可取的。物质生活水平的提高，食物当中的热量越来越高，而体力活动却越来越少，出门坐车，上楼乘电梯，干活用电脑，回家看电视等。这种生活方式舒适了，但健康水平却下降了。因此营养与锻炼是两回事，是不可替代的。

9. 饭后锻炼有利于促进消化

现代医学研究发现，人体内部的血液是根据机体的需要进行分配的。饭后应是机体进行食物消化的时候，消化系统需要大量的血液，此时不宜进行运动。此时运动会使一部分血液分配到肌肉中去，从而减少胃、肠道的血液供应使消化能力减弱。饭后运动会导致胃、肠蠕动加快，把没有经过充分消化的食物过早地推进小肠，不但增加了小肠的负担，而且食物中的营养也得不到充分吸收。因此，饭后以不运动为宜，休息为好。

10. 选择单一的项目进行锻炼好

运动项目很多，不同的人有不同的爱好。根据自己的兴趣，选择自己的爱好，长期坚持运动达到终身受益的目的是好的。但各种运动项目各有优势，也各有不足。如游泳，对心肺的锻炼最大；球类活动对人的协调性，反应灵敏度等的锻炼较明显，健美对肌肉的发达较明显。因此在选择运动项目时，除有专项外，还应从事多项锻炼，一是身体能得到全面发展，二是各个项目各有各的乐趣，同时也达到全身平衡发展的目的。

11. 运动前多吃富含营养的食物能提供更多的能量

增加能量以保证人体运动所需的做法司空见惯。其实，在正常情况下，人体内储存的能量足够一般运动之用。如果特意地改变饮食习惯，过量增加营养食物会给消化系统增加不少负担，不仅妨碍食物的消化吸收，而且还会影响运动能力。如何安排饮食，最基本的做法是食用平常习惯的食物和补充一些糖分。

12. 女性越苗条越健康

在女性的生长发育过程中，适量体内脂肪的积累一直起着非常重要的作用。脂肪有保护和固定器官的作用，皮下脂肪有保温作用，供给必需脂肪酸。必需脂肪酸是细胞膜和线粒体的成分，是合成某些激素(包括女性激素)的原料，有促进生长发育的作用。脂肪携带脂溶性维生素，并促其吸收利用。在青春期发育阶段，适当的体内脂肪的积累则尤为重要。从生理的角度上分析，在女性的一生中，适量的脂肪储备对女性的生长发育，维持内分泌系统的稳定，生殖功能的完善及女性的健康都有积极作用。如为了苗条而节食挨饿，势必造成营养素的摄入不足。热能摄入不足会影响人的活力和精力，使人萎靡不振，智力下降，影响学习，影响工作。长期的脂肪摄入不足，还会影响机体的内分泌系统的功能及免疫功能。因此，可以肯定地说女性并非越苗条越健康。

13. 女性月经期不能进行体育锻炼

女性到了一定的年龄就会来月经，这是正常的生理现象。身体健康，月经正常的女性参加适当的体育活动是有益的。因为体育活动可以调节大脑皮质的兴奋和抑制过程，改善盆腔的血液循环，改善人体的情绪，减轻月经期的不适感。此外，参加体育活动时，由于腹壁和盆底肌肉的收缩与放松，对子宫起着轻柔的按摩作用而有利于经血的排出。月经期间即使稍有不适的感觉也不需禁止参加体育活动。但值得注意的是，参加体育活动应具有适应性，开始时不要参加精神紧张的运动，也不要使运动量过大，应遵循循序渐进的原则，小运动量，运动时间不要过长，避免剧烈震动的活动和游泳活动。另外还应注意经期的卫生。

14. 女生常参加运动会使肌肉男性化

从生理的角度上看问题，你大可不必有这样担心。因为男性与女性的内分泌系统存在很大的差异。促进肌肉发育的雄性激素和生育素的水平，男性要比女性高得多。男性和女性天生的体形构造就不相同，男人的骨骼粗长、肌肉丰满、脂肪占体重的比例低，而女人较男人的骨骼细短、肌肉欠发达、脂肪占体重的比例高。以上论述的是后天的因素，其实更重要的因素是与遗传基因密切相关的。

15. 经常参加体育锻炼能减肥

在谈到减肥问题时，首先必须弄清基本原理。众所周知，减肥的最基本原理是能量的负平衡，即热量的消耗要大于热能的摄入。在剧烈的运动中，机体能量的消耗比安静时提高十几倍。就能量消耗而言，运动减肥是有效的，是毋庸置疑的。但也有人减肥效果不太理想或出现体重反弹。追根结底无非是两条原因：一是运动量太小，热能消耗不足；二是运动后补充的能量太多。小运动量，大吃大喝大补，就很难达到预期的效果。简而言之，既坚持体育锻炼，又适当注意节食才是正确有效的减肥方法。

16. 不需参加体育运动也能减肥

铺天盖地的减肥饮料、减肥食品、药物、器械给众多的肥胖者带来福音，即不运动也能减肥吗？没有准确的回答。值得提醒的是运动减肥是最经济、最有效，副作用最少，最有益健康的方法。饥饿减肥疗法可能明显减轻体重，但体质下降，肥减少了，病增加了。药物减肥主要原理是增强能量消耗的药物，抑制食欲的药物，阻止消化吸收的药物，影响脂肪代谢的药物。药物疗法只能作为辅助手段，因其有副作用，可能使内分泌紊乱，还可能影响营养的吸收及对机体造成不良影响。为此建议无论采用哪种方法减肥，必须结合体育锻炼才是最佳的选择。

17. 凡是体重过重的人都应减肥

人体的重量是骨骼、肌肉、脂肪等组织及内脏器官重量的总和。具体地讲，减肥是要减去体内多余脂肪的重量，而绝不是其他组织的重量。有的人体重过重是体内脂肪堆积过多造成的；而有的人，比如举重、投掷、健美运动员以及经常参加体育锻炼的人，情况则另作别论，因为他们多是肌肉发达。由此看来，体重大就应减肥的说法是不够严谨的，甚至是错误的。“肌肉发达”与“脂肪过多”如何鉴别和区分呢？脂肪过多的人行动笨拙、体态臃肿，严重的影响健康，尤其是影响心肺功能及导致多种疾病的发生；肌肉发达者则不同，步伐矫健，精神抖擞，从外观上就不难作出准确的判断。

18. 哪个部位肥就减哪儿，练哪儿

人体是一个整体，并非有划分的区域。要想减去某一部位的脂肪还必须从全身锻炼做起。减肥的道理比较简单：“只要使运动消耗的热量大于从食物中摄取的热量就行了。”运动后一般食欲会增加，如果不加以控制，减肥的效果就较差，但体质却增强了。如果再适当控制饮食就可达到两全齐美的目的。

19. 多出汗可以帮助减肥

参加体育锻炼必然多出汗，增加出汗能使体内失水快些，这样在运动后量体重时可能出现减轻的现象。可是，经过运动后补水，过不了一天，体重又恢复正常，所看到的体重减轻只是暂时现象，为什么呢？因为出汗减少的是机体内对生理机能发挥重要作用的水而不是脂肪。

20. 游泳会越游越胖

游泳与其他项目不同的特点是，人体在以俯卧或仰卧的姿势进行运动，是一种非常好的锻炼形式。游泳可使人体态舒愉，肌肉结实，动作协调。经常从事游泳锻炼，还可以改善心肺功能。由于水的浮力较大，游泳锻炼与其他锻炼方式相比，对关节的负荷较轻，因而不容易造成损伤，有较高的锻炼价值和保健功能。但有人认为游泳不是减肥的好方法，甚至越游越胖。这种说法是否有道理？答案是否定的。因为，水的导热比空气高 25 倍，在 12℃的水里停留 4 分钟所消耗的热量，相当于在同温度的空气中 60 分钟所消耗的热能。为了维持机体热量的平衡，身体需要大量的能量物质分解产热，以补充散失的热量，维持体温的恒定。另外，水的密度比空气大，在水中运动其阻力较大(约为空气的 800 倍)，因此游泳锻炼与其他锻炼方式比，可以消耗更多的热量，有利于减少多余的脂肪。

迄今为止的研究证实：利用运动、营养和行为矫正的综合方式进行减肥，才能取得最佳效果。

思考题

1. 健身能使你的身心发生哪些变化？
2. 健身的新要素都有哪些？
3. 日常生活中如何轻松健身？

第九章　体育锻炼与体适能

内容提要：本章主要介绍了体适能，以及健康体适能各组成要素，重点阐述了体育锻炼对健康体适能各组成要素的积极影响。旨在使大学生了解体育活动和健康之间的关系，影响体适能的因素，科学地进行体育健身活动。

学习目标：

1. 了解体适能的概念、体适能包括的主要内容及体适能的评价方法；
2. 掌握心肺耐力的概念以及提高心肺耐力的锻炼手段，了解体育锻炼对心血管系统的影响；
3. 掌握肌肉适能的概念，影响肌肉适能的因素，熟悉肌肉适能的练习原则及其增加肌肉适能的措施与方法；
4. 了解柔韧素质的概念及发展柔韧素质的措施与方法。

第一节　体适能概述

一、体适能的定义

体适能(Physical Fitness)是从体育学角度评价健康的一个综合性指标，是指机体执行自身机能的能力，也是机体适应环境(包括自然环境和心理环境)的一种能力。理想的体适能状态是指机体能够精力充沛地从事日常生活，有余力享受休闲娱乐生活，并能抵抗因运动不足而引发的疾病和应付突发的紧急状况。

二、体适能的分类

体适能除与日常生活、工作有关外，它和运动技能也有密切关系。因此，根据体适能对象和个人的需求不同，可分为与运动技能相关的体适能和与健康相关的体适能，即运动体适能(sport-related physical fitness)和健康体适能(health- related physical fitness).

(一) 运动体适能

运动体适能是指机体能成功地执行各种运动技术的身体要素。它以运动技能为核心，受遗传因素的影响较大，主要包括灵敏、平衡、协调、力量、反应和速度等要素。

(二) 健康体适能

健康体适能是指偏重于身体的健康状态方面，是促进健康、预防疾病和增进工作效率的身体要素，主要包括心肺耐力、肌力(肌肉力量)、肌耐力、柔韧性和合理身体成分五项要素。

三、健康体适能的内容

健康体适能的主要内容如下：

(一) 身体成分

身体成分即人体内各种组成成分的百分比，身体成分保持在一个正常百分比范围对预防某些慢性病如糖尿病、高血压、动脉硬化等有重要意义。合理身体成分是指人体脂肪与肌肉、骨骼和其他机体成分的比例，一般用体脂百分比表示。

(二) 肌力和肌肉耐力

肌力是指肌肉一次收缩产生的最大力量。人体只有得到均衡的发展，才能满足日常工作与生活的需要。若肌力不足，不但动作效率地低，而且肌肉易产生疲劳，甚至会导致运动损伤的发生。肌力不足，还会导致人们形成不良的身体姿势，进而引起身体局部病痛。通过经常性的抗阻力练习可有效地提高人体肌力。

肌耐力是指肌肉反复地收缩或维持某一固定用力状态的持久能力，是机体正常工作的基础，它和肌力既各自独立，又互有联系。家务劳动、步行、上楼梯等，均需要良好的肌耐力体适能，它是享受休闲与居家生活的重要基础。采用小负荷强度、角度重复次数的力量练习，可促进肌耐力体适能的发展。

(三) 心肺耐力

心肺耐力是指心脏、肺和血液循环系统将维持生命所需要的氧气有效地输送至全身，供肌肉组织进行新陈代谢，并产生能量的能力。人体心肺耐力可通过长时间的有氧耐力运动得到改善，它是五项要素中最重要的一项，是机体持久工作的基础。

(四) 柔韧素质

柔韧性是指人体关节的活动幅度。影响柔韧性的因素除关节本身的结构外，还有肌肉、肌腱、韧带、软骨组织和皮肤等的伸展性和弹性。人体具备良好的柔韧性，身体可以比较灵活地做扭转、回旋、弯曲等动作。柔韧性差易造成拉伤、关节扭伤等运动伤害。不明原因的腰背疼痛，常与身体某些肌群的伸展性差有关。持续 10～30 秒的缓慢静态伸展活动是提高运动柔韧性的较好方法之一。柔韧性对于保持人体运动能力，防止运动损伤有重要意义。

运动体适能包括灵敏、平衡、协调、速度、爆发力和反应时间等，这些要素是从事各种运动的基础，但没有证据表明它们与健康和疾病有直接关系。

体适能可视为身体适应生活、运动与环境(温度、气候变化或病毒等)的综合能力。体适能较好的人在日常生活或工作中，从事体力性活动或运动皆有较佳的活力及适应能力，不会轻易产生疲劳或力不从心的感觉。在科技进步的文明社会中，人类身体活动的机会越来越少，营养摄取越来越高，工作与生活的压力和休闲时间相对增加，使每个人更加感受到良好体适能和规律运动的重要性。在测量上，体适能分为心肺适能、肌肉适能与体重控制三个方面。

四、体适能的评价

体适能商是近年来提出的评价体适能的新概念，是健康体适能和运动体适能的综合反映，即肌力、肌耐力、柔韧性、心肺耐力和身体成分等 5 项健康体适能，以及灵敏、协调、平衡、速度、反应与爆发力 6 项运动体适能的综合(见图 9-1)。

体适能商的得分是两者之和，即健康体适能商和运动体适能商各占 50%，也就是身体成分、肌力、肌肉耐力、心肺耐力和柔韧性总共占 50 分，各平均 10 分，而灵敏、平衡、协调、速度、爆发力和反应时间共占 50 分。具体内容见图 9-2 体适能商的理论架构。

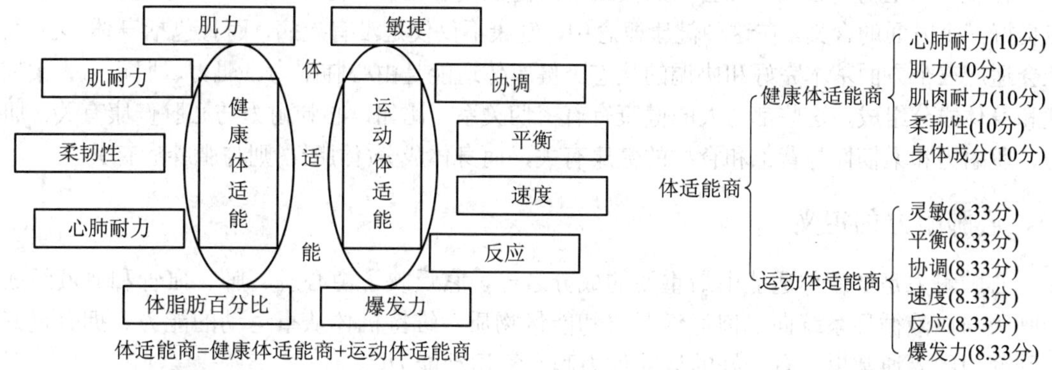

图 9-1　体适能商的构成　　　　图 9-2　体适能商的理论架构

体适能商的评价(见表 9-1)。

表 9-1　体适能商的评价表

体适能商=0～100	内容	得分
健康体适能商=0～50	心血管适能	0～10
	肌肉力量	0～10
	肌肉耐力	0～10
	柔韧性	0～10
	身体成分	0～10
运动体适能商=0～50	灵敏	0～8.33
	平衡	0～8.33
	协调	0～8.33
	速度	0～8.33
	反应	0～8.33
	爆发力	0～8.33

一个人的健康体适能商越高，代表健康的趋向越明显；运动体适能商愈高，代表基本运动能力愈好；健康体适能商与运动体适能商的和愈高，则代表健康与运动的身体机能愈完善，具有容易获得优异运动成绩的趋向与天赋。

据《美国医学会杂志》(Journal of the American Medical Association)报告，一项由哥伦比亚南卡罗莱纳州立大学 Steven Blair 教授牵头的研究显示，体适能商高者比体适能商低者更为长寿，体适能商高者的死亡率还未到体适能商低者的一半，且他们伴发高血压、高甘油三酯或糖尿病等心血管疾病的危险因素的几率也少得多。

第二节　体育锻炼与心肺耐力

在现代“生物—心理—社会”的模式下，健康概念包含了身体健康、心理健康和社会适应良好三个方面的含义。在这种健康概念中，健康不仅仅是没有疾病，而且包括身体、心理、社会适应三个方面基本完好和协调的状态。健康体适能是由心肺耐力、肌力、肌耐力、柔韧性和身体成分组成，这些都与人的健康有着密切关系，比如，心肺耐力与心脏健康有关，肌力、肌耐力和柔韧性与背部和脊柱的健康有关，而身体成分(体脂比)则与肥胖症有关。

一、心肺耐力的定义

心肺耐力是健康体适能中最重要的成分之一，它反映了由心脏、肺、血管和血液组成的呼吸与血液循环系统向肌肉运送氧气和能量物质，维持机体从事运动的能力。拥有良好心肺耐力的人通常也具有较好的运动耐力和有氧运动能力。

二、心肺耐力的生理基础

心血管系统和呼吸系统负责把氧气和营养物质运输到组织，同时也把代谢物质(如二氧化碳)排出体外。体育锻炼时，骨骼肌代谢增强，需氧量增大，机体通过自身调节，使心血管系统活动加强，以满足运动的需要。

(一) 心血管系统

心血管系统是由心脏和血管组成的管道。心脏实际上是由两个分开的血泵构成：右心，泵血通过肺，称肺循环；左心，泵血通过身体其他各部分，称体循环。体育锻炼可以增大心脏的体积和收缩力，使每搏输出量增加，能较快地适应剧烈运动的需要，并能在运动后较快地恢复。

体循环把含氧丰富的动脉血送至身体各部分，并通过毛细血管与组织进行气体(氧气和二氧化碳)和营养物质的交换，交换后动脉血变为静脉血，通过静脉回流至心脏。肺循环把静脉血泵至肺，在肺部静脉血结合氧气，排除二氧化碳，重新成为动脉血并回流至左心。

心脏每分钟所泵出的血量称心输出量，正常成年男子安静时的心输出量约为 5 升/分，剧烈运动时可达 20 升/分。心输出量受心率(心脏每分钟跳动的次数)和每搏输出量(心脏收缩一次的摄血量)的影响。体育锻炼时，心输出量会因心率和每搏输出量的增加而增加。无论男性还是女性，最大心输出量在 20 岁以后都开始下降，这主要是由于最大心率的下降引起的，不同年龄人群的最大心率可由下式获得：

$$最大心率(HRmax) = 220 - 年龄(岁)$$

如 20 岁时最大心率为 200 次/分(220 − 20 = 200)，60 岁时为 160 次/分(220 − 60 = 160)。

(二) 呼吸系统

呼吸系统的主要功能是进行气体交换。吸气时，空气进入肺，在肺泡处氧气扩散至血液，而二氧化碳则由血液扩散至肺，并通过呼气排出体外。

人体运输和利用氧的最大能力称最大摄氧量(VO_2max)。最大摄氧量代表心肺系统输氧能力的生理极限。体育锻炼不仅能在很大程度上提高人体的肺通气量，而且能不断地提高人体的供氧能力。

三、运动中各阶段心血管功能的变化

(一) 准备阶段

在运动还没有正式开始的准备阶段，即已出现心率加快，心输出量增加，动脉血压升高等反应。这些与大脑皮质活动有关，属条件反射，其生理意义在于缩短运动时心血管系统功能活动进入工作状态所需要的时间。

(二) 开始阶段

运动一旦开始，心血管系统功能活动在几秒至十几秒时间内出现快速加强。在这之后的(3～5)分钟内，心血管系统的活动以缓慢速度逐渐加强，直至最高值。

(三) 稳定阶段

在进行最大强度的有氧运动时，经过一段时间后，心血管系统的功能活动可达到较高的稳定状态，这时肌肉的供氧和耗氧达到平衡。而在进行最大无氧运动时，心血管系统功能可达到最高水平而不再变化，但机体内心血管系统的供氧量不能满足运动的需氧量。

(四) 持续运动阶段

长时持续运动使体温逐步升高，可引起血液在各器官内的重新分配，即皮肤血流量在心输出量中所占比重增加，以利于散热。随着运动时间的延长，心率进一步加快，每搏输出量逐渐减少，心输出量的变化不大。而动脉血压多因外周血管阻力的减少而出现下降。

四、心肺耐力对体育锻炼的慢性适应

长期的体育锻炼会使心血管系统的形态、功能和调节能力产生多种良好的适应性改变，从而提高人体的运动能力和身体健康水平。

(一) 增强心脏功能

长期的体育锻炼或运动训练可引起以心腔扩大与心壁增厚为主要表现的心脏肥大，称为运动性心脏肥大。平时冠状动脉血流量占心输出量的8%～10%，但在运动时冠状动脉血流量可达到安静时血流量的10倍。由于心脏在锻炼中能得到大量的营养物质，心肌纤维变粗，收缩力增大，心搏率更加适应锻炼的需求，出现了心动徐缓，而且运动后恢复速度较快，使心力储备增加，因此能更好地适应激烈运动的需求。坚持锻炼与不经常锻炼的人的心脏生理指标的比较见表9-2。

表9-2　坚持锻炼与不经常锻炼的人的心脏生理指标的比较

项目	一般人	经常参加锻炼者
心脏重量(克)	300	400～450
心脏容量(毫升)	765～785	1005～1027
心肌横断面(厘米)	11～12	13～15
安静心搏率(次/分钟)	70～80	50～65
运动时的每搏输出量(毫升)	80～100	90～160

(二) 血液中红细胞、白细胞和血红蛋白的含量增加

一般人血液中红细胞含量男子为每升血液中 450 万～550 万个，女子为每升血液中 380 万～460 万个。经常运动的人每升血液中可到达 700 万个，而且白细胞中具有免疫力的淋巴细胞所占比例明显增加。一般人血红蛋白含量为 600 克左右，而经常运动的人可到达 800 克左右，这样可以更好地供应和输送氧气并排出代谢产物。

(三) 血流量重新分配能力的提高

人体在安静状态下大约有 15%～20%的血液分布在骨骼肌内，相当于每 100 克肌肉组织每分钟可获得(4～7)毫升的血液，其余大部分血液分布在消化系统、肝、脑和肾等部位。而当剧烈运动时，流向骨骼肌的血流量可高达 80%～85%，相当于每 100 克肌肉组织每分钟可获得(50～75)毫升的血液。个别代谢活动特别剧烈的肌肉组织甚至可以达到每 100 克每分钟可获得(300～400)毫升的血液。但是，流向心脏和大脑的血液并不会减少。

(四) 提高最大摄氧量

最大摄氧量是衡量心肺功能适应水平的最佳指标。持续 12～15 周的耐力性练习可使最大摄氧量增加 10%～30%。最大摄氧量的增加是骨骼肌有氧代谢能力和心输出量共同增加的结果。锻炼初期的适应水平、运动强度及营养状况也会影响最大摄氧量增加的幅度。锻炼初期，最大摄氧量大的锻炼者增加的幅度要小于最大摄氧量小的锻炼者。其原因是机体存在最大摄氧量的生理极限，而最大摄氧量大的锻炼者比最大摄氧量小的锻炼者更接近于这个极限。

(五) 增强血管功能，改善微循环，防治心血管疾病

经常锻炼可使人体内的动静脉血管壁弹性提高，管径增大，有利于血液流动。运动还能使毛细血管扩张，能有效地改善微循环功能。经常锻炼还可以通过大脑皮质调节血管的收缩和舒张，使血压下降。经常参加运动的人与一般人相比，高血压发病率低三分之一，有助于预防心血管疾病。运动可预防运动不足症，长期静坐的人冠心病的发病率是经常锻炼者的两倍。

(六) 长期坚持锻炼可使人体的肺活量增大

由于锻炼时耗氧增加，同时机体要排出二氧化碳，因此加快了新陈代谢的过程，能使呼吸加快，增强呼吸肌、胸廓和呼吸器官的工作能力，能使人体承受更大的负荷强度。锻炼还能使呼吸道毛细血管密实，上皮细胞的纤毛活动和肺内吞噬能力增强，减少感染，防止呼吸道疾病，预防感冒。

五、提高心肺耐力的锻炼手段

(一) 有氧运动形式的选择

有氧运动是指人体需氧量和摄氧量达到动态平衡的运动。做有氧运动时，体内较少产生乳酸堆积，心率和呼吸保持在较为稳定的状态。因为有氧运动持续时间长、安全性高、脂肪消耗多，所以有利于改善心血管系统的功能。常见的提高心肺耐力的锻炼方式包括慢跑、爬山、跳绳、划船、骑自行车和游泳等。凡是有大肌肉群参与的慢节奏的运动都是有效的有氧锻炼方式，户外运动和各种有音乐伴奏的有氧健身形式都属于有氧运动的范畴。

(二) 有氧练习的方法

(1) 综合练习。综合练习是由几种不同的锻炼内容所组成。如第一天跑步，第二天游泳，第三天骑自行车。综合练习的一个优点就是避免长期进行同一种练习的枯燥感，并且可以防止身体局部的过度疲劳。

(2) 持续练习。持续练习是指长时间、长距离、慢节奏的中等强度(强度保持在约 70%最大心率)的练习，是最受欢迎的心肺锻炼方法之一。一次锻炼时间可持续 40～60 分钟。

(3) 间歇练习。间歇练习是指重复进行的练习，且练习的强度、持续时间、运动量和间歇时间较固定。练习的内容不同，练习持续的时间也不同，一般为 1～5 分钟。每次练习后有一个休息期，休息期的时间与练习时间相等或稍长于练习时间。间歇练习与持续练习相比能使学生完成更大的运动量，且锻炼的方式可以有所变化。

(4) 法特拉克(fartlek)练习。“fartlek”是瑞典词，意思是“速度运动”，是一种与间歇练习相似的长距离跑的锻炼方式，但练习时间与休息时间的比例不固定。法特拉克的锻炼地点随意，使人以免因锻炼而感觉枯燥。

(三) 有氧练习的有效练习强度和频率

健身效果与有氧训练的频率、强度和每次训练的持续时间有关。因此，练习者在进行有氧练习时，要科学地控制练习强度和频率。

(1) 选择主要以大肌肉群参与为主，而不是以小肌肉群参与为主的运动方式。

(2) 每周练习 3～5 次，一次练习的运动持续时间为 30～60 分钟。

(3) 运动强度控制在“靶心率”范围内。这个心律范围内的练习既安全，又有效。

(4) 运动强度是有氧锻炼的一个重要因素，因为它与能量来源、能量需求、氧消耗量、运动损伤等因素都相关。运动强度的大小常以心率、耗氧量及安静时能量或耗氧量的倍数来表示。由于年龄、体能和健康等状况存在个体差异，因此，每个人的有氧锻炼亦不相同(见表 9-3)。

表 9-3　不同人群有氧锻炼适宜心率参考值

人群分类	最大心率	有氧锻炼心率
体能良好者	220 – 年龄	(70%～85%) × 最大心率
体能普通者	220 – 年龄	(65%～75%) × 最大心率
体能不佳者	220 – 年龄	(50%～70%) × 最大心率

第三节　体育锻炼与肌肉适能的提高

一、肌肉适能的概念

肌肉适能是指机体依靠肌肉收缩克服和对抗阻力维持身体运动的能力，通常表现为肌肉力量、肌肉耐力和肌肉功率等方面。肌肉力量与耐力是健康体适能的组成部分，而肌肉功率则与运动技能密切相关。

二、影响肌肉适能的因素

影响肌肉适能的因素很多，运动生理学通常根据这些因素发挥作用的部位不同，将其分为肌源性因素和神经源性因素两类，其他一些影响因素如年龄、性别和抗阻力训练等通常是通过以上两类因素发挥作用的。

正常成年男子肌肉重量约占体重的 40%～45%，而女子则占 35%。若以绝对值表示肌肉力量，通常成年女子上肢肌力比男子约低 50%，下肢肌力约低 30%。而以体重和去脂体重相对值来表示肌肉力量时，有训练的男性与女性之间的差异比无训练者小。肌肉力量绝对值的性别差异主要由肌肉生理横断面积或全身肌肉体积等因素所决定。

肌肉力量的发展有明显的增龄性变化规律。一般规律是，10 岁以前，随着人体的生长发育，无论男性或女性肌肉力量一直缓慢而平稳地增长，且两者区别不大。女性从 11～12 岁，男性从 13～15 岁起，肌肉力量的增长速度开始分化，男性增长速度加快而女性增长速度缓慢。青春期过后，肌肉力量仍在增长但其速度很低。女性到达最大肌肉力量约在 20 岁左右，男性约在 20～30 岁之间。40 岁以后，人体部分肌肉的力量开始衰退。50 岁以后，每 10 年肌肉力量下降 12%～15%。无论是肘关节屈肌，还是膝关节伸肌，男性的下降速度明显快于女性。

三、增加肌肉适能的练习法

(一) 发展胸部肌群的训练方法

1. 仰卧飞鸟(见图 9-3)

器械：哑铃。

练习方法：仰卧在长凳上，身体呈“桥形”，两臂自然伸直，两手握哑铃与肩关节的垂线上方。

动作要领：两手持哑铃向体侧慢慢屈肘落下，以胸大肌的主动收缩将哑铃沿原线路升起。

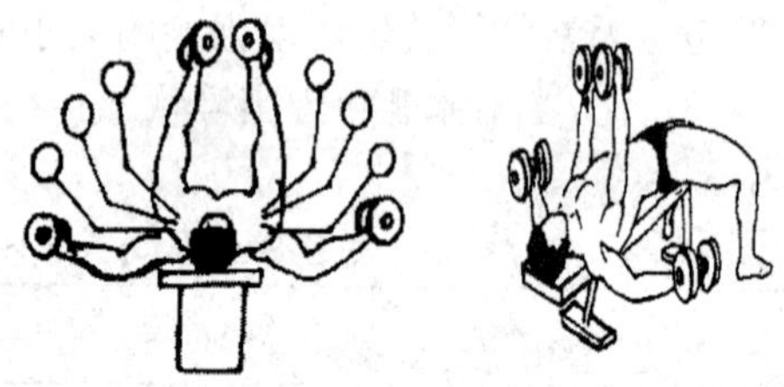

图 9-3 仰卧飞鸟

2. 俯卧撑(见图 9-4)

练习方法：俯式体位，抬头、挺胸、收腹，肘关节伸直，双腿并拢。双手手掌和双脚前脚掌撑地，双手距离与肩同宽或略宽于肩。

动作要领：屈肘，俯身向下，身体保持正直，要尽量用胸部接触地面然后用力推直肘关节至预备姿势。

3. 双杠双臂屈伸(见图 9-5)

练习方法：双臂屈肘支撑，抬头，尽量向前引体，肩垂线与手握点要求有 15 厘米以上的距离。

动作要领：伸直双臂，当上臂超过水平位时，低头含胸收腔，身体重心向后移，直到两臂伸直沿原路线返回，成预备体姿。如每组次数超过 15 次以上，可在腰间下吊重量进行练习。

要点：双杠的间距要求在 55 cm～75 cm 之间。

4. 仰卧推举(见图 9-6)

练习方法：仰卧在长凳上，躯干成“桥形”，上背部和臀部触及凳面，腰部用力向上挺起，握距采用“宽握距”，置于乳头上 1 厘米处，如用哑铃，两手持铃应平行于肩。

动作要领：杠铃离胸向上推起，身体始终保持“桥形”，要求在推起过程中，始终保持挺胸沉肩的体姿，当两臂尚未完全伸直时，杠铃下降，开始下一次练习。

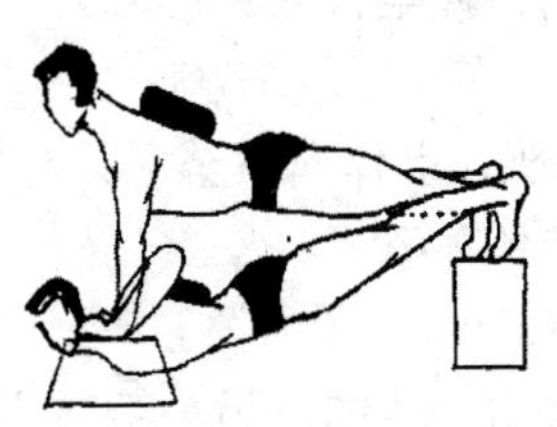

图 9-4　俯卧撑

图 9-5　双杠双臂屈伸

图 9-6　仰卧推举

(二) 背部肌群的训练方法

1. 重锤下拉(见图 9-7)

练习方法：正坐凳上，两脚自然分开着地支撑，两大腿应以压棍固定，使臀部不能随意抡起，两手握住横杆，两臂完全伸直。

动作要领：拉杆垂直拉下至颈后肩上或胸前第 3、4 肋骨处。向后拉时，低头；向前拉时，上体稍后仰，尽量抬头挺胸，两肩胛骨向脊柱靠拢，然后慢慢伸直两臂。

2. 单杠引体向上(见图 9-8)

练习方法：双手握住单杠，身体自然下垂。

动作要领：向上引体肩部超过单杠，沿原路线返回。成预备体姿。如每组次数超过 15 次以上，可在腰间下吊重量进行练习。

3. 杠铃俯立划船(见图 9-9)

练习方法：两脚开立与肩同宽，两腿微屈，上背部与地面平行，两手持杠铃下垂于腿前。

动作要领：先将杠铃直臂向后拉引至小腿胫骨前，然后屈肘，使横杠沿小腿上提，最后提至小腹前，同时上体上抬 15°～20°，再沿原路线还原成预备体姿。

图 9-7　重锤下拉

图 9-8　单杠引体向上

图 9-9　杠铃俯立划船

(三) 发展下背部肌群的训练方法

1. 俯身弯起(见图 9-10)

练习方法：直立，双手握杠铃于肩上，双腿开立与肩同宽或略宽于肩。

动作要领：向下俯身至上体与地面平行，再沿原路线还原成预备体姿。

2. 站姿转体(见图 9-11)

练习方法：直立，双手握杠铃于肩上，双腿开立与肩同宽或略宽于肩。

动作要领：双腿动作不变，上体保持正直分别向两侧转体至极限。

3. 俯卧挺身(见图 9-12)

练习方法：俯卧于凳上，双脚勾住一固定物，双手抱头，上体向下至上体与地成垂直。

动作要领：向上抬上体至极限，再沿原路线还原成准备体姿。

4. 体侧举(见图 9-13)

练习方法：身体直立，双腿分开略宽于肩，一手持重物于体侧，另一手抱头。

动作要领：身体方向不变，上体向一侧做屈体动作至极限，再沿原路线还原成预备体姿。

图 9-10　俯身弯起

图 9-11　站姿转体

图 9-12　俯卧挺身

图 9-13　体侧举

(四) 肩部肌群的训练方法

1. 颈前推举(见图 9-14)

练习方法：手握距同肩宽或比肩稍宽。两手握住杠铃，在胸前锁骨处。

动作要领：垂直向上推起杠铃，直至手臂完全伸直。

2. 颈后推举(见图 9-15)

练习方法：两手握住杠铃，于颈后肩上，两手握距比肩稍宽。

动作要领：将杠铃垂直向上推至两臂完全伸直，在整个动作过程中，两肋始终保持外展。

3. 前平举(见图 9-16)

练习方法：两脚开立，稍挺胸收腹，两手握住哑铃，两臂自然伸直置体前。

动作要领：持哑铃经体前向上举起超过肩高，手臂与躯干呈如度角。肘间微屈，然后沿原路线还原。

图 9-14　颈前推举

图 9-15　颈后推举

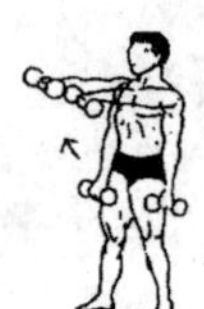

图 9-16　前平举

4. 侧平举(见图 9-17)

练习方法：两手持铃，虎口向前，下垂于体侧。

动作要领：将哑铃向身体两侧向上提起，肘间角度 100°～120°，提至肘高于肩时，沿原路线返回。

5. 俯立侧平举(见图 9-18)

练习方法：两腿微屈，上体前屈与地面平行，两手持铃置于体前。

动作要领：持铃向侧上方提起，肘间角度 100°～120°，肘、肩、腕在同一垂面内，上提至极限位时，还原成预备体姿。

6. 提铃耸肩(见图 9-19)

练习方法：两手持哑铃置于体前，两臂基本伸直。动作要点：耸肩至极限，使肩峰尽量靠近耳部，还原成预备体姿。

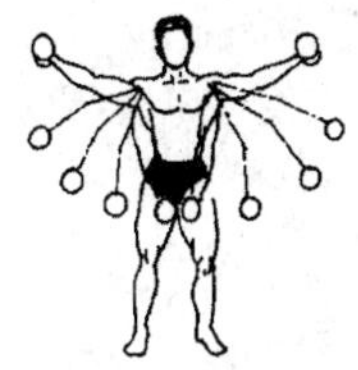

图 9-17　侧平举

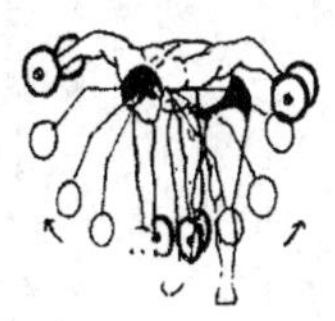

图 9-18　俯立侧平举

图 9-19　提铃耸肩

(五) 发展肱二头肌的训练方法

1. 哑铃站立弯举(见图 9-20)

练习方法：两脚自然开立，手臂伸直下垂于体前，上臂略向前移 10°～15°。

动作要领：上臂保持固定不动，以肘关节为轴弯起前臂，直至最佳收缩角度，再还原成预备体姿。

2. 俯立侧弯举(见图 9-21)

练习方法：两脚开立，微屈膝，上体平行于地面，一手扶住同侧膝盖，另一手持哑铃，掌心向内，下垂于体前。

动作要领：持铃向体侧弯起至最佳收缩角度，上臂与地面垂直，不得随意转动。

(六) 发展肱三头肌的训练方法

1. 坐姿臂屈伸(见图 9-22)

练习方法：正坐凳上，双手以窄握距离握住杠铃，手臂伸直上举，上臂与地面垂直，并始终保持靠近耳侧。

动作要领：持铃向颈后弯屈，直至极限时，再伸直成预备体姿。

图 9-20　哑铃站立弯举

图 9-21　俯立侧弯举

图 9-22　坐姿臂屈伸

2. 站立臂屈伸(见图 9-23)

练习方法：两脚自然开立，单手虎口托住哑铃一端，手臂伸直上举，上臂与地面垂直，并始终保持靠近耳侧。

动作要领：持铃向颈后弯屈，直至极限时，再伸直成预备体姿。

3. 仰卧臂屈伸(见图 9-24)

练习方法：平卧长凳上，两手以窄握距握住杠铃，上臂与地面垂直，两肘向内夹。

动作要领：以肘关节为轴心，上臂始终保持与地面垂直，前臂向头部方向落下，至极限时，杠铃杆应位于前额处，再向上举起直至两臂完全伸直。

图 9-23　站立臂屈伸

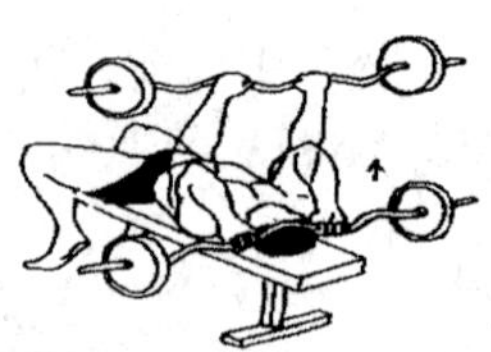

图 9-24　仰卧臂屈伸

(七) 发展前臂肌群的训练方法

1. 坐姿反握腕弯举(见图 9-25)

练习方法：正坐凳上，两手背向前持铃，两前臂放在大腿上，上臂向内合拢，手腕下垂，掌心贴住膝盖。

动作要领：手腕尽量向上扬起至极限，再慢慢放下还原。

2. 坐姿正握腕弯举(见图 9-26)

练习方法：两上臂贴紧大腿或凳面上，两手掌心向前握住杠铃。

动作要领：手腕向上弯起至极限，再慢慢放下还原。

(八) 发展腹部肌群的练习方法

1. 悬垂举腿　(见图 9-27)

练习方法：悬垂在单杠上，为防止臂部过于紧张，可在双手腕上套上助力带。

动作要领：屈膝或定腿上举，超过水平面，慢慢还原。

2. 仰卧举腿(见图 9-28)

仰卧，屈膝或直腿上举，至垂直面，慢慢还原。

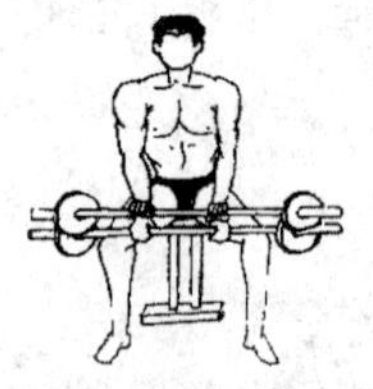

图 9-25　坐立反握腕弯举

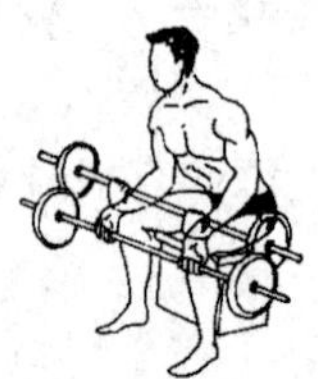

图 9-26　坐姿正握腕弯举

图 9-27　悬垂举腿

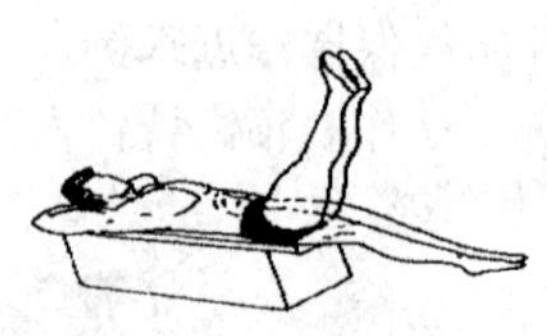

图 9-28　仰卧举腿

(九) 发展臀部肌群的练习方法

1. 负重弓箭步(见图 9-29)

练习方法：两手握杠铃于颈后肩上，上体立直，双腿前后开立。

动作要领：弓箭步下蹲，再慢慢还原成预备姿势。

2. 站立直腿前平举(见图 9-30)

练习方法：上体直立，手扶固定物，单腿站在垫木上，另一腿自然下垂。

动作要领：摆动腿用力向前，摆至大腿于地面平行，再慢慢还原成预备姿势。

3. 站立直腿后举(见图 9-31)

练习方法：上体直立，手扶固定物，单腿站在垫木上，另一腿自然下垂。

动作要领：摆动腿用力向后摆，再迅速还原成预备姿势。

图 9-29　负重弓箭步

图 9-30　站立直腿前平举

图 9-31　站立直腿后举

(十) 发展大腿肌群的练习方法

颈后深蹲(见图 9-32)

练习方法：一般采用两脚平行站立，间距略小于肩宽，杠铃放在颈后肩上，两手拉紧杠铃。

动作要领：抬头、挺胸、紧腰、慢慢下蹲使膝关节角度小于 90°，起立，注意杠铃要始终保持垂直向上运动。

图 9-32　颈后深蹲

第四节　体育锻炼与柔韧素质

一、对柔韧性的认识

柔韧性是人体适能的一个重要组成部分。它是指身体各关节的活动幅度，以及关节周围的韧带、肌腱、肌肉、皮肤和其他组织的弹性和伸展能力。柔韧性包含两方面含义：一是关节活动幅度的大小，二是关节周围的韧带、肌腱和肌肉等软组织的伸展性。人体各关节活动幅度的大小，主要取决于关节本身的结构，关节的结构不同，柔韧性也有差别。其中，关节的骨结构是不能改变的，但关节周围的韧带、肌腱和肌肉等软组织的伸展性和弹性则可以通过合理的训练得以改善。

二、影响柔韧性的因素

柔韧性对任何关节都有其特殊性，因此有良好的髋关节柔韧性与上肢、腰和踝是否柔韧并无关系。经常做伸展练习的关节会变得非常柔韧，而没有练到的关节柔韧性依然很差。每个关节都有一定的因素直接影响其柔韧性。因此，了解这些因素，有助于我们正确运用发展柔韧性的练习方法、手段和防止受伤。

(一) 关节结构及周围的组织

骨关节结构是依据人体生理生长规律需要而形成的，这种结构装置是被限定的，它决定了关节活动的幅度。关节不能强行伸展到它的结构所不允许的范围。关节的活动范围是根据关节头和关节窝两个关节面之差所决定的，差值越大，关节活动幅度也就越大。人体各关节的活动幅度是有区别的，肩与髋的活动范围大，而腕与踝的活动范围小。骨关节结构又因人而异，如有些人肘关节的鹰咀突长，会使肘关节不能完全伸展；而有些人鹰咀突短，则会使肘关节过分伸展出现弯曲，这通常分别被称为“紧关节”和“松关节”。人体这种骨关节结构是先天性的，通过锻炼难以改变，但可以使各关节达到它最大的活动范围。

关节周围的肌肉块过大或脂肪过多，都影响着柔韧性的提高。如肩部三角肌过大，会影响肩关节的活动范围；肱二头肌过大，则影响肘关节的弯曲程度等。肥胖限制全身自由活动的能力，且皮下脂肪过多，肌肉收缩力量相对较弱，加之脂肪占一定的空间体积，从而影响柔韧的有效幅度。

(二) 性别和年龄

根据人体生长规律，初生婴儿柔韧性最好，随着年龄的增大、骨的骨化和肌肉的增长，韧性逐渐加强。柔韧性在 10 岁以前是自然发展的，10 岁以后柔韧性会相对降低。因此 10 岁以前给予应有的柔韧性练习，使其自然增长的柔韧性得到更好的提高是十分必要的。10～13 岁是性成熟前期，肌肉韧带的弹性、伸展性仍有较大的可塑性，给予充分的柔韧练习仍可获得应有的效果，也对身高增长有利。超过这个年龄来发展柔韧性，将会使人经受较大痛苦，费时长、收效慢、易受伤。13～15 岁为生长期，骨骼生长速度超过肌肉生长，柔韧性有所下降，不要过分进行柔韧性练习以免拉伤。16～20 岁身体发育趋向成熟，可加大柔韧负荷和难度，在已有的基础上提高柔韧性。

根据生理解剖特点，女子的柔韧性通常比男子好。男子的肌纤维稍粗，横断面积大，收缩力较大，全部肌纤维的 3/4 强而有力。女子的肌纤维细长，横断面积小，伸展性好，1/2 的肌纤维强而有力。因此女子关节的灵活性好于男子。

(三) 温度

肌肉温度升高时，新陈代谢加强，供血增多，肌肉的粘滞性减少，从而提高肌肉的弹性和伸展性，柔韧性得以提高。影响柔韧性的温度有外界环境温度和体内温度，体内温度的调节用于补偿外界环境对机体产生的不适应。当外界温度低时，必须做好充分的准备活动，提高肌肉温度，从而增加柔韧性；当外界温度高时，应排除汗液降低温度，以免肌肉过早出现疲劳而降低关节的柔韧性。

(四) 其他因素

(1) 神经过程转换。神经系统兴奋与抑制过程转换的灵活性高，则支配肌肉收缩与放松的能力强，柔韧性就好，反之则差。

(2) 活动水平。不爱活动的人比经常活动的人柔韧性差。同样是经常参加锻炼的人，由于锻炼的方法、手段、量和强度不同，柔韧性也有差异。

(3) 心理因素。心理紧张度过强、时间过长会使神经过程由兴奋转为抑制，影响肌肉的协调能力，从而影响柔韧性。

(4) 疲劳程度。当肌肉由于长时间工作产生疲劳时，其弹性、伸展性和兴奋性均降低，造成肌肉收缩与放松的不完善以及各肌群不能协调工作，从而导致关节柔韧性的降低。

(5) 时间。一天内人体机能状态不同，柔韧性也有变化，早晨柔韧性差，上、下午较好，这主要与机体的唤醒水平有关。

(6) 遗传。有的人天生关节柔韧性好，有的人则差，这与人的遗传因素有关。

(7) 营养。目前尚无研究表明哪种营养品能提高关节的柔韧性，但人体维生素 C 的摄入不足会影响关节活动的范围。

三、关节柔韧性的练习方法

发展关节的柔韧性，应根据参加项目的特点，有目的、有选择地进行练习。柔韧性练习一般在适当的热身运动以后进行，也可以安排在每次锻炼的结束部分进行。

(一) 肩关节柔韧性练习

1. 压肩

正压肩(见图 9-33)

伸展的肌肉：胸大肌、背阔肌。

方法：手扶一定高度的物体或两人手扶对方的肩，体前屈直臂压肩。

反压肩(见图 9-34)

伸展的肌肉：胸大肌、三角肌前束。

方法：反手扶一定高度的物体，下蹲直臂压肩。

2. 吊肩(见图 9-35)

伸展的肌肉：胸大肌、背阔肌等肩周围肌群。

方法：单杠各种握法(正、反、反正、翻等握法)的悬垂，或单杠悬垂后，两腿从两手间穿过下翻成反吊。

3. 转肩 (见图 9-36)

伸展的肌肉：肩带周围肌群。

方法：用木棍、绳、毛巾等作直臂或屈臂的向前、向后的转身，握距应逐渐缩小。

图 9-33　正压肩

图 9-34　反压肩

图 9-35　吊肩

图 9-36　转肩

(二) 下肢的柔韧性练习

1. 弓箭步压腿(见图 9-37)

伸展肌肉：大腿屈肌、股四头肌。

方法：前跨一大步成弓箭步，后脚跟提起振髋。

2. 后拉腿(见图 9-38)

伸展的肌肉：大腿屈肌、股四头肌。

方法：一手扶一定高度的物体，另一手抓异侧的脚背，向后拉腿。

3. 正压腿(见图 9-39)

伸展的肌肉：骨骺肌群、小腿三头肌。

方法：单脚支撑，一腿搁于一定高度的物体上，两膝伸直，身体前倾下压。

4. 侧压腿(见图 9-40)

伸展的肌肉：大腿内侧肌群、股后群肌、小腿三头肌。

方法：侧立单脚支撑，一腿搁于一定高度的物体上，两膝伸直，身体侧屈下压。

图 9-37 弓箭步压腿

图 9-38 后拉腿

图 9-39 正压腿

图 9-40 侧压腿

(三) 踝关节柔韧性练习

1. 跪压(见图 9-41)

伸展的肌肉：小腿前群肌、股四头肌。

方法：跪于平面上，脚背伸直，臀部坐在脚跟上。

2. 倾压(见图 9-42)

伸展的肌肉：小腿后群肌。

方法：手扶墙面站于一定高度的物体上，先提踵，后脚跟下踩，身体略前倾。

图 9-41 跪压

图 9-42 倾压

(四) 腰部柔韧性练习

1. 体前屈(见图 9-43)

伸展的肌肉：腰背及股后肌群。

方法：两腿并拢或开立，膝关节伸直，身体前倾下压。

2. 体侧屈(见图 9-44)

伸展的肌肉：体测肌群。

方法：两腿开立，一手臂上举，上臂贴耳，身体侧屈下压。

3. 转体(见图 9-45)

伸展的肌肉：躯干和臂转肌。

方法：把一只脚放于另一腿的膝盖外侧，向弯曲腿的方向扭转身体。

图 9-43　体前屈

图 9-44 体侧屈

图 9-45　转体

思　考　题

1. 什么是体适能？体适能是如何分类的？
2. 什么是心肺耐力？
3. 体育锻炼对心血管系统的功效有那些？提高心血管适能应该注意哪些事项？
4. 什么是肌肉适能？
5. 影响肌肉适能的生理因素有哪些？
6. 什么是柔韧素质？
7. 发展柔韧性的锻炼方法有哪些？

第十章　体育锻炼与运动处方

内容提要： 本章主要介绍了运动处方的概念、运动处方的分类、运动处方的内容和运动处方的制定程序，重点对瘦弱型、瘦长型、肥胖型以及匀称型等不同体型大学生运动处方进行示例介绍，同时有针对性地介绍了适合大学生年龄、生活等特征的特效运动保健处方。旨在让大学生了解、掌握运动处方与体育锻炼的知识，并在日常生活中应用，提高大学生的健康知识水平，促进健康。

学习目标：

1. 了解运动处方的概念、分类；
2. 了解运动处方的内容及制定程序；
3. 掌握瘦弱型、瘦长型、肥胖型以及匀称型等不同体型大学生运动处方；
4. 掌握适合大学生锻炼的特效运动保健处方。

第一节　运动处方概述

一、运动处方的概念

“处方”是医生通过诊断，给病人开出的药方。而“运动处方”是近几十年来才被人们使用的。最早是在20世纪50年代，美国生理学家卡波维奇提出过这个词。1960年，日本猪饲道夫教授首先使用“运动处方”这一术语。1969年，世界卫生组织(WHO)使用了“Prescribed exercise”术语，从而在国际上得到确认。运动处方是针对个人具体的身体和心理状况而制定的一种科学的定量化的体育锻炼计划，即为准备从事体育锻炼的人，根据体检资料(运动实验和心理健康水平测验)，按其生理健康和心理健康状况(包括体力情况、心血管功能状态以及心理健康状况)及个人特点，用处方的形式制定适当的运动种类、强度、时间及频率，使其进行有计划的周期性体育锻炼，以达到增进身心健康、防治疾病、康复身心之目的的指导性方案。

二、运动处方的分类

随着运动处方应用范围的不断扩大，运动处方的分类方法也在不断改进，按不同的标准可将运动处方分为不同的种类。

(一) 根据运动处方的对象分类

1. 康复治疗性运动处方

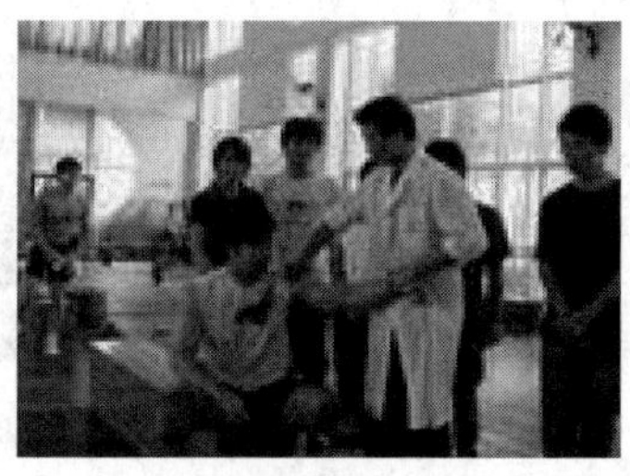
图 10-1

康复治疗性运动处方的对象，是经过临床治疗达到基本痊愈，但遗留有不同程度的身体机能下降或功能障碍的患者，如冠心病、脑卒中患者，手术后患者，以及已经得到一定控制的慢性病患者，如高血压、高血脂、糖尿病、肥胖症患者等。这类运动处方的目的是，通过运动疗法帮助患者提高身体机能，缓解症状，减轻或消除功能障碍，恢复肢体功能，尽量提高患者的生活自理能力和工作能力(见图 10-1)。

2. 健身性运动处方

图 10-2

健身性运动处方的对象是全民健身运动的参加者，包括身体基本健康的中老年人；长期从事脑力劳动，缺乏体育锻炼，处于亚健康状态的人群；中青年人和在校学生等。运动处方的主要目的是，指导人们采取适当的体育活动，科学地进行锻炼，以便更有效、更科学地提高健康水平，增强体质(见图 10-2)。

(二) 根据运动处方的锻炼作用分类

1. 全身耐力运动处方

全身耐力(区别于肌肉力量、耐力)运动处方以提高心肺功能为主要目标。在健身运动中，全身耐力运动处方被用于科学地指导健身，以提高锻炼者的耐力素质，维持合理的身体成分，消除亚健康状态，预防冠心病、高血压、高血脂、糖尿病等疾病的发生(见图 10-3)。

图 10-3

图 10-4

2. 力量运动处方

力量运动处方的主要目的是提高肌肉的力量和耐力。在健身运动中，力量运动处方用于指导健身者科学地进行增强肌力的训练，以达到提高力量素质，减缓中年以后肌肉萎缩的速度，预防骨质疏松等作用(见图 10-4)。

3. 柔韧性运动处方

柔韧性运动处方的目的是提高身体的柔韧性素质。在健身运动中，柔韧性运动处方用于指导健身者采用科学的手段和方法，提高身体的柔韧性素质，预防随年龄增长而导致的关节活动幅度下降(见图 10-5)。

图 10-5

全身耐力运动处方、力量运动处方、柔韧性运动处方对保持良好的健康体适能状态，都可起到良好的作用。

运动处方的优点体现在以下几个方面：

(1) 适应于广泛的人群。不同性别、不同年龄、不同体质的人，均可根据自己的体质状况采用适合于自己的运动处方来进行锻炼。

(2) 采用运动处方进行锻炼收效快。不同人群只要根据自己的体力水平，运用运动处方持续锻炼 6～8 周，就能提高全身耐力水平，持续锻炼 16 周就能收到良好的效果。

(3) 采用运动处方进行锻炼科学性强。按照本人靶心率进行锻炼，既安全可靠，锻炼效果又好。

(4) 采用运动处方进行锻炼节省时间。只要按本人靶心率强度持续运动(5～20) min，就可收到良好的锻炼效果。

(5) 采用运动处方进行锻炼安全可靠。可以科学地监控运动量和评价运动效果，并能有效地防止伤害事故的发生。

(6) 采用运动处方进行锻炼，计划性强，目的明确。锻炼得法，能做到心中有数，提高锻炼者的运动兴趣，易于坚持。

运动处方类似于临床医生为患者开的处方，它与临床医学中药物处方的对应关系见表 10-1。

表 10-1　运动处方与药物处方的对应关系

运动处方	临床医学药物处方
运动内容	药物名称
运动量：运动强度和持续时间	剂量/次
锻炼频率	次/日
锻炼注意事项	用药方法及注意事项

(引自：杨静宜，运动处方．北京：高等教育出版社，2005)

三、运动处方的内容

(一) 运动的目的

运动的目的即根据个体不同的身心情况确定的目标，具有主观和客观的双重性。主观性表现为对运动的意向、愿望、兴趣，是以情绪为核心的主观意愿需要；而客观性更多的是由于健康状况即身体和心理疾病程度的主体客观原因产生的需求，是以理性为主的客观被动需要。从运动处方的角度可将运动目的大致分为三类：强身健体、疾病康复、保健预防。

(二) 运动的种类

运动的种类是确定运动处方性质的重要因素，必须根据运动的目的合理选择运动的种类。运动的分类方法很多，如果按运动对人的心理素质要求的高低分类，可将目前盛行的几十个项目分成简单运动、复杂运动和介于中间的过渡性运动。如属于简单运动的田径、游泳、举重等；属于过渡性运动的体操、摔跤、个人性球类等；属于复杂运动的集体性球类。越是高级复杂的项目对人的心理能力要求越高，也越全面。利用散步、慢跑等项目可医治抑郁，有研究显示，通过 8 周的慢跑或散步锻炼，抑郁患者的抑郁感觉和身体症状显著减轻，且伴有自尊增强；利用过渡性项目中的平衡木、乒乓球等发展情绪稳定性；利用复杂项目中的足、篮、排球促进人际交往。总之，在选择运动种类的时候，应根据运动目的和身心的具体情况，对运动类型的比例应有不同侧重。追求锻炼的心理效应时应采用令人喜欢和快乐的活动，不应有太多、太强的竞争性。

(三) 运动的强度

运动强度是运动处方中决定运动负荷的最主要因素，如果设计错误，虽然内容适合，但由于强度选择不当也会发生质的变化。运动强度分为绝对强度和相对强度两种，现代的运动处方多采用相对强度。控制相对强度常用的生理指标有 $VO_2max\%$(最大摄氧量的百分比)，HRmax%(最大心率的百分比)，RPE(自觉运动强度)，THR(靶心率)等。追求锻炼心理效应时要求强度达到最高心率的 60%～75%，每次活动时间为 20～60 分钟，因为大强度的锻炼可能增加紧张、焦虑和疲劳等消极情绪。

(四) 运动时间

每次运动持续的时间是组成运动负荷的主要因素。在确定运动时间时，应根据不同的运动目的、运动强度，设定能引起机体产生良性反应的作用时间的最低限度，即必要的运动时间。为了使运动锻炼的效果更明显，应在必要的运动时间的基础上适当延长。锻炼的持续时间影响着锻炼的心理效应。有研究认为，每次锻炼时间在 20～60 分钟之间的中等强度锻炼对改善情绪效果最好。锻炼方案的持续时间一般为 8～15 周。

(五) 运动的时间带

运动时间带即一天中什么时候进行运动(早晨、上午、下午、晚上)，特别是饭后间隔时间和运动开始的时间。在运动处方的制定过程中，必须调查实际的生活时间表，按照可以进行运动的时间带和时间开出运动处方。

(六) 运动的频度

运动的频度即每周体育锻炼的次数。体育运动的效果是通过每次运动对人体产生的良性作用的逐渐积累显示出来的，是一个由量变到质变的过程。正确地设定运动频度，要根据运动目的、身体情况的不同区别对待。一般以健身或康复为目的的运动处方，运动频度应以每周三次以上为宜，同时还应结合每次运动的强度、持续的时间、个人的身体恢复情况以及对运动的适应能力等因素综合考虑。其它目的的运动处方，应结合锻炼的目的和运动者的实际情况综合考虑。

(七) 注意事项

注意事项在以治疗、康复为目的的运动处方中是重要的内容。应指出禁忌参加的运动项目，体育锻炼中自我观察指征，停止运动的指征，重视做好准备活动和整理活动以及必要的体育卫生知识等。

四、制定运动处方的程序

制定运动处方时，首先应按照一定的程序进行较系统的身体检查，对健康状况进行评定，在此基础上再选择运动实验方法进行运动实验，对身体机能，尤其是心脏功能进行评定，以发现潜在的心血管疾病，确定其可否进行运动锻炼；然后再进行体力测验，以评定身体素质和体力级别，确定其进行运动的负荷范围；最后在此基础上制定出运动处方，并在实施过程中定期进行反馈和调整。除此之外，锻炼者的心理诊断与评价也是不可或缺的。制定运动处方的步骤如下：

(一) 健康调查与评价

通过询问记录、观察记录和本人填写调查表等方式全面了解受试者的病史、心理健康状况、运动爱好、运动目的、生活环境等情况，并进行一般体检、人体测量及身体成分测定，对受试者的健康状况作出初步评价。根据运动目的的不同，尤其对有特殊需要者，还应进行膳食调查，生活行动调查等。

(二) 运动实验

根据健康调查的初步评价进行运动实验，目的是评定心血管机能和心脏储备能力，发现潜在的心血管疾病，为运动处方提供定量依据。常用的运动实验方法有联合机能实验、哈佛台阶实验、PWC170 实验、多级负荷实验(极量实验、症状限制实验、亚极量实验、低负荷实验)以及最大摄氧量和无氧阈的测定等(见图 10-6)。

图 10-6

(三) 体力测验

在运动实验证明身体无危险的条件下进行体力测验，目的是了解身体运动的基本素质、功能水平，并对体力进行分级，为制定运动处方的运动量提供定量依据，也为定期检查、评定运动处方的实施效果提供依据。体力测验的内容主要包括运动能力和应激能力两方面，其中运动能力主要测试力量、速度、爆发力、耐力、柔韧性、灵敏性、平衡性等；应激能力测试包括适应力、抵抗力、免疫力、恢复力、代偿力、精神心理的稳定性等。运动实验和体力测验应在专业人员的严密监控下，严格掌握适应症和禁忌症，选择合适的方案进行，避免意外的发生(见图 10-7)。

图 10-7

(四) 心理健康测验

临床上判断一个人心理是否健康需要借助心理诊断技术。心理诊断是指运用心理学的方法和技术来评估人们的心理状态、心理差异及行为表现，并确定其性质和程度的诊断技术。评定量表是健康心理学最常用的工具之一。目前心理健康水平的测量与评价，成人通常采用 SCL-90 症状自评量表。另外，卡特尔的 16PF 量表也可用于心理健康测量。

(五) 制定运动处方

根据以上对受试者健康状况、体力水平、运动能力等的测试结果，按照处方内容逐项确定运动的目的、种类、强度、时间及时间带、频度、注意事项等，制定出完整的运动处方。其中运动强度应设定出安全界限和有效界限，运动时间应设定出必要运动时间，如表10-2大学生运动处方卡所示。

表 10-2　大学生运动处方卡

姓名：	性别：	年龄：	专业：	病史：
身体检查：				
脉搏：		血压：		
心电图：				
运动测试结果：				
体质评定：				
运动目的：				
运动项目：				
运动强度：	靶心率＝(220－年龄)×70%－85%　次/分			
运动时间：				
运动频率：				
注意事项：				

(六) 运动处方的实施

运动处方的实施就是按照运动处方规定的运动内容、强度、时间、频度等进行体育锻炼。它强调以个人的身体机能状况和心理健康状况为依据，实行有针对性的、周期性的身体锻炼。运动处方制定后，最初应设一个观察期，试行1～3周，观察、搜集身心对运动的反应；然后设一个调整期，2～4周，对处方内容进行研究、修正，逐步确立；在实施一段时间后对受试者作定期检查，对运动处方实施的效果进行评定，并根据实施效果制定长期运动处方，以不断提高运动锻炼效果。在实施运动处方进行运动锻炼的过程中，应注意做好充分的准备活动和整理活动，通过做准备活动，使机体由相对安静状态过渡到适宜强度的运动状态。准备阶段的时间一般在10分钟以上，并根据年龄、季节、运动水平等情况适当调整，准备活动的强度应低于正式活动。通过整理活动，使机体由激烈的运动状态逐渐过渡到相对安静状态，整理活动的内容和准备活动的内容相似，但动作缓和，肌肉放松。

在运动处方的实施过程中，除了按照运动处方中设定的运动强度、时间、间歇、重复次数等进行运动锻炼，还应根据运动过程中和运动后身体的反应情况，掌握运动量的自我监测和调节(主要是心率自我监测、主观感觉强度、自我感觉与基础指标检查相结合)，以及进行严格的医务监督，以确保锻炼者的安全。

第二节　瘦长型学生健身运动处方的制定及举例

一、不同体型学生的分类标准

体型是指人体的外形特征和体格特征，体型除在很大程度上取决于遗传外，还与人体的生化过程、糖和脂肪代谢有关。运动锻炼能促使肌肉发达与脂肪消减，而肌肉发达程度与脂肪积蓄程度则是构成体型的主要基础。为了有效地增强大学生的身体健康和很好地进行体育锻炼，在制定不同体型的锻炼原则与运动处方时，首先要按国家教育部审定的高等学校体育教材中有关中国大学生身体质量指数为评价标准，对其进行体型的评价。身体质量指数(BMI)是国际上最广泛使用的体重指数，是反映人体胖瘦程度的重要指标之一。该指标过高或过低，都会引发各种不同的心血管疾病，给身体健康造成危害。由于它计算方便，便于使用，被世界各国广泛使用，用此方法测定评价大学生的体型和肥胖度是非常简单易行的。将学生按瘦弱型、瘦长型、匀称型、粗壮型和肥胖等五种体型进行分类，就可在此基础上根据学生每年的“达标”测试情况和生理生化方面的测试结果，有的放矢地在健身运动处方中加强身体素质的弱项和耐力等方面的练习。根据不同身体质量指数进行体型分类见表 10-3 所示。

表 10-3 不同体型学生的分类表

身体质量指数(BMI)	体 型
10～18.5	瘦长(弱)型
18.5～23	匀称型
23～25	粗壮型
25～70	肥胖型

(引自杨静宜《运动处方 DIY 减肥》)

二、瘦长型学生的定义

瘦长型也叫豆芽型，其特征是身材瘦长，体重较轻，骨骼细长，颈部细长；皮脂较少，肌肉不发达，肩部窄圆，头较小，胸部狭长、扁平，胸围小，腹部较短，手足狭长，鼻子细尖等(见图 10-8)，其身体质量指数在 10～18.5 的范围内。早期的一些著名医学家、人类学家发现，人的体型与体质健康有一定关系，体型受遗传和环境因素影响，而环境因素对体型的影响主要体现在饮食结构、体育锻炼和种族的差异上。有研究表明，与西方发达国家相比，我国人体体型特征主要是长躯干、亚短腿和中间腿型、窄胸、宽肩、呈瘦长体型。这主要是由于中国青少年饮食中碳水化合物比例较高，蛋白质、脂肪含量较低，由此造成中国青少年体型细长的特点。

图 10-8

三、男、女瘦长型学生的锻炼原则

(1) 男生体重在特瘦和瘦之间，属于瘦长型体型。要想达到身材匀称健壮、骨骼坚硬、肌肉致密发达，就必须在合理营养条件下，结合科学的运动训练方法，通过增加肌肉促使肌肉发达，身体更健康，并且要特别注重选择适宜的运动负荷强度。(6～12) RM(最高重复次数)负荷强度的训练就能有效地壮大肌肉，在锻炼过程中要严格控制组间或动作间歇时间，遵守不借力或少借力的原则。一般情况下，动作频率宜为每分钟 10～12 次，组间及动作间歇为 60～90 秒。

(2) 女生体重在瘦和正常之间，属于瘦长型体型。可通过塑造形体锻炼来修整体型缺憾，力求回归女性苗条、灵活、肌肉适中和富有朝气的特质。一般可选用 10～15 RM 的负荷强度，同时要保证动作技术的准确性和安全性。一般采用三种练习类型：一是有氧运动，二是静力拉伸，三是肌肉动力性器械练习。三种活动相互交织、相辅相成，目的在于增强肌肉张力、增加肌肉体积，实现美化形体和提高健康水平。

四、瘦长型学生健身运动处方举例

(一) 锻炼目的

瘦长型学生进行健身锻炼，主要目的是增强体质，发展身体素质，发达肌肉，增加体重，改善身体形态，增加耐力和力量。

(二) 锻炼项目

瘦长型学生宜选择增强肌肉力量、促进消化吸收功能的运动如俯卧撑、双杠摆动臂屈伸、举重、拉力器、举哑铃、游泳等。

(三) 运动强度

瘦长型学生心肺功能正常者，分段锻炼，每段为 8 周，分三段，运动量循序渐进，第一段运动量为(220 – 年龄) × 60%，第二段为(220 – 年龄) × 70%，第三段为(220 – 年龄) × 80%。

(四) 运动的次数、持续时间及锻炼方式

初练时，每周练习三次，隔天进行，每次健身器材锻炼和体操锻炼安排 1 小时左右。待身体素质和力量提高后，逐步加量和延长锻炼时间，每天锻炼时间控制在 2 小时以内，早上安排 0.5 小时，下午课外活动安排 1～1.5 小时。早上不宜安排大运动量，可进行一般性的身体锻炼。经过一段时间的适应性锻炼后，应重点锻炼大肌肉群，加强耐力练习。健身器械锻炼时应遵循次数由多到少，重量由轻到重的锻炼方式。即初练时，每次练习安排 5～6 个动作，每个动作做 3 组，每组重复练习 10～15 次，重量一般采用 50%～70%为宜。适应后，每次练习安排 7～9 个动作，每个动作 3～4 组，第一组重复练习 15 次，重量为 50%～60%；第二组 12 次，重量为 60%～70%；第三组 10 次，重量为 70%～85%；第四组 8 次，重量可达到 85%～95%。

第三节　肥胖型学生健身运动处方的制定及举例

一、肥胖型(矮胖型)学生的定义及测量

(一) 肥胖型(矮胖型)定义

肥胖型(矮胖型)的特征是身材矮胖，体重较重，骨骼粗壮，四肢粗壮较短，皮脂较厚，肌肉发达，颈粗肩宽，胸腔短厚，胸围较大，腹长、头大、面阔等(见图 10-9)。身体质量指数在 25～70 的范围内。

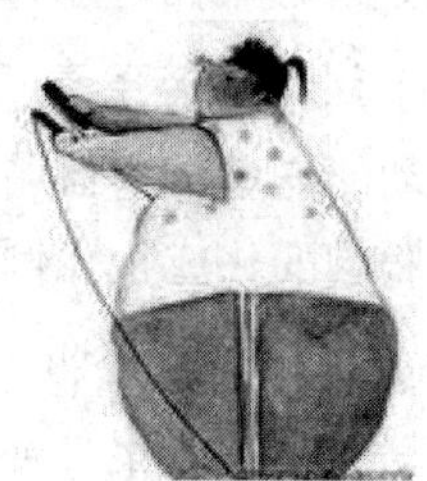

图 10-9

(二) 肥胖的测量

肥胖是指体内脂肪过多而导致的体重超重。肥胖的测量方法有许多种，如标准体重法、体重指数法、水下称重法、同位素稀释法、生物电阻抗法等，不同的测量方法得出的结果有所不同。

目前临床上常用的体重测量方法为体重指数法，也叫身体质量指数法(Body Mass Index，BMI)，WHO 专家小组还建议根据 BMI 的值来判断成年人的体重级别，且当 BMI≥30 为肥胖。在我国，成年男性 BMI≥24，女性 BMI≥26 即为肥胖。

二、肥胖型学生的运动控制

(一) 运动与脂肪

通过运动消耗大量热能可达到减肥的目的。对于长时间的有氧耐力运动而言，运动时能量的主要来源是通过体内的糖和脂肪的燃烧分解来提供的，糖和脂肪通过有氧氧化途径在氧气的参与下分解产生 ATP(三磷酸腺苷)供运动的能量需要。运动所消耗的热能与运动量有关，如果消耗的热能持续超过摄入的热能，身体就会动用体内的脂肪储存，分解产生能量以满足运动需要，所以长期的体育运动可以起到减少脂肪储存，减轻体重的作用。

(二) 运动与糖和蛋白质

肌肉运动能增加人体对糖和蛋白质的利用，防止多余的糖和蛋白质转化为脂肪，减少脂肪的形成。糖是人体最便捷、最有效的能源物质，运动能消耗摄入的糖和储备糖，阻止多余的糖向脂肪的转化。肌肉运动还能增强肌肉组织中蛋白质的新陈代谢，使肌细胞的代谢能力增强，增加肌纤维，减少脂肪储存。

(三) 运动与神经内分泌功能

运动可作用于神经系统和内分泌系统，增加神经和内分泌系统的兴奋性。运动促进肾上腺素、去甲肾上腺素的分泌，提高脂蛋白酶的活性，促进脂肪的分解利用，尤为重要的是对胰岛素的作用。运动时胰岛素分泌下降，减少了糖向脂肪和糖原的转化，促进了脂肪的分解。另外，运动不仅可以改善肥胖患者肌细胞胰岛素受体结合力的下降，还可以提高肥胖患者对胰岛素的敏感性。

(四) 运动与酶调节

运动能调节酶的活性，使一些酶的活性升高。如有氧耐力训练可提高骨骼肌中线粒体酶的活性，使参与三羧酸循环的酶及呼吸链的氧化酶类的活性提高，从而保证长时间运动，保持良好的有氧代谢能力，促进糖特别是脂肪等物质的有氧氧化过程。

(五) 运动与苗条素

运动能影响体内血苗条素的水平。长期运动能调低人体苗条素水平，苗条素水平的变化与体脂的变化成正比例。运动能改善肥胖患者的苗条素的抵抗。

(六) 运动与脂代谢

运动能影响血浆甘油三酯和胆固醇的水平。长时间的耐力运动可降低血浆甘油三酯的浓度，降低程度与运动量的大小、强度有关。耐力运动对血浆胆固醇的影响主要在于影响其质的变化，使血浆 HDL-C(高密度脂蛋白)浓度增高，LDL-C(低密度脂蛋白)浓度降低。

耐力运动对血浆甘油三酯和胆固醇的影响也与运动前血浆甘油三酯和胆固醇的水平相关。在70%最大心率的运动强度时，效果最显著。原水平越高，影响效果越显著。

三、肥胖型学生健身运动处方举例

(一) 锻炼原则

肥胖型锻炼原则以轻重量、多次数、间隙短、频率快为主，同时配合较长时间的有氧代谢运动练习。

(二) 运动目的

肥胖型学生进行锻炼的目的是降低体脂百分比，减轻体重；增强体质，提高机体免疫能力；保持良好体型，预防富贵病的发生。

(三) 运动项目

肥胖型学生宜选择以大肌群参与的节律性有氧运动为主的运动项目，如步行、慢跑、健身操、自行车和游泳等，有助于维持能量平衡，长期保持肥胖者的体重不反弹，提高心肺功能，其中自行车和游泳尤其适合肥胖者。水中运动是最有前途的减肥手段，除可增加左心室收缩和舒张末直径，改善有氧运动能力外，还可依靠浮力，减轻关节负荷。此外，还可以利用水的导热性能，将运动中产生的热量排出体外。除游泳外，水中运动还包括水中行走、跑步、跳跃、踢水、球类游戏等多种形式。

(四) 运动强度

心率是测定运动效果和强度的最直接指标，反映的是交感神经的兴奋度。脂肪的分解代谢是一系列复杂的生化反应，交感神经的兴奋促进了一系列脂解激素的分泌，从而活化脂解酶，使储存在脂肪细胞组织里的脂肪分解为游离脂酸和甘油，而脂酸在氧气供给充足的条件下，可分解成二氧化碳和水并释放大量的能量。那么运动时达到多少心率或者说强度才能有效减肥呢？通常应在最大心率的60%～75%。也就是说比如一位20岁的朋友，最大心率为220－20＝200，则200×60%＝120～200×75%＝150，即心率保持在120～150左右的锻炼才能有效并安全。由于最大心率是一个基于生理条件的心跳极限的估算值，故实际强度要因人而异，对于初习者通常可保持在最大心率的60%～65%即可。如果不顾自己的身体条件一味追求高强度，则将不利于健康。

(五) 运动时间

根据美国运动医学的研究，有氧运动前15分钟，肌糖元作为主要能源供能，而脂肪供能在运动后15～20分钟才开始启动，所以一般都要求有氧运动持续30分钟以上。所以每次靶强度运动时间应持续40～60分钟。根据不同年龄和体质配合运动强度调节运动量，中老年、体质较差的肥胖者可进行运动强度较低、持续时间相对较长的运动项目；年轻、体质较好的肥胖者可进行强度较大、时间相对较短的运动。最好在餐前或临睡前空腹状态运动，可以燃烧更多的非酯化脂肪酸，减少体脂。

(六) 运动次数

运动次数以每周5～7次较为理想。若患者情况允许，有氧运动也可每天早晚各一次，以增加热卡的消耗，提高减肥效果。运动减肥是一个长期的过程，需要有目的、有计划的进行。在具体设计运动处方时，应参考患者每天日常生活活动的能量消耗，将其总量的 10% 作为日运动量，再转换成具体运动种类及时间，实施后再根据疗效及反应进行调整。

第四节　匀称型学生健身运动处方的制定及举例

一、匀称型学生的定义

匀称型是指介于瘦弱型与肥胖型之间的体型，是大学生向往的体型，也是瘦弱型与肥胖型学生进行体育锻炼的最终目标。匀称型是健康与健美的标准，体质指数在 18.5～23 的范围内。

二、匀称型大学生运动锻炼的原则

(一) 一般性原则

运动处方按照个人的身体状况，结合生活环境、条件、兴趣和爱好，制定适当的运动种类、强度、时间和频率。运动处方要求把运动量规定在恰到好处的程度上，衡量运动量大小的一个简便方法是测量脉搏。一般说来，青年大学生的心率控制在每分钟 140～150 次为宜。对于运动量的控制以 10～15 分钟内的心率变化来判断，如在此范围内心率没有恢复到运动前水平，说明运动量偏大；如发现心律紊乱，则表明运动量过大；如运动后脉搏无大变化，并在 3 min 内恢复，则表明运动量过小，以此来调整运动量，改善骨骼、肌肉、心脏和组织器官的功能。

(二) 练习方法最优化和多元化原则

不同练习方法对改善心血管和其他组织功能的效果也不相同，有时差异还很大，其中全身性和持久性方法比局部性和暂时性方法的效果好，周期性和非周期性、对抗性和非对抗性、匀速性和变速性运动都能有效地改善心血管和其它组织的功能。非周期性、对抗性和变速性运动更适合青年学生，效果也更加明显，但对心脏的要求较高。如果非周期性、对抗性和变速性运动的频率过高，强度过大，容易发生过度负荷，可能导致运动损伤，也可能导致心肌的功能下降。由此可见，练习方法的选择应当多元化。

三、匀称型学生健身运动处方举例

(一) 运动目的

匀称型学生健身运动的目的是提高心肺功能，增进健康，增强体质，加强机体的免疫能力，保持良好的体型，愉悦身心。

(二) 运动方式

匀称型学生应经常参加运动时间长、运动量居中的耐力性体育项目，如慢跑、健美操、自行车等(见图 10-10)。另外，还可参加大肌肉群参与且消耗热量较多的运动项目，在锻炼时要尽量使四肢和躯干的肌肉参与运动，如篮球、排球、网球、垒球等。

图 10-10

(三) 运动强度

运动强度指人体运动时单位时间内的能量消耗。对于匀称型大学生来说，通常应在最大心率的 65%～80%，也就是说比如一位 20 岁的朋友，最大心率为 220 − 20 = 200，则(200 × 65% = 130)～(200 × 80% = 160)，即心率保持在 130～160 左右的锻炼才有效并安全。对于初习者通常可保持在最大心率的 65%～70% 即可。如果运动强度小，人体功能的变化就小，效果相对较差；如果运动强度过大，超过了自身能够承担的最大负荷，就会导致功能下降，甚至出现损伤。另外，运动强度的大小与练习目的、年龄和个体差异有关。在同龄人中，不同的人承担的最大运动强度有明显的差异，必须因人而异。

(四) 运动时间

人体的任何组织和器官都有惰性，不同组织和器官的惰性差异较大。研究表明，骨骼肌的惰性较小，心脏的惰性较大。机体不可能刚开始活动就达到很高水平，必须有一个循序渐进的过程，在运动强度达到相应的水平或最高水平后，还应继续坚持运动一段时间，运动效果才能达到最佳。如果持续时间过短，人体功能活动就不能达到相应强度的活动水平，运动效果就差，提高和保持机体能力的目标就不能完全达到。但持续时间也不是越长越好，超过一定的限度，人体功能就要下降，如果仍坚持运动强度不变，就会超负荷。最大强度和超负荷运动时，尤其容易发生过度负荷。因此持续时间必须适宜，过长和过短都不利。所以，匀称型大学生运动时间应保持在半小时以上，一小时以内。

(五) 运动次数

人体的功能是在多次的重复练习中逐渐适应和增强的，如果只进行一次练习就停止运动，那么无论多大的运动强度，多久的持续时间都不能达到目的。但是重复次数也不是越多越好，必须适当。匀称型大学生，每周要有 3～6 次的锻炼次数，每天至少要锻炼一次。

(六) 运动时间的选择

早晨 6～7 点进行体育锻炼，可以消除前一晚机体各器官系统的惰性，提高神经系统的兴奋性，为全天的生活学习打下好基础。下午 4～5 点钟，大多数人身体的基础代谢都处于较低的水平，这是最好的锻炼时机，这时锻炼不但能较多地消耗身体热量，同时还可以提高身体 20 分钟至数小时的基础代谢率，使热量得到进一步地消耗。晚上最好不要进行剧烈的体育锻炼，防止神经系统的兴奋性过高，影响晚上的睡眠。

第五节　特效运动保健处方

一、缓解头部疼痛

(一) 作用

通过按摩头部和颈部的穴位，为血液提供新鲜的氧气。

(二) 方法

(1) 靠后坐在椅子上，双手的手指按头顶部，手指间相隔 2 厘米，手指一边按摩一边向头后部移动。在一个点上按摩 6 秒左右，经过 5 次按摩到达耳后部(见图 10-11)。

(2) 从耳后向颈根部做同样的按摩。在一个点上按摩 6 秒左右，经过 5 次按摩到达颈根部。按摩时颈部要向后用力(见图 10-12)。

(3) 最后用手指重点按摩疼痛点。

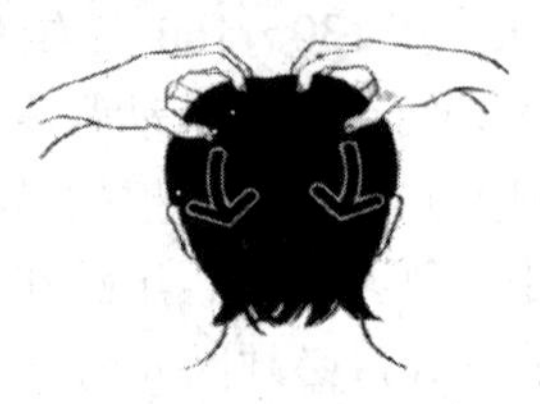

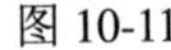

图 10-11

图 10-12

二、缓解肩部疼痛

(一) 作用

消除造成肩部疼痛的肌肉内部的硬块。

(二) 方法

(1) 仰卧在地上，双臂伸到头顶。

(2) 在前后翻转双手手掌的同时，双臂慢慢地向左右两边放下。双臂从最高点下放到肩部位置时，要翻转 5 次手掌。双臂从肩部下放到最下部时，再翻转 5 次手掌。当在某一点上感觉很舒服时，可在这个点上再反复翻转手掌 10 次。如果是一侧的肩部感到疼痛，这一侧的手臂可反复多做几次动作。也可以以坐姿或站姿做这些动作(见图 10-13 和图 10-14)。

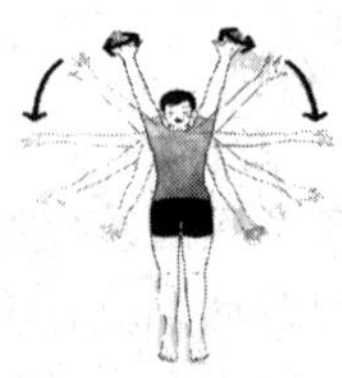

图 10-13

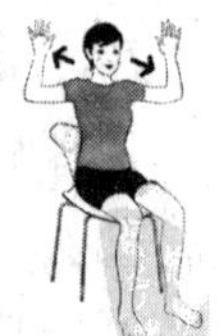

图 10-14

三、缓解腹部疼痛

(一) 作用

矫正骨盆，促进血液流通。

(二) 方法

(1) 靠后坐在椅子上，双膝分开，双手手掌在身前张开，好像在推一扇透明的玻璃。

(2) 手指伸直，上身向前倾 10 厘米，保持 6 秒钟的静止后，缓慢地返回到(1)的位置(见图 10-15)。

(3) 上身向后仰，保持 6 秒钟的静止，再返回到(1)的位置。

(4) 脸和肩部保持不动，而把腰部向右扭，并保持 10 秒钟，再缓慢地返回到(1)的位置。随后做向左的动作。每个方向各做 3 次。

(5) 最后是以站姿，按照(4)的要领，向左右各做 3 次扭腰动作(见图 10-16)。

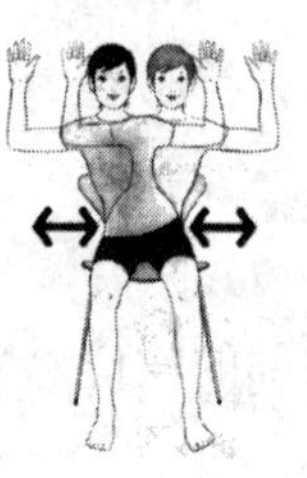

图 10-15

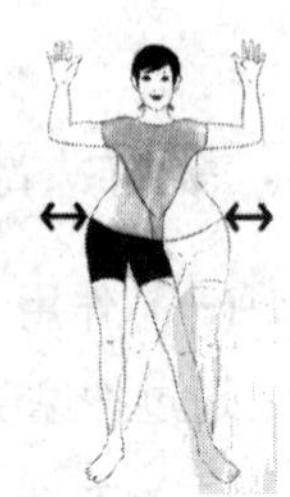

图 10-16

四、缓解膝部疼痛

(一) 作用

强化大腿肌肉，促进膝部的活动。

(二) 方法

(1) 靠后坐在椅子上，把有疼痛感一侧的腿向前伸直，手掌按在膝盖上(见图 10-17)。

(2) 慢慢地把脚尖向后扭向膝盖方向，保持 6 秒钟静止后，再慢慢返回到(1)的位置。

(3) 把脚尖慢慢地向内侧扭，保持 6 秒钟静止后，再慢慢返回到(1)的位置。随后做向外扭的动作。内外各做一次为一组，一共做 3 组(见图 10-18)。

在膝部的疼痛较严重时，做动作时要量力而行。也可以把双腿伸直做这些动作。

五、治疗腹泻

(一) 作用

通过按摩直接刺激大肠，调整肠胃的状态。

(二) 方法

(1) 单手的手掌张开，用指尖按在肚子上(见图 10-19)。

(2) 指尖适当用力，以肚脐为中心，从右下部向左下部像画圆一样做 10 次指压按摩。如果感觉有硬的部分，就要慢慢地把它揉开。

(3) 用鼻子充分吸气，再用嘴用力呼出。把气呼出后，腹部用力坚持 10 秒钟。反复进行 3 次呼吸练习。

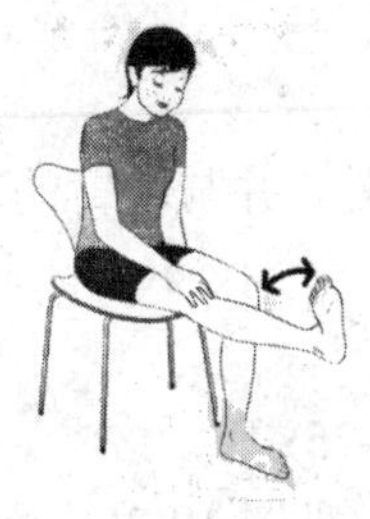
图 10-17

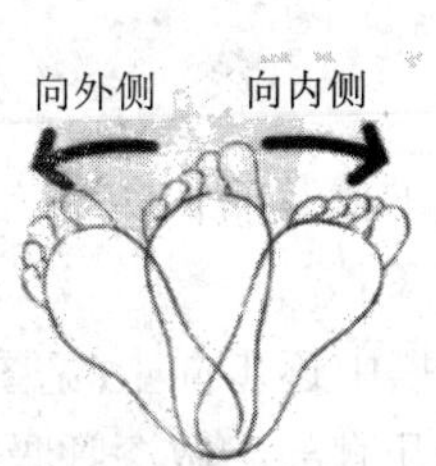

图 10-18

图 10-19

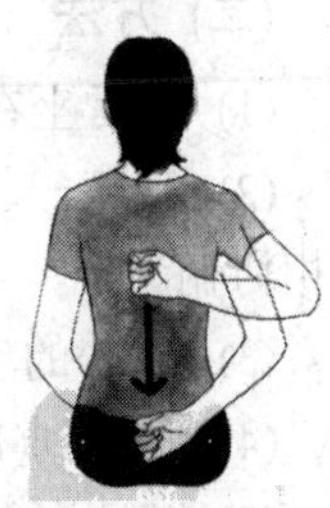
图 10-20

六、治疗便秘

(一) 作用

用拳头按摩脊椎，促进帮助排便的自主神经工作。

(二) 方法

(1) 坐在坐便器上，右手轻握拳置于身后。用右手手背上的关节，沿着脊椎从上往下缓慢而有力地按压到尾骨的位置。右手反复做 3 次，然后再换左手(见图 10-20)。

(2) 用鼻子充分吸气，再用嘴用力呼出。把气呼出后，腹部用力屏住呼吸坚持 10 秒钟，反复进行 3 次呼吸练习。

七、提高对感冒的抵抗力

(一) 作用

促进喉咙的血液流动，达到预防炎症、改善体质的目的。

(二) 方法

(1) 用手指捏着喉结处的皮肤向前拉(见图 10-21)。

(2) 用手指左右夹住喉结，指尖向下轻按并慢慢地转 3 圈。注意指尖不可用力(见图 10-22)。

(3) 用食指、中指和无名指按在喉结以下，慢慢地按摩(见图 10-23)。

(4) 颈部缓慢地向前后晃动。

图 10-21

图 10-22

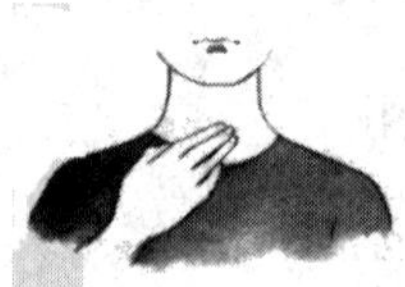

图 10-23

八、解除身体疲劳

(一) 作用

伸展肌肉和关节，消除疲劳，缓解情绪。

(二) 方法

(1) 靠后坐在椅子上，双臂向上张开。

(2) 双臂一起左右挥摆，在挥摆中逐步向下落。脸向正面，呼吸要慢，并与手臂的动作相协调。

(3) 与(2)的动作相反，双臂在一起左右挥摆中逐步向上(见图 10-24)。

(4) 返回到(1)的姿势后，双臂向后伸，张开胸部，做深呼吸(见图 10-25)。

(5) 以站姿做动作也很有效。此外，在狭窄的地方仅活动双臂也可以(见图 10-26)。

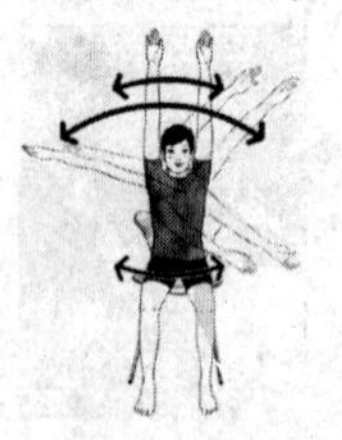

图 10-24

图 10-25

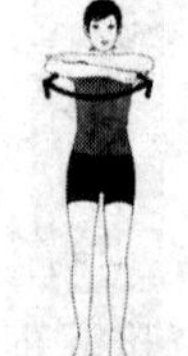

图 10-26

九、改善食欲不振

(一) 作用

通过刺激穴位，促进胃液的分泌。

(二) 方法

(1) 单手握拳，放在胸部中间，适当地用力向下按压。过 6 秒钟时间，向上移动至两个锁骨之间(见图 10-27)。

(2) 再用 6 秒钟时间，向下按压至心窝的位置。

(3) 从心窝的位置，换手向下按压至肚脐的位置。时间也是 6 秒钟。

(4) 反复做 3 次(1)～(3)的动作。如果打嗝了，就说明消化功能得到了改善。

图 10-27

十、改善失眠的症状

(一) 作用

消除全身的紧张感，帮助睡眠。

(二) 方法

(1) 仰卧在床上。

(2) 把颈部向左右慢慢地各转 3 次(见图 10-28)。

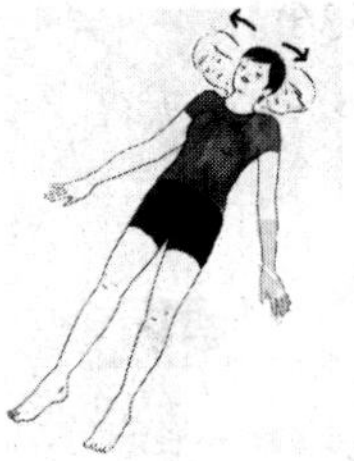

图 10-28

(3) 双脚同时向上抬起 5 厘米后，迅速停止用力，把腿放下(见图 10-29)。

(4) 双臂一起抬起 5 厘米后，迅速停止用力，放下手臂(见图 10-30)。

图 10-29

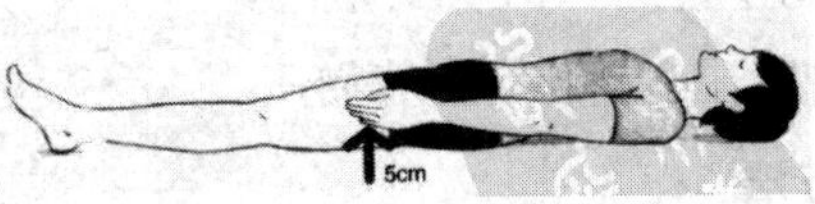

图 10-30

(5) 闭上双眼，把意识集中在鼻尖上。吸气时短而快，呼气时长而有力。

十一、消除头晕

(一) 作用

调整自主神经和激素的分泌，改善身体状态。

(二) 方法

(1) 靠后坐在椅子上，双手的手指按在头顶部，拇指用力从脑后按压至耳后的位置。中间分 5 个按压点，每个按压点相隔 2 厘米，在每个点按压 6 秒钟(见图 10-31)。

(2) 用手指从耳后抚摩至颈根部 3 次。

(3) 用拇指用力按摩另一只手的虎口 10 秒钟，然后换手进行(见图 10-32)。

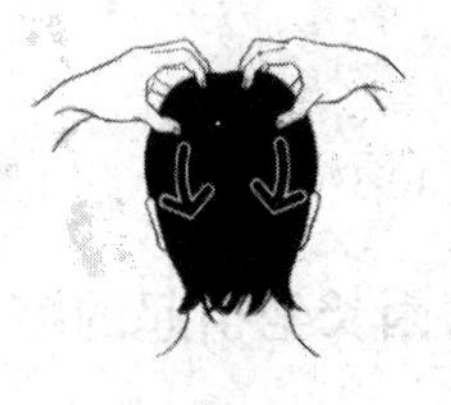

图 10-31 　图 10-32

十二、增强精力

(一) 作用

增强大腿肌肉，促进性激素的分泌。

(二) 方法

(1) 双腿分开站立，双脚间距离比肩约宽 20 厘米。双手合掌在胸前(见图 10-33)。

(2) 在做深吸气的同时慢慢地蹲下，注意身体不要向前倾，当大腿与地面平行的瞬间，停止下蹲(见图 10-34)。

(3) 在呼气的同时站直身体。反复做 10 次。

(4) 从(1)的姿势向下蹲时，双臂向左右分开，然后返回到(1)的姿势。反复做 10 次(见图 10-35)。

(5) 从(4)的姿势直接站起时，双臂上举伸直，然后返回到(4)的姿势。反复做 10 次(见图 10-36)。

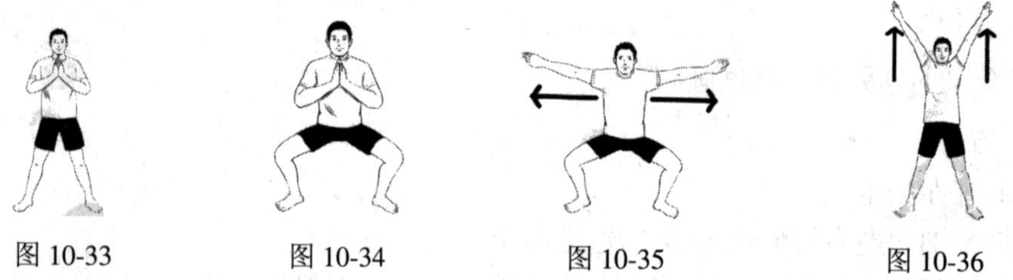

图 10-33　图 10-34　图 10-35　图 10-36

十三、消除因站立引起的疲劳

(一) 作用

去除滞留在小腿肚的疲劳物质

(二) 方法

(1) 首先轻轻地踏步 10 次(见图 10-37)。

(2) 在踏步中逐步上抬膝部。反复做 10 次(见图 10-38)。

(3) 单手扶墙，做脚跟的抬起和放下动作。反复做 10 次(见图 10-39)。

(4) 坐在椅子上，用手握住另一侧脚的脚踝。并以脚踝为圆心，慢慢地向内和向外做大的转动动作。每个方向做 10 次，然后换脚进行(见图 10-40)。

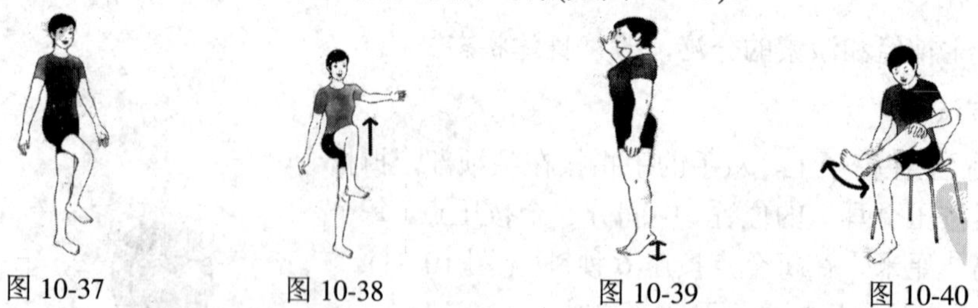

图 10-37　图 10-38　图 10-39　图 10-40

十四、消除因长坐引起的疲劳

(一) 作用

改善因长时间压迫而引起的血液流动不畅。

(二) 方法

(1) 用力提肛，用手向上托起臀部肌肉 10 次(见图 10-41)。

(2) 用单手扶住椅子，一条腿慢慢地向外侧抬起。逐步提高抬腿的高度，反复抬腿 10 次，然后换腿进行(见图 10-42)。

图 10-41

图 10-42

相关链接

锻炼脚趾让肠胃更健康

中医经络理论认为，人的第二、第三脚趾与肠胃有关，因此经常活动它们可以达到健胃的目的。

一般来说，第二、第三脚趾粗壮而有弹性的人，胃肠功能好，站立时抓地牢固。如果这两个脚趾干瘪而无弹性，站立时往往抓地不牢，则胃肠功能较差。锻炼脚趾最常见且有效的方法有以下几种：

(1) 脚趾抓地。将双脚放平，紧贴地面，与肩同宽，连续做脚趾抓地动作 60～90 次。做此动作时，可赤脚或穿柔软平底鞋，每日可重复多次。

(2) 脚趾取物。每天洗脚时可在盆里放一些椭圆形、大小适中的鹅卵石或其他物体，在泡脚的同时练习用第二、第三脚趾反复夹取。温水泡脚有利于疏通经络，脚趾夹取鹅卵石或其他物体可刺激局部胃经的穴位，坚持练习对胃病患者大有裨益。

(3) 扳脚趾。反复将脚趾往上扳或往下扳，同时配合按摩第二、第三脚趾趾缝间，可促进脚趾的血液循环。

(4) 按摩脚趾。对消化不良及有口臭、便秘的患者，宜顺着脚趾的方向按摩，以达到泻胃火的目的；对于脾胃虚弱、腹泻者，可逆着脚趾的方向按摩。

思　考　题

1. 什么是运动处方？
2. 运动处方的种类有哪些？
3. 运动处方的内容主要有哪些？
4. 结合不同体型大学生运动处方示例，制定一个适合自己特点的运动处方。

第十一章 防身自卫术

内容提要：本章对防身自卫术的概念、特点、原则和价值进行了概述；介绍了防身自卫的相关法律知识、人体要害部位、人体自身攻击武器等基本理论知识和防身自卫术实战技法、常用招术等实践知识。

学习目标：

1. 了解防身自卫术的特点、原则，区分防身自卫术和竞技格斗比赛的联系与区别；
2. 熟悉人体要害部位，懂得如何进攻和保护这些部位；熟悉人体自身的防身自卫武器的部位和名称；
3. 掌握防身自卫术的基本实战技法，能熟练应用常用防身招术。

第一节 防身自卫术概述

防身自卫术是搏击术的一种，它的技法来源于各种搏击术，但它又是特殊的搏击术。体育竞赛中的搏击是在竞赛规则的制约和保护运动员安全的前提下，运用规则允许的技法，打击允许击打的部位，进行的交流比赛。而防身自卫术的主要目的是阻止犯罪分子的人身侵害，保护自身生命安全，其技法以擒拿术为主，直击歹徒要害，在长期实践中形成了独特的技击体系。

一、防身自卫术概念

防身自卫术是指以制止犯罪分子的人身侵害，维护人身安全为目的，以踢、打、摔、拿等格斗技法为主要内容，动作简练、注重实效、击打要害的综合格斗术。

目前，防身自卫术有徒手对徒手的防身自卫术、徒手对器械的防身自卫术、器械对器械的防身自卫术和女子防身自卫术等几种。

二、防身自卫的原则

(一) 生命第一，财物第二

一般来说，犯罪分子行凶的目的不外乎财和色。对于劫财的歹徒，在其不危及人身安全的情况下，尽量不要为了保护财物与犯罪分子正面搏斗。因为犯罪分子的第一目的是财物，能得到财物的情况下，一般不会进一步行凶，若受害者做主动的反击可能招致犯罪分子进一步的人身伤害。而且犯罪分子都是有备而来，携带凶器，选择的受害人也大多是体弱者或者女性，防御能力较弱。因此不到危及人身安全的紧要关头，不要妄用防身术反击，而应舍弃财物保全生命。

(二) 智取为上，力搏为次

防身自卫术是在危及关头，保全自身人身安全的最后防线，因此，不到万不得已不要与歹徒斗力，应以智取为先，充分利用周围的一切有利条件和歹徒周旋，创造逃脱和被救机会。若实在无智取的可能，应积极伺机防身反击，但一定要出手快速、打击准确、力度狠。

(三) 出其不意，攻其不备

在和敌人或刑事犯罪分子的实际格斗时，宜根据其向我进攻的招式，确定防御、抗击的技术方法。防御和抗击，不外乎有闪躲、阻挡、格挡、架挡和击技等动作。在对手尚未能辨别出我的意图的时候，突然施以用法，迫使其没有闪躲、招架的时机和还手的机会。这就是出其不意，攻其不备。例如，对手正面一直拳向我头部击来，我双手迎敌拳十字交叉封住，同时下面抬起一脚，弹踢其裆部，对手必被我踢中。掌家云：“拳打不知”讲的就是这个道现。

(四) 沉着勇敢，机智灵活

一旦遭遇歹徒凶猛侵害，一定要沉着应对，积极果断地采取自卫反击。所谓沉着勇敢，就是面临犯罪分子的袭击，不慌不乱，镇静自若，手脚有序。“两强相遇勇者胜”，大凡犯罪分子袭击他人，都抱侥幸心理，表面强硬，内心空虚，因此抗击动作必须勇猛，实施技术动作时，如饿虎扑食之形，气吞山河之势，以气势在精神上战胜他们。

所谓机智灵活，就是和他们格斗时，不施大力，施以技术，智取巧胜，手法、身法、步法灵巧多变，为此，不能对某个动作死套硬搬，宜见机行事。“兵不厌诈”，诱其深入，使其进退维谷，束手就擒。总之，同犯罪分子格斗时，不仅要很好地掌握技术，而且要很好地运用技术，沉静自如，方法多变。这样在防御和抗击时，就能起到良好的效果。

(五) 避实就虚，随机应变

在和敌人或刑事犯罪分子格斗的时候，应避其锋芒，攻其空虚，随机应变。所谓避实，就是避开对手的锋芒。两人格斗，互相接手，拳打脚踢，必有虚实。拳家常云：“抬腿半边空”。如抬腿弹踢，其实在弹踢之脚，其虚在站立之腿，若能避其弹踢之脚，攻其站立之腿，则谓之避实就虚。两人在格斗时，都是在互相活动的过程中使用动作，各自动作的变化是互不相知的，这样就要随机应变，按对手的进攻招式、身体的姿势，寻找防御、抗击的机会。

(六) 上下相随，攻守兼顾

上下相随是指同犯罪分子格斗时，要求身体上下协调合一，不可偏于一隅。攻守兼顾是指攻时注意防守，守时考虑攻击，攻防相辅相成，互为周济上下相随，攻守兼顾要求在格斗时使用某一个技术动作要顾及周全，手法、身法、步法，甚至眼睛视野都要相互配合，拳击、脚踢、进退、转身时要协调相应，攻中有防，防中带攻。

(七) 以静待动，动静结合

自卫防身术是防御抗击犯罪分子袭击的技术，是通常情况下歹徒进攻时，我所采用或实施防御或抗击的技术动作。因此，这里存在一个以静待动的过程。所谓静是相对的静，也就是说，我没有向外界事先实施进攻技术动作。我或行或站，或沉思或静卧都可能遇有敌人或刑事犯罪分子的袭击，这样就需要头脑冷静，彼动我静，静中求动，彼不动我不动，彼欲动我先动，后发先至，动静结合。

三、防身自卫术的价值

防身自卫术不仅是一种技击防身手段，也是很好的健身和意志品质锻炼手段，对于大学生来说有很高的实用价值。首先，防身自卫术的技法动作易学易练，简练实用，可在人身安全受到不法侵害时起到保障自身安全的作用，有很好的防身价值；其次，身体素质练习是防身自卫术必不可少的内容，通过各种身体练习，能够全面提高力量、柔韧、速度、灵敏、耐力等身体素质，起到良好的健身效果，有很高的健身价值；同时，通过练习防身自卫术，可以培养临危不惧、果断勇敢等良好的心理素质。

四、防身自卫的必备素质

防身自卫需要全面的综合素质，良好的身体素质、过硬的心理素质、熟练的技术素质三者缺一不可。身体素质是防身自卫的基础保障，有了良好的身体素质，才能保证打击的力度、速度，给歹徒以有效的打击；心理素质过硬，才能临危不乱，沉着应对突如其来的袭击，作出正确的判断和防卫措施；熟练的格斗技术是制敌取胜的妙法，可以起到以弱胜强、转危为安的效果。因此要想具有较强的防身自卫能力，必须注重身体、心理、技能三种素质的全面发展。

第二节　防身自卫理论知识

防身自卫理论知识，是人们对长期的防身自卫实践经验的总结和理论升华，具有极强的实践指导作用。通过这些知识的学习，我们将会掌握防身自卫的相关法律知识，熟知人体自身的要害和薄弱部位，了解自身肢体的攻击武器，为掌握进一步的防身实践知识打下坚实基础。

一、人体要害关节和薄弱部位

防身自卫术最独特的技法特点就是直击要害，给歹徒以致命打击。人体要害部位是指人体遭受打击或挤压时最容易造成昏迷、伤残、致死的部位。了解并学会攻击这些要害部位，就能给歹徒以有力打击，从而达到制止歹徒行凶及自卫的目的。因此，要想在防身自卫实践中有力打击歹徒，达到良好的自卫效果，人体主要结构和薄弱部位是必须掌握的知识(见图 11-1)。

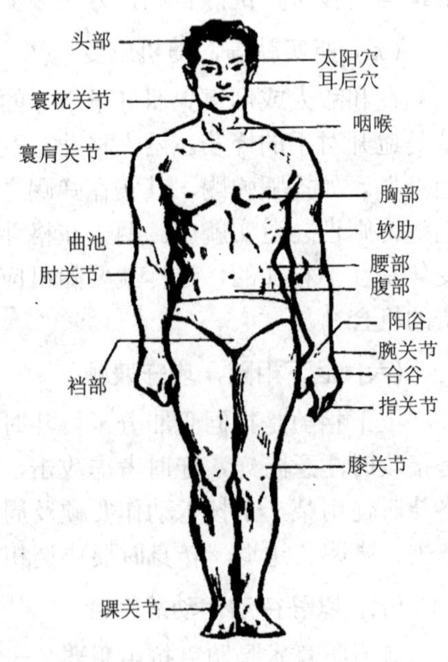

图 11-1　人体要害部位示意图

(一) 人体要害关节

关节是骨与骨连接的部位，是人体完成各种动作的轴。肢体的任何一个关节受伤，都会直接影响肢体乃至全身的活动功能。关节的运动是符合人体解剖学和生理结构的，一旦关节的活动范围和运动方向超出了人体解剖学和生理结构允许的范围，将会导致关节严重的损伤。因此人体的主要关节部位，是防身自卫术打击的薄弱和要害部位。格斗实践常用的主要技法擒拿技就是专门针对人体关节打击的技法。当运用外力迫使人体关节朝着违背人体解剖学和生理结构的范围和方向运动时，人体就会产生强烈的痛感，并失去攻击能力，即使是不大的力量也会产生强烈的效果，这也是防身自卫术以巧取胜，以弱胜强的法宝。下面就根据防身自卫术的技法介绍人体各主要关节。

1. 颈椎关节

颈椎是人体脊柱的一部分，由 7 块椎骨构成，每块椎骨都有孔，互相形成椎管，管内有脊髓通过。骨髓是中枢神经的一部分，与脑直接连接。如受暴力击打或过度扭拧，会致中枢神经、大脑神经失调，丧失活动能力。

2. 肩关节

肩关节由肱骨头和肩胛骨凹陷的关节盂构成，可使上臂做屈、伸、收、展、旋、环转运动。肩关节盂浅，关节囊薄而松弛，牢固性差，关节囊的下方缺少肌肉附着，成为肩关节的薄弱处，如用力左右猛拧或向后扳至极限再施加压力就会致其脱臼或韧带撕裂。

3. 肘关节

肘关节由肱骨远端和桡骨、尺骨的近端关节面构成复关节。肘关节内侧有侧副韧带，外侧有环状韧带，附近有一些重要的血管、神经，如遭暴力击打易出现骨折、脱臼、血管神经损伤，进而影响或丧失前臂、手部功能。

4. 腕关节

腕关节由桡骨远侧端的腕关节面和腕骨的近侧端构成。腕骨关节各骨细小复杂，共有舟骨、月骨、头状骨、三角骨、大多角骨、豌豆骨、小多角骨、钩骨 8 块腕骨，主要靠韧带连接，其韧带坚固性较差，受击打或过度拧折会造成脱臼、韧带崩裂、骨折。

5. 指关节

手指关节由两个短小的指骨连接而成。它仅能弯曲和伸直，活动范围较小，易于前屈。如果使其伸直再用力向后扳或左右拧动，很容易造成脱臼或骨折。

6. 膝关节

膝关节是人体中最大、结构最复杂的下肢主要关节，由股骨远端、胫骨近端及髌骨后面的关节面构成。膝关节两侧分别有胫侧副韧带和腓侧副韧带，关节囊内两关节间有半月板和交叉韧带。膝关节负重大，结构复杂且浅，骨杠杆又长，易受损伤，前后或两侧受踢击均可使韧带、肌腱、半月板、膝关节造成裂、伤、脱位，且难治愈。攻击此部位可用腿法中的踹腿、鞭腿、勾踢等技法。

7. 踝关节

踝关节由胫、腓骨端和距骨滑车构成。踝关节两侧附着韧带，内踝高只盖住距骨三分之一，外踝较高，完全覆盖距骨的外侧面，外侧面韧带薄弱，内翻易伤。如用力将足左右扳拧、扭转，易致韧带撕裂、关节脱位。

(二) 人体薄弱部位

人体有许多要害部位，有些部位一击便可毙命，有些部位受到击打可以使人体的生理机能或机制暂时或永久地消失。因此了解并熟悉这些要害部位，再加上准确、有力的击打技术，就能在格斗中有效地制服敌人。另外，在格斗中还要保护好自己的这些要害部位，以防受到敌人的袭击。

1. 头部

头部有颅腔，其内有脑，脑是中枢神经的高级部位，其组织非常脆弱，经受不起打击、震动，是人体要害最为密集的部位，是格斗中打击和保护的重要部位。

击打方法：对头部可采用扫踢腿攻击，对面部可采用直拳或侧踹腿攻击。

2. 面部

面部是人体视觉、嗅觉和口腔等重要器官所在处。此处神经、血管分布相当丰富，痛觉极敏感，受到击打时疼痛难忍，甚至会因此而丧失战斗力。

击打方法：攻击时可用拳面击打、膝关节撞击及脚面踢击。

3. 眼睛

眼睛是人体的重要视觉器官，是收集各种信息的重要窗口，能引导人的行动，为人体之要穴，所以是人体最重要的要害部位之一。眼睛如遭遇打击或戳点，轻则视觉混乱、模糊，重则出血失明，并伴随剧烈的疼痛感。

击打方法：对于此部位可用拳法攻击和指戳攻击。

4. 太阳穴

太阳穴属头部颞区，有颞浅动脉、静脉及颞神经穿过。而且，此部位骨质脆弱，向内击打，可引起颞骨骨折，损伤脑膜中动脉，致使血液不能流畅，造成大脑缺血缺氧，使人在 3 秒钟内死亡。

击打方法：攻击时可用双拳同时左右夹击。

5. 耳

耳廓神经离大脑较近，受到击打或挤压后可损伤通往脑膜中的动脉、静脉分支，使血液循环受阻。而且，耳部在下颌骨的上缘，下耳廓的后面，有一个和太阳穴一样致命的穴位叫完骨穴，打击耳和耳后完骨穴，轻则击穿耳膜或耳内出血，重则脑震荡或在 5 秒钟内死亡。

击打方法：攻击时可用双拳同时左右夹击。

6. 鼻部

鼻骨系软骨成分，鼻内部分筛板较薄，鼻周围三角区神经、血管分布相当丰富，痛觉极敏感。受到打击时，轻则鼻腔出血，重则鼻梁骨折、坍陷，疼痛难忍，因此丧失战斗力。

击打方法：攻击时可用拳法攻击，掌根推击，肘关节撞击。

7. 下颏

由于下颏所处位置易受攻击，且受击打后易引起颅底骨折、颅内出血，因此受击打后轻则剧痛难忍，重则昏迷或休克。

击打方法：攻击时可用直、摆、勾拳法打击或肘、膝攻击。

8. 颈部

颈部正中是咽喉位，是生命要害部位。咽喉在食道上部和呼吸道上口，喉结处有气管、颈动脉及迷走神经。颈两侧布满致命的血管、神经。颈动脉、迷走神经亦均沿颈两侧分布。如颈部受到掐、挟、削、穿、顶、砍等外力打击，不仅使人呼吸、饮食困难，而且会造成血液不能流通，使大脑供血困难，甚至得不到供血，从而使人头昏、窒息，甚至猝死。手掌外缘砍击或用小臂从背后箍勒，都能置敌于死地。

击打方法：攻击时可用拳击打，用手掌外缘砍，也可用肘顶、撞或用手臂勒、手卡。

9. 腋下

腋窝有丰富的神经，又有人体重要的内脏器官——肺脏，没有骨骼和肌肉保护，且皮肤较嫩，如遭受打击，轻则疼痛难忍，重则吐血窒息。

击打方法：打击这一部位时，可用拳击，掌指插击，肘法攻击。

10. 心窝

这是“要命”的地方，分布着膈肌神经丛、胃食管及主动脉、下腔静脉。如遭暴力打击，血管会因外力压迫而膨胀，导致心脏跳动急促或停止跳动、窒息，并在3秒钟内死亡。

击打方法：打击这一部位时，可用拳击，脚踢、踹，肘、膝顶撞。

11. 肋骨

肋部共有12对肋骨，且骨细而长，附在表面上的肌肉亦很薄，故用膝撞或脚踢任何部位的肋骨，都能使敌肋骨骨折或死亡。况且受到击打后会震荡内脏，尤其骨折后，折断创面的锋利处还会刺破内脏，造成体内大出血。

击打方法：攻击时可用拳击、肘击、膝撞或脚踢。

12. 胸腹部

胸部的肋软骨左边有脾，右边有肝，它们都是实质性器官，并含有丰富的血窦，受到打击后，不仅肋骨易骨折，而且肝、脾包膜也易破裂，并能引起内脏出血。其中，太阳神经丛居于胃后面，受打击后易引起恶心呕吐、两眼昏花，甚至昏厥或死亡。腹部包括人体胸腔剑突以下，肚脐及其周围部位。右上腹是肝胆，左上腹有胃、脾脏，两侧是肾脏，下腹是肠、膀胱等。这些器官排列腹腔壁内，并垂直压在骨盆上，离心脏较近，又有肠系膜、神经结。故受到外力的猛烈打击后，内脏血管会因外力压迫而膨胀，导致血液循环受阻，同时由于腹部壁层腹膜神经末梢丰富，感觉灵敏，人会疼痛难忍。

击打方法：攻击时可用拳击，肘击，脚踢、踹，膝撞等技法。

13. 裆部

裆部是男子的要害。裆部睾丸的血管、神经丰富，敏感性强，如被顶、撞、踢，可致疼痛难忍，血压下降，全身乏力，甚至休克、死亡，故系不堪任何打击之区域。该部位即便是受到妇女和儿童攻击也能使任何壮汉屈服，如遭到暴力攻击，可使人在3秒钟内休克或死亡。

攻击方法：对此部位可采用掌击、手抓、膝顶、踹腿、弹腿攻击。

14. 胫骨

小腿胫骨虽然坚硬，但此处几乎没有肌肉包裹，仅有很薄的皮肤，皮下神经丰富，痛感极强。此处若受到坚硬器物的碰、磕会产生剧烈的疼痛，使人难以忍受。

击打方法：可利用自己穿着的坚硬的皮鞋尖部、根部踢击歹徒的小腿胫骨。

15. 脚背

脚背部位神经密布，肌肉极少，由骰骨、3 块楔骨、5 块跖骨基底部的关节面组成。跖趾关节由跖骨远侧与第一节趾骨近端组成，故受外力砸压就会脱节和错位，同时连接其的踝关节活动范围亦较小，如用力击打或拧折可造成韧带撕裂。

击打方法：攻击时可用脚跟猛向下跺或碾其脚背。

二、人体自身的防身攻击武器

防身自卫术的技术动作特点，是利用身体各部位的功能，施以踢法、打法、摔法、擒拿法和反擒拿法等动作，连续而形成的技术。人体自身有各种用以格斗自卫的肢体攻击武器，正确掌握肢体攻击防御武器的用法，运用得当，将会成为克敌制胜、防身自卫的利器。防身自卫术就是教会弱者如何正确使用肢体武器，打击犯罪分子的要害部位，在危机时刻保全生命的技法。

(一) 头

头部有人体最为坚硬的头盖骨，有较强的抗击打力和攻击力。当与敌做近身肉搏时，头常被用来撞击对方的面部，尤其是鼻子。在自己双手被身强体壮的攻击者牵制到身体两侧而不能活动的情况下，头撞对手的面部是相当理想的摆脱方法。而当自己被人从背后抱住时，用头顶部猛撞对手的面部和鼻子，如果要领掌握得当，贯注全身之力，威力是很大的，完全可以用于自卫防身。

(二) 牙齿

牙齿是身体最为坚硬锋利的骨骼，是危急时刻御敌的利器。牙齿可用来撕咬对手的多个部位如鼻子、耳朵、脖颈、手指等。用力撕咬这些部位，可致敌疼痛难忍，放松攻击，受害者便可借机施以反击或逃脱。对于女性来讲，牙齿是防色狼性侵害的利器，可在歹徒强行亲吻时，咬其舌头、鼻子、耳朵等脆弱部位，达到自卫目的。

(三) 肘

武谚中有“宁挨十拳，不挨一肘。”的说法，足见肘击的威力。而且，肘的打击方法简练多样，可攻可守，一般人几乎用不着多少训练就能学会把肘关节用做杀伤力极强的武器。实战中，我们可以用水平、竖直、斜向肘技来击打对手的鼻子、太阳穴、下颌、前颈、太阳神经丛、肋骨等部位。

(四) 手

手是人体最为灵巧的部位，可以完成各种精巧细致的动作，因而在格斗中手部的技法最为丰富，拿、锁、扣、扳、点、缠、切、拧、挫、旋、卷、等擒拿技法是防身自卫术的主要技法，均是以手部动作为主的技法。

(五) 拳

拳是搏击格斗常用手型，根据四指卷曲的程度与形状不同，拳可分为平拳、凤眼拳、螺形拳、瓦楞拳、透骨拳、端杯拳、猴手拳、双珠拳、尖拳等多种。现代搏击中常用的拳的握法为四指并拢卷握，拇指扣在食指、中指的第二节指骨上，因其拳面平齐，故称“平拳 ”、“四平拳”。

第三节　防身自卫术实战技法

防身自卫术吸取了中华武术与世界各国搏击术中的精华，是针对犯罪分子的袭击、拦劫、侵害等实际情况把搏击中各种适合实践应用的招法分离出来，经过摘编、加工、提炼、实践、完善而成的制敌招术。其技法以擒拿和反关节技法为主，综合了各种搏击术的经典技法和招术。

一、基本技法

(一) 自卫实战姿势

自卫实战姿势，也称警戒势、格斗势，是与敌对峙时的格斗准备姿势。其具有暴露面积小，利于防守，起动快速，利于进攻的特点。在格斗实践中，实战姿势有多种做法，但都大同小异。下面就以散打的实战姿势技术为例进行说明。大家都知道，人的四肢在力量大小、灵巧程度上有较为明显的差别，力量大、灵巧的肢体被称为优势手或优势脚。在格斗实践中，通常将优势手和优势脚置于后侧，因为绝大多数人的优势手和优势脚是右手和右脚，故将右手、右脚在后的实战姿势称为右架或正架实战姿势，而将左手、左脚置于后的实战姿势称为左架或反架实战姿势。为了便于读者学习，基本技法的技术动作均以右架实战姿势为例。

动作方法：两脚前后开立，左脚在前，前脚跟与后脚尖距离约同肩宽。左脚全脚掌着地，右脚跟稍抬起，前脚掌着地，两膝稍弯曲，自然里扣，上体含胸收腹。双手握拳曲臂，左臂置于体前，大小臂夹角约 90°，拳眼与鼻尖平行，右臂置于体后，大小臂夹角约 45°，两肘自然下垂并稍向里合，下颌内收，目视对方。

(二) 拳法

拳法主要技法有直拳、勾拳、摆拳，另外还演变出弹拳、鞭拳等技法。

1. 直拳

直拳是实战格斗中运用最多的拳法，分为前手直拳和后手直拳两种拳法。其特点是速度快，力量大，用于从正面攻击对手的头部、颈部、胸腹部等要害部位。

1) 前手直拳(左直拳)

动作方法：实战姿势站立，右脚跟稍向内转，重心移至左脚，上体略右转，左髋前移，同时，以腰推肩，以肩推臂，以臂催拳，旋臂压腕，使左拳直线向前打出，力达拳面，拳心朝下，右拳紧贴右侧下颌处，下颌收紧，目视前方，然后左拳压肘收回，成基本姿势。

要点：要使蹬地、拧腰之力顺达拳面，整个动作要协调完整，重心不可过多前倾，手腕平直或稍下压，击拳前不可出现先收拳再击的预兆，不可在冲拳时将右臂后拉，不可耸肩，出拳时，收紧下颌，用左臂三角肌紧贴下颌左侧，以保护自己下颌。

攻击特点：攻击距离近，灵活。

实战作用：多用于袭击、干扰对手。

2) 后手直拳(右直拳)

动作方法：实战姿势站立，右脚跟向外转，脚前掌碾转蹬地，右膝挺直，膝稍内扣，左腿撑顶地面，右髋前送，身体左转，以蹬地、转髋、转腰、顺肩之力将右拳直线打出。出拳时注意旋臂压腕，使拳心向下，力达拳面，左拳护于腮部，击出后，沿出击路线迅速放松收回。

要点：要与右脚蹬地、拧腰、转体的力完整一致，从而获得最大的冲力，身体重心要在冲拳的同时前移，左拳不要下垂或外张。其他要点同左直拳。

攻击特点：打击距离长，力量大。

实战作用：用于重击对手。

2. 摆拳

摆拳是从侧面横向打击对手的拳法，分为前手摆拳和后手摆拳两种拳法。

1) 前手摆拳(左摆拳)

动作方法：实战姿势站立，身体微左转，重心移向左脚，左脚跟略离地外转，并碾转脚掌，上体右转，以腰带肩，左臂抬肘压腕，使拳由左向右横击，高于肩平，下颌收紧，目视对手，右拳贴于右腮。回收时自然沉左肘，恢复成实战姿势。

要点：前手摆拳要与左脚蹬地拧腰转体的力完整一致，用左臂三角肌保护左腮，抬肘要快速。

攻击特点：攻击距离短，快速灵活。

实战作用：近身袭击，干扰对手。

2) 后手摆拳(右摆拳)

动作方法：实战姿势站立，上体微向右转，重心右移，右腿碾转蹬地，右膝挺直膝内扣，右髋左转，右臂随转髋拧腰之力，抬肘压腕，使拳由右向左横击，高于肩平，下颌收紧，目视对手，左拳贴于左腮。回收时，身体自然右转，右臂沉肘，恢复成实战姿势。

要点：后手摆拳要与右脚蹬地拧腰转体的力完整一致，用右臂三角肌保护右腮，抬肘要快速，右腿蹬地要狠。

攻击特点：打击距离长，力量大。

实战作用：用于重击对手。

3. 勾拳

勾拳是近身格斗时由下向上竖向打击对手的拳法，主要用于攻击对手的下颌，腹部。勾拳有前手勾拳和后手勾拳两种拳法。

1) 前手勾拳(左勾拳)

动作方法：实战姿势站立，上体左转略下沉，重心移向左脚，左膝稍屈，右脚跟略抬内转，脚掌碾转蹬地，左膝及上体瞬间挺伸并向右微转体，带动左臂外旋由下向上击拳，拳面朝上，拳心朝内，力达拳面，右拳置于右腮旁，目视左拳，回收时身体微左转沉恢复实战姿势。

要点：前手上勾拳动作必须同右腿蹬地，转体上挺协调一致，用身体的整体之力出拳。上体向左转下沉再蹬地，挺伸与右转瞬间要协调自然，不可断裂或过程太长，上体不可过于前倾，屈臂的角度大小根据对方的远近距离及击打的部位而定。

攻击特点：近身攻击，隐蔽灵活。

实战作用：贴身近战时打击对手。

2) 后手勾拳(右上勾)

动作方法：实战姿势站立，上体右转略下沉，重心移向右脚，右脚跟略抬外转，脚掌碾转蹬地，右膝及上体瞬间挺伸并向左微转体，带动右臂外旋由下向上击拳，拳面朝上，拳心朝内，力达拳面，左拳置于左腮旁，目视右拳，回收时身体微左转沉恢复实战姿势。

要点：前手上勾拳动作必须同右腿蹬地，转体上挺协调一致，用身体的整体之力出拳。上体向右转下沉再蹬地，挺伸与左转瞬间要协调自然，不可断裂或过程太长，上体不可过于前倾，屈臂的角度大小根据对方的远近距离及击打的部位而定。

攻击特点：同前手勾拳。

实战作用：同前手勾拳。

4. 鞭拳

鞭拳是以身体旋转带动手臂发力，以拳背为力点，横向打击的拳法，分为前手鞭拳和后手鞭拳。特点是旋转发力，击打如鞭，力量大。

1) 前手鞭拳(左鞭拳)

动作方法：实战姿势站立，左脚经右腿后插步，身体以头领先向左后旋转 180°，右拳与左拳一起回收至胸前，眼睛从左肩上注视对手，动作不停，上体继续向左转体 90°，同时，借身体旋转之力迅速展臂，左拳反臂横向鞭打，拳眼朝上，力达拳背。

要点：左拳鞭打动作要与身体旋转动作协调合一，转体时两腿要松活，不可僵直，转身要隐蔽快速。

攻击特点：力量大，动作突然。

实战作用：用于反击对手。

2) 右鞭拳

实战姿势站立，身体向右后转体，右腿经左腿后插步，身体以头领先向右后旋转 180°，左拳与右拳一起回收至胸前，动作不停，上体继续向右转体 90°，同时，借身体旋转之力迅速展臂，右拳反臂横向鞭打，拳眼朝上，力达拳背。

要点：同前手鞭拳。

攻击特点：同前手鞭拳。

实战作用：同前手鞭拳。

(三) 掌法

掌在技击实战中主要有推掌、插掌、砍掌等技法。在自卫实践中多用于攻击对手的颈部、心窝、面部。

1. 推掌

动作方法：实战姿势站立，推掌的动作路线与发力顺序同直拳，唯拳变掌跟为着力点，打击对手。

实战作用：用于推击歹徒面部、下颌等要害。

2. 砍掌

动作方法：实战姿势站立，以腰带臂，用掌外侧，横向砍击。

实战用法：用于打击歹徒颈部。

3. 插掌

动作方法：实战姿势站立，插掌的动作路线与发力顺序同直拳，唯拳变掌心向下或向内侧，以四指尖为着力点向前插击。

实战用法：用于插击歹徒肋部，腋下、剑突、眼睛等要害。

(四) 肘法

肘法是格斗实战中近身攻击的常用技法，具有很大的攻击伤力。防身自卫中的主要肘法有顶肘、砸肘、横肘、挑肘。

1. 顶肘

动作方法：以左顶肘为例。实战姿势站立，大小臂夹紧，肘部平抬，肘尖向前，右手掌贴住左拳面，左腿稍向前上步，右腿用力蹬地，拧腰顺肩，同时右臂顺势推顶助力，使左肘向前直线攻击，用肘尖击打对手。

要点：蹬腿、送肩、右臂助力，三股力量合一。

2. 挑肘

动作方法：以左顶肘为例。实战姿势站立，上体左转略下沉，重心移向左脚，左膝稍屈，右脚跟略抬内转，脚掌碾转蹬地，左膝及上体瞬间挺伸，左臂大小臂夹紧，大臂迅速上抬，使肘尖由下向前上挑击，力达肘尖，右拳置于右腮旁，目视左肘。

要点：动作必须同右腿蹬地，转体上挺协调一致，用身体的整体之力上挑。

3. 砸肘

动作方法：以右砸肘技术为例。实战姿势站立，两腿伸膝上蹬，重心上提，右手臂大小臂夹紧上抬，肘尖朝前上，上动不停，身体重心突然下沉，带动右手臂顺势向下用力，以肘尖砸击对手，左手握拳贴于左腮。

要点：肘砸击时身体迅速下沉，身体下沉与手臂砸击两股力合二为一。

4. 横肘

动作方法：以后手(右)横击肘技术为例。实战姿势站立，上体微向右转，右腿碾转蹬地，右膝挺直膝内扣，右髋左转，随转髋拧腰之力，右肩带动右臂屈肘向左横向摆击，高于肩平，下颌收紧，力达肘尖或小臂目视对手，左拳贴于右腮。回收时，身体自然右转，右臂沉肘，恢复成实战姿势。在防身自卫实践中，横击肘多结合身体向后转时使用。

要点：后手摆拳要与右脚蹬地拧腰转体的力完整一致，用左臂三角肌保护左腮，抬肘要快速，右腿蹬地要狠。

(五) 腿法

腿法是格斗技法中最重要的技法之一。腿较手长，可发挥一寸长，一寸强的作用，腿较粗壮有力，攻之威力大，防之有效。因此，武谚有：“手是两扇门，全凭腿打人”，“三分拳七分腿”等说法。防身自卫实战中常用的腿法有正蹬、侧踹、鞭腿、后踢等腿法。

1. 正蹬

正蹬腿属直线性腿法，有起腿快、打击路线简捷、打击距离长等特点。分为左正蹬和右正蹬两种腿法。

1) 左正蹬

动作方法：实战姿势站立，身体重心移至后腿，后腿略屈，左腿屈膝上抬，含胸，收腹，大腿贴近胸部，脚尖勾起，脚底朝前下，随即左腿由屈而伸向前上方蹬出，力达脚跟，当脚触击目标时，伸胯并使脚尖猛向前下方压踩，使力达全脚掌，两拳自然下落置体前，目视前脚部，蹬腿后脚落下，还原成基本姿势。

要点：支撑腿可微屈保持平衡，上体不可过分后仰，屈膝上抬与左伸蹬要连贯。

2) 右正蹬

动作方法：实战姿势站立，身体重心移至左腿，左腿略屈，右腿屈膝上抬，含胸，收腹，大腿贴近胸部，脚尖勾起，脚底朝前下，随即右腿由屈而伸向前上方蹬出，力达脚跟，当脚触击目标时，伸胯并使脚尖猛向前下方压踩，使力达全脚掌，两拳自然下落置体前，目视前脚部，蹬腿后脚落下，还原成基本姿势。

要点：支撑腿可微屈保持平衡，上体不可过分后仰，屈膝上抬与右伸蹬要连贯。

2. 侧踹

侧踹腿同正蹬腿法一样，属于直线攻击腿法，有力量大、速度快、进攻动作直接的特点。

1) 左侧踹腿

动作方法：实战姿势站立，重心移至右腿，膝略屈，脚尖外展，左腿屈膝上，抬膝高于腰，脚尖勾起，脚底朝外侧下，右脚以前脚掌为轴外旋约 180°，使左脚内侧与地面近于平行，同时，迅速伸髋发力，大腿内旋，左脚沿直线向前方踹击，力达脚外侧或整个脚掌。攻击动作完成后，左腿迅速放松按出腿路线返回，成实战姿势站立。

要点：提膝时大小腿夹紧，踹击时转体、展髋，上体侧倾，踢击目标的瞬间肩、腰、髋、膝、腿应成一直线。

2) 右侧踹腿

动作方法：实战姿势站立，重心移至左腿，膝略屈，脚尖外展，右腿屈膝上，抬膝高于腰，脚尖勾起，脚底朝外侧下，左脚以前脚掌为轴外旋约 180°，使右脚内侧与地面近于平行，同时，迅速伸髋发力，大腿内旋，右脚沿直线向前方踹击，力达脚外侧或整个脚掌。攻击动作完成后，右腿迅速放松按出腿路线返回，成实战姿势站立。

要点：提膝时大小腿夹紧，踹击时转体、展髋，上体侧倾，踢击目标的瞬间肩、腰、髋、膝、腿应成在一个平面。

3. 鞭腿

鞭腿是从侧面横向打击对手的腿法，其特点是以腰力和身体旋转带动腿部发力，小腿犹如鞭梢，用脚背击，速度快，变化多，力量大。

1) 左鞭腿

动作方法：实战姿势站立，身体重心移至右腿，同时，左腿小腿夹紧提起，以右脚前脚掌为轴脚跟内旋，身体向右侧旋转，转体时左膝关节内扣下压，上体微侧倾，左脚以膝关节为轴迅速伸膝弹腿向右侧方踢出，脚面绷直，以脚背为力点踢击。动作完成后，小腿放松沿出腿路线收回，成实战姿势站立。

要点：借助拧腰转胯之力击打，弹腿时支撑腿膝伸直并以脚掌为轴，碾地，脚跟内收，上体不可过于倾斜。

2) 右鞭腿

动作方法：实战姿势站立，右脚蹬地，身体重心移至左腿，同时，右腿小腿夹紧提起，以左脚前脚掌为轴脚跟内旋，身体向左侧旋转，转体时右膝关节内扣下压，上体微侧倾，右脚以膝关节为轴迅速伸膝弹腿向左侧方踢出，脚面绷直，以脚背为力点踢击。动作完成后．小腿放松沿出腿路线收回，成实战姿势站立。

要点：同左鞭腿。

4. 弹踢

弹腿是防身自卫术实战常用的腿法，其技术简单，易于掌握，主要用于踢击歹徒的裆部、小腿胫骨部位。

动作方法：以右腿弹腿踢为例。实战姿势站立，身体重心移至左脚，右脚蹬地，大小腿夹紧快速正前方屈膝上提，随即以膝关节为轴向前弹踢小腿，脚面绷直，力达脚背或前脚掌。

动作要点：提膝大小腿要夹紧，踢腿动作应迅速有力，髋关节前送。

5. 后踢

后踢是背向对手攻击的腿法，借转身之力，加大了踢击的力量，多用于反击对手从正面的进攻。

动作方法：以右腿后踢技术为例。实战姿势站立，右脚蹬地，身体重心移至左腿．右脚以前脚掌为轴，脚跟向内旋转，同时，左脚以前脚掌为轴，脚跟向外旋转，以头领先向右后转体 180° 成背向对方姿势，头从右肩上注视对手，右脚蹬地提起，左腿支撑，右腿大小腿折叠，膝关节收紧，脚尖勾起，上动不停，右腿迅速伸膝沿直线向后蹬踢，上体侧倾，力达脚跟。

要点：以头领先，转体要快速，转体、后蹬连贯协调。

(六) 膝法

膝法是近身实战最为简洁实用，威力巨大的技法。防身自卫实践中常用的膝法攻击技术有顶膝和侧撞膝两种技法。

1. 顶膝

动作方法：右顶膝为例。实战姿势站立，身体重心移至左腿，右腿猛力蹬地，快速屈膝上提，同时，左腿挺直，脚跟前转使右髋前送，带动右膝向前上方顶撞，力达膝盖。顶膝主要是用来攻击歹徒的裆部、胸腹部。

要点：左腿蹬地碾转和右膝上顶动作协调一致。

2. 侧撞膝

动作方法：与顶膝由下向上竖直击打不同，侧撞膝是由侧面横向打击。侧撞膝分为左侧撞膝和右侧撞膝。左侧撞膝是左膝上抬，由左向右侧撞击。

要点：微倒身，扭髋内转，两手可抓住对方帮助发力。右侧撞膝动作与左侧撞膝相反。

二、防身自卫常用招法

在现实生活中，每个人都有遭遇犯罪分子暴力侵害的可能，虽然这种几率较小，但一旦遭遇，将给我们的人身安全带来极大的威胁。因此，掌握一些破解犯罪分子常用侵袭手法的招术，对于在危急时刻保护我们的人身安全是十分必要的。下面就将一些防身自卫的经典招法做一介绍，以便大家学习掌握。

值得注意的是，在遭遇犯罪分子的人身侵害时，不能因为自己掌握了一些简单的防身术，便贸然同其搏斗。尤其是女性，最先想的应该是想办法尽快脱身,然后拨打 110 报警或向他人求教，万不得已的危急情况下，再采取运用防身术自卫。另外，一旦面临歹徒的暴力侵害，一定要镇静，不要惊慌失措、手脚发软、浑身战栗，要做到头脑冷静，最好的办法就是尽快把脑子里的一切念头全抛开，凝神注视歹徒及其举动，想办法对付他，用自己学过的招法，横下一条心，跟歹徒搏斗，一定要保护自己、战胜歹徒。

(一) 头发被抓的解脱与反击

抓头发是歹徒常用的控制被害人的手段，尤其是针对女性。当被歹徒抓住头发时，切记不可与之对抗，而应顺其势，借其力，伺机攻其要害。

1. *歹徒从前面抓头发的解脱与反击*

解脱反击法一：当歹徒从正面抓自己头发之时(见图 11-2)，迅速用双手扣压住其手腕，紧按在自己头上，这样不至于被歹徒抓伤头皮(见图 11-3)，同时，迅速向后撤一大步(左右脚皆可，最好撤自己最有力的腿，以利反击)身体下俯，双手借身体下沉、后撤之力拉拽其手，并用头部前顶之力合力，反向折歹徒手腕，其疼痛难忍，必然松手(见 11-4)；折其手腕不松，身体直立，顺势用弹踢腿法或用膝顶击打其裆部或面部(见图 11-5)。

图 11-2

图 11-3

图 11-4

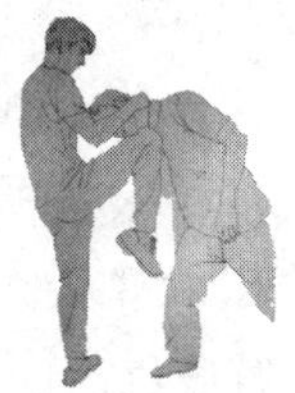
图 11-5

要点：抓扣手腕要紧，身体后撤下潜，顶头折腕连贯，要狠，反击速度快，击打部位准，力度大。

解脱反击法二：当歹徒从正前方抓住自己头发往前拖扯之时，切勿与歹徒的抓扯力相抗，以免头皮受伤。抓扯者拖带一般朝向下前方，外行抓扯人一般都是身内拖带，因此裆部要害部位便全部暴露，并正处于被抓扯者面对的方向。这时，应趁被抓扯俯身向前之力，借着惯性，将膝头高提，以提膝的打法猛撞歹徒裆部或用弹踢击打其裆部。

2. *从后面抓头发的解脱与反击*

解脱反击法：当歹徒从自己后面抓住头发时(见图 11-6)，迅速用双手扣压其手腕，使其不能拉拽和逃脱，同时，左脚迅速向右脚外侧插步，身体右后转 180°，借身体转动下沉之力，将歹徒手臂旋转拽直，使其手心朝上(见图 11-7)。上动不停，身体猛力上挺，用头和手之合力猛力反向折其手腕，其必松手(见图 11-8)。

图 11-6

图 11-7

图 11-8

要点：扣腕要紧，转身上顶要连贯快速有力，攻击速度快，击打部位准，力度大。

(二) 颈部被抓的解脱与反击

颈部为人体要害，也最易控制，因此成为犯罪分子常用的手段。

1. 单手从前面抓颈部的解脱与反击

解脱反击法：当歹徒用右手抓自己颈部时(见图 11-9)，右手迅速扣抓歹徒右手，注意要用右手抓握歹徒右手小指一侧(见图 11-10)，同时，身体右转，借转体扣肩之合力，左手托住歹徒右手肘关节，向上向下推按，右手掰拧其右手腕，形成反关节用力(见图 11-11)，其必低头松手，顺势用弹踢腿法猛击其面部(见图 11-12)，或用膝顶其面部，将歹徒制服。歹徒若用左手，动作方法相同，唯手相反。此法亦可用于歹徒从正面单手抓肩、抓衣领、抓胸的解脱与反击。

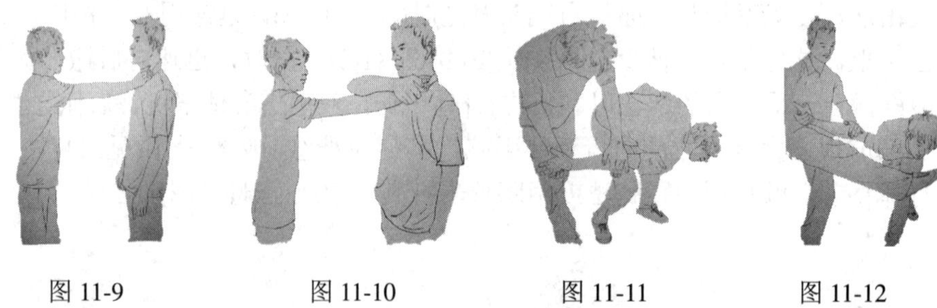

图 11-9　　图 11-10　　图 11-11　　图 11-12

要点：右手抓腕，转体扣肩，左手托按一气呵成。

2. 双臂从前面抓颈部的解脱与反击

解脱反击法一：当歹徒从前面双手抓自己颈部时，此时以双手抓住歹徒手臂，以免被歹徒抓紧，同时，借歹徒向后推之力，迅速抬起优势腿，用弹踢腿法踢击歹徒裆部。

要点：首先要防止颈部被歹徒抓卡太死，其次，踢击要准、狠。此法适用于身材较矮，手臂短的反击者。

解脱反击法二：当歹徒用双手抓自己颈部时，可用双手贯指猛插歹徒腋下，或用单手插击歹徒剑突部位。

要点：贯手时，中指微屈，四指并齐，插击部位准确。

3. 双臂从后面卡住颈部的解脱与反击

解脱反击法：当歹徒从后面双臂或单臂卡住自己颈部时(见图 11-13)，一手抓其小臂，以防颈部被卡死(见图 11-14)，同时，身体向后顶，待歹徒向后退，身体与之留有一定距离时，另一手猛力拍击或抓拧歹徒睾丸(见图 11-15)。待其松手，向后转体，抬肘击打歹徒头部。

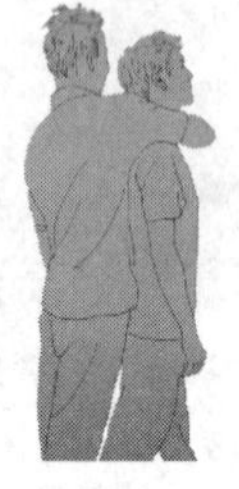

图 11-13

图 11-14

图 11-15

要点：切忌被歹徒卡死颈部，身体要与歹徒留有空隙不能紧靠歹徒身体。

(三) 肩部被抓的解脱与反击

1. 双手从前面抓肩的解脱与反击

解脱反击法一：当歹徒从前面双手抓住自己双肩时(见图 11-16)，双臂贴歹徒双臂内侧上举(见图 11-17)，紧接着双臂向外缠压歹徒双臂，借下压之力和歹徒手臂下沉之际，猛然低头，用前额撞击歹徒面部三角区域(见图 11-18)，接着双手抱住歹徒头部，提膝顶其裆部(见图 11-19)。

图 11-16

图 11-17

图 11-18

图 11-19

要点：双臂上举下压和头部撞击要同时合一，用额头撞击时部位要准，不要撞击到歹徒的额头。

解脱反击法二：当歹徒从前面双手抓住自己双肩时，应双手托住歹徒双肘，两腿蹬地用力上托其手臂，使其不能发力，紧接着迅速抱住歹徒用膝顶其裆部。

要点：双手托歹徒双臂时要突然，乘其不备。

2. 单手从前面抓肩的解脱与反击

解脱反击法：单手从前面抓肩方法同单手抓颈部解脱反击动作。

3. 单手从后面抓肩的解脱与反击

1) 同侧手抓肩的解脱与反击

解脱反击法：当歹徒从后面用右手抓右肩时(见图 11-20)，迅速以左手紧扣其右手，身体右转，头向后看(见图 11-21)，同时右臂上举由歹徒右臂内侧缠绕向下切压，然后屈肘上提，形成反关节用力，将其制服(见图 11-22)。

2) 异侧手抓肩的解脱与反击

解脱反击法：当歹徒从自己后面用左手抓右肩时(见图 11-23)，迅速以左手紧扣其左手，身体右转，头向后看，同时右臂上举由歹徒左臂外侧向内，向上缠绕，屈肘上挑，形成反关节用力，将其制服(见图 11-24)。

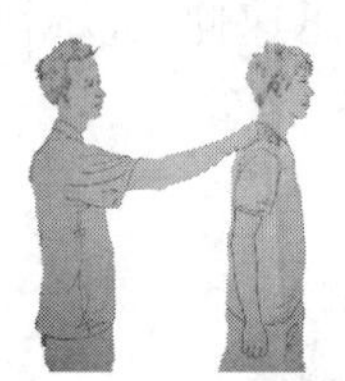
图 11-20

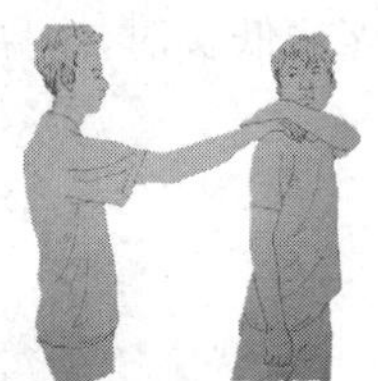
图 11-21

图 11-22

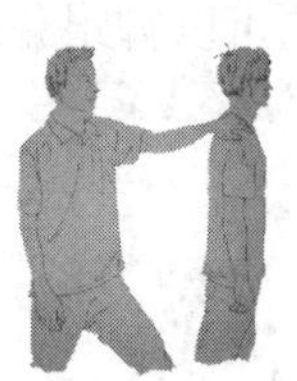
图 11-23

图 11-24

(四) 手臂被抓的解脱与反击

1. 同侧手被抓

解脱反击法：当歹徒用左手抓自己右手腕时(见图 11-25)，左手迅由下紧紧扣握住歹徒右手，同时，右臂外旋回收，使歹徒左手手心朝上(见图 11-26)，紧接着身体左转上右步，右臂屈臂上抬歹徒左肘，形成反关节用力(见图 11-27)，将歹徒制服。

2. 交叉手被抓

当歹徒用右手抓自己右手腕时(见图 11-28)，左手迅速紧紧扣压住歹徒右手，同时，右手掌外侧紧贴歹徒右手腕向下切，并迅速抓其手向外边旋拧边朝自己身体内带，左肘随之向下压歹徒右肘部位，歹徒便会因疼痛和关节牵拉而下蹲(见图 11-29)，顺势用右膝顶其面部或用右脚弹踢其面部(见图 11-30)。

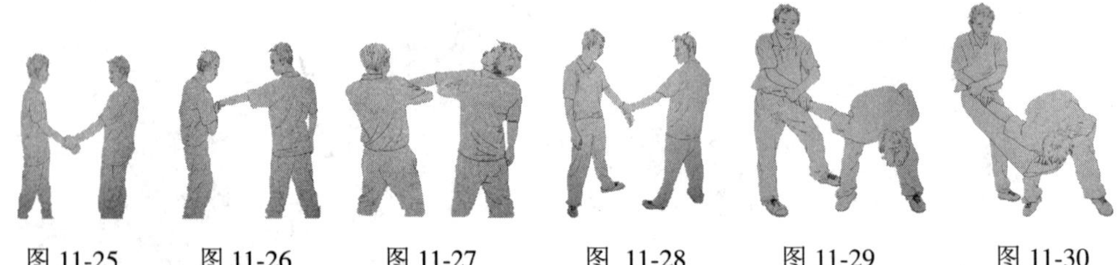

图 11-25 图 11-26 图 11-27 图 11-28 图 11-29 图 11-30

(五) 被抱腰的解脱与反击

1. 从前面抱腰的解脱与反击

1) 从前面连同双臂抱住时的解脱与反击

解脱反击法一：当歹徒从正面连同自己双臂抱住时，其头部完全暴露，可用额头猛撞击其鼻部三角区，待歹徒松手之际我迅速抱其腰，用膝猛撞歹徒裆部，或用手抓其睾丸。此法适用于防卫者与歹徒身高相差不大时的解脱反击。

解脱反击法二：在防卫者身高较矮的情况下，可用脚跟猛踩歹徒脚背，待其松手之际，迅速用手抓其睾丸或用膝顶其裆部。

2) 从前面未控制双臂抱住时的解脱与反击

解脱反击法：正面被对手抱腰，但手臂未同时被抱住，可以肘部攻击对方太阳穴。若是女性被抱，歹徒必然强行亲吻，防卫者可佯装拒绝他的亲吻等，上身后仰，造成攻击距离，接着猛挥臂，以肘部猛击其太阳穴。也可佯装配合其亲吻，待其舌头进入防卫者口中时，猛力咬其舌。亦可用手抓握其睾丸。

2. 从后面抱腰的解脱与反击

1) 手臂未被控制时的解脱与反击

解脱反击法：抬手身体向后旋转发力，以反手横肘向后猛击对方太阳穴，力达肘尖(见图 11-31～图 11-33)。也可以脚跟猛跺其脚面，待其因疼痛低头时，可用迅速仰头以后脑击其面部。

图 11-31

图 11-32

图 11-33

2) 手臂被控制时的解脱与反击

解脱反击法：被抱者可伸手抓、握、提对方的睾丸。因对方注意力在上部，很有隐蔽性，成功可能性很大。需要注意的是，反手掏出，务要准确。如果歹徒抱住的是腰际，那么歹徒必然弯腰，头较低，这时可猛仰头以后脑击其面部。

(六) 拳法进攻的防守与反击

拳法进攻防守反击法一：当歹徒用右拳攻击自己头部时，我以左手向外格挡其来拳，同时，右手向下用手背或拳背弹击歹徒面部(见图 11-34)，待其闭眼之际，迅速用肘击打其太阳穴、颈部、下颌等部位。

拳法进攻防守反击法二：当歹徒用右拳攻击自己头部时，以左手上举格挡(见图 11-35)，并快速粘住其右拳，将其右腕夹于腋下，同时，左手臂由外向内向上缠绕其右臂并用力上提(见图 11-36)，将其控制(见图 11-37)，此时可用右拳击打其面部、下颌、颈部等要害部位。

图 11-34

图 11-35

图 11-36

图 11-37

(七) 腿法攻击的防守与反击

腿法进攻防守与反击：当歹徒用右鞭腿踢击自己左侧时，应迅速向右侧移步，重心稍下沉，用左臂格挡其右腿并从外侧抄抱其右腿(见图 11-38)，上动不停，迅速上右步至其左腿后，左手下切其右髋，身体左转，用转体、下切之合力将歹徒摔倒(见图 11-39)。待其倒地后，可用右拳击、跪膝、脚踩等方法攻击其裆部(见图 11-40)。

图 11-38

图 11-39

图 11-40

相关链接

擒　　拿

擒拿是防身自卫术的主要技法，也是中国拳术之一。擒拿由国术技击演变而来，其特点是不用兵器，只采用各种徒手格斗的手法，利用人体关节、穴道和要害部位的弱点，使对方身体局部产生剧痛而束手就擒。

擒拿手法较多。按实用手法可分成切、点、分、封、锁、扣、压、拧转等。根据关节活动与手法运用特点，常用的有下列 17 个基本手法。

拿：握捏对方肢体关节，使其内旋或外旋，称里拿或外拿。
缠：双手抓握对方肢体远端，使关节扭屈，有小缠和大缠之分。
背：将对方肢体反关节背负肩背上，使其过度伸展，如背肩、肘、腰。
卷：使关节过度屈曲，如卷肘、卷腕、卷指。
压：用力向下压，使关节肢体过伸，如压腕、别肩、别肘、压腿等。
展：使关节过度伸展，如展臂、展指。
蹬：蹬踹对方腿部，使关节过度内翻，如蹬小腿。
抱：双手环抱，使对方肢体不能运动，如抱腿、抱臂、抱腰等。
转：使关节肢体过度扭转，如错颈、转臂。
锁：使活动部位功能受阻，旋转不动，如锁喉、锁肩臂。
分：施力分离关节的正常部位，如分指。
抓：抓住对方要害部位，使其不能活动。
推：使肢体关节远离身体重心，如撑颚、推颈、揣耳等。
搬：使关节过度转展，如搬头、搬腿。
抠：用指深掐五官或要害，如抠眼、抠鼻、抠腮、掐肩、挖海等。
托：紧握肢体一端，反关节使力上托，如托肘等。
点：进攻穴道，如点死穴、点哑门穴、点晕穴等。

思　考　题

1. 防身自卫术与竞技格斗比赛有什么区别和联系？
2. 防身自卫的原则是什么？
3. 人体有哪些要害部位，说出其部位及名称。
4. 说出人体自身防身攻击武器的部位、名称和使用技法。

第十二章　体育卫生保健常识

内容提要： 运动损伤是指在体育锻炼过程中发生的各种损伤。它的发生与锻炼的方法、时间、环境有很大的关系。运动损伤不仅影响大学生的身体健康、学习和工作，而且还会影响他们参加体育锻炼的积极性，妨碍体育运动的开展。大学生了解相关的体育卫生保健常识就能有效避免运动损伤的发生。

学习目标：

1. 了解常见运动损伤发生的原因；
2. 掌握运动损伤的预防与简单处理；
3. 能运用体育保健理论进行科学的健身以及女子卫生期的锻炼方法。

第一节　体育锻炼的一般卫生保健常识

一、准备活动和整理活动

(一) 准备活动

准备活动是为缩短运动开始达到各种生理功能发挥最高水平的过渡时间，预先提高身体机能的练习。其主要作用如下：

(1) 提高中枢神经系统的兴奋性，使整个机体在神经系统的调节下迅速进入兴奋状态，调节运动系统与其他系统之间的关系，缩短人对运动的适应过程；

(2) 克服内脏器官的惰性，使之尽快适应运动系统的需要；

(3) 提高体温，减少肌肉和韧带的黏滞性，加强关节的灵活性和活动幅度，防止运动损伤。

准备活动是体育教学、锻炼和比赛不可缺少的重要环节。它包括一般性和专门性准备活动两种。首先应做一般性准备活动，即利用走、跑和徒手操活动身体各个部位，使之发热，然后再做专门性准备活动。专门性准备活动是针对要锻炼项目的特点做的一些专门性练习，如短跑前做小步跑、高抬腿等。

(二) 整理活动

整理活动是指在体育锻炼结束后做的一些有利于加速身体功能恢复到安静状态的比较轻松的练习。作用包括：

(1) 使人体由紧张的运动状态逐步转入到相对安静状态；

(2) 便于机体排出代谢产物，消除疲劳，利于机体尽快恢复。

(3) 它也是体育教学、锻炼和比赛不可缺少的重要环节。

二、锻炼环境与物质条件

进行体育活动时，呼吸加深加大，肺通气量增加，以保证摄取较多的氧气，满足身体的需要。如果空气中灰尘、杂质太多，必然影响氧的含量，而且其中细菌也较多，容易引起呼吸道疾病。因此，锻炼时应在空气新鲜的环境中进行。参加体育锻炼时所穿的服装应该舒适轻便，宽松适宜，既便于活动，也可起保护作用。在进行体育锻炼前要认真检查场地器材。

三、体育锻炼中常见的生理现象

(一) “极点”和“第二次呼吸”

在剧烈的运动中，人体会出现呼吸紧张，胸部发闷，下肢沉重，肌肉无力的现象。这种现象被称为“极点”。它多发生在中长跑运动中。其原因是支配运动系统的躯体神经能使运动系统从安静状态迅速地转入工作状态，致使运动系统需要大量的能量供应。而支配呼吸和血液循环的自主神经惰性大，不能及时进入工作状态。呼吸和血液循环系统不能满足紧张的肌肉活动的需要，造成暂时缺氧，体内乳酸积累，使血液向酸性方面变化，并刺激神经末梢，其冲动不断传入大脑，结果造成大脑皮层超限抑制，使植物性神经和躯体性神经协调性遭到暂时破坏，于是就出现了“极点”。当“极点”出现后，应放慢速度和减小运动强度，坚持跑和运动。呼吸和血液循环系统机能会随肌肉的活动逐渐进入工作状态，出现呼吸自如，动作轻松，这就是“第二次呼吸”。克服“极点”的方法有以下几点：一是准备活动要充分，使自主神经提前兴奋；二是当“极点”出现后要放慢速度和减小运动强度，并加深呼吸。另外要注意平时的锻炼，提高呼吸和血液循环系统的功能。

(二) 运动性肌肉酸痛

运动性肌肉酸痛是指在身体做不习惯运动后(大运动量、突然增加强度和运动幅度)，一段时间内肌肉产生的酸痛。多见于初参加体育锻炼的人或停止锻炼时间较长、重新锻炼者。预防和处理运动性肌肉酸痛的方法有：一是用双手在疼痛处进行自我按摩或热敷；二是运动后做一些伸展性练习；三是运动强度和运动量逐步提高。

(三) 运动性腹痛

运动性腹痛多发生在中长跑运动中。其部位在右上腹。产生的原因有：一是饭后过早参加运动，胃受到食物的充盈引起牵扯痛和胀，或锻炼前大量喝水，特别是饮凉水引起胃痉挛；二是准备活动不充分血流量不能及时回心，造成肝脾淤血肿胀，牵扯其被膜，引起疼痛；三是呼吸节律受到破坏，造成缺氧，胸内压上升，静脉血回心受阻，血液在肝脾淤滞，引起上腹部疼痛。发生腹痛时，一般放慢跑速，加深呼吸，按压疼痛部位(勿用手揉)，或弯腰跑一段疼痛就会减轻、消失。

(四) 中暑

中暑是在高温环境中发生的一种疾病。其原因是长时间地接受日照和高温，体内产热急剧增加，散热困难，体温调节功能紊乱，水盐代谢失调所致。症状是患者感到头昏头痛，全身无力，烦躁心慌，面色潮红，皮肤灼热，有时流鼻血。严重时昏迷不醒，面色苍白，呼吸表浅，甚至死亡。发生中暑时，首先应降温，将患者迅速转移到阴凉通风的地方，喝些凉开水，吃些人丹，症状轻的很快就会好转。

(五) 肌肉痉挛(抽筋)

肌肉痉挛是肌肉不由自主的强直性收缩，多发生于小腿腓肠肌和足屈肌。其原因有：一是遇冷刺激，加之准备活动不充分引起痉挛；二是大量排汗，体内盐分含量过低引起痉挛；三是肌肉过快地连续收缩，使之失调，放松时间过短，造成痉挛。

第二节　体育锻炼的自我监督

自我监督也即自我检查，是指参加体育锻炼者在锻炼过程中，主动观察自己身体的机能改善，以及身体对运动锻炼的反应和感受，并将观察情况记载下来。通过自我监督，可以间接地评价运动的强度和密度安排得是否合理。根据机体的反应情况判断锻炼效果，以便及时调整锻炼计划，合理安排运动量，有效地预防过度疲劳和运动创伤。自我监督的内容，有主观感觉和客观自身检查两方面。

一、主观感觉

主观感觉也叫自我感觉，指锻炼时机体对运动的反应和感受。主观感觉能最直接地反映整个机体的活动状况，特别是对中枢神经系统、饮食和体力等方面的变化最显著。由于机体情况和运动量的不同，运动后每个人的感受也不一样。就感觉来说，有感觉良好、感觉一般和感觉不良。感觉良好的表现是愿意参加体育锻炼，对运动有浓厚的兴趣，锻炼时心情舒畅，精力充沛而愉快，全身无不适感觉，无心慌气喘。刚参加体育锻炼者可有轻微疲劳感，但多在休息后恢复正常，食欲良好，饮食增加，睡眠改善，并在早晨醒来感觉精神爽快，全身舒适有力。感觉不良的表现是在运动锻炼过程中出现精神委靡不振，身体疲倦，肌肉酸痛，四肢无力，心情烦躁，容易激动，对锻炼厌烦，不能坚持锻炼。较重者头昏头痛，食欲减退，恶心呕吐，心慌气喘，失眠多梦或嗜睡。感觉一般介于良好与不良之间，即锻炼前后无明显感觉变化。

二、客观自身检查

客观自身检查指自己检查自身的一些机能指标，包括脉搏、呼吸、体重、排汗及体力测验等。

(一) 运动与脉搏

运动锻炼时脉搏率是一项很重要的确定运动量的客观指标，通常以触摸腕部的桡动脉跳动代表脉搏，每分钟的脉搏次数为脉搏率。正常人脉搏率(60～100)次/分。低于 60 次/分为心动过缓，高于 100 次/分为心动过速。脉搏的变化一般可反映心脏血管机能的改变，运动时为便于观察，常以脉搏表明心率的变化。常用的心率有静息心率，最高运动心率，运动心率，终止运动即刻和 1 分钟、3 分钟、5 分钟的心率及心率恢复时间。

(二) 运动与呼吸

注意呼吸类型、频率、深度及节律的变化。呼吸一般分为胸式呼吸和腹式呼吸。成年人安静时(14～20)次/分，运动可使呼吸加快，运动强度越大，增加越明显。

(三) 运动与排汗

运动时为了调节体温，排泄废物，保证运动顺利进行，机体总会有不同程度的出汗。运动时体内多余的热主要通过排汗来调节，出汗多少可因人因时而异，也与气候、温度、湿度、气压及风力等因素有关，排汗量还与运动强度、饮水量及锻炼者衣着等情况有关。

(四) 运动与休息

休息是解除运动后疲劳、恢复体力最有效和最符合生理要求的方法。有活动部位的局部休息和全身的静止休息，有锻炼当中的短时间休息和锻炼之后的长时间休息；有变换运动内容和活动方式的休息，如脑和体活动的交换，紧张和放松运动的交换。

(五) 运动与睡眠

睡眠是休息的深度状态。合理的运动锻炼，能促进睡眠的质与量，充分的睡眠，是解除疲劳、迅速恢复精力和体力的最好方法。

(六) 运动与洗澡

运动后，往往有不同程度的出汗，使身体感到不舒服，若及时洗澡，则对身体有很大的好处。它能去掉汗水和排泄的废物，使身体清洁，还能降低体温，消除疲劳，调整身体平衡，提高锻炼的效果。

(七) 运动与进食

运动与进食的时间应有一定的间隔，不宜在饭前或饭后进行较剧烈的运动。饭后体内大量血液聚于胃肠道以消化食物，如果饭后马上参加运动，可使参与胃肠道消化的血液又重新分配到全身的肌肉和骨骼中去，从而影响了胃肠道的消化和吸收功能。饭后立即参加较剧烈的运动锻炼，不仅使胃肠的负担加重，还会由于胃肠的过度震动和牵扯，引起腹痛和不适。因此运动锻炼最好在饭前或饭后半小时进行。

(八) 运动与营养

运动锻炼使身体内物质代谢过程加强，能源物质大量消耗，并引起一系列内环境的变化。合理地供给营养，有助于稳定体内环境，使代谢过程顺利进行，及时提供能源，保证各器官功能活动正常进行。运动所需的营养是从食物中得到的营养物质，主要有糖、脂肪、蛋白质、维生素、矿物质和水。

第三节　女子体育锻炼的要求

一、女子一般体育锻炼的要求

青春发育期后，由于男女少年在身体形态与生理机能及素质方面逐渐出现明显的差别，而且女少年开始有月经来潮，因此，在进行体育教学和运动训练时，必须要考虑到女少年身体的解剖生理特点，并予以区别对待。为此提出以下几个方面的体育锻炼要求。

(1) 中学体育课应男女分班(组)进行教学。教学内容与要求，男女应有所区别，对女生的锻炼标准、运动成绩(跑的速度、跳的高度及负重的重量等)的要求应低于男子。女子使用的运动器械应按规定较男子的轻些，并应按国家规定的女子运动项目开展体育运动。

(2) 女子心血管、呼吸系统机能较差，运动量较男子要相对地安排得小一些。

(3) 女子肩部较窄、臂力较弱，做悬垂、支撑及大幅度摆动动作较为吃力，在学习这些动作时，要注意循序渐进，并给予必要保护。

(4) 女子身体重心较低、平衡能力较强、柔韧性较好，适宜进行平衡木及艺术体操等项活动。在教学和训练中，应注意保持和发展其柔韧性，有意识、有步骤地使她们加强肩带肌、腹肌、腰背肌和骨盆底肌的锻炼。

(5) 不宜做过多的从高处跳下的练习，地面不可过硬，并注意落地姿势，以免使身体受到过分震动，影响盆腔脏器的正常位置及骨盆的正常发育。

(6) 根据青春发育期女子的心理特点，要注意引导和启发她们参加体育锻炼的自觉性和积极性，通过体育锻炼发展她们的力量、速度和耐力等素质，提高她们的健康水平和运动成绩，使她们能在今后的生产劳动和体育运动中作出更大的贡献。

二、女子月经期的体育卫生

(一) 月经和月经周期

在垂体、卵巢内分泌周期性变化的影响下，子宫内膜出现周期性的增殖、血管增生和腺体高度分泌。此时，卵细胞若未受精，由于卵巢黄体逐渐萎缩、退化，增生的子宫内膜逐渐坏死、脱落并引起出血，血液及破碎的子宫内膜碎片经阴道排出体外，即为月经。正常情况下，经期时间约为 2～7 天，多数为 3～5 天。经量平均约 50 毫升，少至 10 毫升，多至 100 毫升。一般月经第 2～3 天出血量多。经血一般为暗红色，呈碱性，除血液外，还夹有子宫内膜碎片。经期部分人可有下腹部及乳房胀感、腰酸等现象，少数人有头痛、失眠、疲倦或嗜睡、情绪波动以及便秘或腹泻等全身反应。这些反应大都与大脑皮层的兴奋性变化有关，仍属于正常生理范围。第一次月经来潮，称为月经初潮，一般约在 12～15 岁，初潮年龄一般受遗传、营养、健康与社会环境等因素的影响。对少年女子进行运动员选材时，常根据月经初潮的早晚作为判断其发育“早熟”与“晚熟”的条件之一。

通常把月经来潮的第一天到下一次月经来潮的第一天为止，称为一个月经周期。月经周期一般平均为 28 天，各人可能略有差异，即使同一人，其前后各次月经周期的时间长短也不尽相同，一般月经周期在 21～35 天之内，可视为正常。女子到 45～50 岁时，卵巢逐渐萎缩，内分泌功能下降，可使月经周期发生紊乱，这个时期称为更年期。以后月经周期停止，即进入绝经期。月经是一种正常生理现象，女子月经初潮后，由于内分泌机能尚不稳定，月经周期开始显得不规则，约 1～2 年以后逐渐接近 28～30 天行经一次。如果月经周期长期不规则，时间过长或过短，经量多或少至闭经，全身反应严重时，应予重视并及时进行检查治疗。

(二) 月经期体育锻炼要求

月经是女子正常生理现象，在月经期间，人体一般不出现明显的生理机能变化。因此，月经正常的女子在月经期间，可以参加适当的体育活动。如做广播操，打乒乓球、羽毛球或托排球等活动。通过这些活动，不仅可以改善盆腔的血液循环，减轻盆腔的充血现象，而且运动时腹肌与骨盆底肌的收缩与放松活动对子宫所起的柔和的按摩作用，还有助于经血的排出。此外，丰富多彩的体育活动还可以调节大脑皮层的兴奋和抑制过程，从而减轻全身的不适反应。月经期进行体育锻炼有以下要求：

(1) 由于一般人在月经期间，身体的反应能力、适应能力和肌肉力量会有所降低，神经调节的准确性及灵活性也有所下降，因此，月经期间运动量的安排要适当减少，活动时间， 不宜过长。月经期间一般不宜参加比赛，因为比赛活动强度较大，精神过于紧张，体力及神经系统都不能适应，易导致卵巢功能失调引起经血过多或月经紊乱。对于月经初潮的女少年，由于她们的性腺内分泌周期尚不稳定，运动量的掌握更要慎重，不宜过大，要循序渐进，使她们逐步养成经期锻炼的习惯。

(2) 月经期间除应注意经期一般卫生外，还不宜游泳。因为经期子宫内膜脱落后，子宫内形成较大的创面，子宫颈口略为开大，宫腔与阴道口位置对直，此时，人体全身与局部对病菌侵袭的抵抗力下降，游泳时病菌可能侵入内生殖器官，进而引起炎症。此外，月经期间也应避免寒冷刺激，特别是下腹部不应受凉，冷水浴锻炼也应暂停。

(3) 月经期间应避免做剧烈的、大强度的或震动大的跑跳动作(如疾跑、跨跳、腾跃、跳高、跳远等)，以及使腹内压明显增高的屏气和静力性动作(如推铅球、后倒成桥、收腹、倒立、俯卧撑等)，以免子宫受到过大的震动或由于腹内压过于增高而使子宫受压、受推，造成经血过多或引起子宫位置的改变。日常应对少年女子加强腰、腹肌和骨盆底肌的锻炼，这样既可防止在运动中发生子宫位置的变化，又可预防在经期发生疼痛等不适反应，对其成年后的正常分娩也有好处。

(4) 对月经紊乱(经量过多、过少或经期不准)以及痛经(经期下腹部疼痛)和患有内生殖器炎症的女生，在经期间应暂停体育活动。

(三) 月经周期与运动训练

对于身体健康，月经正常，平日又有一定训练水平的女少年运动员，月经期间可以安排一定量的运动训练。应鼓励她们从小养成经期坚持参加训练的习惯，以便今后在经期能适应训练和比赛。但在开始阶段应减小运动量，使身体逐步适应，运动量的增加要循序渐进，并应加强医务监督。

第四节　运动损伤预防和处理

一、运动损伤概述

运动损伤是指在体育运动过程中所发生的各种损伤。它的发生与运动训练安排、运动项目与技术动作、运动训练水平、运动环境与条件等因素有关。运动损伤学是运动医学的重要组成部分，它研究运动损伤的预防、治疗和康复，通过总结运动损伤发生的原因，治疗效果和康复时间等，为改善运动条件，改进教学和训练方法，提高运动成绩提供科学依据和指导。

二、运动损伤的分类

常用的运动损伤分类方法有以下几种：

(一) 按受伤的组织结构分

按受伤的组织结构可分为皮肤损伤、肌肉与肌腱损伤、关节损伤、滑囊损伤、骨损伤、骨骺损伤、神经损伤和内脏器官损伤等。

(二) 按伤后皮肤或粘膜完整性分

按伤后皮肤或粘膜完整性分为开放性损伤和闭合性损伤。开放性损伤伤处皮肤或粘膜的完整性遭到破坏，有伤口与外界相通，如擦伤，刺伤、裂伤及开放性骨折等。闭合性损伤伤处皮肤与粘膜仍保持完整，无伤口与外界相通，如挫伤、肌肉拉伤、关节扭伤、腱鞘炎与闭合性骨折等。

(三) 按伤情轻重分

(1) 轻伤。轻伤伤后能按原计划进行训练。

(2) 中等伤。中等伤伤后不能按原计划训练，需停止患部练习或减少患部的活动。

(3) 重伤。重伤伤后完全不能训练。

(四) 按损伤病程分

(1) 急性损伤。急性损伤指一瞬间遭受直接暴力或间接暴力造成的损伤。

(2) 慢性损伤。慢性损伤指局部过度负荷，多次微细损伤积累而成的劳损，或由于急性损伤处理不当转化而来的陈旧性损伤。

三、运动损伤发生与运动项目的关系

运动损伤的发生与专项技术要求有密切的关系，因而不同的运动项目各有不同的损伤易发部位及专项多发病。如体操易伤肩、腰、膝、腕；标枪易伤肩、腰；篮球、排球易伤膝；跨栏易伤大腿后肌等。为什么会这样呢？主要与两个潜在因素有关：① 运动项目的特殊技术要求；② 身体某些部位存在一定的生理解剖弱点。当这两方面不相适应时，将发生运动损伤。例如篮球运动员最易伤膝，就因篮球的一些基本动作都要求膝于半屈曲位 130°～150° 屈伸、扭转与发力，而膝的这个角度恰恰是它的解剖弱点，关节稳定机能相对减弱，使关节有轻微的内外旋、翻余地，因而很易扭伤。又如体操经常要做悬吊、大幅度的转肩动作等，肩部所承受的牵拉力很大。而肩关节的稳定性要靠在完成这些动作时的肩轴等肌肉群维持，久之易出现肩周炎。

四、运动损伤的原因

(一) 缺乏必要的运动损伤知识

运动损伤的发生与体育活动组织者、指导者、参加者缺乏必要的预防运动损伤知识有关。由于缺乏基本知识，不善对学生进行安全教育，不懂得采取各种行之有效的预防措施，在发生损伤后不会分析原因，总结经验教训，致使伤害事故时有发生。

(二) 训练水平不够

一般身体素质训练、专项技术训练、战略战术训练以及心理品质培训不够与运动损伤的发生有密切关系。一般身体素质不良时，肌肉力量和弹性就较差，反应迟钝，关节灵活性和稳定性也较弱，因而容易致伤。专项技术训练不够时，往往动作要领掌握不好，存在缺点和错误，这类不佳的技术动作，极易违反身体结构、机能特点和运动时的生物力学原理，因而容易发生损伤。战略战术训练不够而致伤的，虽较少发生，但易被忽视，如耐力运动中的速度分配不当、赛车比赛时“超越”时间、地点选择得不合理而造成的损伤。此外，对运动员的心理品质培养和训练不够，使运动员缺少勇敢顽强，坚毅果断，胜不骄、败不馁，自控能力的品质，也是致伤原因。

(三) 教学、训练和比赛活动安排不当

(1) 准备活动问题。如未做准备活动或准备活动不充分，就开始正式活动；准备活动量过大；与专项内容结合不好；准备活动过程违反循序渐进的原则，一开始速度过快，用力过猛等，都有可能造成运动损伤。

(2) 运动量过大。运动量安排不当，尤其是运动量过于集中，使局部负担量过大，是在运动训练，特别是专项训练中造成损伤的主要原因。第三届全运会武术运动员及第五届全运会击剑运动员的损伤调查均表明，局部负担量过大是引起损伤的各项原因中的第一位。在一般体育教学课中，同样也存在局部负担量过重的问题，如某中学一次体育课，安排的第一项是田径的推铅球，第二项为排球的基本技术训练，传球及封网练习，第三项是体操的单杠练习。当进行单杠练习时，不少学生已感到上肢疲乏，不能很好完成动作，其中一学生终因上肢无力而从杠上脱手摔倒，造成前臂骨折。从表面看，这次课的内容丰富，运动项目多样化，但实际上所有内容对上肢肩带的负担都很重，造成局部负担过度，导致严重事故发生。

(3) 组织方法上有缺点。组织方法有缺点体现在组织教学、训练过程中，不遵守训练原则，不从实际出发，没有充分认识到不同年龄、性别，其解剖、生理、心理特点不同，即使年龄、性别相同，个体之间在身体发育，健康状况及身体素质，运动能力及技术水平之间也存在很大的差异，而是千篇一律对待；在运动安排上，不是从小到大，从简单到复杂，循序渐进，逐步提高；在教学或训练过程中，尤其在进行器械练习时，缺乏必要的保护；如一个教师负责的学生过多，男教师对高年级女学生保护不便；对技术和素质差的学生未给予得力的保护等。此外，运动条件差而没有明显的场地分区，教学时示范动作不正确，比赛路线的选择及项目的次序安排不当，比赛时间临时改变等，都可发生运动损伤。

(四) 运动参加者的生理、心理状态不良

运动参加者的生理、心理状态不良指的是睡眠或休息不好，患病受伤或伤病初愈，疲劳和身体机能下降时等。实践证明，疲惫的机体，其力量、精确度和协调机能均显著下降，甚至技术熟练的运动员，在这种情况下，也可能发生运动技术上的错误，引起损伤。此外，随着生理机能的下降，警觉性和注意力减退，机体的反应迟钝，也是造成损伤的因素。运动员的心理状态与损伤的发生也有密切关系。如运动员心情不好，情绪不高，对训练和比赛缺乏自觉性和积极性，思想就不集中，也兴奋不起来，在这种情况下运动，必然容易受伤。而急躁情绪，急于求成，信心不足，缺乏勇气，胆怯犹豫，自控能力差，赛前过于紧张，场上心慌意乱，损伤的发生率也是较高的。此外，好表现自己，好胜心强，好奇心大，忘乎所以，不顾主客观条件的可能性，盲目或冒失地进行运动，也易发生损伤。

(五) 场地、器材、保护用具、服装不符合卫生要求以及不良气候等

据近年上海师范大学对70所中学运动损伤情况的调查结果，以上原因中技术动作不正确，场地设备不好，不遵守运动规则，准备活动不充分等是学校体育中发生运动损伤的主要原因。

五、运动损伤的预防原则

(1) 积极开展预防运动损伤的宣传教育工作。

(2) 加强身体全面训练，提高机体对运动的适应能力。对不同的运动项目要注意加强易伤部位及相对薄弱部位的训练，提高机能，这是预防运动损伤的一种积极手段。

(3) 合理安排教学、训练和比赛。教学、训练计划的制定和执行应合乎训练原则。教师应认真钻研教材，要了解每次训练课及训练中易发生损伤的技术动作，事先做好准备及采取相应措施，施教时倍加注意。要认真做好准备活动，内容和量应根据所要进行活动的性质、运动员个别情况及气象条件而定。准备活动结束与正式运动的间隔时间以1～4分钟为宜，一般做到身体发热，微微出汗即可，冬天量可大些。要合理安排运动量，尤其要注意运动器官的局部负担和伤后的训练安排，防止局部负担过重。遵守比赛规程和规则，加强裁判工作，儿童少年不宜过多参加比赛。

(4) 加强运动中的保护。运动中适当的保护与帮助可加强运动员信心，避免一些意外事故的发生。保护在竞技体操中尤为重要。体育运动参加者应学会自我保护的方法，如自高处落地时必须双腿屈膝并拢；当重心不稳快摔倒时，立刻低头，屈肘团身，以肩背着地顺势翻滚，切忌直臂撑地。运动员还必须学会各种保护支持带的正确使用。

(5) 加强医务监督，建立和健全自我监督制度。严格实施场地、设备卫生监督，场地、器械和防护用品要定期进行卫生安全检查，对已损坏的场地器械应及时维修，维修前一律禁止使用。禁止穿不合适的服装(包括鞋)进行活动。

第五节　运动损伤的一般处理

一、冷疗法

冷疗法是运用比人体温度低的物理因子(冷水、冰、蒸发冷冻剂)刺激来进行治疗的一种物理疗法。

(一) 作用

冷因子刺激躯体可使组织温度下降，周围血管收缩，明显地减少局部血流量及充血现象，它还可使周围神经传导速度减慢，因此有止血、退热、镇痛和防肿的作用。它可使肌肉的收缩期、松弛期及潜伏期延长，降低肌张力及肌肉的电兴奋性，因而还有解痉作用。

(二) 方法

(1) 冷敷法。将毛巾浸透冷水(视毛巾温度上升的情况随时更换)，或将冰块装入热水袋或塑料袋内进行外敷，每次 20～30 分钟，也可用冰块在治疗部位来回移动(冰块按摩法)，或将受伤部位直接浸泡在冷水中，但时间应缩短。

(2) 蒸发冷冻法。利用一些容易蒸发的物质接触体表，吸收热能而使局部温度降低。常用的有烷类冷冻喷射剂。喷射时喷出的细流应与皮肤垂直，距皮肤 30 cm～40 cm，喷射时间视病情而定，一般 5～10 秒，或皮肤上出现一层白霜即可。需要较长时间治疗时，可用间歇喷射法，即喷射 5 秒钟后停止 20～30 秒再进行，但不宜超过三次。要观察局部皮肤情况，避免皮肤冻伤。

(三) 适应症

冷疗法主要用于急性闭合性软组织损伤的早期。近年，有人利用局部冷刺激后有反应性血管充血及镇痛解痉的作用，因而把冷疗法应用于闭合性软组织损伤的整个治疗过程。

(四) 注意事项

伤后尽快使用冷疗法，要严格掌握治疗时间，注意局部情况，一般出现皮肤麻木时应立即停止，防止过冷引起组织冻伤。面部损伤一般不宜用烷类喷射剂。

二、热疗法

热疗法是运用比人体温度高的物理因子(传导热、辐射热等)刺激来进行治疗的一种物理疗法。

(一) 作用

热因子刺激能使局部血管扩张，促进血液和淋巴循环，提高新陈代谢，有利于肿胀的吸收消散，缓解肌肉痉挛。热刺激还能加强白细胞、单核细胞的吞噬作用，促进坏死组织的消除，促进再生修复的进行。因而热疗有消肿、散淤、解痉、镇痛、减少粘连和促进损伤愈合的作用。

(二) 方法

(1) 热敷法。将毛巾或敷料浸透热水或热醋后放于伤处，无热感时应立即更换，每次敷 30 分钟左右，每天 1～2 次，也可用热水袋热敷。

(2) 蒸熏法。用配好的药物加水煮沸，将需治疗部位直接在蒸气上熏。每次治疗 20～40 分钟，每日 1 次。此法能使药物通过温热作用渗入局部而起到治疗作用。有时也可用稀释的温热药液直接浸泡伤处。

(3) 红外线疗法。红外线由热光源产生。治疗时把红外线灯移至治疗部位上方，灯距一般为 30 cm～50 cm。剂量的大小可用改变灯与皮肤的距离来调节，一般以舒适温热，皮肤出现桃红色的均匀红斑为合适。每次治疗时间为 15～30 分钟，每日 1～2 次，15～20 次为个疗程。

三、闭合性软组织损伤的处理

对闭合性软组织损伤的处理，应根据其不同的病理过程进行。闭合性软组织损伤有急、慢之分，处理过程分述于下。

(一) 急性损伤

急性软组织损伤的病理过程可分为四个阶段：① 组织损伤出血；② 炎症反应及肿胀；③ 肉芽组织形成；④ 疤痕形成。

治疗的基本原则是按不同的病理过程进行处理，大致可分为早、中、后三个时期。

(1) 早期。早期指伤后未超过 24 或 48 小时，组织出血和局部急性炎症期。这一时期的处理原则主要是适当制动、止血、防肿、镇痛和减轻炎症。伤后即刻冷敷、加压包扎、抬高伤肢、适当制动。加压包扎就是用适量厚度的棉花或海绵放于伤部，然后用绷带稍加压力进行包扎。一般先冷敷，后加压包扎，但也可二者同时并用。加压包扎 24 小时后即可拆除，再根据伤情做进一步处理。如外敷新伤药，疼痛较重者服止痛片，淤血较重者内服跌打丸、七厘散等。

(2) 中期。中期指伤后超过 24 或 48 小时，出血已停止，急性炎症逐渐消退，但伤部仍有淤血和肿胀，肉芽组织正在形成，组织正在修复的时期。处理原则主要是改善伤部的血液和淋巴循环，促进组织代谢，促进淤血与渗出的吸收，加速再生修复。治疗方面可采用热疗、按摩、拔罐、药物治疗(如外敷活血生新剂)。同时应根据伤情进行适当的康复功能锻炼，以保持机体神经及肌肉的紧张度，以及维持已经建立起来的条件反射，及各个器官与系统的反射性联系。

(3) 后期。后期指损伤基本修复，肿胀、压痛等局部征象已基本消失，但功能尚未完全恢复，锻炼时仍有疼痛感，酸软无力的时期。有些严重病例，由于粘连或疤痕收缩，出现伤部僵硬，活动受限等情况。此时间的处理原则是增强和恢复肌肉、关节的功能。如有疤痕硬结和粘连，应设法使之软化，松解。治疗方法以按摩、理疗、功能锻炼为主，适当配以药物治疗，如旧伤药外敷或海桐熏洗药熏洗。

(二) 慢性损伤

慢性损伤的病理变化主要是变性和增生。由于伤部长期代谢障碍而引起组织形态和功能上的改变，伤员自觉酸胀、疼痛、活动不便、局部发凉等。慢性损伤的处理原则主要是改善伤部血液循环，促进组织的新陈代谢，合理安排局部负担量。治疗方法与急性损伤的中后期大致相同，但特别要注意功能锻炼。在各种疗法中以按摩、针灸、理疗、局部注射肾上腺皮质激素等效果较好。

四、伤后康复训练

运动损伤的治疗其重要的任务是使患者早日恢复训练，按时参加比赛，继续提高运动成绩，因此，运动员伤后康复训练较一般人更具有特殊意义。

(一) 康复训练的目的

(1) 保持运动员已经获得的良好训练状态，缩短重新投入训练的间期，即一旦伤愈能立即投入正规训练。

(2) 防止因伤停训而引起的各种疾病，如神经衰弱、胃扩张、胃肠功能紊乱、内分泌失调等，有人称之为“停训综合症”。

(3) 运动外伤常与技术动作密切相关。在康复训练过程中，局部不安排受伤动作的练习，能保证其得以修复，以免再伤。

(4) 促进损伤的痊愈和功能的恢复。伤后训练可改善伤部组织的代谢和营养，有利于组织的修复，减少组织粘连、关节僵硬及活动受限。康复训练还可以维持神经肌肉的紧张度，防止肌肉、骨骼的废用性萎缩，最大限度地维持伤部的运动能力。

(5) 可防止因伤后停训而增加体重，以减少影响恢复训练的时间。对体操、舞蹈项目的运动员更为重要。

(二) 康复训练的原则

伤后康复训练是一项细致、复杂、严肃的工作，需注意以下几方面：

(1) 尽量保持全身和未伤部位的训练，如一侧肢体受伤时练对侧肢体，上肢受伤练下肢，立位练习有限制时可进行坐位或卧位练习等。这样可以避免伤后机能状态和健康情况下降，保持一定的训练水平。对未伤部位的训练，应注意负担量要适当，不要单纯以加大未伤部位的训练量来代替已伤部位的负荷。

(2) 已伤部位要合理安排锻炼内容和负担量，安排时要注意个别对待，循序渐进和分期进行。急性损伤早期，伤区可暂不活动，以免再度出血，增加肿胀和疼痛。一旦症状有所减轻，就应及早开始活动，进行功能锻炼。待基本痊愈后，才能进行正常的训练。一般来说，急性软组织损伤在伤后 24 或 48 小时以后即可开始进行活动。轻伤不肿者可提早些；损伤较重，肿胀和出血明显者，则可稍晚些。对慢性损伤和劳损进行合理的伤后训练是最适宜的。在安排训练时，首先要弄清损伤的性质与程度、受伤原理、局部组织的解剖结构特点和弱点，然后考虑局部负担量、康复训练的形式和内容，要循序渐进，从对伤情影响较轻的动作开始，逐步过渡到专项训练。进入专项训练后，也要循序渐进，并应插入具有一定强度的功能练习。运动量的大小，以练习后症状无明显疼痛。经一晚休息后原有症状不见加重为宜，一般 5～6 天后，若无不良反应，才可开始加量。

(3) 功能锻炼主要是加强伤部有关肌肉的力量练习和关节功能练习，其目的在于发展伤部周围肌肉的负担能力，提高组织结构的适应性，恢复关节、肌肉的正常功能。在力量练习的内容安排上，不但要锻炼原动肌，也要锻炼对抗肌；不但要锻炼大肌肉群，也不能忽视有关小肌肉群的锻炼。在练习方式上，可静力性练习与动力性练习相结合，力量性练习与柔韧性练习相结合。一般以静力性练习开始，然后逐步结合动力性练习。先进行不负重的练习，再逐渐增加负重练习。

(4) 加强伤后训练的医务监督，每次训练前要做好准备活动，伤部应使用保护支持带。经常注意伤部反应，及时调整运动量和训练内容。训练前后应开展自我按摩和相互按摩。

(三) 康复训练效果的判断及评定

康复训练需经常根据运动的恢复情况调整训练量及训练内容，并经常需要回答和解决受伤运动员能否参加训练和比赛的能力问题。因此正确地判断、评定康复训练的效果是很重要的，一般都可采用与健侧肢体进行比较的方法，比较的内容有以下几方面：① 有关肌群的力量(爆发力和耐力)恢复情况；② 对抗肌群的肌力平衡情况；③ 关节的活动范围，柔韧性；④ 肢体的本体感觉恢复情况；⑤ 对专项技术要求所能承担的能力。一般康复训练的最终目的，应要求受伤部位恢复到与健侧相同的水平甚至超过健侧。以膝关节内侧副韧带中度扭伤为例，经适当固定、治疗、康复训练后，如能恢复到：① 患侧关节运动范围与健侧相同；② 关节周围的肌肉力量与健侧相等或略有增大；③ 患侧腘绳肌与股小头肌力量的比值趋向合理化范围 50%～67%；④ 患侧腿围为健侧的 90%以上；⑤ 行走、跑无跛行，弧线跑或“8”字跑 10 次以上无不良反应。在这种情况下方可以参加正规训练和比赛，否则仍应保持一定的康复训练，不断调整康复训练计划，以期达到最终目的。

第六节　运动损伤的急救

在运动现场，一旦发生损伤，如能进行迅速而正确的急救处理，不仅对救护伤者生命，减轻痛苦和预防并发症等具有重要意义，而且可以为下一步治疗创造良好条件。

一、休克和休克的现场处理

休克是指人体受到强烈的有害因素作用而发生的一种急性循环功能不全综合症。

(一) 原因和原理

运动损伤中并发的休克多为外伤性休克，主要是损伤引起的剧烈疼痛所致，多见于脑脊髓损伤、骨折、睾丸挫伤等。其次为出血性休克，由于损伤引起大量出血，如腹部挫伤肝脾破裂时的腹腔内出血，血容量突然降低，有效循环量不足所致。其他还有心源性休克、中毒性休克、过敏性休克等。休克发病的原理是微循环内血液灌流障碍导致有效血循环量不足，全身组织、器官缺血缺氧，功能障碍。

(二) 征象

体克病人一般表现为虚弱，表情淡漠，反应迟钝，面色苍白或紫绀，四肢厥冷，脉搏细速，尿量减少和血压下降等(收缩压降至 80 毫米汞柱以下，脉压小于 20 毫米汞柱)。休克严重时可昏迷，甚至死亡。部分病人在休克初期血压可正常或略高，但过后必将出现血压特别是脉压的降低，所以不能因暂时的血压正常而忽视了休克的存在。

(三) 急救

急救时使患者安静平卧或头低脚高仰卧位(呼吸困难者不宜采用)，保暖，但不要过热，以免皮肤血管扩张，影响生命器官的血液灌注量和增加氧的消耗。保持呼吸道通畅。昏迷患者，头应侧偏，并将舌牵出口外，必要时可给氧或进行人工呼吸。可针刺或按摩人中、百会、涌泉、内关、合谷等穴位。针刺时宜用强刺激手法。对骨折者应进行必要的急救固定，如有伤处出血，应及时采用适当的方法止血，疑有内脏出血者应迅速送医院抢救。疼痛剧烈时应给镇痛剂和镇静剂，以减轻伤员痛苦，防止加重休克。休克是严重而危险的病理状态，在急救的同时，应迅速请医生或及时送医院治疗。

二、出血和止血

血液从破损的血管流出，称为出血。

(一) 出血的分类

根据受伤血管的不同，出血可分为：① 动脉出血血色鲜红，呈喷射状流出，出血速度快，出血量多，危险性大。② 静脉出血血色暗红，缓慢不断地流出，危险性小于动脉出血。③ 毛细血管出血血色红，血流从伤口慢慢渗出，常能自行凝固，基本没有危险。根据出血的流向可分为：① 外出血，身体外表有伤口，可直接见到血液从伤口流到体外。② 内出血，身体表现没有伤口，血液由破裂的血管流向组织间隙(皮下组织、肌肉组织)，形成淤血或血肿，流向体腔(胸腔、腹腔、关节腔等)和管腔(胃肠道、呼吸道)，形成积血。流入体腔或管腔的内出血，不易发现，容易发展成为大出血，故要特别注意。

(二) 止血法

成人体内总血量约为本人体重的十一分之一，若骤然出血达总量的三分之一时，就有生命危险，所以及时止血非常重要，现介绍几种外出血的止血法。

1. 抬高伤肢法

将肢体抬高，使出血部位高于心脏，从而使出血部位的血压降低，减少出血。此法适用于四肢毛细血管和小静脉出血，在其他情况下只能作为一种辅助方法。

2. 加压包扎法

用无菌敷料覆盖出血处，然后用绷带包扎，适用于毛细血管和小静脉出血。

3. 指压止血法

在动脉行走中最易压住的部位称压迫点，指压止血法就是在出血部位的上方相应的压迫点上用拇指或其余四指将动脉压在邻近的骨面上，以阻断血液来源而达到止血的目的。动脉出血时这是最迅速的一种临时止血法。用指压止血法时一定要找准动脉压迫点的位置，但不要在正常人体上进行压迫(特别是颈部的动脉)，以防引起意外。

颞浅动脉压迫止血点在耳屏的前方，用拇指摸到搏动后将该动脉压向颞骨面，可用于同侧头额、颞部的临时止血(见图 12-1)。

颌外动脉压迫止血点在下颌角前约 1.5 厘米处，用拇指摸到搏动后将该动脉压向下颌骨上，可用于同侧面部出血的临时止血(见图 12-2)。

肱动脉压迫止血点。患臂外展，用拇指或其余四指压迫上臂内侧中部，可用于同侧前臂出血的临时止血(见图 12-3)。

锁骨下动脉压迫止血点在锁骨上方、胸锁乳突肌外缘，用拇指摸到搏动后将该动脉向后内正对第一肋骨压迫，可用于同侧肩部和上臂出血的临时止血(见图 12-4)。

股动脉压迫止血点在腹股沟中点处，摸到搏动后用掌或拳向下方的股骨面压迫，用于同侧大腿、小腿出血的临时止血(见图 12-5)。

胫前、胫后动脉压迫止血点用两手的拇指或一手的拇、食指分别按压在内踝与跟骨间、足背横纹的中点，可用于同侧足部出血的临时止血(见图 12-6)。

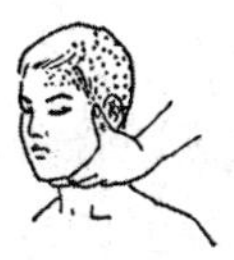
图 12-1

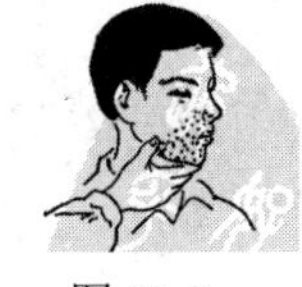
图 12-2

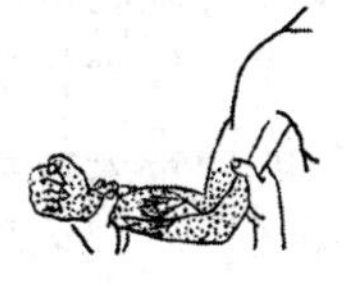
图 12-3

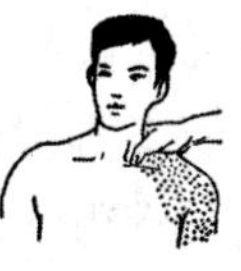
图 12-4

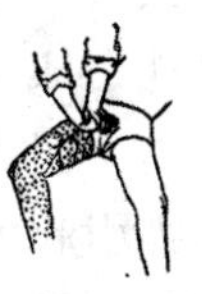
图 12-5

图 12-6

4. 止血带止血法

止血带止血法适用于动脉出血。用止血带止血时，止血带要绑扎在伤口的近心端，并要在肢体周围垫上软布后再进行。上肢出血时止血带要扎在上臂(但不要扎在中 1/3 处)，下肢出血时止血带扎在大腿靠近伤口的近心端。上肢每隔 30 分钟、下肢每隔 1 小时须放松一次止血带，放松时间约 2～3 分钟，并暂时改用压迫止血法，以免引起肢体缺血而发生坏死，但上止血带的最长时间不宜超过 3 小时。用止血带后要留有明显的标签，注明用止血带的时间、部位、放松止血带的时间和重用止血带的时间等。

(1) 橡皮管止血带止血法

先在要用止血带的部位用三角巾、毛巾或衣服垫好，将止血带的一端留出一部分并用一手的食、中指夹住靠在垫上。另一手将止血带适当拉紧拉长，绕肢体 2～3 圈(压在留出的那一部分止血带上)后，将残留端夹在食、中指间拉出即可(见图 12-7)。

(2) 紧扎止血带止血法

在伤口处用绷带、三角巾等勒紧止血，其中第一圈绕衬垫，第二、第三圈分别压在前一圈的上面并适当勒紧，然后打结(见图 12-8)。

这两种方法常用于四肢动脉出血的临时止血。

图 12-7　橡皮管止血带止血法

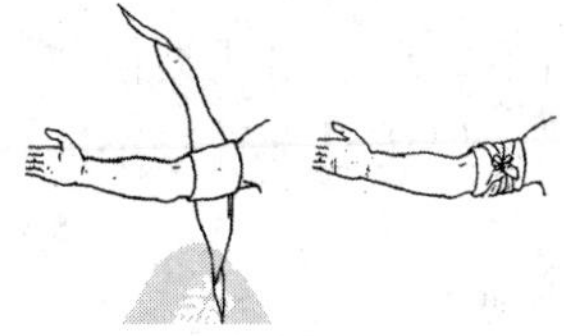
图 12-8　紧扎止血带止血法

三、骨折的急救

骨折是指骨或骨小梁的连续性发生断裂，这是一种较严重的运动损伤，发病率约占运动损伤的 1.5%。

(一) 骨折的分类

根据骨折处是否与外界相通分闭合性骨折和开放性骨折。根据骨折的时间分新鲜骨折和陈旧性骨折。根据骨折的程度及形态分不完全骨折和完全骨折。其中不完全骨折包括裂缝骨折、青枝骨折。完全骨折包括螺旋骨折、粉碎骨折、嵌插骨折、压缩骨折和骨骺分离等。

(二) 骨折的原因

直接暴力骨折发生在暴力直接作用的部位，如足球运动中运动员胫骨受对手猛踢而造成胫骨骨折。间接暴力骨折发生在身体接触暴力较远的部位，如跌倒时用手撑地，较大的支撑反作用力可能造成尺、桡骨干或肱骨髁上或锁骨骨折等发生，这是引起骨折最常见的原因。肌肉牵拉力、肌肉猛烈而不协调地收缩或韧带突然紧张引起附着部的撕脱骨折，如股四头肌猛烈收缩引起髌骨或胫骨粗隆的撕脱骨折。积累性劳损多次或长期反复的直接或间接作用力造成骨骼某点骨折，也称疲劳性骨折，如反复剧烈跑跳训练过多引起腓骨下端骨折。

(三) 骨折的征象

1. 全身表现休克

休克多见于比较严重的骨折，如股骨骨折、脊椎骨折、严重的开放性骨折等，由于广泛的软组织损伤、大量失血或剧烈疼痛等引起休克。一般骨折后体温正常，但开放性骨折的伤员体温升高时应考虑是否有感染。部分伤员还会出现口渴、便秘等现象。

2. 局部表现疼痛和压痛

骨折处疼痛一般较剧烈，在活动肢体时疼痛加剧，触诊时骨折处有局限性压痛，局部肿胀和瘀血骨及附近软组织的血管破裂出血。若为闭合性骨折则在其周围形成血肿，若为开放性骨折则血液经创口流出，周围软组织肿胀，甚至可在皮肤上产生张力性水泡。若血肿表浅，经 1～2 日后可出现紫色、黄色或青色的皮下瘀斑。功能障碍骨折后因疼痛、肌肉痉挛、肌肉失去骨杠杆的作用及周围软组织损伤等，使肢体丧失部分或全部活动功能。

3. 畸形

畸形指因暴力作用(和)或骨折后肌肉的痉挛性收缩等造成骨折断端移位，引起骨折肢体的缩短、侧凸成角或旋转畸形等。

4. 异常活动和骨擦音

完全骨折后，局部出现类似关节的异常活动，移动肢体时可能会出现骨擦音，这是骨折特有的症状，但在检查时决不能有意去寻找异常活动或骨擦音，以免加重损伤和增加伤员的痛苦。

5. X 线检查

X 线检查可了解骨折的具体情况，显示临床检查不易发现的损伤和移位等。X 线摄片应包括正、侧位，并且要包括邻近关节，有时还要加拍特定位置或健侧相应部位对比 X 线片。

(四) 骨折急救的原则和注意事项

1. 救命在先防治休克

对严重骨折要预防休克的发生，密切观察伤员情况，早期发现休克并及时处理。早期就地固定骨折部位的急救固定，可避免骨折断端更多地损伤其周围的软组织、血管、神经或内脏等，减轻伤员的疼痛，便于伤员的转运。固定器材以夹板最好，也可就地取材，如较硬的树枝、木棍、窄木板等，若都不具备，可将受伤的上肢绑在胸部、受伤的下肢绑在健侧下肢上。对没有固定的伤员不可任意移动，在没有把握或条件不充分时，禁止做任何试图复位的动作，以免加重损伤或增加伤员的痛苦。

2. 先止血再包扎固定

对有伤口或开放性骨折造成的出血，应根据具体情况采用适当的方法止血，然后再清理创口，预防感染。对暴露在伤口外的骨折端，未经处理不可复回伤口内，以免将污物带人创口深处，应盖上无菌敷料并包扎固定，后立即转送医院处理。固定时夹板的长短、宽窄要适当，应能将骨折处上下两个关节都固定，夹板不可直接接触皮肤，要用棉花、绷带或软布包垫，在夹板的两端、骨突处及空隙处要用棉花或软布填塞，避免产生压迫性损伤。绑缚夹板的宽带应先绑在近骨折处的上下端，然后分别绑上下关节，打结打在肢体的外侧，若肢体显著畸形而妨碍夹板固定时，可将伤肢沿其纵轴稍加牵引后再固定，固定要牢固，松紧度要适宜，过松失去固定的作用，过紧则会压迫神经血管。四肢骨折固定时要露出指(趾)端，以便观察肢体的血液循环情况，若发现指(趾)端苍白、发麻、发凉、疼痛或呈青紫色时，应马上松解夹板并重新固定。上肢骨折夹板固定后要用悬臂带将伤肢挂于胸前，下肢骨折夹板固定后要与健肢绑缚在一起后再行搬运。

(五) 骨折急救的临时固定

1. 锁骨骨折

锁骨骨折用三条三角巾分别折成宽带，两条做成环套于双肩，另一条在背部将两环拉紧打结，腋下放置棉垫等松软物以防腋下组织受压，最后以小悬臂带将患肢挂起(见图 12-9)。

2. 肱骨干骨折

肱骨干骨折取两块合适夹板，分别置于伤肢外侧和内侧，用叠成带状的三角巾在骨折的上下两端将夹板固定，再用小悬臂带将前臂挂起，最后用三角巾把伤肢绑在躯干上加以固定(见图 12-10)。

3. 前臂骨折

前臂处于中间位，拇指朝上，肘关节屈曲 90°，在前臂的掌侧和背侧分别用两块有垫夹板固定(夹板的长度应超过肘和手腕)，用 3～4 条宽带缚夹板，最后用大悬臂带将前臂挂于胸前(见图 12-11)。

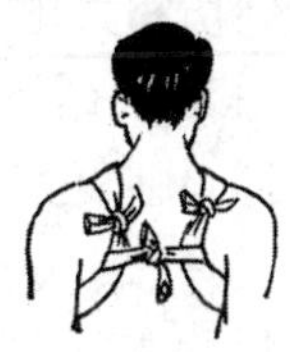

图 12-9　锁骨骨折的临时固定

图 12-10　肱骨干骨折的临时固定

图 12-11　前臂骨折的临时固定

4. 手腕部骨折

患手握棉花团或绷带卷，将垫夹板置于前臂和手的掌侧用绷带缠绕固定，最后用大悬臂带将患肢挂于胸前(见图 12-12)。

5. 股骨骨折

用两块长夹板分别置于伤肢的内外侧，内侧夹板的长度从大腿根部至足跟，外侧夹板的长度从腋下至足跟，然后用 5～8 条宽带固定夹板，在外侧打结(见图 12-13)。

6. 小腿骨折

用两长夹板置于伤肢的内外侧，内侧夹板的长度从大腿中部至足跟，外侧夹板的长度从膝上至足跟，然后用 4～5 条宽带固定夹板，分别在膝上、膝下和踝部外侧打结(见图 12-14)。

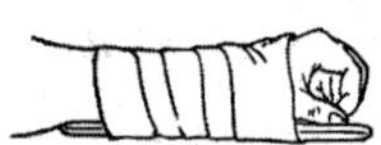
图 12-12　手腕骨折的临时固定

图 12-13　股骨骨折的临时固定

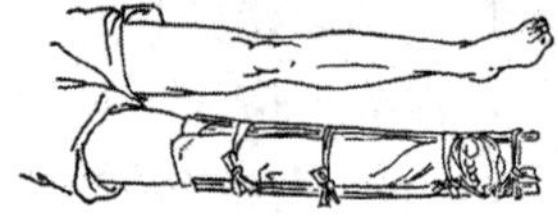
图 12-14　小腿骨折的临时固定

7. 颈椎骨折

对颈椎骨折患者应由三人共同进行处理。其中一人专门负责患者头部的牵拉固定，使患者的头处于伤后的位置，不可屈、伸、旋转，其余两人抬患者的肩、背、腰、腿，三人协力将患者仰放在硬板担架上，在患者颈下放一小垫，头部两侧用沙袋或卷起的衣服固定后用担架搬运(见图 12-15)。

(六) 胸、腰椎骨折的搬运

对怀疑有胸、腰椎骨折的患者，必须由 3～4 人同时托住头、肩、臀和下肢，将患者的身体平托起来后放在硬板担架上，搬运者同时用力向一个方向滚动患者身体，使其成俯卧位后搬运。严禁抱头、抬脚式搬运，以免脊柱过度弯曲而加重对脊髓的损伤(见图 12-16)。

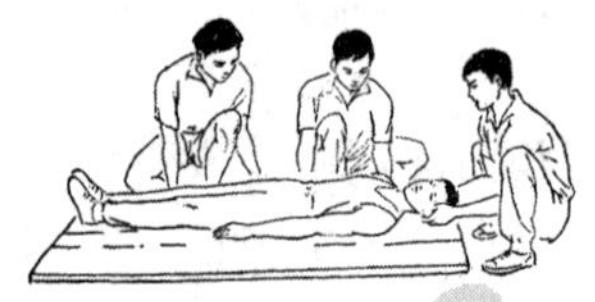
图 12-15　颈椎骨折的临时固定

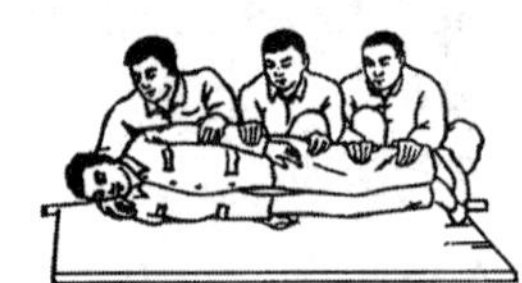
图 12-16　胸、腰椎骨折的搬运

第七节　心跳呼吸骤停的急救(心肺复苏术)

某些意外情况，如触电、溺水、一氧化碳或某些药物中毒、严重创伤和大出血引起的呼吸、心跳停止后，造成血液循环停止。脑细胞对缺氧十分敏感，一般在血液循环停止 4～6 分钟后大脑即发生严重损害，甚至不能恢复，所以必须争分夺秒进行心肺复苏术，通过人工呼吸和胸外心脏按压使血液循环得以恢复，从而抢救生命。

现场心肺复苏术主要为徒手操作，许多场合下这是唯一实用的有效方法。病人心跳、呼吸停止后，全身肌肉松弛，口腔内的舌肌也松弛后坠从而阻塞呼吸道。采取头后仰并抬举下颌，可使舌根部向上抬起，使呼吸道通畅，这样就可以用口向病人口内顺利吹气。心跳停止后，全身的血液循环也会随之停止，脑组织和许多重要脏器得不到氧气及血液的供应，很快就会出现坏死。因此，必须在进行口对口人工呼吸的同时进行胸外心脏按压，人为地维持血液循环，但这必须要在病人肺内有新鲜空气进行气体交换下进行，否则到达脏器的血液含氧量不足，组织仍会发生坏死。因此，在大多数情况下现场心肺复苏术的顺序为：开放气道，人工呼吸，胸外心脏按压。标准的心肺复苏术包括三部分：① 判断意识和畅通呼吸道；② 人工呼吸；③ 人工循环。

一、判断意识和畅通呼吸道

发现昏迷倒地的病人后，轻摇病人的肩部并高声喊叫：“喂，你怎么了？”若无反应，立即掐压人中、合谷 5 秒钟。若病人仍未苏醒，立即向周围呼救并打急救电话，然后将患者放置成复苏体位，即病人仰卧，头、颈、躯干平直无扭曲，双手放于躯干两侧。用仰头举颌法开放病人气道：抢救者一手置于病人前额使头部后仰，另一手的食指与中指置于下颌骨近下颌角处，抬起下颌，保持呼吸道通畅，同时进行以下步骤的判断和操作，并迅速联系将患者急送医院做进一步的医疗抢救(见图 12-17)。

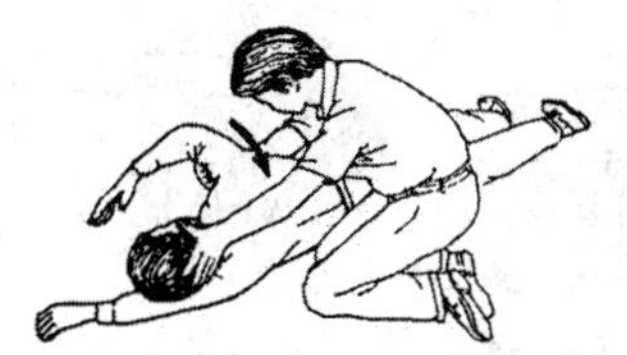

图 12-17　判断意识和畅通呼吸道

二、人工呼吸

将病人放置于复苏体位，仰头举颌法畅通呼吸道后要立即判断病人有无呼吸。抢救者将脸贴近病人的口鼻，感受有无气息进出，同时眼睛侧视病人胸部，观察其有无起伏，若都无反应则说明病人没有呼吸，要立即进行口对口人工呼吸。人工呼吸应在保持病人呼吸道畅通和口部张开的位置下进行。操作时用按于病人前额一手的拇指与食指捏住病人的鼻孔，抢救者深吸一口气后，张开口紧贴病人的口(要将病人的口全部包住，若有条件可先用一块无菌纱布盖住病人的口)，快而深地向病人口内吹气，直至病人胸部上抬。一次吹气完毕后立即与病人口部脱离，放松捏鼻的手指，以便病人从鼻孔出气，轻轻抬起头部，眼视病人胸部，同时吸入新鲜空气，准备下一次人工呼吸。每次吹入的气量约为 800 mL～1200 mL(见图 12-18)。

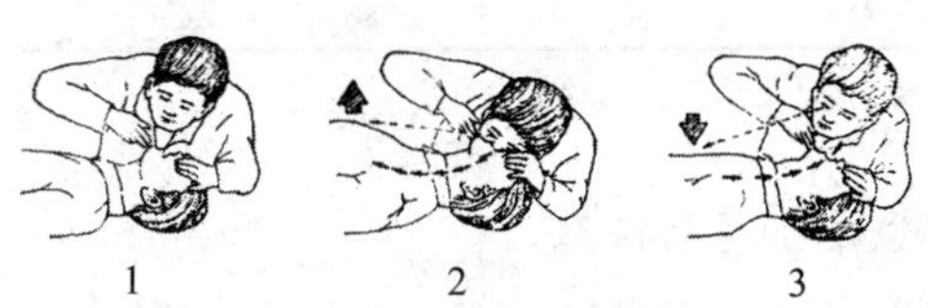

图 12-18　人工呼吸

三、人工循环

先判断病人有无脉搏。抢救者一手置于病人前额使其头部保持后仰，另一手在靠近抢救者一侧触摸病人颈动脉，用食指及中指指尖触及气管正中部位(男子可先触及喉结)，然后向旁滑移 2.3 厘米，在气管旁软组织处轻轻触摸颈动脉搏动。触摸颈动脉判断病人没有脉搏后应立即进行胸外心脏按压。病人应仰卧于硬板床或地上，在气道开放的位置下先进行两次人工呼吸，然后抢救者应快速找到心脏按压的部位。首先以食指、中指并拢沿病人肋弓处向中间滑移，在两侧肋弓交点处寻找胸骨下切迹(剑突处)，以此作为定位标志。然后将食指和中指的两指横放在胸骨下切迹上方，食指上方的胸骨正中部位即为按压区。将一手掌根重叠放在另一手背上，但手指不要接触胸壁。抢救者双臂应绷直，双肩在病人胸骨上方正中，垂直向下用力按压，按压时以髋关节为支点，以肩臂用力。对成年患者按压的频率为(80～100)次/分，按压深度为 4 cm～5 cm。单人进行心肺复苏术时，遵循上述步骤先进行两次人工呼吸，然后进行 15 次胸外心脏按压，即吹气和按压的比例是 2∶15，如此反复进行，直到专业医务人员赶到或病人恢复自主呼吸和心跳(见图 12-19)。双人进行心脏复苏术时，按上述步骤，一人进行口对口人工呼吸，另一人进行胸外心脏按压。此法要求两人必须协调配合，按压与吹气的比例为 5∶1 或 4∶1，一般由专业人员进行。

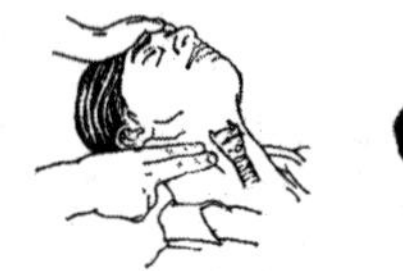
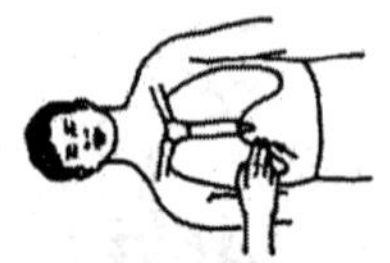

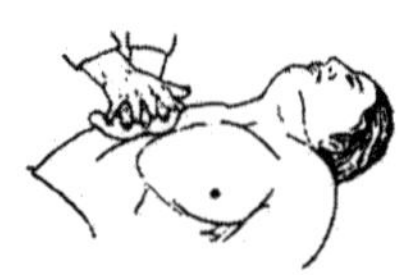

图 12-19　人工循环

注意事项：

(1) 开放气道进行仰头举颌法时，注意手指不要压迫病人颈前部、颌下软组织，也不要使颈过伸。

(2) 进行口对口人工呼吸时，每次吹气量不要过大，否则易造成胃内大量充气。

(3) 判断有无脉搏时触摸颈动脉不能用力过大，以免颈动脉受压妨碍头部供血，检查时间不可超过 10 秒钟。

(4) 胸外心脏按压用力应平稳、有规律地进行，不能间断，也不能忽快忽慢，禁止做冲击式猛压，按压时手指不要压在胸壁上，否则易引起肋骨或肋软骨骨折。

(5) 按压时用力应垂直向下。

思　考　题

1. 什么是“极点”？
2. 肌肉酸痛怎么处理？
3. 女子在月经周期可以参加运动锻炼吗？
4. 休克的征象是什么？怎么急救？
5. 心肺复苏的操作方法是什么？

第十三章　保健体育与体育疗法

内容提要：本章主要介绍保健体育的概念、保健体育的目的与特点、保健体育的任务与分类、保健体育的发展趋势；阐述了保健体育对机体的影响。同时，介绍了体育疗法的概念、体育疗法的特点、体育疗法的适应症和禁忌症。同时有针对性地阐述了大学生常见疾病的体育疗法，旨在让大学生了解、掌握保健体育与体育疗法的知识，并在日常生活中得到应用，提高大学生的保健意识，促进健康。

学习目标：

1. 了解保健体育的概念、分类、发展趋势及保健体育对机体的影响；
2. 了解体育疗法的概念、特点、适应症及禁忌症；
3. 掌握大学生常见疾病的体育疗法。

第一节　保健体育概述

一、保健体育的概念

所谓保健体育是指人们自觉运用体育手段，配合自然力和卫生因素，以达到调节身心状态和社会适应性，增进健康、增强体质的社会实践活动。它与人们基本的生存、享受和发展需要密切相关。保健体育是为体弱及病残学生开设的一门体育与健康课，通过体育与健康教育、有针对性的医疗运动使体弱及病残学生达到增强体质、恢复健康的目的。

二、保健体育的分类

保健体育作为社会体育活动的一种重要内容，与其他体育活动有着很大的不同，其分类方式也是多种多样的。如按活动主体的年龄性别分类，可分为儿童少年保健体育、青壮年保健体育、中老年保健体育、妇女保健体育等；按保健体育的历史源流分类，可分成传统保健体育、现代保健体育及民间性保健体育等；也可根据保健体育的性质和功能，将其分成体育健身、体育养生、体育医疗与康复三大类(本教材采用此种分类方法)。

(一) 体育健身

体育健身主要指一般健康者为满足强身健体需要而进行的身体锻炼活动。通过有目的的体育健身锻炼，增强身体各器官、系统的机能，发展身体素质，提高基本运动能力。体育健身运动的特点是，锻炼者可以根据个人的兴趣爱好和自身特点，选用适合个人需要的锻炼手段和方法，既可采用现代竞技运动项目和体育课中学习的内容作为锻炼手段，按照严格的动作规范要求进行演练，也可随意创编适合自身需要的活动内容和形式。国家体育总局组织力量对体育健身方法进行收集整理，为广大群众的体育健身活动提供了丰富的内容手段。另一方面，日常生活中的一些动作也具有锻炼价值，如走、跑、跳、骑自行车等，经常用作体育健身的重要手段。

(二) 体育养生

体育养生是在挖掘整理我国传统养生学和养生方法的基础上发展起来的一种东方保健体育类型。从整个东方体育的产生和发展状况来说，东方体育在本质上是把人体保健功能放在首要地位。中国传统养生学着眼于人与自然环境的协调统一，重视用哲学和医学的观点研究人的整体优化，它涉及到多方面的内容，如人的饮食、起居、劳逸、导引、情绪等，从而涵盖人们的物质生活、精神生活等基本内容。体育养生既是中国传统养生学的重要内容之一，又是其中最具主动性的因素。直到今天，传统体育养生体系中的许多理论和方法仍然为现代人们所推崇，并在增进人的健康、促进人体的可持续发展中发挥着重要作用。

(三) 体育医疗康复

体育医疗康复是借助于体育手段，预防和治疗某些疾病的体育保健实践活动。运用体育手段并与疾病的治疗相结合，是体育医疗与康复的基本特征。现代科学已经十分清楚地证明，体育在增进健康、增强体质的同时，对许多疾病的治疗也有着极其重要的辅助作用。利用体育手段，可以有效地加速病愈后的恢复过程。在现代社会里，伴随着现代劳动方式和生活方式改变而带来的社会“文明病”、“富贵病”有增长趋势，随着人类生存环境的恶化和社会竞争的激烈而把人们推向“亚健康”状态，人们对体育医疗和康复的需求更加迫切。体育在人们的医疗康复活动中所起的作用也会愈来愈大。

三、保健体育对机体的影响

(一) 保健体育对心血管系统的影响

长期坚持保健体育运动会使人体心血管系统的形态和机能调节能力发生适应性变化，主要表现在以下几个方面。

1. 心脏形态结构的适应性变化

因运动造成的心脏增大主要是左心室腔的扩大和左心室壁的增厚。左心室腔扩大主要表现为左心室舒张末期容积增大，其机理是运动时循环血量增多，心室充盈增加。一般来说耐力性项目的运动引起左心室腔明显增大，而左心室壁增厚不明显；力量性项目使左心室壁增厚而左心室腔增大不明显。体育锻炼对心脏结构的影响还表现为心脏冠状动脉口径的增大和对已有冠状动脉病变者侧枝循环的形成有促进作用。

2. 心率的适应性变化

通过运动增强了心脏对负荷的应激能力，窦性心动徐缓和每搏输出量增多，长期的体育锻炼使心血管中枢的迷走神经紧张性增高，使安静时的心脏舒张期延长，充盈时间增加，心率减慢，但每搏输出量较大所以每分输出量并不低于常人。也就是说长期从事体育锻炼的人有较大的心功能储备，在同样的运动负荷时，能以较低的心率来完成负荷，这一现象称为“心脏功能的节省化”，延长了心脏的寿命。

3. 保健体育锻炼对血压产生影响

长期从事体育锻炼的人高血压的发病率明显低于不常从事体育锻炼的人，保健体育锻炼能够提高中枢神经的调节机能，使血压维持在正常的范围之内。

4. 机能调节得到改善

经过长期的体育锻炼，人体心血管系统的机能调节得到改善，表现为运动时潜力增大，运动开始阶段机能动员快，进入运动状态所需时间短，运动结束后心血管机能恢复快。

5. 血液的胆固醇、高密度脂蛋白量发生改变

长期的体育锻炼会使血清胆固醇量明显下降，高密度脂蛋白含量增加。现代医学已证明高密度脂蛋白有限制动脉平滑肌肌细胞对胆固醇的摄取和蓄积作用，并能促进已经沉积的胆固醇转运出动脉壁，保持血管壁的弹性。此外运动还可以提高磷脂-胆固醇酰基转移酶的活性，有加强高密度脂蛋白转运细胞内胆固醇的功能。因此，运动不仅能降低血脂的含量，而且能改变血脂的成分，增强抗动脉硬化的能力。

(二) 保健体育对呼吸系统的影响

经过长期的保健体育锻炼可使呼吸肌的力量提高，呼吸肌毛细血管的数量增加。肺中毛细血管的数量增加，有利于气体交换，同时由于呼吸肌力量增强也增大了胸廓的扩张能力，从而有助于改善呼吸系统的功能。

运动不仅改善了呼吸功能，同时运动时呼吸加深还有利于心脏的工作，胸腹腔内压的变化促进了血液循环的加强。长期的保健体育锻炼可以大大提高人体对氧的吸收能力和氧的运输能力。

(三) 保健体育对运动系统的影响

1. 保健体育对骨骼和关节的影响

经过长期系统的保健体育锻炼，骨骼、关节的形态和功能都会发生明显的变化，在长期运动影响下骨骼的骨性结构发生改变是普遍现象，如骨骼变粗，骨密质增厚。这些变化增加了骨的强度和坚固性，减少了骨的损伤，延缓和减轻退行性病变的发生。运动使关节软骨增厚，韧带强度增加。长期的运动康复训练使关节软骨增厚，软骨内液体含量增加，发生可压缩性改变，关节接触面积增大，使单位面积压力减小，抗负荷能力增强，因此软骨的局部损伤减小。

2. 保健体育对肌肉的影响

保健体育锻炼使韧带、肌腱增大，弹性改善，韧带、肌腱与骨的结合部增强，从而有效地提高了关节的稳定性和牢固性。长期体育锻炼有助于增大肌群，增加肌肉力量，加快肌肉组织内氧化过程，骨骼肌纤维的选择性肥大，肌肉体积增加。运动使肌肉体积增大的主要原因是，单个肌纤维的直径增大，收缩蛋白增加，肌肉中毛细血管的数量增多，结缔组织增大增强。体育运动训练使肌纤维产生了纵向分裂，使肌纤维的数量增多，肌肉中 ATP、CP 和肌糖元的含量增加。

(四) 保健体育对病人的整体作用

适量体育运动能增进机体健康，过量运动和缺乏运动会损害健康和引发一系列健康问题。经常从事保健体育运动中的有氧运动可以改善肌肉、心血管、呼吸系统的功能，提高神经、内分泌和免疫调节能力，改善亚健康状态，从而达到人体形态结构、生理功能、运

动能力完好的状态。参加保健体育运动可以培养良好的心理素质，减轻或消除紧张、焦虑和抑郁，形成积极、乐观的情绪。缺乏运动是导致疾病与死亡的主要原因，世界卫生组织发布的材料中指出，缺乏体力活动是疾病和残疾的主要原因。世界卫生组织把 2004 年 4 月 7 日定为世界卫生日，主题为体育锻炼，口号为“运动有益”。高水平的健康模式以合理营养、经常性的体育锻炼、调节和诱导心理适应能力、开展并加强自我保健来促进人群的健康。体育锻炼是健康的四大基石之一。

第二节 体育疗法概述

我们的祖先在长期和疾病做斗争的过程中，不仅总结了一整套精深的医疗理论和方法，而且还为我们流传下来许多通过体育运动预防和治疗疾病的方法，称之体育疗法。这是我国优秀文化遗产中的一朵奇葩。本章在继承的基础上，结合近现代的科学理论总结的医疗体育方法，较系统地介绍了体育疗法的特点和几种常见疾病的体育疗法。

一、体育疗法的概念

体育疗法是一种以预防和治疗为目的的、有效的、具有医疗性质的体育活动和机体功能练习的方法，亦称医疗体育或体疗。它属于物理治疗的医学范畴，是一种最自然、最有效的物理治疗方法。其目的在于维持人体良好的生物状态，增强体质，预防疾病，促进患者机体功能的恢复，加速疾病的痊愈，及早恢复患者的生活和劳动能力。经验证明，病人痊愈后，机体或许在很长一段时间内仍然处在恢复状态，整个机体和各个系统及器官的机能在很长时间还是很低下。因此在这一时间内，为了使患者早日恢复劳动能力，采用体育疗法是完全必要的。

体育疗法的形式多种多样，主要有医疗步行或健身跑、医疗体操、医疗按摩、医疗气功、器械治疗、劳动治疗、自然力锻炼及各种形式的拳或操等。但无论哪种练习都应注意练习的方法、强度和时间是否行之有效。在体疗的过程中，应加强自我监督和医务监督，严格遵守循序渐进、区别对待的原则，以防由于疗法不当加重病情或影响身体健康。

二、体育疗法的特点

体育疗法是一种带有医疗性质的体育运动，但它与一般的体育运动又有所不同。体育运动是健康人为了增强体质和提高运动技能而从事的体育锻炼，而体育疗法则具有将体育运动和疾病治疗融于一身的特点。

(1) 体育疗法是一种全身疗法。在治疗慢性疾病时，医疗体育并不是单纯地考虑局部的治疗，而是着眼于全身，是通过改善或增强神经系统、血液循环系统、消化系统等的机能，从而收到增强体质、提高抵抗力的效果。

(2) 体育疗法是一种主动疗法。体育疗法是病人主动地采用身体练习同自己的疾病进行斗争的方法，所以可以调动有机体的潜力，摆脱无可奈何的消极情绪，提高治疗效果，促进康复。

三、体育疗法的适应症和禁忌症

体育疗法具有较强适应性，适用于多种不同病情和机体状况的人，但它并不是万能的，只适用于一定的范围。

(一) 体育疗法的适应症

经过多年的治疗经验和临床实验，体育疗法对于以下病症较为适应。

(1) 形态异常。如内、外“八”字脚、扁平足、脊柱畸形以及身体各部位的形态异常，都可通过体育疗法得到矫正。

(2) 运动系统机能障碍。如椎间盘突出、颈椎病、肩周炎、风湿性关节炎以及由于运动损伤或各种炎症引起的运动系统机能障碍都可通过体育疗法得到缓解。

(3) 循环系统疾病。如冠心病、心肌炎、心力衰竭、高血压等可以通过步行、气功、强心操、太极拳等体育疗法来加强循环系统的机能，促进病情的好转。

(4) 呼吸系统疾病。如气管炎、支气管炎、哮喘、肺气肿、肺结核、胸膜炎等，可利用呼吸体操、按摩、气功、健身运动等体育疗法进行治疗。

(5) 消化系统疾病。如胃下垂、慢性肝炎、十二指肠溃疡、慢性肠胃病、便秘等疾病，可通过适当的按摩、针灸、健身体操等运动疗法治疗。

(6) 神经系统疾病。如失眠、头痛、偏头痛、神经衰弱、坐骨神经痛、近视眼等，可通过按摩、气功、散步、保健体操进行治疗。

(7) 代谢障碍及妇科疾病。如肥胖症、糖尿病、痛经、慢性盆腔炎、膀胱炎、胆囊炎等，可通过健美操、健身操、按摩等手段治疗。

(8) 瘫痪疾病。由于血液循环系统、神经系统或运动损伤而引起瘫痪的病人，部分肢体的运动会受到限制。采用主动与被动的体育疗法，加强受损肢体的活动能力，可以促进病人运动功能的尽快恢复，减少由于肢体长时间不运动而给病人带来的痛苦。

(二) 体育疗法的禁忌症

对于以下病情较重或正处于发病期的病人，应停止体育治疗：

(1) 病情较重的各种疾病患者。

(2) 体温升高，在38度以上者。

(3) 心绞痛发作频繁、心律明显失常或有严重炎症者。

(4) 肺结核尚在活动期或伴有咯血者。

(5) 骨折尚未痊愈或由于运动而可能引起出血、剧痛者。

(6) 肿瘤病人尚在进展期或有明显转移者。

四、体育疗法健身祛病的生理机制

体育疗法既不用打针吃药，又不用滋补营养品，为什么能够健身祛病呢？其生理机制主要体现在以下几个方面。

(1) 通过体育疗法能调动机体内部的潜力，增强机体的抵抗力，防止发生合并症。比如有些慢性病患者往往过多地安静休息，缺乏必要的体力活动，从而给身体造成不良的影响。如果一患病就长期卧床休息不仅会引起精神不振，而且体内各种生理功能还会逐渐变弱，具体表现为呼吸表浅，血流减慢，心脏收缩乏力，食欲减退，胃肠消化功能减弱，某些器官还会有瘀血现象，功能失调，肌肉萎缩，全身无力等。这样，不仅不容易使其病情好转，而且其他疾病还会乘虚而入产生新的合并症。倘若患病以后经过医生的诊断，除了进行药物治疗以外，同时也开出体育疗法的运动处方，则有的放矢地进行身体锻炼，有助于使整个机体的血液循环、呼吸、消化等系统的功能得到改善，从而提高机体的抵抗能力。这样不仅不会引起合并症，而且还会加速疾病的治愈，有利于身体的康复。

(2) 有些疾病主要是由于缺乏体力活动引起的，比如经常伏案工作的脑力劳动者由于缺乏体力活动，结果肠胃蠕动减弱，腹肌松弛，从而容易引起习惯性便秘。又比如长期从事紧张的脑力劳动，平时又缺乏必要的身体活动，则容易导致神经系统的疾病如神经衰弱等。治疗这类疾病的有效方法就是经常进行适量的体育活动来矫治运动不足，这样久而久之一些病症就会自然消失。

(3) 体育疗法能调整中枢神经系统的生理功能，从而起到从根本上治愈各种疾病的目的。尤其是某些慢性疾病如冠心病、高血压病、胃溃疡等，其发病的原因主要是由于中枢神经系统功能的失调而引起的。通过体育疗法可使中枢神经系统的兴奋和抑制得到相应的调节，从而能够使其功能逐渐恢复正常。通过神经的反射作用可使疾病逐渐痊愈。同时，由于体育活动还能转移大脑皮层对疾病的注意力，调动患者内在的积极因素，从而减轻因疾病而引起的疼痛，改善病人的情绪，增强病人战胜疾病的信心和毅力，这种心理因素对于治疗疾病可起到意想不到的效果。

(4) 体育疗法有助于增加心肌的氧气供应量。因为体育活动能促进冠状动脉侧枝循环的形成或增加原有侧枝循环的血流量，使心肌血管网的血液循环状况得到改善，血流畅通，这样氧气的供应量自然会增加，有利于病变器官功能的恢复而消除了疾病。同时，体育疗法还有助于减少心肌的耗氧量，因为通过体育活动之后血液循环对活动的反应即调节功能有明显改善，变得更“经济”、“节省”，使心肌耗氧量也有所减少，这种良好的变化可使病人能够扩大活动范围，提高对体力活动的适应能力，这对疾病的痊愈、体质的增强都是颇有裨益的。

(5) 体育疗法对某些疾病能起到良好的辅助治疗作用。如肺结核、高血压病、糖尿病等疾病的治疗，虽然在很大程度上要依靠药物，但是，由于病人的内脏器官或代谢功能已经失调，对药物不能很好地吸收和利用，这样疗效必然会受到影响。如果在药物治疗的同时进行体育疗法则有助于改善器官的生理功能，促进机体的新陈代谢，从而使身体能较好地吸收药物，使药物的治疗功能得到更好地发挥，这样对治疗疾病的效果则更为显著。

(6) 通过体育疗法能够使脏腑、肌肉、关节、韧带等器官组织获得更多的营养物质，从而为身体的康复打好良好的物质基础。同时，体育疗法还有助于体内的脂质代谢，长时间的体育活动之后血液中胆固醇的浓度会明显降低，并能避免和减少粥样斑块在血管壁上的沉积。当然，也不是说所有的疾病都能通过体育疗法来治疗，例如肝病活动期和有些疾病在急性发作期，尤其是存在出血倾向或发热期间是不宜进行体育疗法的。

第三节 常用的体育疗法

一、医疗体操

医疗体操是用于防治疾病的一种主要运动形式。它可分为矫正身体畸形的矫正体操，恢复和加强动作协调性的协调性体操，锻炼身体平衡功能的平衡性体操，发展呼吸肌及呼吸功能的呼吸操，以及借助器械恢复运动功能的器械体操等。其内容及其中的姿势、活动部位、运动幅度、运动速度以及肌肉收缩的用力程度等均可根据病情及疾病的性质有针对性地加以选择，既可作用于全身，又可作用于局部。医疗体操常用的基本方法有以下几种。

(1) 被动运动。这是一种完全依靠外力帮助来完成的运动。适合于各种原因引起的肢体运动功能障碍，可起到缓解肌肉痉挛，牵伸挛缩的肌肉和韧带，恢复及维持关节活动范围的作用。

(2) 助力运动。这是在病人患肢没有足够的力量来完成主动运动时，由医生或其本人的健康肢体以及利用器械提供力量来协助患肢进行的运动。适用于创伤恢复期肌肉无力以及病后体质虚弱的情况。

(3) 主动运动。这是病人主动完成的一类运动。它可根据实际需要进行单关节或多关节联合运动，单方向或不同方向运动，速度和幅度可根据病情进行选择。广泛应用于偏瘫、截瘫和周围神经损伤等原因造成的肌力丧失。一般与被动运动配合应用，能有效地促进主动运动的恢复。

(4) 抗阻运动。这是肢体在主动运动中克服外部阻力而完成的运动。其作用在于恢复和发展肌力，广泛用于各种原因引起的肌肉萎缩。抗阻运动一般多采用负重方式进行，如举沙袋、哑铃，拉弹簧或皮筋。可随着肌力的增长不断增加负荷阻力，但重复次数与持续时间不变。

(5) 放松运动。这是一种有节律的、柔和而少用力的肌肉练习活动，如肢体的摆动性放松练习和主动意识性放松练习等，广泛应用于高血压、心脏病、支气管哮喘等疾病。在医疗体操结束时，也应做放松运动，以尽快消除疲劳。

二、传统的拳、操

传统的拳、操包括太极拳、易筋经、八段锦、五禽戏以及各种保健操等。病人可根据病情需要及自身特点选择练习。长期坚持此类锻炼，不仅能防病治病，而且还具有显著的健身效果，因而不仅被中老年人和久病体弱者作为延年益寿、保健康复的重要手段，也是大学生们进行身体锻炼的主要方法和内容。

三、有氧健身运动

有氧健身运动包括快走、慢跑、骑自行车、游泳、登山、跳绳、登楼梯、健身操及各种球类运动。由于有氧运动简便易行，运动中可进行自我监控，且运动强度低，有节奏感，持续时间长，安全而有效，因此受到大学生的普遍欢迎。长期坚持有氧训练，可使体内各种生理惰性逐渐被克服，心肺功能得到提高，达到增强体质、提高抗病能力、增进健康的目的。

四、器械运动

器械运动是一种借助于特制的器械进行运动的治疗方法，目的在于矫正不良姿势及畸形，促进肢体关节功能的恢复。常用的器械包括特制的滑轮装置系统、牵引带、功率自行车、活动平板、肋木、体操棒等。需要进行矫正的患者可根据自身的情况和特点进行选择。

五、医疗按摩

医疗按摩是中国传统的健身方法之一，用于疏通经络、调和气血、促进新陈代谢、治疗慢性疾病、增进身体健康。可治疗腰酸、背痛、神经衰弱、消化不良、肌肉关节损伤等病症。其适应症广，医疗效果好，备受患者欢迎。

六、自然因素锻炼

自然因素锻炼是利用日光、空气和水等自然因素的作用来改善机体、调节功能、提高人体对外界环境变化的适应能力、增强抵抗力、增进身体健康的一种方法。常用的有日光浴、空气浴和水浴。锻炼者能在充分享受大自然的同时，达到强身健体的目的。

第四节　大学生常见病的体育疗法

一、眼睛近视的体育疗法

近些年来我国大学生中眼睛近视的人数有逐年增多的趋势。导致大学生眼睛近视的主要原因是不良用眼习惯，尤其是经常低头看书、做作业，眼睛距离桌面过近，视空间缩小，致使眼睛内睫状肌长时间处于痉挛性收缩及充血状态，晶状体变得过厚，从而引起眼睛近视。也有的是由于不良的学习环境，如看书、做作业时光线暗淡，走路时或卧床时看书，以及平时参加体育活动过少而导致眼睛近视。近视眼会给患者生活、学习和工作带来许多不方便，高度的近视还可能导致视网膜剥脱的危险。经常从事适量的体育活动和对眼睛周围穴位进行按摩，可以减轻睫状肌的痉挛，避免或减少眼部瘀血，而且有助于调整和改善与眼睛有关的神经、血管、肌肉的生理功能，以保护视力，预防和矫正近视眼的发生。眼睛近视的体育疗法主要是做眼保健操和经常对眼睛睫状肌进行调节。

(一) 眼保健操

(1) 揉天应穴。闭目，用左右大拇指按左右眉头下面上眶角处，轻轻揉按(见图 13-1)。

(2) 挤按睛明穴。两眼自然张开或闭目，以左手或右手大拇指与食指挤按鼻根部位，先向下按，然后向上挤，如此反复挤按(见图 13-2)。

(3) 揉按四白穴。用大拇指支撑在下颌骨凹陷处，由食指在面颊中央部(眼眶下缘正中凹陷部)揉按，其他的手指自然弯屈紧靠鼻翼两侧(见图 13-3)。

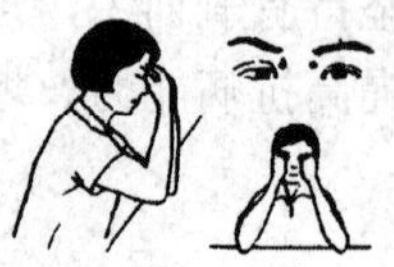

图 13-1　揉上眶角(天应穴)

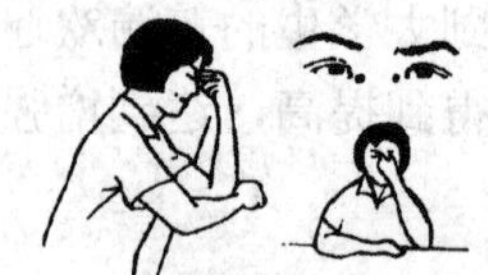

图 13-2　挤按鼻根(睛明穴)

图 13-3　按揉面颊(四白穴)

(4) 轮刮眼眶。用左右大拇指按住太阳穴，其他手指自然弯屈，以左右食指第二指节内侧轻刮眼眶，先向上，后向下，依次轮刮，使眼眶周围的穴位，如攒竹、丝竹空、瞳子髎、承泣等穴位都受到轮刮，使眼眶周围的穴位都受到按摩(见图 13-4 和图 13-5)。

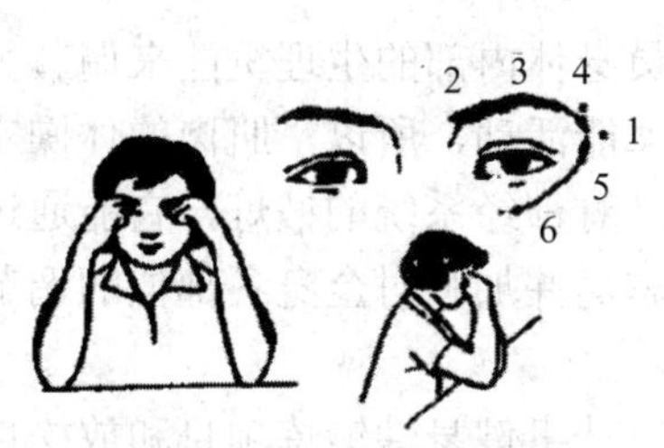

图 13-4　按揉太阳穴，轮刮眼眶

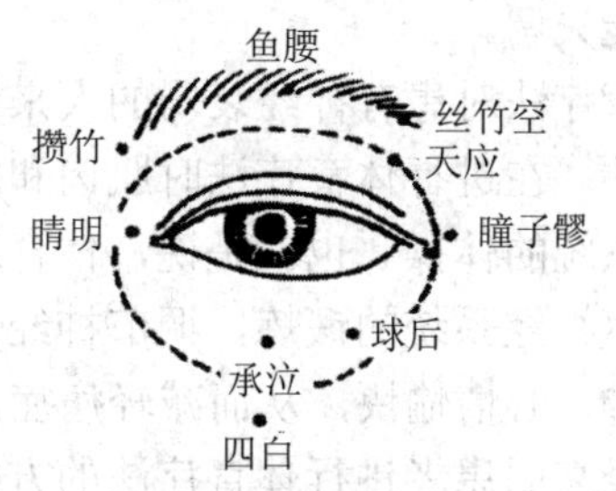

图 13-5

做眼保健操揉按穴位时应力求准确，手法柔和，并保持全身放松，意念集中。眼保健操可每天做两次，每次对每种按摩手法各做 36 次，以做到局部有酸麻感为度。

(二) 眼睛睫状肌调节法

1. 眼珠转动练习

眼珠按顺、逆时针方向各转动 10 次，随即紧闭一会儿，忽然睁开，如此反复练习。

2. 远视练习

远视练习宜在早晨选择有树木的地方，远视时要选定目标，由近到远，反复练习。

3. 足底按摩

由足底大趾根向小趾根方向进行推摩，以强刺激达到疼痛为度，每日两次，每次 2～3 分钟，坚持连续锻炼 6～7 天，大多数假性近视患者的视力都有明显的改善。

4. 穴位按摩

经常按摩对侧手无名指第二关节正面的肝穴、掌心劳宫穴、合谷穴等对改善视力有较好的疗效。

5. 经常参加体育活动

经常参加中长跑、竞走、做操、踢毽子和各种球类活动等对恢复视力亦是十分有益的，但运动量要适宜，以中小负荷强度的活动为主，不宜从事过于剧烈的运动。至于高度近视(600 度以上)者或有并发症的患者，需在眼科医生的指导下进行适当的体育活动。前苏联科学家设计了几种特定的球操，对恢复视力有良好的效果。

(1) 双手将排球或篮球上抛再接住，重复 10～15 次。

(2) 一手抛球另一手接住，重复 10～15 次。

(3) 将球用力抛高，然后用双手或单手接住，重复 10～15 次。

(4) 将网球掷向 10 米距离的墙上，然后接住反弹球，两手各重复 10～15 次。

(5) 将网球掷到墙上某一目标上然后接住，两手各重复 10～15 次。

(6) 将排球、足球或篮球从胸前和脑后投给站在 10 米外的伙伴，重复 10～15 次。

(7) 单手将球从肩上投向 10 米外的伙伴，两手各重复 10～15 次。

二、神经衰弱的体育疗法

神经衰弱是一种常见的神经官能症，它是神经机能尤其是大脑皮层的机能暂时性失调，不属于器质性疾病。其发病原因常与用脑过度、长期精神负担过重、生活无规律或过于疲劳有关，也与意志薄弱等因素有关，特别是受不良情绪刺激导致大脑皮层神经中枢兴奋与抑制功能失调。

体育疗法对患有神经衰弱的人来说，是一种动员身体内部的生理机能来调节大脑功能的好办法。在进行体育疗法时肌肉和关节神经感受器能活动，所以，肌肉的体操实际上也是神经系统的体操。也就是说，体育运动的过程也是对神经系统的锻炼，它能通过对大脑高级中枢神经系统的锻炼，调节神经系统的活动状态，并加强对全身各部位的调节，使人振作精神，心情愉快，从而减轻病症。

神经衰弱患者进行体育疗法的方式很多，通常以从事健身性锻炼项目和放松性锻炼项目为宜，不宜参加运动负荷过大、时间过长的剧烈运动。治疗神经衰弱常用的体育活动项目主要有太极拳、气功、保健按摩、健身跑、步行、冷水浴、登山、划船等，患者可以根据自己的体力情况和个人的兴趣爱好，选择一两个项目进行经常锻炼。

(一) 站桩

(1) 为保持身体轻松，呼吸舒畅，应解除身上一切紧缩处(如松解领扣和裤带，不带手表等)，要求室内空气新鲜，室温适宜，做功前应先静坐 10 分钟；

(2) 预备式采取站立姿势，两足左右分开与肩同宽，两手叉腰，手心朝外(见图 13-6)，静静地呼吸，约 3 分钟后开始练功；

(3) 练功时身体姿势仍取预备式的站式，惟两手抬起与肩平，或高不过肩，低不过脐，两肩半圆成抱物状，手心向内，距胸 1 尺左右。两膝向前微屈，臀微向下坐，以不增加心跳、舒适自然为度(见图 13-7)。不闭气，不用力，全身舒适得力为宜，摆好姿势，关节肌肉均要放松，保持不动，两眼微闭，目若不视，耳若不闻，以微闭之目，凝视正前方某处，排除杂念，专一练功，嘴不紧闭，以鼻进行腹式呼吸或自由呼吸。要自然、静稳、匀细。

图 13-6

图 13-7

(二) 冷水浴

冷水浴在早晨起床后进行。早期先用温水擦身，经过一段时间锻炼，习惯以后改用冷水擦身，最后用冷水冲洗或淋浴。

(三) 穴位按摩

(1) 如头痛、失眠者可揉按天柱穴和太阳穴(见图 13-8 和图 13-9)。

(2) 如头昏目眩者可加练鸣天鼓，即掩住双耳，用指弹击玉枕穴(见图 13-10 和图 13-11)。

(3) 如遇有心悸和情绪不稳定者可加练涌泉穴(见图 13-12)。

图 13-8

图 13-9

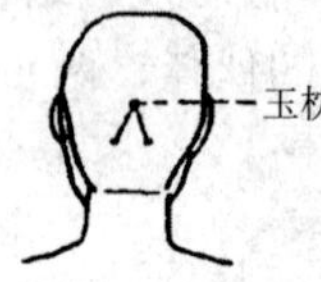

图 13-10

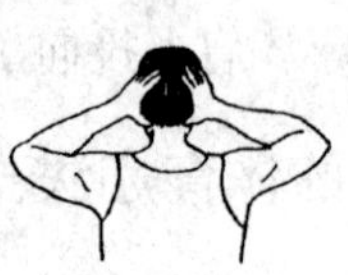
图 13-11

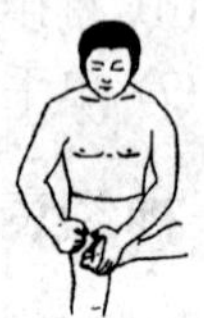
图 13-12

总之，倘若患了神经衰弱既不要紧张害怕，也不要迷信“补药”，要树立与疾病作斗争的坚强意志，克服平时好静而不爱动的习惯，合理地安排好生活作息制度，每天坚持从事适当的体育活动，使大脑神经细胞的兴奋和抑制功能逐渐恢复正常，这样就一定能够把神经衰弱治愈。

三、关节炎的体育疗法

多数患者是因关节周围软组织慢性劳损而引起关节炎，也有的由于长期缺乏运动，关节周围的肌腱和滑囊血液淤滞，致使关节发病。体育疗法能促进局部血液循环和炎症吸收，防止和克服组织粘连、肌肉萎缩，增加关节活动范围，提高韧带弹性，从而达到粘者分之，僵者松之，淤者稀之，消除炎症，治愈疾病的目的。关节炎体育疗法的具体措施如下：

(一) 颈椎炎

1. 转动颈项

采用站、坐姿势均可。① 头部左转—再向左转—稍停—还原(放松)。② 头部右转—再向右转—稍停—还原(放松)。③ 低头—再低头—稍停—还原(放松)。④ 头后仰—再后仰—稍停—还原(放松)。依次练习，以酸胀为度(见图 13-13)。

2. 搓擦颈部

两手擦热，左右手交替搓擦颈后部，以发热为度，随后慢速度转动颈项，依次练习(见图 13-14)。

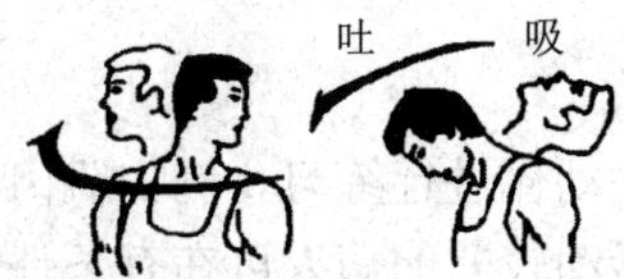

图 13-13

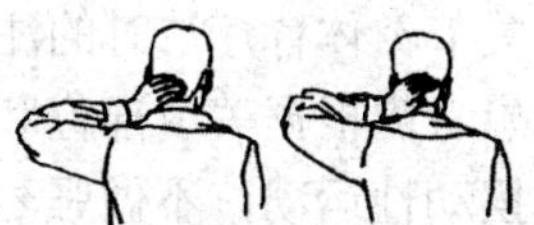

图 13-14

3. 颈椎操

(1) 调整呼吸。预备姿势：两脚开立同肩宽，两手叉腰，眼平视(见图 13-15)；颈肩部肌肉放松；自然呼吸，逐渐深长。

(2) 前俯后仰。预备姿势：同(1)；先吸气，后呼气，同时头部缓慢地向左转动，眼视左后方；吸气，头部还原至正常位；呼气，头部缓慢地向右转动，眼视右后方(见图 13-16)；吸气，头部还原至正常位。

(3) 左右侧屈。预备姿势：同(1)；先吸气，后呼气，同时头部缓缓向左侧屈，左耳尽量触左肩(见图 13-17)；吸气，头部还原至正常位；呼气，头部缓缓向右侧屈，右耳触右肩；吸气，头部还原至正常位。

(4) 回头望月。预备姿势：同(1)；先吸气，后呼气，同时头部缓缓向左后上方转动，眼视左后上方；吸气，头部还原至常位；呼气，头部缓缓向右后上方转动，眼看右后上方；吸气，头部还原(见图 13-18)。

(5) 颈部绕环。预备姿势：同(1)；低头，头部先从左向右缓缓旋转两周(见图 13-19)，然后再从右向左旋转两周；抬头时吸气，低头时呼气。

(6) 拔伸牵引。两手交叉放在脑后(见图 13-20)；预备姿势：两脚开立同肩宽，头后仰，两手用力向上牵引(见图 13-21)；缓慢呼吸，持续 5 分钟。

(7) 颈部按摩。预备姿势：两脚开立同肩宽，一手叉腰，头稍后仰，颈部肌肉放松；

另一手四指放在颈部按摩肌肉(见图 13-22)。先从下向上再从上向下，反复 10 次，两手交替进行。

图 13-15　图 13-16　图 13-17　图 13-18　图 13-19　图 13-20　图 13-21　图 13-22

这套操改善颈部血液供应，缓解肌肉韧带的过度紧张。对颈椎病患者来说，这套操可作辅助治疗手段，经常练习能缓解症状，提高综合治疗效果，巩固疗效，防止复发。

长期伏案工作的人每天做几遍，可改善颈部血液供应，缓解肌肉韧带的过度紧张，增加颈部各个方向的活动范围，避免颈椎某一部分受力过大，在一定程度上能预防颈椎骨刺的形成，避免或推迟颈椎病的发生。做操时动作要缓慢，切忌快速运转，可以通过缓慢呼吸来控制速度，呼气时做动作，吸气时还原。除最后两节外，每个动作至少做两个八拍。全操做一遍约 5 分钟。

在进行关节炎体育疗法时的注意事项：

其一，患者应根据关节部位和自身症状选择有关动作进行练习。例如肌肉痉挛明显的病人应多做摆动性运动，不做强烈牵拉动作。关节活动较差的病人可在有条件保护下进行作业完成，以提高关节活动能力。

其二，练习时肌肉尽量放松，即使是用力动作，做完后也应立即放松。做扩大关节活动范围练习时，动作应徐缓，使之达到最大限度。

其三，运动量要贯彻循序渐进原则，切勿操之过急，对一些顽固症者，必须坚持长期锻炼才能收到效果。

其四，体疗过程中要定期复查，以便了解体疗效果，及时调整治疗方案。

(二) 肩周炎

1. 单(双)手托天

两腿自然站立，两手于腹前，手指相对，掌心向上，随即左手提至胸前，翻掌后用力向上伸臂展肩托举，右手内旋下按，同时抬头伸腰，两臂依次交替练习。也可采用两手同时向上托举(见图 13-23 和图 13-24)。

2. 绕肩运动

一臂叉腰，另一臂向同侧伸直，向前向后交替绕臂，速度均匀稍慢，以酸胀为度(见图 13-25)。

3. 持环侧向拉举

两脚自然开立，两手持环，两臂依次下压和上举。进行时两臂尽力伸直，以酸胀为度(见图 13-26 和图 13-27)。

图 13-23

图 13-24

图 13-25

图 13-26

图 13-27

图 13-28

图 13-29

4. 持环背后拉举

一手持环在背后，另一手持环在侧前方，两臂依次下压和上举(见图 13-28 和图 13-29)。

(三) 腰背部酸痛

俗话说："病人腰痛，医生头痛"，说明腰痛是临床医学的疑难症状之一。腰痛的发生与环境、年龄、脊柱功能活动度的大小以及负重情况有密切的关系。腰痛发病的原因很多，如腰椎间盘突出，脊柱骨关节、筋膜、神经等损伤，或者脊椎骨增生等都会引起腰痛，有些损伤一旦发生却又不容易彻底治愈，致使脊柱的正常生理功能受到破坏，从而变成慢性腰痛。

因此，患有慢性腰痛的人除了吃药、针灸和各种理疗之外，再配合体育疗法，让腰部得到适度的活动，能有效促进损伤部位周围的血液循环，防治腰部僵硬和肌肉萎缩而引起腰痛。腰痛的人，可多做加强腰背部诸肌群的各种柔软性体操、单杆悬垂牵引、仰卧起坐、八段锦和太极拳等运动，促使腰部组织的新陈代谢，从而提高腰背肌的功能。腰痛患者可经常做以下身体练习。

(1) 加强腰部肌肉的练习。俯卧，双腿向上举，上肢和下肢同时上举，交替进行；站立位做后踢腿和展腹的动作，左右腿交替进行。

(2) 仰卧起坐。仰卧在垫上或床上，两臂伸平，用腹肌收缩的力量起坐，起坐次数可逐渐增加。

(3) 各种转动躯体的徒手体操。如做体转运动、体前屈运动、体侧屈运动和体后屈运动等。但做这些动作时用力不宜过于突然，以免肌肉、韧带拉伤而使疼痛加剧。

(4) 打太极拳。太极拳动作柔和缓慢，尤其注意练腰，并以腰部带动躯干和下肢的转动，经常练习太极拳可使腰、腿的肌肉和韧带的力量增强，改善肌肉和韧带的弹性和柔韧性以及关节的灵活性，从而可使腰痛得到缓解或消失。

(5) 后退走和后退慢跑。可在平地或利用上坡来进行后退走 50 米和后退慢跑 50 米交替进行，当然要熟悉地面和注意安全。

(6) 单杆悬垂摆动。有自我牵引理顺脊柱和腰背肌的功能。

(7) 自我按摩。可自我拍打或按摩腰背酸痛的部位和腰背部的穴位。按摩腰眼：站、坐位均可，两手相互擦热，紧按腰眼，随后用力上下推摩，如此反复练习。

(8) 俯身转体。正立，两手半握拳于腰间，右臂向左上方摆起(伸掌)，随后上体前屈，自右至左转体后还原。接着做相反动作，依次交替练习(见图 13-30、图 13-31、图 13-32)。

图 13-30

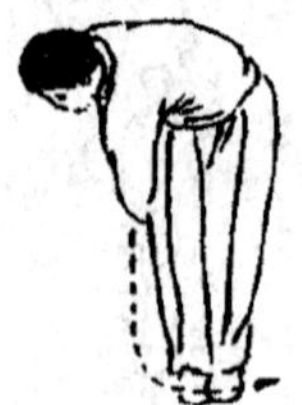
图 13-31

图 13-32

四、感冒的体育疗法

感冒是一种四季病，尤以春夏之交和秋冬之交最易发病。症状有鼻塞、流清鼻涕、嗓子痛、头痛发热、全身酸痛。进一步发展可出现咳嗽、高烧不退，严重时可并发肺炎或发生其他病变。因此，对感冒不能掉以轻心。

同时，鼻腔是呼吸系统的前哨器官，早在1000多年前，我们的祖先已经观察到鼻子发酸、打喷嚏、流清鼻涕或头昏、脖子发沉等都是感冒的预兆。现代医学研究也证明了我国古代传统医学论述的科学性，现代医学研究还证明，经常揉按鼻腔等有关穴位能够有效地防治感冒。其机理主要在于按摩这些穴位有助于改善鼻黏膜的血液循环，促进新陈代谢，增强鼻粘膜上皮的抵抗力，以防御感冒病毒的侵袭。感冒患者的体育疗法如下：

(一) 浴面拉耳

双掌摩擦生热后，紧贴前额发际，自上而下擦至下颌部(见图 13-33)；然后沿下颌分擦至双耳，用食指和拇指夹住耳垂部，轻轻向外拉，约 2～3 次(见图 13-34)；再沿耳部向上擦至两侧颞部，回至前额部(见图 13-35)，重复 16 次；最后双手掌窝成环状，掩盖鼻孔(见图 13-36)，呼吸 10 次。

图 13-33

图 13-34

图 13-35

图 13-36

运动后，面部和耳垂会感发热或发红，有舒适感。面部血液循环的改善，可加强鼻道的防御功能。耳为经络总汇，按摩、刺激此部位有助于改善和调节头、面部器官的功能，从而起到预防感冒的效果。此法在感冒多发季节经常使用可达到较好预防感冒的效果。

(二) 按揉三穴

用手指腹分别用力按压太渊(见图 13-37)、合谷(见图 13-38)、足三里(见图 13-39)三穴，有酸胀感时，再循顺、逆时针方向各按揉十几圈；然后用力在穴位上压迫 1 分钟左右，慢慢松开后重复，左右两侧穴位按揉方法相同，次数不限。此法做完有舒适酸胀感。以指来代替针刺的作用从而达到增强体质、预防感冒的效果。患者可根据本人病情酌情采用，随时随地做，但用力要适度。

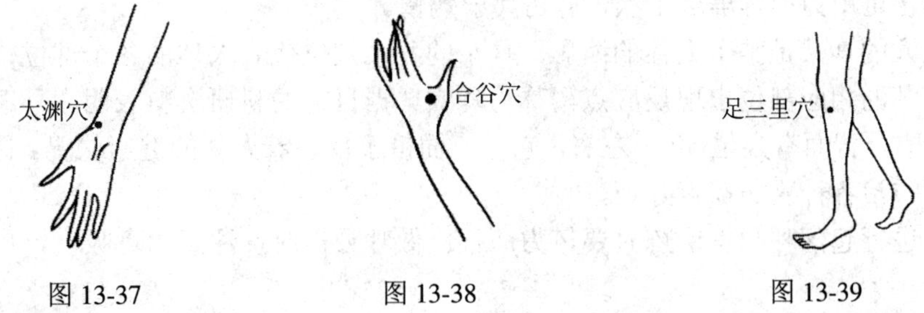

图 13-37　　图 13-38　　图 13-39

(三) 擦鼻点穴

(1) 擦鼻梁。用两食指擦摩鼻梁两侧(见图 13-40)，至有热感为止。

(2) 擦风池穴。用双指撩摩两侧风池穴(见图 13-41)，每次擦摩 30～60 次为宜(风池穴位于颈部项肌两旁的凹窝处)。

(3) 轻按迎香穴。用食指尖侧面轻轻揉按迎香穴 1～3 分钟(见图 13-42)。(迎香穴位在鼻唇沟上段正对着鼻翼最突出的地方。)

感冒鼻塞时，按摩眼内角的两侧鼻梁，利于通气，在鼻翼旁的迎香穴做针灸或用指压也能使鼻通气，但不要用力过度。

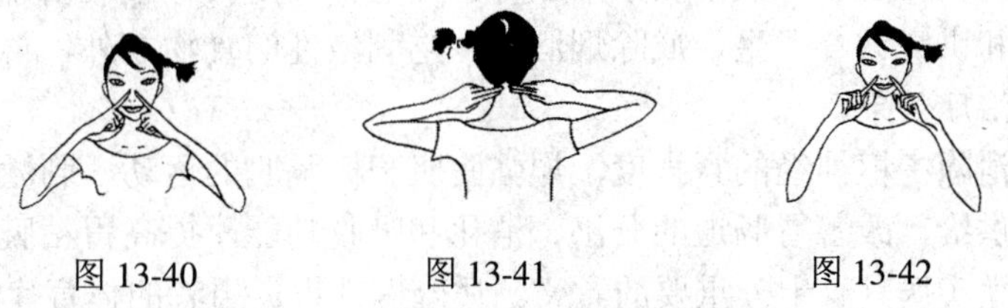

图 13-40　　图 13-41　　图 13-42

(四) 起落呼吸操

全身放松，两脚齐肩宽站立，两臂自然下垂。吸气时屈肘两小臂平行举至身前与胸平，呼气时两腿下蹲，两臂下落至髋部两侧，同时发出“乌”、“依”、“啊”等元音字母，如此反复进行。开始发音时间轻而短，以后逐步延长。此法是利用呼气时发音刺激增强肺换气功能，这对治疗咳嗽、头痛、咽痛、鼻塞等病症有较好的效果(见图 13-43)。

图 12-43

对进行体育疗法不易出汗者，可多喝几杯热开水。上述方法可每天早晚各做一次，尤其是在早晨起床后做对防治感冒效果更显著。

感冒患者在进行体育疗法时应注意的事项：

其一，松弛法是整体性练习，有助于调整全身平衡。如把意念放在鼻腔两侧能有效地疏通鼻腔阻塞，促进其血液循环，对防治感冒和鼻炎均有明显效果，可经常进行该练习。

其二，采用按摩法对预防感冒或对感冒初期有良好疗效，如做一遍后效果不大应坚持经常练习，不要半途而废。练习时应按照上述顺序依次进行，不要倒序。

其三，对病情较重或伴有头昏情况等可先按揉太阳穴、双耳垂及耳屏等各 50 次，若鼻塞、流涕不止可用力捏耳屏数十次，即可缓解病情。

其四，人的耳朵是整个人体的缩影，耳朵的各个穴位代表人体的各个部位，若人生了病就会在耳朵的相应部位出现反应点，称为耳穴。据目前的科研资料表明，耳廓正面有穴位 300 个左右，背面有穴位 50 个左右，它像一面镜子反映着人体的健康状况。因此，经常揉按耳朵对防治各种疾病都有好处。

其五，进行起落呼吸操锻炼时要量力而行。做呼吸操时，注意用鼻吸气，口呼气，多练腹式呼吸。

五、慢性胃炎的体育疗法

胃是消化器官中最膨大的部分，有受纳食物和消化食物的功能，成年人的胃能容纳 2 L～4 L 升食物。由于胃的受纳功能使人饱餐后食物能慢慢进入十二指肠，保证了经胃初步消化的食物在小肠内能得到充分的消化和吸收。胃的消化功能是通过胃的运动和消化液来完成的，如果胃发生病变，其受纳功能就会明显降低，消化功能亦会发生故障使人体健康受到影响。慢性胃炎是一种较常见的疾病，胃粘膜屏障功能降低是导致慢性胃炎的主要原因。患有慢性胃炎的人其症状表现为食欲减退，饭量减少，上腹饱胀，胃酸过多或过少，消化不良，胃部闷痛，烧心，大便次数增加等。慢性胃炎是一种较难治愈的疾病，病人除了注意药物治疗和讲究饮食卫生、戒除烟酒、少吃刺激性的食物之外，再配合体育疗法则可以收到更好的治疗效果。

体育疗法可消除中枢神经的紧张度，加强腹肌和横膈肌的运动，刺激胃肠的蠕动，增加腹腔内的血液供给，改善胃肠道的分泌、消化和吸收功能，提高胃粘膜的抵抗力，从而对治愈慢性胃肠道疾病具有十分重要的意义。适合慢性胃炎患者的体育疗法有：

(一) 按摩腹部

按摩时可采用仰卧姿势，用右手的掌心在腹部作顺时针方向绕圈按摩，也可以从上腹往下腹缓缓按摩。每天可进行 2～3 次，每次 10～15 分钟。通过腹部按摩可以促进胃肠蠕动，增加胃液的分泌，有利于食物的消化和吸收，同时还可以减轻胃肠的胀痛感(见图 13-44)。

图 13-44

(二) 散步

散步是一种全身性的运动，在散步的过程中整个内脏器官都处于微微的颤动状态，加之配合有节奏的呼吸，可导致腹部肌肉有节奏地前后收缩，横膈肌上下运动对胃肠能起到一种有益的按摩作用，可以刺激胃液的分泌，促进胃肠蠕动，从而增强胃肠的消化功能。

(三) 太极拳

太极拳动作柔和、缓慢、稳定、圆滑，打太极拳时常常要以腰为轴，在练习中胸腹联合的动作比较多，经常打太极拳可以促进腹腔的血液循环，改善胃部的营养状况，增加胃肠的蠕动。患有慢性胃炎的人，如果能够长期坚持打太极拳，可以促进慢性胃炎症状逐渐消失，使其胃肠的功能恢复正常。

(四) 医疗体操

1. 呼吸运动(四个八拍)

预备姿势：直体仰卧；双臂沿床侧上举至头上方(见图 13-45)，吸气；双臂还原，呼气。

2. 抱单膝运动(两个八拍)

预备姿势：直体仰卧，双臂沿床斜上举于头两侧；左膝屈曲，尽量贴近腹部，同时双手抱住膝盖，压向腹壁(见图 13-46)。还原成预备姿势换右膝做。

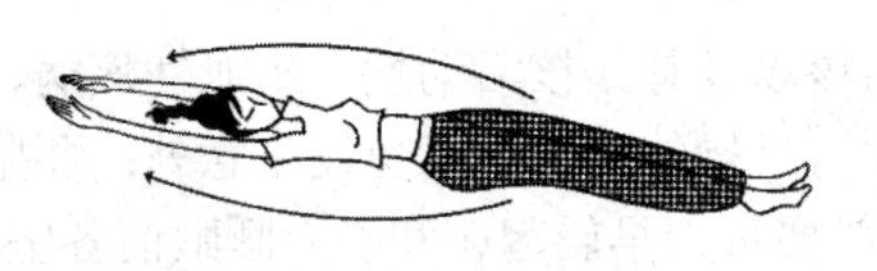

图 13-45

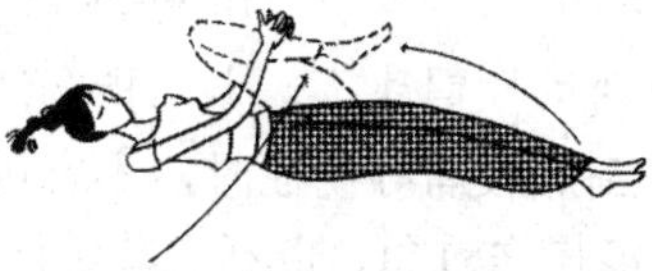

图 13-46

3. 屈膝运动(四个八拍)

预备姿势：直体仰卧，双臂置于身体两侧；双腿直膝举起约 30°～40°。屈双膝尽量贴前腹部；双腿直膝再举起约 30°～40°；还原成预备姿势(见图 13-47)。注意双腿上举不宜过高，举到 30°～40° 即可。

4. 仰卧起坐运动(两个八拍)

预备姿势：直体仰卧，双臂沿床上举于头上方；收腹，上体前屈，用双手伸向脚尖，头尽量前伸。还原成预备姿势；重复(见图 13-48)。若腹肌力量不强，可在脚背上压一些重物，帮助起坐。

5. 蹬车运动(三组，1 分钟/组)

预备姿势：仰卧，双腿屈膝举起；双膝前后分开，分别向空中做蹬自行车的动作(见图 13-49)。蹬腿的方向为斜前方 45°。

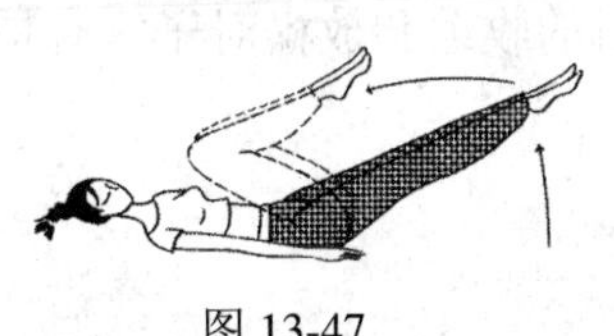

图 13-47

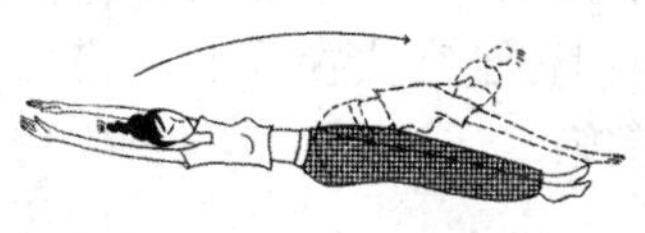

图 13-48

图 13-49

6. 肩颈倒立运动(3～4 次)

预备姿势：直体仰卧；双腿伸直举起，同时屈肘，用双手托住腰部，成肩颈倒立，双腿保持伸直姿势(见图 13-50)；还原成预备姿势，休息半分钟，再做下一次。

7. 肘掌屈腿运动(两个八拍)

预备姿势；用双肘双膝支撑，跪于床上(见图 13-51)；双膝屈曲，尽量贴近腹部，还原成预备姿势。

8. 举腿运动(两个八拍)

预备姿势：右腿向后举起(见图 13-52)；还原成预备姿势，换左腿重复。

9. 双腿并举运动(两个八拍)

预备姿势：直体仰卧，双臂置于身体两侧；上体稍后倾，双腿伸直慢慢举起约 60°～70°(见图 13-53)；还原。

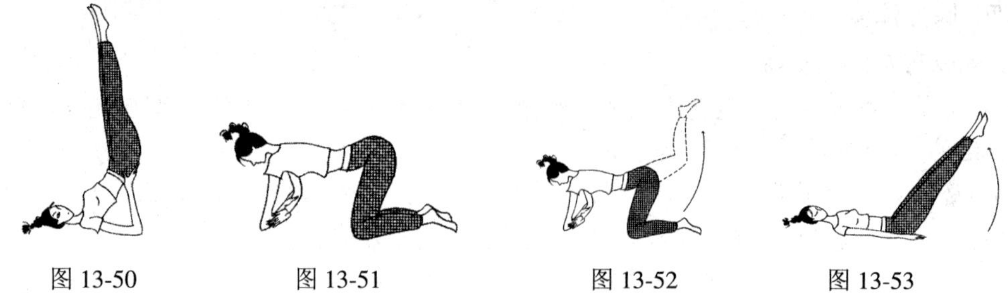

图 13-50　　图 13-51　　图 13-52　　图 13-53

患者有活动性胃溃疡、十二指肠溃疡、结核以及肺结核活动性、出血性疾病、月经期或有发热、剧烈腹痛等病症时，不宜进行慢性胃炎操的锻炼，以免发生意外；要坚持科学锻炼，既不能操之过急，也不能练练停停。一般要每天早晨起床和晚上睡眠前各坚持一次，有条件的在上下午可适当增加一次，注意在饭前半小时和饭后两小时空腹时进行。运动量要坚持循序渐进，量力而行，适可而止。开始锻炼时，有些病人可出现腹肌疼痛，这是由于缺乏锻炼所致，只要坚持下去，即可逐渐适应。饮食要有规律，适当增加营养，吃容易消化的食物。

六、痛经的体育疗法

有些女大学生月经前或月经期常有阵发性下腹部疼痛，有时会放射到腰部和会阴，严重者有恶心、呕吐、尿频、便秘、脸色苍白、出冷汗等一系列症状。一般持续 1～3 天，当经血畅流或子宫膜状物排出后，疼痛即消失。有些原发性痛经从月经初期起便有疼痛，原因是子宫发育不良或子宫肌肉与纤维组织比例失调，产生不协调收缩，形成子宫过度倾屈所致。也有些痛经者血中前列腺素含量比正常人高，因而引起子宫痉挛性收缩，使子宫局部缺血，经血不能畅流。继发性痛经是由于生殖器发炎或其他疾病引起的。

体育疗法对治疗原发性痛经效果较显著。它能促进腹腔及盆腔血液循环，减少盆腔瘀血，有助于经血畅通，减轻全身不适感。由于腹肌和骨盆底肌的收缩和放松对子宫有按摩作用。因此，通过体育疗法可以纠正子宫位置不正。

女子痛经体育疗法的具体措施：

(一) 提肛缩肾法

坐位(立、卧位亦可)，全身放松，意念肛门，做提肛缩肾收腹动作。提肛时吸气，放松时呼气，依次反复练习。

(二) 增强腹肌、膈肌法

屈膝仰卧位，两臂放于身体两侧，用力下压，同时腹部抬起成桥形，稍停后放下。依次练习，略感疲劳为度(见图 13-54)。仰卧位，两手放于枕后，做两腿依次上举练习。或两腿同时上举，或两脚夹住实心球上举，以增加难度，然后慢慢放下(见图 13-55)。

(三) 腰背肌练习法

(1) 手扶器械，两腿分开站立，上体前倾，做腰腹部向下振压动作。进行时头部稍抬起(见图 13-56)。

(2) 手扶器械，上体前倾，做单腿向后上方踢腿动作和拉腿动作(见图 13-57 和图 13-58)。

进行时头部抬起。

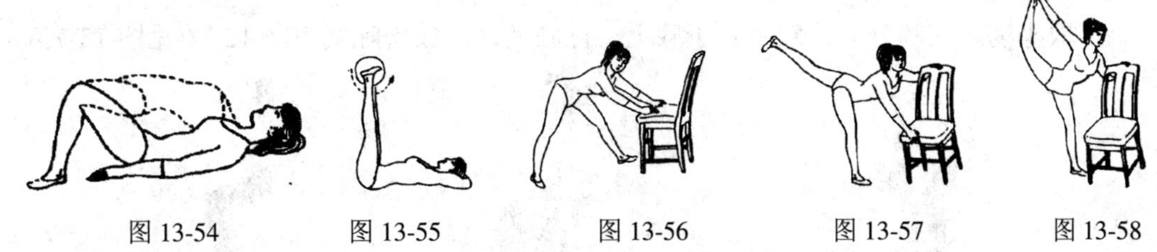
图 13-54 图 13-55 图 13-56 图 13-57 图 13-58

(四) 髋关节各轴位练习

(1) 坐位—屈髋屈膝—两腿交替屈伸，同时两臂配合摆动(见图 13-59 和图 13-60)。

(2) 坐位—两腿分腿伸直，坐于垫上，做向左向右体前屈运动。进行时腰部伸展，手尽力触及脚尖(见图 13-61 和图 13-62)。

(3) 手扶器械，身体自然屈膝下蹲，随后两腿在蹲跳中依次向左(右)侧伸。进行时上体保持正直(见图 13-63)。

图 13-59 图 13-60 图 13-61 图 13-62 图 13-63

(五) 纠正子宫后倾后屈练习

(1) 肘膝同时跪撑在垫上，臀部提起，持续 3 分钟，反复做 10 次(见图 13-64)。

(2) 由跪撑至提臀俯撑，反复练习，以略感疲劳为度(见图 13-65)。

(3) 由跪撑至单腿后伸，两腿交替练习，以略感疲劳为度(见图 13-66)。

(4) 由跪撑至提臀俯撑，接着做两腿交替跳跃动作(见图 13-67)。

图 13-64 图 13-65 图 13-66 图 13-67

(六) 舒经操

(1) 仰卧，双手置于腹上，双膝弯曲，做腹式呼吸 10～12 次(见图 13-68)。

(2) 仰卧，做屈膝提腿收腹，练习 10～12 次(见图 13-69)。

(3) 做仰卧起做 10～12 次(见图 13-70)。

图 13-68 图 13-69 图 13-70

(4) 双腿上举成直角后，交叉做“剪式”10～12 次(见图 13-71)。

(5) 下蹲起立 10～12 次(见图 13-72)。

(6) 取坐姿，双腿分开，双手置于膝上，提肛吸气，放松呼气 10～12 次(见图 13-73)。

图 13-71

图 13-72

图 13-73

此操对原发性痛经效果显著，促进腹腔和盆腔血液循环，减轻周身不适。女子痛经时体育疗法的注意事项：

其一，女子痛经病情各异，上述练习大多都是在特殊体位下进行的，对治疗痛经有良好的效果，患者要树立信心，坚持练习。

其二，整个疗程的运动量由小到大，心率一般控制在 130 次/分以下，以稍微出汗为度。

其三，动作要准确、协调而有节奏，活动幅度由小到大。

其四，除以上练习外，还可做动作柔和的各种健美操。

相关链接

手指梳出来的健康

在使用手指梳头的方法上，最好是选择在晨起的时候进行小动作运动。因为在晨起的时候，身体各部分神经有的还处在沉睡未醒的状态。如果在早上用手指梳头，可以更好地清醒头脑和身体部位的神经，让身体内的分子活跃起来；也可以在梳理的同时伸展各部位的关节，让全身舒展开来，促进全身的血液循环。当然用手指梳头也并不需要太多的时间，更不需要太复杂的程序，只需要数十秒就足够了，可以让你在忙碌的工作中找到一种简单而又健康的运动方法。

首先要用自己的双手手指从前额的位置依次梳理到后脑勺的位置，然后就按照这样的方式一次次地进行来回的梳理。几次梳理后，不仅可以增强头部的血液循环，还可以增加脑部的血流量，也可以防止脑部的血管疾病，并且让头发发黑又有光泽。

思　考　题

1. 简述保健体育与体育疗法的概念及区别。
2. 简述常见的几种体育疗法。
3. 如何运用体育疗法治疗女子痛经。
4. 如何运用体育疗法预防颈椎病。

第十四章　民族传统体育与养生

内容提要：本章从养生内涵、萌芽、形成及其思想构成体系几个方面对民族传统体育养生进行了概述，重点对情志、体质、四季养生方法及民族传统体育养生功法——八段锦进行了详细的介绍。

学习目标：

1. 了解民族传统体育养生内涵、萌芽、形成及其思想构成体系；
2. 掌握情志、体质、四季养生方法以及民族传统体育养生功法——八段锦。

第一节　民族传统体育养生概述

一、传统体育养生内涵

体育是以身体活动为媒介，以谋求个体身心健康、全面发展为直接目的，并以培养完善的社会公民为终极目标的一种社会文化现象或教育过程。养生是以调阴补阳和气血保精神为原则，运用调神、导引、吐纳、四时调摄、食养、节欲、辟谷等手段以期达到健康长寿的目的的中国传统保健法。

中国传统养生学是以传统哲学为理论指导，综合运用中医的理论与方法，采用行气、导引、服食、药饵、房中等具体手段，通过提高人体身心健康，发展身体自我调节能力，提高生命和生存质量等途径，从而达到延年益寿的目的的一门学科。

中华传统体育养生是以中国古代养生学说为理论基础，以强身健体的锻炼方法为手段的中华传统文化精髓，是中国文化遗产中的瑰宝之一。它注重人与自然、人与社会、人体阴阳、人体脏腑、气血经络等方面的平衡及调节，依靠人体自身的能力来发挥主观能动作用，把姿势的调整，呼吸的锻炼，意念的运用加以整合，来调理和增强人体各部分机能，激发、强化人体的固有机能，起到防治疾病、保健强身、延年益寿的作用。中华传统体育养生还包括了精神(情志)修养、起居、饮食、药饵调理、锻炼运动、体质调养等多项内容，对人们的防病治病、保健养生、益寿延年具有非常重要的现实意义。

二、民族传统体育养生萌芽及其形成

中华民族传统体育养生源远流长，中华民族在上古时就知道以舞蹈、导引、按跷(按摩)的方法活动筋骨，治疗寒热疾病，并以这种养生方法达到健身祛病的目的。同时，在生产活动、生活实践中不断积累经验，为后来的养生理论和实践打下基础。从文字记载看，其萌芽至少可追溯到殷商时代，从甲骨文考证可以看到，当时记载的多发病有疾止(足)、疾

肘、疾骨、疾目、疾耳、疾齿、疾口、疾首、疾腹、疾胸等十多种，商代人将这一切都归咎于谴神罚或作祟，把治疾寄托在祭祀或问卜上。这种祈求当然无效，但却表现出对健康和平安的追求，可以认为是养生思想的萌芽。

据秦朝吕不韦《吕氏春秋》中说："昔陶唐之始阴多滞伏而湛积，水道奎塞，不行其源，民气郁闷而滞着，筋骨瑟缩不达，故作为舞以宣导之。"这种舞就是宣导气血，活动筋骨的养生术。我国最早的一部医书《黄帝内经》也指出，在中国的中部地区，地势平坦而潮湿，各种各样的植物都可以生长，人们吃的很杂，但是劳动不够，所以很容易得病，就用导引和按摩来治疗(《内经素问·异法方宣泻》)。春秋战国时期到西汉，中国社会发生了巨大的变化，中国的医学与哲学结合，引入了像阴阳五行、精、气、神这些哲学概念，形成了中国独特的中医理论，出现了《黄帝内经》等重要著作，导引行气术也在中医理论的指导下，迅速地发展起来，出了两大养生派别。一种是在养生中强调"动"的重要性，就像战国时荀子说的，平时注意保养而且时常活动，就是老天爷也无法让你生病；而如果不注意保养，而且很少活动，就是老天爷想不让你得病也做不到(《荀子·天论》)。这种以动为主的养生思想，直接形成了以肢体活动为主，配合呼吸运动和自我按摩的导引术，也许我们可以用现在的语言把这类养生术称为"医疗保健体操"。另一种派别则是强调"静"，通过控制意念和呼吸运动养生治病的持气术，这就是后来人们所说的"静气功"。这两大养生派别共同构筑起了中国传统养生体育的体系。

三、民族传统体育养生思想体系构成

(一) 民族传统体育养生哲学基础

科学发展史告诉人们，任何一门学科的发展都不能离开哲学，都必然采用一定的认识方法，而所用方法的性质对于所产生的理论的特点，又往往具有很大的制约作用。中国养生体育在形成和发展过程中，不断地吸收和应用当时的一些重要哲学思想和概念，阐明中国养生体育中的一系列问题，其中主要有以下两个方面。

1. 阴阳

阴阳是中国古代哲学的一对范畴。阴阳被用到医学和养生中来，是为了说明人体是个有机的整体，它的一切组织结构，既是有机联系的，又是可划分为相互对立的阴阳两部分的。如体内为阴，体外为阳；下部为阴，上部为阳；腹部为阴，背部为阳；五脏为阴，六腑为阳；物质为阴，功能为阳；抑制为阴，兴奋为阳。在五脏六腑之中，心、肺居于胸腔(上)属阳，脾、肝、肾居于腹腔(下)属阴。每一脏器又可分阴阳，如心有心阴、心阳，肾有肾阴、肾阳等。

2. 五行

五行也是中国古代的一种哲学思想。中国养生先哲将人体内脏按五行特性予以归类，用以说明五脏的生理功能。如五行中的木，性曲直，喜条达，向上各外舒展；五脏中的肝，性喜条，达疏畅，恶抑郁遏制，表现出疏通开泄的功能特点，故肝属木；五行中的土，性敦厚，万物赖以承载，赖以生化；五脏中的脾胃，适化水谷，提供精微物质，以营养五脏六腑，表现出承载、生化的特点，故脾畏属土。以上可以看出，中国养生体育在形成和发展过程中是以中国古代哲学为基础的，它与中国古代哲学有着十分密切的关系。所以，有人说中国养生体育是“哲学体育”，这话是有道理的。

(二) 道家思想与体育养生

一般来说，世界各大宗教大都表现了重神轻人、重死轻生、重灵魂轻形体、重来世轻今生的神学性质。因此，在他们中间不可能产生以人的现实生命健康长寿为目标的养生思想。但中国道教明确提出“重人贵生”的主张。《太平经》认为人乃“天地神明之统”、“生为第一”、“人命最重”，中国道教形成“重人贵生”的宗教观念的根基在于其哲学观，他不如其他宗教所具有的特征那样强调神，而是强调“道”，即生命、物质、形成发展的规律，所谓“道生一，一生二，二生三，三生万物，万物负阴而抱阳，冲气以为和。”道家对大自然的思考与探索，奠定了中国古代哲学的基础，其中主要有古唯物主义“元气论思想”，古代“天人合一”整体自然观以及“形神合一”、“精气神合一”等人体生命理论。道家的内丹修炼的理论思想是中华养生的精髓。

“天人合一”是中国古代哲学思维基本观念之一。这一思想主张人当法天地变化之道来生活、来养生，具有类比宇宙论，注重人体与客观自然环境的统一。《道德经》中有“人法地、地法天，天法道，道法自然”，认为人体小天地与宇宙大天地具有同一属性，有着共同的变化规律及演化过程。早期道教承继了老子的哲学观来建立其养生理论，像东汉的《太平经》，即从自然界天地人同人体精气神相统一的观点出发而建立其养生学说和“守一行气”理论。

“形神合一”是中国古代著名朴素唯物主义论点之一。早期道教将这种观点作为自己以现世肉体修炼为特点的养生思想的重要根据。《太平经》认为人只能够靠观世，“独贵自然，形神相守”来修肉体不死的长生之道。“精气神合一”是由“形神合一”论所派生出来的学说，他是中国古代体育养生学特有的人体生命理论。

(三) 儒家思想与体育养生

儒家养生思想包括养神(养性)、导引、服食三个基本内容，涉及到心理卫生、饮食起居、呼吸运动、身体运动以及服食补药等各个方面。养神即内部修养，是传统养生体育的重要组成部分。人的一切行为活动全由意识主导，养生保持又是一个长期而复杂的过程，若无正确的意识主导，不善处理各种复杂关系，长寿很难实现。而且人的心理精神状态，喜怒哀乐情绪直接影响神经内分泌系统的活动，也直接影响着作为人的生命基础的细胞的活动。因此，古人十分强调“合斋”、“坐忘”，保持宁静、恬和的心境，以防止因心理功能紊乱而导致的外部邪气的危害。

在讲究心理卫生的同时，古人还从饮食起居等小处着眼，注意对身体的养护。在这一点上，作为儒家鼻祖的孔子，就有其精辟的见解和严格的要求。“子之所慎：斋、战、疾”，孔子对斋戒，战争和疾病一视同仁，毫不掉以轻心。据《论语·乡党》记载，孔子对饮食起居的戒律甚多：“食不厌精，脍不厌细。鱼馁而肉败，不食；色恶，不食；臭恶，不食；失饪，不食；不时，不食；割不正，不食：不得其酱，不食。”由此可看出孔子对饮食卫生的重视程度。不吃变质腐烂的食品，甚至烹调不当的也不吃。对此，明人张岱的《老餐集序》总结说：“中古之世，知味惟孔子。‘食不厌精，脍不厌细’，‘精细’二字，已得饮食之微。至熟食则概之‘失饪不食’，蔬食则概之‘不时不食’。四言者，食经也，亦即养生论也。”孔子的“不得其酱，不食。不撤姜食”说明他对食品的调味也是很挑剔的。《素问·生气通天论篇》认为，“谨和五味，骨正筋柔，气血以流，腠理以密，如是则骨气以精。”

(四) 佛教禅宗思想与体育养生

佛教禅宗是从“心”的方面来阐述人生，把宇宙本相与其所以然安放于心中，使外界的客观存在变成心灵的附庸和随从，宇宙仿佛被玩于股掌上，认为内心生来有一块可以达到处境的“洞天福地”。因为心的迷乱，远离了娴静的本心，因此世界就沸沸扬扬，人生就充满痛苦，要脱离痛苦，达到极乐的彼岸，就必须恢复娴静的本心，克服尘间的邪念。

所以，在佛者看来，解脱人生痛苦，通往超脱境界的途径有两个方面：其一是“合斋”“坐忘”，从精神上超越自我的意识和主体的欲求，对精神的自我生命大彻大悟；其二就是“贵生”，全躯保命，讲究导引、服食、房中术等长久之道。在中国漫长的历史过程中，这些思想被逐渐发展成了以人的自我为主体的养生学说，使养生成为最具有中华民族传统特色的体育活动形式。

第二节 民族传统体育养生方法之情志养生法

当代社会由精神因素引起的心身疾患已是人类社会普遍存在的多发病和流行病。从现在疾病谱中的改变可充分说明精神致病的广泛性，心脑血管疾病和恶性肿瘤已经构成对人民健康和生命的主要威胁，而这些病的产生与社会心理因素有着密切关系。因此，情志保健必须重视，不可等闲视之。

一、情志概述

(一) 什么是情志

人的心理活动，中医学将其统称为情志，或叫做情绪，它是人在接触和认识客观事物时，人体本能的综合反映。合理的心理保健是人体健康的一个重要环节，在人生中有重要价值，自古以来就被人类所重视。

(二) 情志的分类及危害

人在认识周围事物或与他人接触的过程中，对任何人、事、物，都不是无动于衷、冷酷无情的，而总是表现出某种相应的情感，如高兴或悲伤、喜爱或厌恶、愉快或忧愁、振奋或恐惧等，也即指喜、怒、忧、思、悲、惊、恐等人的七种情绪。任何事物的变化，都有两重性，既能有利于人，也能有害于人。同样，人的情绪、情感的变化，亦有利有弊。正如《养性延命录》所说：“喜怒无常，过之为害。”《三因极一病证方论》则将喜、怒、忧、思、悲、惊、恐正式列为致病内因。但在正常情况下，七情活动对机体生理功能起着协调作用，不会致病。七情六欲，人皆有之，情志活动属于人类正常生理现象，是对外界刺激和体内刺激的保护性反应，有益于身心健康。

1. 喜

喜指狂喜。旧时有所谓“四喜”：十年久旱逢甘露，千里他乡遇故知，和尚洞房花烛夜，捐生金榜题名时”。这种突然的狂喜，可导致“气缓”，即心气涣散，血运无力而瘀滞，便出现心悸、心痛、失眠、健忘等一类病症。成语“得意忘形”，即能说明由于大喜而神不藏，不能控制形体活动。

2. 忧

忧指忧愁、苦闷、担心。表现在情绪上，失去欢乐，悲伤恸哭，气怯神弱。轻者，愁眉苦脸，闷闷不乐，少言少语，忧郁寡欢，意志消沉，独坐叹息；重者，难以入眠、精神颓萎或紧张，心中烦躁，并会导致咳喘、噎逆、呕吐、食呆、失眠、便秘、阳痿、癫痫等症，甚至诱发癌症或其他疑难重症。

3. 怒

怒指暴怒或怒气太盛。由于某种目的和愿望不能达到，逐渐加深紧张状态，最终发怒。可表现为暴跳如雷、拍桌大骂、拳打脚踢、伤杀人畜、毁坏器物。轻者会肝气郁滞，食欲减退；重者便会出现面色苍白、四肢发抖，甚至昏厥死亡。

4. 思

思是指集中精神考虑问题，但思虑过度也会导致多种病症。其中最易伤脾，脾胃运化失职，则食欲大减，饮食不化，故中医有“思虑伤脾”之说。

5. 悲

悲是指悲伤、悲痛、悲哀。如幼年丧母、中年丧偶、老年丧子，或者是失恋，或者是丢失了心爱的珍贵物品，或者是遭劫受灾，等等，都会感到非常难过和伤心，伤心到极点便会变成沮丧和绝望。总之，悲的产生与失去所追求、所盼望的事物和目的有关，悲哀的程度与失去的事物的价值有关。若悲哀太甚，可致心肺郁结，意志消沉。

6. 惊

惊是指突然遇到意外、非常事变，心理上骤然紧张。如耳闻巨响、目睹怪物、夜做噩梦等都会受惊。受惊后可表现为颜面失色、神飞魂荡、目瞪口呆、冷汗渗出，肢体运动失灵，或手中持物失落，重则惊叫，神昏僵仆，二便失禁，常谓如：“惊弓之鸟”。

7. 恐

恐是指恐惧不安、心中害怕、精神过分紧张。例如临深渊、履薄冰、人将捕之等。严重者亦可导致神昏、二便失禁。中医认为，恐惧过度则消耗肾气，使精气下陷不能上升，升降失调而出现大小便失禁、遗精、滑泄等症，严重的会发生精神错乱，癫病或疼厥。恐与惊密切相关，略有不同，多先有惊而继则生恐，故常惊恐并提。然惊多自外来，恐常由内生。

七情太过可致病。太过，主要指两种情况：一种是情绪波动太大，过于激烈，如狂喜、盛怒、骤惊、大恐等突发性激烈情绪，往往很快致病伤人；另一种情况是七情持续时间太长，也会伤人致病，如久悲，过于思虑，时常处于不良的心境，皆可积而成病。

(三) 影响情志变化的因素

人的情志变化是由内外刺激引起的，即外源性因素、内源性因素。社会因素、环境因素、病理因素，都是导致情志变动的内外因素。

1. 社会因素

社会因素可以影响人的心理，而人的心理变化又能影响健康。人们的社会地位和生活条件的变迁，可引起情志变化而生病。男女之间的婚恋纠葛、家庭生活不协调，或家庭成员的生离死别等精神创伤，均可引起强烈的情志变化。正如《素问·疏五过论》说：“切脉问名，当合男女，离绝菀结，忧恐喜怒，五脏空虚，血气离守”；《类经·论治类》注：“离者失其亲爱，绝者断其所怀，菀谓思虑抑郁，结谓深情难解……”。此外，社会动乱、流亡生活，饥馑灾荒等，都会造成人们精神的异常变化。社会因素十分复杂，其对人精神上的影响也是很复杂的。

2. 环境因素

在自然环境中，有些非特异性刺激因素作用于人体，就可使情绪发生相应变化，引起情绪变化的机理在于他们影响了人体的生理功能活动，通过“心神”的主导作用而反馈在精神方面的表现。如四时更迭、月廓圆缺、声音、气味、颜色、食物等，都可影响情绪的变化。

3. 病理因素

机体脏腑气血病变，也会引起情志的异常变化。《素问·调经论》指出：“血有余则怒，不足则恐”；《灵枢·本神》说：“肝气虚则恐，实则怒。……心气虚则悲，实则笑不止”；《素问·宣明五气论》指出：“精气并于心则喜，并于肺则悲，并于肝则忧，并于脾则畏，并于肾则恐，是谓五并，虚而相并者也”，这是五脏精气乘一脏之虚而相并后引起的情志变化。凡此种种，都说明内脏病变可导致情志的改变，五脏虚实不同，亦可引起不同的情志变化。

(四) 情志变化的个体差异

人的脏腑有平衡与否，性格有刚柔之别，年龄有长幼之殊，性别有男女之分。因此，对同样的情志刺激，则会有不同的情绪反应。

1. 性格差异

性格是人们个性心理特征的重要方面。一般而言，性格开朗乐观之人，心胸宽广，遇事心气平静而自安，故不易为病。性格抑郁之人，心胸狭隘，感情脆弱，情绪常激烈波动，易酿成疾患，这种耐受性的差异，与人的意志的勇怯密切相关。意志坚定者，善于控制、调节自己的感情，使之免于过激；意志怯弱者，经不起七情六欲的刺激，易做感情的俘虏，必然发生病变。《素问·经脉别论》云：“当是之时，勇者气行则已，怯者则著而为病也”，说的就是这个道理。

2. 年龄差异

年龄差异如儿童脏腑娇嫩、气血未充，中枢神经系统发育尚不完备，多为惊、恐情志致病；成年人，气血方刚，奋勇向上，又处在各种错综复杂的环境中，易怒、思为病；老年人，常有孤独情感，易为忧郁、悲伤、思虑所致病。

3. 性别差异

男性属阳，以气为主，性多刚悍，对外界刺激有两种倾向：一是不易引起强烈变化；二是表现为亢奋形式，多为狂喜、大怒，因气郁致病者相对少些。女性属阴，以血为先，其性多柔弱，一般比男性更易因情志为患。故《外台秘要方》有“女属阴，得气多郁”之说。女性对于情志的刺激，以忧悲、哀思致病为多见。正如《千金要方》说：“女人嗜欲多于丈夫，感病倍于男子，加以慈恋、爱憎、嫉妒、忧恚、染者坚牢、情不自抑，所以为病根深，疗之难瘥”。

(五) 情志与现代疾病

国外学者胡夫兰德在《人生延寿》一书中指出：“一切对人不利的影响中，最能使人短命夭亡的就要算是不好的情绪和恶劣的心境，如忧虑、颓丧、惧怕、贪求、怯懦、妒忌和憎恨等。”巴甫洛夫指出：“一切顽固、沉重的忧悒和焦虑，足以给各种疾病大开方便之门。”

事实证明，现有 50%～80%的疾病与精神因素有关。国外有学者统计，因情绪不好而致病者占 74%～76%。美国某医院对就诊病人统计，发现 65%的病人的疾病与社会逆境有关。有人调查发现，在遭遇强烈刺激、感情急剧波动后，短时间内死亡的 170 例中，59%死于个人不幸与巨大损失消息传来之后；34%死于面临危险或威胁的处境；7%死于暴喜之时。前苏联外科学家皮罗戈夫观察到“胜利者的伤口比失败者的伤口要愈合得快、愈合得好”。

以上说明了情绪因素在疾病的发生、发展及预防方面起着重要作用。当任何恶劣情绪的刺激超过一定限度时，就有可能引起中枢神经系统功能的紊乱，主要是交感神经兴奋，儿茶酚胺释放增多，肾上腺皮质和垂体前叶激素分泌增加，胰岛素分泌减少，从而引起体内神经对所支配的器官的调节障碍，出现一系列的机体变化和功能失调及代谢的改变，包括心血管系统、呼吸系统、消化系统、内分泌系统、植物神经系统和其他方面异常现象的发生。

1. 心血管疾病

情绪持续紧张和精神过度疲劳是高血压病的一个不可忽视的原因。在日常生活中，常有些人由于暴怒、恐惧、紧张或过于激动而引起心血管病，甚至导致死亡。有学者观察到医务人员一句不慎的话，甚至他们的表情和动作都可以造成病人的血压波动。我国有医学工作者曾对 323 例高血压病人研究发现，发病前不良的个性情绪在高血压的病因中占 74.5%。实验研究证明，在愤怒的情绪下，由于外周血管阻力增加，可导致舒张压的显著增高。在恐惧的情绪下，由于心输出量的增加，可引起收缩压的上升。说明情绪对机体的作用是有生物学基础的。

2. 神经系统的严重失调

神经系统的严重失调就会引起各种神经官能症，包括神经衰弱、癔病和强迫症。极为严重的，还可引起精神错乱、行为失常，所谓反应性精神病大都是这样引起的，它是由强烈、突然或持久的精神因素所引起的一种精神障碍。范进屡考不中，年近半百之后突然考中，暴喜之际，突然昏倒，继则到处乱跑，狂呼乱叫，所以众人都说：“新贵人欢喜疯了！”《儒林外史》中的这个故事，再生动不过地说明了七情太过引起精神错乱的情景。

3. 消化不良

消化系统对情绪的反应也相当敏感。据研究统计，消化系统功能紊乱因情绪不良而致病者占 70%～80%，诸如食欲减退，恶心呕吐、胃痛、慢性胃炎、消化性溃疡、结肠过敏、腹痛腹泻等。早在上个世纪，有位名叫奥尔夫的医生，就发现几乎每一分钟胃的机能都能受到情绪的影响。他报告了一个典型的例子，一个 9 岁的孩子，因食管严重烫伤，疤痕收缩闭塞了食道，于是被迫在腹壁开口，将食物经漏斗进入胃中。医生借助仪器观察其情绪对胃的影响。结果发现当病人发怒时，胃粘膜就充血发红，胃的运动加强，胃酸的分泌增多；当他忧伤悲痛时，胃粘膜变得苍白，胃的运动减弱，胃的分泌也减少了。

4. 呼吸系统紊乱

当受到较大的打击，心理失去平衡时，可引起胸闷、气急、心率改变、面色苍白、头额冒汗、哮喘等。当换气过度时，血液中的二氧化碳成分降低，则可出现手指发麻、肌肉颤抖、头晕，甚至昏厥。

5. 内分泌失调

对于内分泌系统来说，强烈的刺激可导致糖尿病、甲状腺机能亢进等病。

6. 癌症

癌症是威胁人类生命的疾病之一，与心、脑血管疾病一起，号称“世界三大死神”。全世界患有各种癌症的病人高达两千余万，每年数百万人死于非命。引起癌症的原因尽管很多，但近年来大量科学实验证实，不良的心理、社会刺激因素是一种强烈的促癌剂，这一点已为动物实验所证实。将狗分成两组，一组使它们长期处于惊恐不安状态，另一组生活在安静环境中，结果前组六条狗中有三条狗死于癌症，而后组四条狗安然无恙。现代心身医学实验证实不良心理因素，过度紧张刺激、忧郁悲伤可以通过类固醇作用，使胸腺退化，免疫性T淋巴细胞成熟障碍，抑制免疫功能，诱发癌症。

二、情志养生方法

(一) 调节心态

历代养生家把调养心态作为养生寿老之本法，防病治病之良药，《淮南子》说：“神清志平，百节皆宁，养性之本也；肥肌肤，充肠腹，供嗜欲，养性之末也”。《素问·上古大真论》言：“精神内守，病安从来？”说明“养生贵乎养神”，不懂得养神之重要，单靠饮食营养、药物滋补，是难以达到健康长寿目的的。由于人的精神活动是在“心神”的主导作用下，脏腑功能活动与外界环境相适应的综合反应，所以精神调摄必然涉及到多方面的问题。

1. 清静养神

清静是指精神情志保持淡泊宁静的状态。因神气清净而无杂念，可达真气内存，心神平安的目的。此处之“清静”是指思想清静，即心神之静。心神不用不动固然属静，但动而不妄动，用之不过，专而不乱，同样属于“静”。我们提倡的思想清静主要是思想专一，排除杂念，不见异思迁、想入非非，而是要思想安定，专心致志地从事各项工作、学习。心为人之主宰，亦为精气神之主宰。凡事皆有根本，养心养神乃养生之根本，心神清明，则血气和平，有益健康。社会实践证实，经常保持思想清静，调神养生，正确的练习气功，可以有效地增强抗病能力，减少疾病发生，有益身心健康。

2. 立志养德

正确的精神调养，必须要有正确的人生观。只有对生活充满信心，有目标、有追求的人，才能很好地进行道德风貌的修养和精神调摄，更好地促进身心健康。

(1) 立志。立志就是要有为全人类服务的伟大志向，树立起生活的信念，对生活充满希望和乐趣。也就是说要有健康的心理、高尚的理想和道德情操，这是每个人的生活基石和精神支柱。《灵枢·本脏篇》言：“志意者，所以御精神，收魂魄，适寒温，和喜怒者也”。就是说意志具有统帅精神，调和情志，抗邪防病等作用，意志坚强与否与健康密切相关。事实证明，信念、意志坚定的人，能较好地控制和调节自己的情绪，保持良好的精神状态。生活实践也证实了不少病残者靠自己的信心、意志和努力，主宰自己的命运，为社会做出了可贵的贡献。

(2) 道德修养。古人把道德修养作为养生一项重要内容。儒家创始人孔子早就提出：“德润身”、“仁者寿”的理论。他在《中庸》中进一步指出：“修身以道，修道以仁”，“大德必得其寿”。他认为讲道德的人，待人宽厚大度，才能心旷神怡，体内安详舒泰得以高寿。现代养生实践证明，注意道德修养，塑造美好的心灵，助人为乐，养成健康高尚的生活情趣，获得巨大的精神满足，是保证身心健康的重要措施。

(二) 开朗乐观

性格开朗，精神乐观是健身的要素、长寿的法宝，这是人所共知的常理。

1. 性格开朗

性格是人的一种心理特征，它主要表现在人已经习惯了的行为方式上。性格开朗是胸怀宽广、气量豁达所反映出来的一种心理状态。性格虽然与人的基因和遗传因素直接相关，但随着环境和时间的变化，是可以改变的。人们都有一个使自己的性格适应于自然、社会和自身健康的改造任务。

现代医学研究已证明，人的性格与健康、疾病的关系极为密切。情绪的稳定，对一个人的健康起着重要作用。性格开朗，活泼乐观，精神健康者，不易患精神病、重病和慢性病，即使患了病也较易治愈，容易康复。不良性格对人体健康的影响是多方面的，它可以从各方面对人体大脑、内脏及其他部位产生危害。

2. 情绪乐观

情绪乐观既是人体生理功能的需要，也是人们日常生活的需要。孔子在《论语》中说："发愤忘食，乐以忘忧，不知老之将至云尔"。可见，乐观的情绪是调养精神，舒畅情志，防衰抗老的最好的精神营养。精神乐观可使营卫流通，气血和畅，生机旺盛，从而身心健康，正如《素问·举痛论》云："喜则气和志达，营卫调利"。

(三) 保持心理平衡

当代社会的特点之一是竞争。长期处在高节奏的竞争环境中，容易产生焦虑、心力疲劳、神经质等心理现象。处理不好就会影响心理健康。为了适应社会的发展，保证健康的体魄，就必须培养在竞争中保持心理平衡的能力。

1. 培养竞争的意识和心理素质

所谓竞争意识，就是要有进取心和高度的责任感。有高度责任感的人，表现于对知识的索取，对技艺的追求和对志趣的倾心。因此，视野开阔，生活充实。竞争社会所需要的心理素质，首先要有顽强的毅力，毅力是一种持久坚强的意志，它是精神健康的有力保证。同时，要有良好的心理承受力。剧烈的竞争常会打破原有的心理平衡，所以必须学会自我调节，做到胜不骄，败不馁，不为琐事忧虑烦恼。无论在任何情况下，都可心地坦然的迎接新的挑战。

2. 克服自卑、嫉妒等不良情绪

在竞争社会里，有些人竞争失败后，可产生自卑感。社会需要是多方面的，人的兴趣和能力也是多种多样的，人各有所长，各有所短，从来不曾有过全能的"天才"。因此，不必为一时一事的失利而苦恼，丧失信心。应在实践中不断总结经验教训，克服自卑感，不断挖掘自己的潜能，扬长避短，科学安排工作和学习，就会增加成功率。竞争的社会更易产生嫉妒心理，它是指对别人比自己优越，如才华、品德、名声、成就、相貌等高于自己时，想排除别人优势而表现一种不甘心和怨恨的强烈情绪状态，这种消极的心理状态会降低人体生理功能而导致身心疾病。消除嫉妒心理的基本方法，就是培养正确的拼搏精神，即树立欢迎别人超过自己，更有勇气超过别人的正确观念。

三、不良情绪的调摄

历代养生家都非常重视七情调节，具体方法多种多样，但归纳起来可分为节制法、疏泄法、转移法和情志制约法。

(一) 节制法

所调节制法就是调和、节制情感，防止七情过极，达到心理平衡。《吕氏春秋》说："欲有情，情有节，圣人修节以止欲，故不过行其情也"。重视精神修养，首先要节制自己的感情才能维护心理的协调平衡。

1. 遇事戒怒

"怒"是历代养生家最忌讳的一种情绪，它是情志致病的魁首，对人体健康危害极大。怒不仅伤肝脏，怒气还伤心、伤胃、伤脑等，导致各种疾病。《千金要方》指出："卫生切要知三戒，大怒、大欲、并大醉，三者若还有一焉，须防损失真元气"。《老老恒言·戒怒》亦说；"人借气以充身，故平日在乎善养。所忌最是怒。怒气一发，则气逆而不顺，窒而不舒，伤我气，即足以伤我身"。这些论述把戒怒放在首位，指出了气怒伤身的严重的危害性，故戒怒是养生一大课题。

2. 宠辱不惊

人世沧桑，诸事纷繁；喜怒哀乐，此起彼伏。老庄提出"宠辱不惊"之处世态度，视荣辱若一，后世遂称得失不动心为宠辱不惊。小平同志三起三伏，但依然平和自如。对于任何重大变故，都要保持稳定的心理状态，不要超过正常的生理限度。

(二) 疏泄法

把积聚、抑郁在心中的不良情绪，通过适当的方式宣达、发泄出会，以尽快恢复心理平衡，称之为疏泄法。

具体做法可采取下面几种方式：

1. 直接发泄

用直接的方法把心中的不良情绪发泄出去，例如当遇到不幸，悲痛万分时，不妨大哭一场；遭逢挫折，心情压抑时，可以通过急促、强烈、粗犷、无拘无束的喊叫，将内心的郁积发泄出来，从而使精神状态和心理状态恢复平衡。发泄不良情绪，必须学会正当的途径和渠道来发泄和排遣，决不可采用不理智的冲动性的行为方式。否则，非但无益，反而会带来新的烦恼，引起更严重的不良情绪。

2. 疏导宣散

出现不良情绪时，借助于别人的疏导，可以把闷在心里的郁闷宣散出来。所以，扩大社会交往，广交朋友，互相尊重，互相帮助，是解忧消愁，克服不良情绪的有效方法。研究证明，建立良好的人际关系，缩小"人际关系心里距"，是医治心理不健康的良药。

(三) 转移法

转移法又可称移情法，即通过一定的方法和措施改变人的思想焦点，或改变其周围环境，使其与不良刺激因素脱离接触，从而从情感纠葛中解放出来，或转移到另外事物上去。《素问·移情变气论》言："古之治病，惟其移精变气，可祝由而已"。古代的祝由疗法，实际上是心理疗法。其本质是转移患者的精神，以达到调整气机，精神内守的作用。

转移法可采取以下两种方法：

1. 升华超脱

所谓升华，就是用顽强的意志战胜不良情绪的干扰，用理智战胜生活中的不幸，并把理智和情感化作行为的动力，投身于事业中去。超脱，即超然，思想上把事情看得淡一些，行动上脱离导致不良情绪的环境。

2. 移情易性

移情，即排遣情思，改变内心情绪的指向性；易性，即改易心志，排除内心杂念和抑郁，改变其不良情绪和习惯。此外，参加适当的体力劳动或运动，用肌肉的紧张去消除精神的紧张。在动中付出辛勤的汗水，促进血液循环，活跃了生命功能，使人心情愉快，精神饱满。

(四) 情志制约法

情志制约法，又称以情胜情法。它是根据情志及五脏间存在的阴阳五行生克原理，用互相制约、互相克制的情志，来转移和干扰原来对机体有害的情志，借以达到协调情志的目的。

1. 五脏情志制约法

《素问·阴阳应象大论》曾指出："怒伤肝，悲胜怒"；"喜伤心，恐胜喜"；"思伤脾，怒胜思"；"忧伤肺，喜胜忧"；"恐伤肾，思胜恐"。这是认识了精神因素与形体内脏、情志之间，及生理病理上相互影响的辩证关系，根据"以偏救偏"的原理，创立的"以情胜情"的独特方法。正如吴昆《医方考》所言："情志过极，非药可愈，顺以情胜，《内经》一言，百代宗之，是无形之药也"。朱丹溪宗《内经》之旨指出："怒伤，以忧胜之，以恐解之；喜伤，以恐胜之，以怒解之；忧伤，以喜胜之，以怒解之；恐伤，以思胜之，以忧解之；惊伤，以忧胜之，以恐解之，此法惟贤者能之"。同期医家张子和更加具体地指出："以悲制怒，以怆恻苦楚之言感之；以善治悲，以谑浪戏狎之言娱之；以恐治喜，以恐惧死亡之言怖之；以怒制思，以污辱欺罔之言触之；以思治恐，以虑彼忘此之言夺之"。后世不少医家对情志的调摄有时比药石祛疾还加重视，而且创造了许多行之有效的情志疗法。例如，逗之以笑，激之以怒，惹之以哭，引之以恐等，因势利导，宣泄积郁之情，畅遂情志。

2. 阴阳情志制约法

运用情志之间阴阳属性的对立制约关系，调节情志，协调阴阳，是为阴阳情志制约法。人类的情志活动是相当复杂的，往往多种情感互相交错，很难明确区分其五脏所主及五行属性，然而情志活动可用阴阳属性来分，此亦即现代心理学所称的"情感的两极性"。《素问·举通论》指出："怒则气上，喜则气缓，悲则气消，恐则气下，……惊则气乱，……思则气结"。七情引出的气机异常，具有两极倾向的特点。根据阴阳分类，人的多种多样的情感，皆可配合成对，例如，喜与悲、喜与怒、怒与恐、惊与思、怒与思、喜乐与忧愁、喜与恶、爱与恨等等，性质彼此相反的情志，对人体阴阳气血的影响也正好相反。因而相反的情志之间，可以互相调节控制，使阴阳平衡。喜可胜悲，悲也可胜喜；喜可胜恐，恐也可胜喜；怒可胜恐，恐也可胜怒等。总之，应采用使之产生有针对性的情志变化的刺激方法，通过相反的情志变动，以调整整体气机，从而起到协调情志的作用。

第三节　民族传统体育养生方法之体质养生法

人们的养生保健与体质有密切关系，早在两千多年前成书的《黄帝内经》里，就对体质学说进行了深入的探讨。体质对人体健康的影响，就如在同样的致病条件下，有的人感而生病，有的人却安然无恙，而既病之后，病的症候又很不相同。因此，体质决定着人对某些致病因素的易感性，同样，也是人养生保健的重要理论根据。

一、体质概述

(一) 体质是什么

体质，即机体素质，是指人体秉承先天(指父母)遗传、受后天多种因素影响，所形成的与自然、社会环境相适应的功能和形态上相对稳定的固有特性。它反映机体内阴阳运动形式的特殊性，这种特殊性由脏腑盛衰所决定，并以气血为基础。前人对体质有许多论述，在国外，到目前为止已有三十多种体质类型学说。古希腊波克拉底的气质学说，曾被公认为世界最早的体质学说。该气质学说认为人体有四种不同的体液，其比例决定了人的气质，并依此把人分为多血质型、胆汁质型、粘液质型和忧郁质型。前苏联著名科学家巴甫洛夫，依据神经过程的强度、平衡性、灵活性，把人分为兴奋型、灵活型、安定型和抑制型。但是至今国外医学对体质的各种分类学说都无法直接指导临床实践与养生康复，惟有中医体质学说与医疗实践、养生长寿密切结合。

(二) 体质差异形成的原因

体质形成的机理是极其复杂的，它是机体内外环境多种复杂因素综合作用的结果。

1. 地理环境因素

徐徊溪《医学源流论》说：“人禀天地之气以生，故其气体随地不同。西北之人气深而厚，……东南之人，气浮而薄。”这说明生活在不同地理环境条件下，由于受着不同水土性质、气候类型、生活条件的影响，从而形成了不同地区人的体质。现代环境地质学研究也表明：在地质历史的发展过程中，逐渐形成了地壳表面元素分布的不均一性，这种不均一性在一定程度上影响和控制着世界各地区人类的发育，形成了人类明显的地区性差异。

2. 先天因素

先天因素即“禀赋”，先天禀赋就是指父母先天的遗传及婴儿在母体里的发育营养状况。按现代生物学的解释，遗传是由染色体传给后代的，父母的强弱肥瘦以及性格的类型可以通过染色体遗传给后代，使后代亦可出现相应的强、弱、大、小、肥、瘦等不同的体型与性格。如小儿的五软、五迟、鸡胸等大多由于先天不足而影响发育，以致体质异于常人。人类遗传学的研究还发现人的各种体质如体型、眼型、发型、肤色、眉毛式样、血型、免疫性、对药物的反应、代谢类型乃至智力、寿命等都由遗传决定或与遗传有关。总之，形体始于父母，体质是从先天禀赋而来，所以父母的体质特征往往能对后代产生一定影响。

3. 性别因素

《灵枢·五音五味篇》提出“妇人之生，有余于气，不足于血”的论点，对妇女的体质特点作了概括说明。中医认为男子以气为重，女子以血为先，女子由于有经、带、胎、产的特点，所以体质与男子不同。

4. 年龄因素

体质可随着年龄的增长而发生变化，因为人体的结构、机能和代谢是随着年龄而发生改变的。俗话说“一岁年纪，一岁人”便是这个道理。《灵枢·逆顺肥瘦篇》又具体指出：“婴儿者，其肉脆血少气弱。”清代吴鞠通提出小儿为“稚阴稚阳”之体，言“小儿稚阳未充，稚阴未长者也”。这些都总的概括了小儿脏腑娇嫩、形气未充、筋骨未坚的生理特点，同时也说明了其发育阶段中的体质特点。而青壮年则不同，如《灵枢·营卫生会篇》说：“壮者之气血盛，其肌肉滑、气道通、营卫之行不失其常”，老年人又不一样，《灵枢·营卫生会篇》亦云：“老者之气血衰，其肌肉枯，气道涩。”老年人之所以容易发病，这是由于体质因素决定的。

5. 精神因素

《素问·疏五过论》指出：“暴乐暴苦，始乐后苦，皆伤精气，精气竭绝形体毁沮。”这说明强烈的精神刺激可直接损伤人的机体结构，使健康体质的基础发生动摇。《红楼梦》中描写的林黛玉由于长期处于悲悲戚戚的抑郁伤感情绪中，从而形成了“多愁多病的身”。国外精神病专家维兰特曾指出：“人精神遭受痛苦，就意味着身体健康遭到至少长达五年的损害”。这说明抑郁的精神状态不但对健康有害，还会促使某些疾病较早发生，衰老提前到来。此外，《淮南子·精神训》也说：“人大怒破阴，大喜坠阳，大忧内崩，大怖生狂”，同样说明了精神创伤可引起机体阴阳气血失调，改变体质。现代医学证实了精神心理因素能影响机体的免疫状态，临床上常见一些病人自知患癌症后，其精神萎靡而加速了死亡。

6. 饮食营养因素

《素问·平人气象论》说：“人以水谷为本”，这说明体质不仅与先天享赋有关，而且依赖于后天水谷的滋养，水谷是人体不断生长发育的物质基础。但营养不当，也会引起人体发病。《素问·至真要大论》里就指出：“久而增气，物化之常也，气增而久，夭之由也。”虽然五味本身不能致病，但一旦它们因为数量的积蓄，改变了机体的适应能力而激发反应力的时候，便可诱发疾病或改变机体生理效能，继之发生体质的变应，甚至危及生命。

此外，体质形成的差异，还与社会因素、体育锻炼因素、疾病因素有关。如人们由于所处的社会地位不同，因此情志、劳逸各不相同，物质生活也有优劣之分，从而导致了不同的体质特征。

二、体质的分类及其养生方法

(一) 体质的分类

祖国医学认为，根据临床上的症候表现、脉象、舌苔，主要有以下八种体质：阴虚体质、阳虚体质、气虚体质、血虚体质、阳盛本质、血瘀体质、痰湿体质、气郁体质。

(二) 不同体质的养生方法

1. 阴虚体质养生法

1) 体质特点

形体消瘦、面色潮红、口燥咽干、心中时烦、手足心热、少眠、便干、尿黄、不耐春夏、多喜冷饮、脉细数、舌红少苔。若患病则上述诸症更加明显，或伴有干咳少痰、潮热盗汗(肺阴虚)；或心悸健忘、失眠多梦(心阴虚)；或腰酸背痛、眩晕耳鸣、男子遗精、女子月经量少(肾阴虚)；或胁痛、视物昏花(肝阴虚)。

2) 养生原则

补阴清热，滋养肝肾，阴虚体质者关键在补阴。五脏之中，肝藏血，肾藏精，同居下焦，所以，以滋养肝肾二脏为要。

3) 养生方法

精神调养：此体质之人性情较急躁，常常心烦易怒，这是阴虚火旺，火扰神明之故，故应遵循《黄帝内经》中“恬淡虚无”、“精神内守”之养神大法。平素在工作中，对非原则性问题，少与人争，以减少激怒，要少参加争胜负的文娱活动。

环境调摄：此种人形多瘦小，而瘦人多火，常手足心热，口咽干燥，畏热喜凉，冬寒易过，夏热难受，故在炎热的夏季应注意避暑。

饮食调养：应保阴潜阳，宜清淡，远肥腻厚味、燥烈之品，可多吃些芝麻、糯米、蜂蜜、乳品、甘蔗、鱼类等清淡食物，对于葱、姜、蒜、韭、薤、椒等辛味之品则应少吃。

运动调养：体育锻炼不宜过激，着重调养肝肾。打太极拳是较为合适的运动项目。

节制性欲：因为精属阴，阴虚者尤当护阴，而性生活太过可伤精，故应节制性生活。

药物治疗：肺阴虚者，宜服百合固金汤；心阴虚者，宜服天王补心丸；肾阴虚者宜服六味地黄丸；肝阴虚者，宜服一贯煎；其他滋阴生津中药女贞子、山茱萸、旱莲子亦可选用。

2. 阳虚体质养生法

1) 体质特点

形体白胖或面色淡白无华、平素怕寒喜暖、四肢倦怠、小便清长、大便时稀、唇淡口和、常自汗出、脉沉乏力、舌淡胖。其人患病则易从寒化、可见畏寒蜷卧、四肢厥冷、或腹中绵绵作痛、喜温喜按；或身面浮肿、小便不利；或腰脊冷痛、下利清谷；或阳痿滑精、宫寒不孕；或胸背彻痛、咳喘心悸；或夜尿频多、小便失禁。

2) 养生原则

祛阳法寒，温补脾肾，因为阳虚者关键在补阳。五脏之中，肾为一身的阳气之根，脾为阳气生化之源，故当着重补之。

3) 养生方法

精神调养：《黄帝内经》中的“肝气虚则恐”，意思是肝脏功能差的人，容易恐惧，又指出“心气虚则悲”，这是说心脏功能低下者精神上易出现悲哀的情绪。中医认为，阳虚是气虚的进一步发展，故而阳气不足者常表现出情绪不佳，易于悲哀，故必须加强精神调养，要善于调节自己的情感，去忧悲、防惊恐、和喜怒、消除不良情绪的影响。

环境调摄：此种体质多形寒肢冷，喜暖怕凉，耐春夏不耐秋冬，故阳虚体质者尤应重环境调摄，提高人体抵抗力。有人指出，若在夏季进行 20～30 次日光浴，每次 15～20 分钟所得的紫外线将能使用一年。对于年老及体弱之人，夏季不要在外露宿，不要让电扇直吹，亦不要在树阴下停留过久。

运动调养：加强体育锻炼，因为“动则生阳”，春夏秋冬，每天进行 1～2 次中低强度的运动，具体项目因个人喜好和体力而定。

饮食调养：多食有壮阳作用的食品，如羊肉、狗肉、鹿肉、鸡肉，根据“春夏养阳”

的法则，夏日三伏，每伏可食羊肉附子汤一次，配合天地阳旺之时，以壮人体之阳。

药物治疗：偏心阳虚者，宜用桂枝加附子汤；偏脾阳虚者，选理中汤；偏肾阳虚者，宜服金匮肾气丸。

3. 气虚体质养生法

1) 体质特点

形体消瘦或偏胖，体倦乏力，面色苍白，语声低怯，常自汗出，且动则尤甚，心悸食少，舌淡苔白，脉虚弱，是其基本特征。若患病则诸症加重，或伴有气短懒言、咳喘无力；或食少腹胀、大便溏泄；或脱肛、子宫脱垂；或心悸怔忡、精神疲惫；或腰膝酸软、小便频多，男子滑精早泄、女子白带清稀。

2) 养生原则

补气养气，因肺主一身之气，肾藏元气，脾胃为“气生化之源”，故脾、胃、肺、肾皆当温补。

3) 养生方法

精神调养：忌多思虑，宜少波动，遇事不钻牛角尖，注意培养开朗外向的性格，使七情畅达又适度。说到底，还是不要太关注自我，太在意自我感受，要把注意力从内在转移出来。

环境调摄：居处要避免虚邪贼风。通风纳凉时门窗要敞开，避风保暖时就要关闭严密。坐卧休息要避开门缝、窗缝，从门缝、窗缝吹进来的风在人松懈慵懒的时候最伤人。休息睡眠时更要避免穿堂风、直吹风，尤其要保护好人体几个重要的“门窗”不受风寒。

运动调养：适合慢跑、散步、优雅舒展的民族健身舞蹈、瑜伽、登山。因为这些运动是和缓的容易坚持的有氧运动，在运动过程中好调整呼吸，而不是急促短促很浅的呼吸。另外，因为肾为元气之根，故气虚宜作养肾功，其功法如下：

(1) 屈肘上举：端坐，两腿自然分开，双手屈肘侧举，手指伸直向上，与两耳平。然后，双手上举，以两肘部感觉有所牵动为度，随即复原，可连做十次。本动作对气短、吸气困难者，有缓解作用。

(2) 抛空：端坐，左臂自然屈肘，置于腿上，右臂屈肘，手掌向上，做抛物动作 3～5 次，然后，右臂放于腿上，左手做抛空动作，与右手动作相同，每日可做五遍。

(3) 荡腿：端坐，两脚自然下垂，先慢慢左右转动身体 3 次，然后，两脚悬空，前后摆动十余次。本动作可以活动腰、膝，具有益肾强腰的功效。

(4) 摩腰：端坐，宽衣，将腰带松开，双手相搓，以略觉发热为度；再将双手置于腰间，上下搓摩腰部，直到腰部感觉发热为止。搓摩腰部，实际上是对腰部命门穴、肾俞、气海俞、大肠俞等穴的自我按摩，而这些穴位大多与肾脏有关。待搓至发热之时，可起到疏通经络、行气活血、温肾壮腰之作用。

(5) “吹”字功：直立，双脚并拢，两手交叉上举过头，然后，弯腰，双手触地，继而下蹲，双手抱膝，心中默念“吹”字音，可连续做十余次，属于“六字诀”中的“吹”字功，常练可固肾气。

饮食调养：可常食粳米、糯米、小米、黄米、大麦、山药、籼米、莜麦、马铃薯、大枣、胡萝卜、香菇、豆腐、鸡肉、鹅肉、兔肉、鹌鹑、牛肉、狗肉、青鱼、鲢鱼。若气虚甚，当选用“人参莲肉汤”补养。

药物养生：平素气虚之人宜常服金匮薯蓣丸。脾气虚，宜选四君子汤，或参苓白术散；

肺气虚，宜选补肺汤；肾气虚，多服肾气丸。

4. 血虚体质养生法

1) 体质特点

面色苍白无华或萎黄、唇色淡白、头晕眼花、心悸失眠、手足发麻、舌质淡、脉细无力。

2) 养生原则

健脾和胃，益气生血，补肾生血，祛瘀生血。

3) 养生方法

精神修养：血虚的人，时常精神不振、失眠、健忘、注意力不集中，故应振奋精神。当烦闷不安、情绪不佳时，可以听一听音乐，欣赏一下戏剧，观赏一场幽默的相声或哑剧，能使精神振奋。

环境调摄：要谨防“久视伤血”，不可劳心过度。所以学生、计算机一族和电视一族要注意眼睛的休息和保养，防止因为过度用眼而耗伤身体的气血，成为血虚体质一族。

运动养生：适合练太极拳、保健气功等。

饮食调养：可常食桑堪、荔枝、松子、黑木耳、菠菜、胡萝卜、猪肉、羊肉、牛肝、羊肝、甲鱼、海参、平鱼等食物，因为这些食物均有补血养血的作用。

药物养生：可常服当归补血汤、四物汤或归脾汤。若气血两虚，则须气血双补，选八珍汤、十全大补汤或人参养荣汤，亦可改汤为丸长久服用。

5. 阳盛体质养生法

1) 体质特点

形体壮实，面赤时烦，声高气粗，喜凉怕热，口渴喜冷饮，小便热赤，大便熏臭为其特点。若病则易从阳化热，而见高热，脉洪大，大渴，饮冷等症。

2) 养生原则

清泻阳热，适当补阴。只可泻其阳热，不可虚其阴，对于久热伤阴者，需增补阴液，以制过剩之阳。

3) 养生方法

精神调养：阳盛之人好动易发怒，故平日要加强道德修养和意志锻炼，培养良好的性格，用意识控制自己，遇到可怒之事，用理性克服情感上的冲动。

运动调养：积极参加体育活动，让多余阳气散发出去。游泳锻炼是首选项目，此外，跑步、武术、球类等，也可根据爱好选择进行。

饮食调理：忌辛辣燥烈食物，如辣椒、姜、葱等，对于牛肉、狗肉、鸡肉、鹿肉等温阳食物宜少食用。可多食水果、蔬菜，像香蕉、西瓜、柿子、苦瓜、番茄、莲藕，可常食之。酒性辛热上行，阳盛之人切戒酗酒。

药物调养：可以常用菊花、苦丁茶沸水泡服。大便干燥者，用麻子仁丸，或润肠丸；口干舌燥者，用麦门冬汤；心烦易怒者，宜服丹栀逍遥散。

6. 血瘀体质养生法

1) 体质特点

面色晦滞，口唇色暗，眼眶暗黑，肌肤甲错，易出血，舌紫暗或有瘀点，脉细涩或结代。若病则上述特征加重，可有头、胸、胁、少腹或四肢等处刺痛。口唇青紫或有出血倾向、吐血、便黑等，或腹内有症瘕积块，妇女痛经、经闭、崩漏等。

2) 养生原则

活血化瘀，注意调整自身气血，防止血瘀化热，血瘀化寒。

3) 养生方法

精神调养：血瘀体质在精神调养上，要培养乐观的情绪。精神愉快则气血和畅，营卫流通，有利血瘀体质的改善。反之，苦闷、忧郁则可加重血瘀倾向。

环境调养：适宜居住光照充足，视野开阔的房屋。

运动调养：多做有益于心脏血脉的活动，如各种舞蹈。太极拳、八段锦、动桩功、长寿功、内养操、保健按摩术，均可实施，总以全身各部都能活动，以助气血运行为原则。

饮食调理：可常食桃仁、油菜、慈姑、黑大豆等具有活血祛瘀作用的食物，酒可少量常饮，醋可多吃。山植粥、花生粥亦颇相宜。

药物养生：可选用活血养血之品，如地黄、丹参、川芎、当归、五加皮、地榆、续断、茺蔚子等。

7. 痰湿体质养生法

1) 体质特点

形体肥胖、嗜食肥甘、神倦、懒动、嗜睡、身重如裹、口中粘腻或便溏、脉濡而滑、舌体胖、苔滑腻。若病则胸脘痞闷，咳喘痰多；或食少，恶心呕吐，大便溏泄；或四肢浮肿，按之凹陷，小便不利或浑浊；或头身重困，关节疼痛重着、肌肤麻木不仁；或妇女白带过多。

2) 养生原则

健脾祛湿，“脾为后天之本”，食物的吸收和转化都要靠它，所以痰湿体质者要好好保护脾脏。

3) 养生方法

精神调养：痰湿体质的人易产生疲倦感、应多交一些朋友，多参与社交活动，适当听一些节奏强烈的音乐。

环境调摄：不宜居住在潮湿的环境里。在阴雨季节，要注意湿邪的侵袭。

运动锻炼：痰湿之体质，多形体肥胖，身重易倦，故应长期坚持体育锻炼，散步、慢跑、球类、游泳、武术、八段锦、五禽戏以及各种舞蹈，均可选择。活动量应逐渐增强，让疏松的皮肉逐渐转变成结实、致密的肌肉。气功方面，以动桩功、保健功、长寿功为宜，加强运气功法。

饮食调理：少食肥甘厚味，酒类也不宜多饮，且勿过饱。多吃些蔬菜、水果，尤其是一些具有健脾利湿、化痰祛痰的食物，更应多食之，如白萝卜、荸荠、紫菜、海蜇、洋葱、枇杷、白果、大枣、扁豆、薏苡仁、红小豆、蚕豆、包菜等。

药物养生：痰湿之生，与肺脾肾三脏关系最为密切，故重点在于调补肺脾肾三脏。若因肺失宣降，津失输布，液聚生痰者，当宣肺化痰，方选二陈汤；若因脾不健运，湿聚成痰者，当健脾化痰，方选六居子汤，或香砂六君子汤；若肾虚不能制水，水泛为痰者，当温阳化痰，方选金匮肾气丸。

8. 气郁体质养生法

1) 体质特点

形体消瘦或偏胖，面色苍暗或萎黄，平素性情急躁易怒，易于激动，或忧郁寡欢，胸闷不舒，时欲太息，舌淡红，苔白，脉弦。若病则胸胁胀痛或窜痛；或乳房小腹胀痛，月经不调，痛经；或咽中梗阻，如有异物；或颈项瘿瘤；或胃脘胀痛，泛吐酸水，呃逆哎气；或腹痛肠鸣，大便泄利不爽；或气上冲逆，头痛眩晕，昏仆吐衄。

2) 养生原则

舒肝理气，健脾和胃，一方面保持肝脏疏泄有度，另一方面还要有足够气血，使肝脏发挥疏泄功能，故要健脾和胃多生气血。

3) 养生方法

精神调养：此种人性格内向，神情常处于抑郁状态，根据《内经》“喜胜忧”的原则，应主动寻求快乐，多参加社会活动、集体文娱活动，常看喜剧、滑稽剧、听相声，以及富有鼓励、激励意义的电影、电视，勿看悲剧、苦剧。多听轻快、开朗、激动的音乐，以提高情志。多读积极的、鼓励的、富有乐趣的、展现美好生活前景的书籍，以培养开朗、豁达的意识，在名利上不计较得失，知足常乐。

运动调养：多参加体育锻炼及旅游活动：因体育和旅游活动均能运动身体，流通气血，既欣赏了自然美景，调剂了精神，呼吸了新鲜空气，又能沐浴阳光，增强体质。气功方面，以强壮功、保健功、动桩功为宜，着重锻炼呼吐纳功法，以开导郁滞。

饮食调养：可少量饮酒，以活动血脉，提高情绪。多食一些能行气的食物，如佛手、橙子、柑皮、荞麦、韭菜、茴香菜、大蒜、火腿、高粱皮、刀豆、香橼等。

药物养生：常用以香附、乌药、川栋子、小茴香、青皮、郁金等疏肝理气解郁的药为主组成的方剂，如越鞠丸等。若气郁引起血瘀，当配伍活血化瘀药。

第四节　民族传统体育养生方法之四季养生法

一、春季养生

春季是指我国农历的立春到立夏这一段时间，即农历 1 月、2 月、3 月，包括了立春、雨水、惊蛰、春分、清明、谷雨 6 个节气。春归大地，冰雪消融，万物复苏，柳丝吐绿，大自然一片欣欣向荣。自然界阳气也开始升发。

(一) 春季饮食养生方法

1. 饮食要营养平衡

从饮食科学的观点来看，春季强调蛋白质、碳水化合物、维生素、矿物质要保持相对比例，防止饮食过量、暴饮暴食，避免引起肝功能障碍和胆汁分泌异常。

2. 饮食养肝为先

按中医观点，春季养阳重在养肝。在五行学说中，肝属木，与春相应，主升发，在春季萌发、生长。因此，患有高血压、冠心病的人更应注意在春季养阳。且春季是细菌、病毒繁殖滋生的旺季，肝脏具有解毒、排毒的功能，负担最重，而且由于人们肝气升发，也会引起旧病复发，如春季肝火上升，会使虚弱的肺阴更虚，故肺结核病会乘虚而入。中医认为，春在人体主肝，而肝气自然旺于春季。如果春季养生不当，便易伤肝气。为适应季节气候的变化，保持人体健康，在饮食调理上应当注意养肝为先。

3. 饮食要养阳

阳，是指人体阳气，中医认为“阳气者，卫外而为”，即指阳气对人体起着保卫作用，可使人体坚固，免受自然界六淫之气的侵袭。春天在饮食方面，要遵照《黄帝内经》里提出的“春夏补阳”的原则，宜多吃些温补阳气的食物，以使人体阳气充实，增强人体抵抗力，抵御风邪为主的邪气对人体的侵袭。李时珍在《本草纲目》里亦主张“以葱、蒜、韭、蓼、蒿、芥等辛嫩之菜，杂和而食”。另一方面，由于肾阳为人体阳气之根，故在饮食上养阳，还应包括温养肾阳之意。春天时人体阳气充实于体表，而体内阳气都显得不足，因此在饮食上应多吃点培补肾阳的东西。目前除了蓼、蒿等野菜已较少食用外，葱、蒜、韭等都是养阳的佳品。

4. 多食甜，少食酸

唐代名医孙思邈说：“春日宜省酸，增甘，以养脾气。”意思是当春天来临之时，人们要少吃点酸味的食品，多吃些甜味的饮食，这样做的好处是能补益人体脾胃之气。我国医学认为，脾胃是后天之本，是人体气血化生之源，脾胃之气健旺，人可延年益寿。但春为肝气当令，根据中医五行理论，肝属木，脾属土，木土相克，即肝旺可伤及脾，影响脾的消化吸收功能。中医又认为，五味入五脏，如酸味入肝、甘味入脾、咸味入肾等，因此若多吃酸味食物，会加强肝的功能，使本来就偏亢的肝气更旺，这样就能伤害脾胃之气。有鉴于此，在春季人们要少吃些酸味的食物，以防肝气过于旺盛。而甜味的食物入脾，能补益脾气，故可多吃一点，如大枣、山药、锅巴等。

5. 饮食要清淡

由冬季的膏粱厚味转变为清温平淡，饮食宜温热，忌生冷。在动物食品上，应少吃肥肉等高脂肪食物，因为油腻的食物食后容易产生饱腹感，人体也会产生疲劳现象。胃寒的人可以经常吃点姜，以驱寒暖胃；有哮喘的人，可服点生姜蜂蜜水，以润燥镇喘；有慢性气管炎的人，应禁食或少食辛辣食物。其他人也不宜多吃辛温大热的刺激性食物，以免助火伤身。

6. 平时要多喝水

饮水可增加循环血容量，有利于养肝和代谢废物的排泄，可降低毒物对肝的损害。此外，补水还有利于腺体分泌，尤其是胆汁等消化液的分泌。春季饮香气浓郁的花茶，可有助于散发冬天积在体内的寒邪，促进人体阳气生发，郁滞疏散。而适量饮茶，还可提神解困，但春季不宜贪冷饮。

7. 多食蔬菜

人们经过冬季之后，大多数会出现多种维生素、无机盐及微量元素摄取不足的情况，如春季人们常发口腔炎、口角炎、舌炎、夜盲症和某些皮肤病等。因此，随着春季的到来及各种新鲜蔬菜的大量上市，人们一定要多吃点新鲜蔬菜，以便营养均衡，身体健康。

(二) 春季运动养生方法

1. 早起伸懒腰

经过一夜睡眠后，人体松软懈怠，气血周流缓慢，方醒之时，总觉懒散而无力。若四肢舒展，伸腰展腹，全身肌肉用力，并配以深吸深呼，则有吐故纳新、行气活血、通畅经络关节、振奋精神的作用，可以解乏、醒神、增气力、活肢节，所以提倡春季早起多伸懒腰。

2. 散步

春季气候宜人，万物生发，更有助于健康。散步要不拘形式，因人而异，同时也应注意找空气新鲜，环境安静之处。散步要选择合适的时间，不宜在饭后立即出行，老年人不宜空腹散步。坚持每周散步 3 次，每次 45～60 分钟，散步时衣着要宽松，根据自身情况决定步行速度。

3. 踏青出游

寒冷冬季里，体温调节中枢内脏器官的功能有不同程度下降。经过一季的静养，肌肉和韧带长时间不活动，更是萎缩不展，收缩无力，此时外出踏青赏景，既锻炼了身体，又陶冶了精神。

4. 放风筝

肝脏五行属木，开窍于目。木喜条达，风筝放飞时，人不停地跑动、牵线、控制，通过手、眼的配合和四肢的活动，可达到疏通经络、调和气血、强身健体的目的。看风筝高飞，眼睛一直盯着风筝远眺，眼肌得到调节，疲劳得以消除。同时，看广阔的天空中自由飞翔的风筝，会让人心胸开阔，心情舒畅，有利于肝气的抒发。

(三) 春季养生注意事项

(1) 春季多风，而风邪是春季疾病外感因素的主要因素，它可能引发各种传染性、流行性疾病，如感冒、白喉、猩红热、麻疹、流脑、水痘、扁桃体炎、肺炎等，所以春季要谨防流行病。

(2) 春季是冬夏转换交替的季节，冷暖气流互相交争，时寒时暖，乍阴乍晴，天气变化无常。气候的不稳定，使对气候敏感的人有诸多不适应，对此，敏感之人要注意起居调摄。

(3) 春气内应肝，阳气升发，肝气、肝火易随春气上升，而肝阳旺盛，易导致高血压、眩晕、肝炎等疾病。肝气旺盛也使得人的精神情绪随之高昂亢进，使原有精神分裂症、躁狂症等疾患的人易因天气的变化而出现激愤、骚动、暴怒、吵闹等状态。

(4) 外界气候变化对人体气血有显著影响，如天寒时气血凝滞沉涩，天热时气血畅通易行。春天，气候变暖，气血活动也随之加强，人体新陈代谢活跃起来。对此变化，健康的人能够很快适应，体弱多病者以及老人和孩子则易产生不适应症，使旧病复发或病情加重，因此春季在疾病的防治上要早做准备。

二、夏季养生

(一) 夏季饮食养生方法

1. 省苦增辛

唐代“药王”孙思邈在《千金要方》中就提出：“夏七十二日，省苦增辛，以养肺气”。夏时心火当令，而苦味食物尽管有清热泻火、定喘泻下等功用，却会助心气而制肺气，因此不建议夏季多吃，以免心火过旺。由于心火能够克肺金，而辛味归肺经，所以在夏季，尽管天气热，人们可以适当多吃些辛味的东西，如辣一些的萝卜，以及葱白、姜、蒜等，其有发散、行气、活血、通窍、化湿等功用，可补益肺气，尤其是肺气虚的人更应如此。

2. 补充盐分和维生素

高温季节最好每人每天补充维生素 B1、B2 各 2 毫克，维生素 C 50 毫克，钙 1 克，这样可减少体内糖类和组织蛋白的消耗，有益于健康。也可多吃一些富含上述营养成分的食物，如西瓜、黄瓜、番茄、豆类及其制品、动物肝肾、虾皮等，亦可饮用一些果汁。

3. 不可过食冷饮和饮料

气候炎热时适当吃一些冷饮或饮料，能起到一定的祛暑降温作用。雪糕、冰砖等是用牛奶、蛋粉、糖等制成的，不可食之过多，过食会使胃肠温度下降，引起不规则收缩，诱发腹痛、腹泻等疾患。饮料品种较多，大都营养价值不高，还是少饮为好，多饮会损伤脾胃，影响食欲，甚至可导致胃肠功能紊乱。

4. 勿忘补钾

暑天出汗多，随汗液流失的钾离子也较多，由此造成的低血钾现象，会引起倦怠无力、头昏头痛、食欲不振等症候。热天防止缺钾最有效的方法，是多吃含钾食物，新鲜蔬菜和水果中含有较多的钾，可酌情吃一些草莓、杏子、荔枝、桃子、李子等水果，蔬菜中的青菜、大葱、芹菜、毛豆等含钾也丰富。茶叶中亦含有较多的钾，热天多饮茶，既可消暑，又能补钾，可谓一举两得。

5. 讲究饮食卫生

膳食最好现做现吃，生吃瓜果要洗净消毒。在做凉拌菜时，应加蒜泥和醋，既可调味，又能杀菌，而且增进食欲。饮食不可过度贪凉，以防病原微生物趁虚而入。

6. 暑天宜清补

热天以清补、健脾、祛暑化湿为原则。应选择具有清淡滋阴功效的食品，诸如鸭肉、鲫鱼、虾、瘦肉、食用蕈类(香菇、蘑菇、平菇、银耳等)、薏米等等。此外，亦可进食一些绿豆粥、扁豆粥、荷叶粥、薄荷粥等“解暑药粥”，有一定的驱暑生津功效。

(二) 夏季运动养生方法

1. 练太极拳

太极拳动静相兼，刚柔相济，开合适度，起伏有致，身端形正不偏倚，正气存于内而风邪不可侵，与自然的阴阳消长相吻合，可谓夏季最佳的养心运动之一。

2. 选择运动后少许出汗的项目

夏季运动量不宜过大、过于剧烈，应以运动后少许出汗为宜，以免运动量过大、出汗过多损伤心阴，比如晚饭后的快走、慢跑等。

(三) 夏季养生注意事项

1. 健脾除湿

湿邪是夏天的一大邪气，加上夏日脾胃功能低下，人们经常感觉胃口不好，容易腹泻，出现舌苔白腻等症状，所以应常服健脾利湿之物。一般多选择健脾芳香化湿及淡渗利湿之品，如藿香、莲子、佩兰等。

2. 清热消暑

夏日气温高，暑热邪盛，人体心火较旺，因此常用些具有清热解毒清心火作用的药物，如菊花、薄荷、金银花、连翘、荷叶等来祛暑。

3. 补养肺肾

中医认为，按五行规律，夏天心火旺而肺金、肾水虚衰，要注意补养肺肾之阴。可选用枸杞子、生地、百合、桑葚以及酸收肺气药，如五味子等，可防出汗太过，耗伤津气。

4. 冬病夏治

所谓冬病夏治，即夏天人体和外界阳气盛，用内服中药配合针灸等外治方法来治疗一些冬天好发的疾病。如用鲜芝麻花常搓易冻伤处，可预防冬季冻疮；用药膏贴在穴位上，可治疗冬季哮喘和鼻炎。

5. 晚睡早起

夏季晚睡早起以顺应自然界阳盛阴虚的变化，同时适当的午睡以补充睡眠的不足，也能有效预防冠心病、心梗等心脏疾病的发生。

三、秋季养生

秋季，指我国农历 7、8、9 月，包括立秋、处暑、白露、秋分、寒露、霜降 6 个节气。秋季，暑夏的高温已降低，人们烦躁的情绪也随之平静，且秋风带来秋季宜人的景色。此时切勿因眼前的美景忽视了养生。许多因素往往在不经意间影响着您的健康，且夏季过多的耗损也应在此时及时补充。

秋季养生贵在养阴防燥。秋季阳气渐收，阴气生长，故保养体内阴气成为首要任务，而养阴的关键在于防燥，这一原则应具体贯彻到生活的各个方面。

(一) 秋季饮食养生方法

1. 少吃辛辣食物

秋季天高气爽，空气干燥，湿度小，人易出现咽干、干咳等症状，这是由于燥邪伤肺所导致的现象。此时，应少吃辛、辣食物，如葱、姜、辣椒、胡椒，防止辛温助热，加重肺燥症状。

2. 多吃酸性食物

从中医五行生克来讲，肺属金，肝属木，金旺能克木，使肝木受损。因此应适当吃点酸味食物，因为“酸入肝”，可以强盛肝木，防止肺气太过对肝造成损伤。酸味食物可以收敛肝气，有保肝护肝的作用，但也不可过量。因为许多酸性食物，如醋、乌梅等，其酸味能刺激胃，易发生胃溃疡、胃炎等病，对身体不利。

3. 少吃寒凉食物

许多人都有这种感受，秋天吃水果，一不小心就坏肚子，这与秋天的气候有关。秋季天凉了，气温下降，脾胃阳气不足，再吃多了阴寒性质的水果、蔬菜，自然是雪上加霜，导致阳气不振而腹泻、腹痛。因此，秋季不要吃太寒凉的食物，以保护胃肠，保护肺脏。

4. 适度饮水

夏天多汗季节要多饮水，秋天干燥季节更要多饮水。适度饮水是秋天润燥、防燥不可少的保养措施。饮水以少量频饮为佳，不宜暴饮，一次饮大量水，会给胃肠增加负担，引起不适，只有少量慢饮，“润物细无声”才能对口、鼻、咽、喉、食管，乃至气管产生更大的滋润作用。

5. 多吃低热量食物

到了秋天，天气转凉，饮食会不知不觉地过量，使热量的摄入大大增加。再加上宜人气候，让人睡眠充足，汗液减少。另外，为迎接寒冷冬季的到来，人体内还会积极地储存御寒的脂肪，因此，身体摄取的热量多于散发的热量。在秋天人们稍不小心，体重就会增加，多吃一些低热量的减肥食品，如赤小豆、萝卜、薏米、海带、蘑菇等。

(二) 秋季运动养生方法

秋季天高气爽，是户外活动的黄金季节。在此季节有必要加强体育锻炼，保证早睡早起，晨起后要积极参加活动健身锻炼，可选择登高、慢跑、快走、冷水浴等锻炼项目。

(三) 秋季养生注意事项

1. 保持乐观情绪，静养心神

秋季万物成熟是收获的美好时节，但秋天也是万物逐渐凋谢、呈现衰败景象的季节。此时在老年人心中最易引起衰落、颓废等伤感情绪，因此，要注意调养情智，学会调适自己，要保持乐观情绪，保持内心的宁静，适当延长夜间睡眠时间。可经常和他人、家人谈心，或到公园散步，适当看看电影、电视，或养花、垂钓，这些都有益于修身养性，陶冶情操。

2. 衣装适宜，谨防着凉

秋季气温逐渐下降，早、晚温差较大，老年人既要注意防寒保暖，又不能过早、过多添加衣物。在此季节只要不是过于寒冷，就要尽量让机体保持于凉爽状态，让身体得以锻炼，使其具有抗御风寒的能力。但是金秋季节，气候变化无常，老年人要顺应气候变化，适当注意保暖，以防止感冒和引发呼吸道等各种疾病，要根据天气情况，及时增减衣服，防寒保暖，防病保健。

四、冬季养生

冬季，是指我国农历 10、11、12 月，包括立冬、小雪、大雪、冬至、小寒、大寒等 6 个节气。冬季，天寒地冷，万物凋零，一派萧条零落的景象，且五行中冬季对应的是肾脏，肾脏是人体生命的原动力，肾气旺，生命力强，机体才能适应严冬的变化，故此冬季养生显得尤为重要。

(一) 冬季饮食养生方法

冬季饮食应遵循“秋冬养阴”、“养肾防寒”、“元忧平阳”的原则，饮食以滋阴潜阳、增加热量为主。

1. 养肾为先

寒气内应肾。肾是人体生命的原动力，是人体的“先天之本”。冬季，人体阳气内敛，人体的生理活动也有所收敛。此时，肾既要为维持冬季热量支出准备 足够的能量，又要为来年贮存一定的能量，所以此时养肾至关重要。饮食上就要时刻关注肾的调养，注意热量的补充，要多吃些动物性食品和豆类，补充维生素和无机盐。狗肉、羊肉、鹅肉、鸭肉、大豆、核桃、栗子、木耳、芝麻、红薯、萝卜等均是冬季适宜食物。

2. 温食忌硬

黏硬、生冷的食物多属阴，冬季吃这类食物易损伤脾胃。而食物过热易损伤食道，进入肠胃后，又容易引起体内积热而致病。食物过寒，容易刺激脾胃血管，使血流不畅，而血量减少将严重地影响其他脏腑的血液循环，有损人体健康，因此，冬季饮食宜温热松软。

3. 增苦少咸

冬天肾的功能偏旺，如果再多吃一些咸味食品，肾气会更旺，从而极大地伤害心脏，使心脏力量减弱，影响人体健康。因此，在冬天里，要少食用咸味食品，以防肾水过旺。多吃些苦味食物，以补益心脏，增强肾脏功能，常用食物如槟榔、橘子、猪肝、羊肝、大头菜、莴苣、醋、茶等。

(二) 冬季运动养生方法

1. 高温瑜伽

高温瑜伽能通过身体的运动达到比较理想的养生保健效果。加热温度一般为 34°～42°。通过模拟动物的各种动作，如眼镜蛇、猫、鳄鱼、骆驼、鹫鸟、蝗虫等姿势以及一系列的拉、扭、弯等动作，使身体上一直以来没有活动到的位置得到拉伸、扭动和按摩，使健康情况得以改善。

2. 冬泳

冬泳是一项集防病、治病、健身、抗衰为一体的运动项目，它能显著增强体质、提高机体抵抗力和免疫力。冬泳时，冷水的刺激可使人体血管不断收张，从而锻炼了血管的弹性，起到了防止和延缓动脉硬化发生与发展的作用，对预防并缓解中老年人高黏滞血症效果明显。冬泳的冷刺激还可以调整中枢神经系统的兴奋和抑制的平衡，有利于人体植物神经系统的功能改善。

3. 跳绳、健身操

跳绳、健身操等在一定空间、温度下可进行的活动也是很好的冬季运动养生方法。

(三) 冬季养生注意事项

(1) 冬季气候寒冷，寒气凝滞收引，易导致人体气机、血运不畅，而使许多旧病复发或加重。特别是那些严重威胁生命的疾病，如中风、脑出血、心肌梗死等，不仅发病率明显增高，而且死亡率亦急剧上升。所以冬季养生要注意防寒。所以有锻炼习惯的人，时间应以上午 10 点以后或下午为宜，原因在于早上人们的交感神经兴奋、肾上腺素分泌增多，本身就是心脑血管疾病一天中发病的高峰期。过早起床锻炼，冷空气刺激血管收缩，进一步加强了发病的可能。因此，外出锻炼需选对时间，同时在供暖的房间内，出门前应先在门口打开门适应适应，避免直接出门时，冷空气刺激血管，造成心脑血管意外。

(2) 冬季人体阳气收藏，气血趋向于里，皮肤致密，水湿不易从体表外泄，而经肾、膀胱的气化，少部分变为津液散布周身，大部分化为水，下注膀胱成为尿液，无形中就加重了肾脏的负担，易导致肾炎、遗尿、尿失禁、水肿等疾病。因此冬季养生要注意肾的养护。

(3) 冬季进补勿过激。进补是为了调节身体的各种机能，使身体更健康，但如果进补过偏，则补而成害，使机体又一次遭遇损伤。进补时一定要男女老幼区别对待。例如，虽为阴虚，但一味大剂养阴而不注意适度，补阴太过，反而遏伤阳气，致使人体阴寒凝重，出现阴盛阳衰之气。所以进补要补宜适度，适可而止。

第五节　民族传统体育养生功法——八段锦

一、八段锦概述

(一) 八段锦起源

八段锦是一套独立而完整的健身功法。其历史悠久，流传广泛，深受人民喜爱，据说是岳飞与梁世昌所传，早在北宋时已有记载，至今已有 800 余年历史。八段锦是古代上等丝织品，用多种不同颜色编织而成。古人把这套动作视为祛病保健效果极好而又编排精练，动作完美的一套导引功法。八段锦由八节组成，体势动作古朴高雅，故名。

(二) 八段锦歌诀

两手托天理三焦；左右开弓似射雕；调理脾胃须单举；五劳七伤往后瞧；

摇头摆尾去心火；两手攀足固肾腰；攒拳怒目增气力；背后七颠百病消。

(三) 功法特点

健身气功八段锦同祖国传统养生治病理念密切结合，内炼精气神，外练筋骨皮。整套动作柔和缓慢，圆活连贯；有松有紧，动静相兼。十分适宜中老年人、亚健康人群以及体质虚弱的康复病人习练。而且可以不受时间、场地和天气的影响。

1. 柔和缓慢，圆活连贯

柔和是指习练时动作不僵不拘，轻松自如，舒展大方。缓慢是指习练时身体重心平稳，虚实分明，轻飘徐缓。圆活是指动作路线带有弧形，不起棱角，不直来直往，符合人体各关节自然弯曲的状态。连贯是要求动作的虚实变化和姿势的转换衔接，无停顿断续之处。

2. 松紧结合，动静相兼

松是指习练时肌肉、关节以及中枢神经系统、内脏器官的放松。在意识的主动支配下，逐步达到呼吸柔和、心静体松，同时松而不懈，保持正确的姿态，并将这种放松程度不断加深。紧是指习练中适当用力，且缓慢进行，主要体现在前一动作的结束与下一动作的开始之前。紧只在动作的一瞬间，而放松须贯穿动作的始终。松紧配合得适度，有助于平衡阴阳、疏通经络、分解粘滞、滑利关节、活血化淤、强筋壮骨、增强体质。

3. 神与形合，气寓其中

神是指人体的精神状态和正常的意识活动，以及在意识支配下的形体表现。“神为形之主，形乃神之宅”。神与形是相互联系、相互促进的整体。本功法每势动作以及动作之间充满了对称与和谐，体现出内实精神、外示安逸，虚实相生、刚柔相济，做到了意动形随、神形兼备。

(四) 功法作用

第一式　两手托天理三焦

人体三焦主司疏布元气和流行水液。此式两手交叉上托，拔伸腰背，提拉胸腹，可以促使全身上下的气机流通，水液布散，从而周身都得到元气和津液的滋养。

第二式　左右开弓似射雕

此式展肩扩胸，左右手如同拉弓射箭式，招式优美；可以抒发胸气，消除胸闷；疏理肝气，治疗胁痛；同时消除肩背部的酸痛不适。对于那些长期伏案工作，压力较大的白领人士，练习它可以增加肺活量，充分吸氧，增强意志，精力充沛。

第三式　调理脾胃须单举

脾胃，是人体的后天之本，气血生化的源泉。中医认为，脾主升发清气，胃主消降浊气。此式中，左右上肢松紧配合的上下对拉拔伸，能够牵拉腹腔，对脾胃肝胆起到很好的按摩作用，并辅助它们调节气机，有助于消化吸收，增强营养。

第四式　五劳七伤往后瞧

五劳，是心、肝、脾、肺、肾五脏的劳损；七伤，是喜、怒、忧、思、悲、恐、惊的七情伤害。五劳七伤，犹如今天的亚健康，长期劳顿，没有及时休养生息，终究造成损伤的累积。此式转头扭臂，调整大脑与脏腑联络的交通要道——颈椎(中医称为天柱)，同时挺胸，刺激胸腺，从而改善了大脑对脏腑的调节能力，并增强免疫和体质，促进自身的良性调整，消除亚健康。

第五式　摇头摆尾去心火

心火者，思虑过度，内火旺盛。要降心火，须得肾水，心肾相交，水火既济。此式，上身前俯，尾闾摆动，使心火下降，肾水上升，可以消除心烦、口疮、口臭、失眠多梦、小便热赤、便秘等症候。

第六式　两手攀足固肾腰

此式前屈后伸，双手按摩腰背下肢后方，使人体的督脉和足太阳膀胱经得到拉伸牵扯，对生殖系统、泌尿系统以及腰背部的肌肉都有调理作用。

第七式　攒拳怒目增气力

中医认为，肝主筋，开窍于目。此式马步冲拳，怒目瞪眼，均可刺激肝经系统，使肝血充盈，肝气疏泄，强健筋骨。对那些长期静坐卧床少动之人，气血多有郁滞，尤为适宜。

第八式　背后七颠百病消

此式动作简单，颠足而立，拔伸脊柱，下落振身，按摩五脏六腑。俗话说："百步走不如抖一抖。"这一式下落振荡导致全身的抖动，十分舒服，不仅可以有利于消除百病，也正好可以作为整套套路的收功。

二、八段锦技术动作构成

整套动作有预备姿势、基本动作、收势三个部分构成。各式的动作要领、易犯错误和纠正方法如下：

(一) 预备势

动作要领：两臂侧起时掌心向后，在体侧45°时转掌心向前，合抱于腹前时立项竖脊，舒胸实腹，松腰敛臀，放松命门，中正安舒，如坐高凳。

易犯错误：两臂侧起时耸肩，抱球时掀肘，大拇指上翘，其余四指斜向地面，塌腰、跪腿、八字脚。

纠正方法：两臂侧起时沉肩、坠肘，抱球时松腕舒指，指尖相对，拇指放平。预备势在整套功法的段落间和动作的节分处反复出现，起着重要的衔接作用。可将预备势作为基本桩功来练，练好该势可直接提高健身气功八段锦的演练水平和锻炼效果。

(二) 基本动作

第一式　两手托天理三焦(见图14-1)

动作要领：两掌向上至胸部时，翻掌上托，舒胸展体，抬头看手；抻拉时下颏微收，头向上顶，略有停顿，脊柱上下对拉拔长，力由夹脊发，上达两掌；两掌下落时要松腰沉髋，沉肩坠肘，松腕舒指，保持上体中正。

易犯错误：两掌上托不充分，抬头不够；两掌保持抻拉时，松懈断劲；两掌下落时，肩臂僵硬。

纠正方法：两掌上托时抬头看手，下颏先向上助力，再内收配合两掌上撑，力达掌根，保持伸拉两秒；两掌下落时要先沉肩、坠肘，而后手臂自然下落，身体中正，松腕舒指。

第二式　左右开弓似射雕(见图 14-2)

动作要领：两腕交搭时沉肩坠肘，掌不过肩；开弓时力由夹脊发，扩胸展肩，坐腕竖指，充分转头，侧拉之手五指要并拢屈紧，臂与胸平，八字掌侧撑需立腕、竖指、掌心涵空；略停两秒，保持抻拉，有开硬弓射苍鹰之势。

易犯错误：开弓时端肩，塌腰，重心偏移；成马步时跪腿，收腿时脚擦地、晃动，步法不灵便。

纠正方法：开弓时立项沉肩，上体直立，充分转头，步法转换要清晰，开弓时马步的膝关节不得超过脚尖，两掌侧撑时移为横裆步。在习练过程中，根据自身情况调整马步高度，不可强求，避免动作变形，循序渐进地发展下肢力量。

第三式　调理脾胃须单举(见图 14-3)

动作要领：单臂上举和下按时，要力达掌根，舒胸展体，拔长腰脊，要有撑天拄地之势。

易犯错误：两臂在上撑、下按时，掌指方向不正；肘关节僵直，没有弯曲度；两臂对拉力度不够，上体不够舒展。

纠正方法：上举和下按时两掌放平，指尖摆正；在肘关节稍屈状态下体会两肩充分拉伸。

第四式　五劳七伤往后瞧(见图 14-4)

动作要领：两掌伏按时立项竖脊，两臂充分外旋，展肩挺胸，转头不转体。

易犯错误：两臂外旋时上体后仰；转头与旋臂不充分。

纠正方法：两臂外旋时下颏微收，向后转动时上体中正；转头时看斜后下方 45°，旋臂时小拇指侧最大限度外旋，保持两秒抻拉。

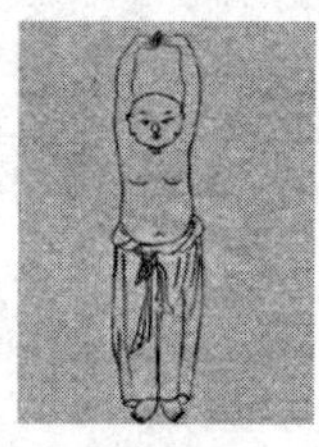
图 14-1

图 14-2

图 14-3

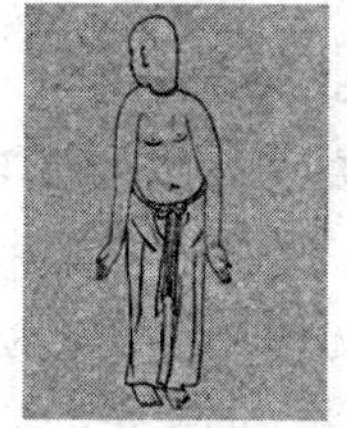
图 14-4

第五式　摇头摆尾去心火(见图 14-5)

动作要领：马步扶按时要悬项竖脊、收髋敛臀、上体中正；侧倾俯身时，颈部与尾闾对拉拔长；摇头时，颈部尽量放松，动作要柔和缓慢，摆动尾闾，力求圆活连贯。

易犯错误：摇转时头部僵直，尾闾转动不圆活；摇转时挺胸展腹，上体后仰。

纠正方法：转头时，颈部肌肉尽量放松，不可主动用力，头部转动速度要慢于尾闾转动；向后转动头部时要含胸，抬头向上看，向前转动尾闾时要收腹，向后转动时要先塌腰，再敛臀立身。在马步状态下转动尾闾有一定难度，可以将动作分解练习，先体会头部摇转，再体会尾闾转动，最后将转头和转动尾闾结合起来。

第六式　两手攀足固肾腰(见图 14-6)

动作要领：双手反穿经腋下尽量旋腕，俯身摩运时脊柱节节放松，至足背时要充分沉肩；起身时两掌贴地面前伸拉长腰脊，手臂主动上举带动上体立起。

易犯错误：两手向下摩运时低头，膝关节弯曲；向上起身时，起身在前，举臂在后。

纠正方法：两手向下摩运时稍抬头，膝关节伸直，可根据自身身体状况自行调整动作幅度；向上起身时以臂带身，两臂贴近双耳。

第七式 攒拳怒目增气力(见图 14-7)

动作要领：马步下蹲时要立身中正，马步的高低可根据自己腿部的力量灵活掌握；左右冲拳时怒目瞪眼，同时脚趾抓地，拧腰顺肩，力达拳面，旋腕要充分，五指用力抓握。

易犯错误：冲拳时上体前俯，塌腰、耸肩、掀肘；旋腕幅度不够；拳回收时抓握无力。

纠正方法：冲拳时上体正直，百会上领，下颏微收，肩部松沉，前臂贴肋前送，力达拳面；拳回收时，先五指伸直充分旋腕，再屈指用力抓握。

第八式 背后七颠百病消(见图 14-8)

动作要领：提踵时脊柱节节拉长，脚趾抓地，脚跟尽量抬起，两腿并拢，提肛收腹，头向上顶，略有停顿，保持平衡；下落时沉肩，颠足时身体放松，咬牙，轻震地面。

易犯错误：提踵时耸肩，身体重心不稳；下落颠足时速度快，用力过大。

纠正方法：提踵时五趾抓地，两腿并拢，提肛收腹，肩向下沉，立项竖脊，百会上领；向下颠足时先缓缓下落一半，而后轻震地面。

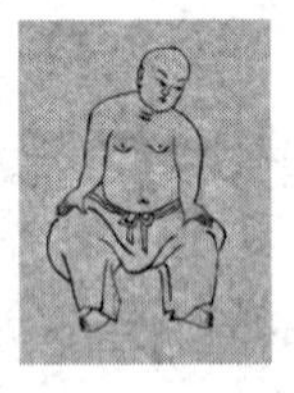
图 14-5

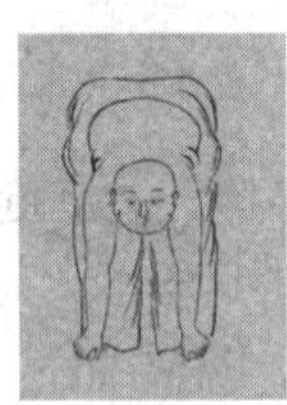
图 14-6

图 14-7

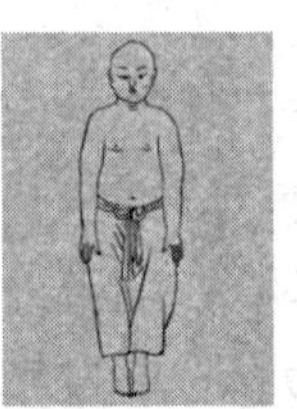
图 14-8

(三) 收势

动作要点：体态安详，周身放松，气沉丹田，心情愉悦。

易犯错误：收功草率，心浮气躁，急于走动。

纠正方法：收功时动作要徐缓，周身放松，调顺呼吸，气归丹田。收功后可适当做一些整理活动，如搓手、浴面和肢体的按摩、拍打等放松运动。

思考题

1. 民族传统体育养生内涵是什么？它具体有哪几个方面？
2. 就体质而言，个人该如何通过饮食、起居、运动进行养生？

第十五章 休闲娱乐体育

内容提要： 本章主要介绍了休闲娱乐体育的兴起与演变、休闲娱乐体育的定义、大学生开展休闲娱乐体育的意义以及休闲娱乐体育的特点、功能和分类。重点阐述了因人而异的休闲娱乐体育和根据自身的性格特点选择和安排休闲娱乐项目，从而使人们合理的安排余暇时间，不断提高生活质量，和谐幸福健康快乐的生活。

学习目标：

1. 了解休闲娱乐体育的兴起与演变；
2. 掌握休闲娱乐体育的定义以及大学生开展休闲娱乐体育的意义；
3. 了解休闲娱乐体育的特点、功能以及分类；
4. 掌握如何根据自身的性格特点选择和安排休闲娱乐项目；
5. 了解轻松体育的概念。

有史以来，休闲便是人类日常生活的一部分。随着现代化进程的发展和社会文明程度的不断提高，人们的工作时间逐渐减少，而闲暇时间越来越多，因此更加关注身心的健康和休闲娱乐方式的选择。作为健康生活方式的重要组成部分，休闲娱乐体育必将受到人们广泛的关注。

第一节 休闲娱乐体育概述

一、休闲娱乐体育的概念

休闲娱乐体育是指人们在工作、学习之余进行的积极主动的、轻松愉快的、毫无心理负担的一些健身娱乐活动。人们通过挖掘体育蕴藏的各种身体活动形式，在欢悦和谐的氛围中，日积月累地实现增强体质、促进健康、恢复体力、抵御疾病、调节心理、陶冶情操、激发生活欲望、培养高尚道德品质、改善人际关系、满足精神追求以及享受高质量人生乐趣等目的。而这些健身娱乐活动正在成为人们生活中不可缺少的重要内容。社会竞争激烈、知识快速更新、信息“爆炸”，社会在创造出空前财富的同时，也给生活在现代社会的人们施加了比以往更大的压力。精神紧张、体力活动不足以及营养过剩等，造成精神压抑、身体肥胖、心血管疾病、糖尿病等“现代病”的流行。使愉快、健康、自然的休闲运动成为时下人们追求的时尚。时下流行的“请人吃饭不如请人流汗”就是人们推崇休闲娱乐体育的最好佐证。科学技术的进步及其在生产、生活中的广泛应用，为休闲时代的来临奠定了雄厚的物质基础，充裕的闲暇时间，使休闲娱乐体育的社会化、终身化成为可能。

二、休闲娱乐体育的特点及其功能

(一) 休闲娱乐体育的特点

(1) 休闲娱乐体育是促进人的全面发展，身心并举的手段。体闲体育项目本来就是从人类的劳动方式、生活方式和原始娱乐方式中游离出来，然后规则化并逐步完善定型的。

(2) 休闲娱乐体育重视人与自然的结合。它是在追求竞技体育超越生理极限的“更高、更快、更强”之外，强调参与和获得愉悦感、成就感，体现了人类的返朴归真、回归自然，符合世纪初人们关于绿色、环保、生态平衡的美好愿望，因此吸引了大量具有一定文化层次的人。

(3) 休闲娱乐体育以其无强迫性、无压力感、随意性强等特点成为人们首选的活动。人们可以参加集体组织或团体的活动，同时也可以根据个人的爱好选择锻炼方法。现实生活中，大多数人是根据自己的性格、爱好和能力选择体育运动项目。一般来讲，性格外向、爱好广泛的人会偏向选择开放型的集体项目，如球类、排舞、健身操等；性格内向、兴趣狭窄的人则会偏向选择封闭型的个人项目，如气功、瑜伽、太极拳、钓鱼等。总之，休闲娱乐体育是根据个人意愿、爱好随意地选择适合自己的项目。

(4) 休闲娱乐体育是人们在闲暇时间里通过体育活动消遣、放松自我的一种方式。现代人在闲暇生活中较偏向于有氧运动，如散步、跑步、台球、郊游、钓鱼、健身路径、广场排舞、健身操等，注重运动中、运动后轻松舒适的感觉。参加有氧运动后，一般都会有轻松愉快的感觉，肌肉也不会酸痛，身体也不容易出现疲劳。对于工作强度大的人们来说，参加有氧运动既能消除紧张疲劳现象，也能起到劳逸结合的功效。另外，休闲娱乐体育还有参与面广及趣味性、社会性、时效性强等特点。

(5) 休闲娱乐体育强调人的个性张扬，即人的个性在体育活动中得到自由升华和发展。参与休闲体育活动可以使人在趣味无穷中发展个性。趣在于情，江南水乡的柔美之情，万里海疆的壮丽之情，广阔草原的豪放之情，雪域高原的神秘之情……都会在休闲娱乐体育中得到加深；趣在于景，无论是浓淡相宜的湖光山色，还是飞流直下的飞瀑，无论是如梦似画的万山云雾，还是千里黄沙的大漠风光，万千美景都会在休闲娱乐体育中尽收眼底；趣在于新，休闲娱乐体育项目的不断变换，方法的不断更新，新的感觉、新的体验，使参与者永无止境的心理得到满足；趣在交友，无论是偶尔相识的朋友，抑或结伴同行的旅伴，只要用心体验休闲娱乐体育的真谛，用心结交，彼此关照，以诚相待，就可永结朋友其乐融融；趣在增识，在休闲娱乐体育中，可以学习到经济、文化、历史、哲学、美学、人文等多种知识，对丰富人生、丰富生活有很大作用；趣在自由，沉缅于体育练习或寄情于山水之中，不必为种种琐事所心烦，在名山大川之中，可与大自然融为一体，得到彻底的放松，彻底的解放。

(二) 休闲娱乐体育的功能

1. 娱乐功能

休闲娱乐体育的娱乐性是由项目的特点决定的，它没有竞技体育激烈的对抗性，且可以回避因失败而产生的消极心理。参加运动的人们不必肩负胜负成败的重任，无论是在精神上还是体能上都不存在任何压力。休闲娱乐体育本身的趣味性是吸引众多体育爱好者的根本所在。现代人为了消除工作快节奏带来的心理紧张和来自身体上的疲劳，大多数人选择在野外进行休闲娱乐体育活动，这样既可以欣赏大自然美丽的景色，又能体味休闲娱乐体育运动的无穷乐趣，如野外旅行、划船等。通过自身活动感受到一种明快、喜悦、乐观的精神体验，又如夏日里人们在风景旖旎的海滨进行冲浪运动，带给你的愉悦和刺激是无法用语言表达的。因此，要感受休闲娱乐体育运动的乐趣，就必须亲身投入到运动中去。

2. 健身功能

休闲娱乐体育使建功立业和愉悦身心相得益彰。淡漠的健身意识深深地侵蚀着最需要健康的知识分子，往往在建功立业与增进健康之间成了知识分子痛苦的抉择。有不少人认为要想成就一番事业，就必须以生命的透支为代价；而要想身强力壮，势必要事业受损。由于错误理念的驱使，使不少知识分子往往成为打疲劳战的内行，天长日久，形成恶性循环。据有关部门统计，在青少年中有 25%的人存在显性或隐性心理危机，这给人们的健康带来极为不利的影响。而休闲娱乐体育则是根治知识分子“心病”的灵丹妙药。休闲娱乐体育常帮助人们树立正确的人生态度和开阔的胸襟，通过休闲娱乐体育的锻炼，着眼于从实际出发，把人生的目标和要求定在自己通过努力所能达到的范围之内，既不举步不前，又不好高骛远。在休闲运动中，把注意力从消极情绪中转移到有意义的事物上去，使情绪转移，经常变换角色换位看问题，不以自我为圆心，这些都是休闲娱乐体育强身健体与建功立业相得益彰的特殊功能。

休闲娱乐体育的另一方面是身心的和谐统一。身心的统一，其实就是身体活动与人的心情愉悦相互协调，通过休闲娱乐体育运动产生愉悦的心情，而愉悦的心情又反过来巩固身体的健康。通过身体活动来增进健康、调节人的心理是休闲娱乐体育的价值所在；而运动愉悦心情促进人的身体活动也是休闲娱乐体育的重要内容。对于一项体育运动，被迫参与和主动参与，其锻炼效果是迥然不同的。在心理上被迫参与的运动很难让人从运动中产生愉悦感，当然没有积极性可言，生理承受能力也大为增强。在休闲娱乐体育运动中人们可以自我支配，根据自己的兴趣、爱好，自由选择活动内容，因而休闲娱乐体育能够慰藉人们疲劳的心灵，使人们的心情处于宽松、愉快的状态。正因如此，休闲娱乐体育活动才显示出强大的生命力。

3. 交友功能

休闲娱乐体育运动不仅是休闲、健身的载体，也是拓展交际、增进情感交流及交友的润滑剂。从事休闲娱乐体育运动的人们大多是热情奔放、乐观向上的，这个群体的人思想很容易互相沟通。随着经济的不断发展，办公条件的改善，上班时间同事之间交流越来越少，人会变得孤独、冷漠和感情脆弱。当传统的家庭与社会纽带被切断时，一种个人独自而特异的生活方式在延长的闲暇中产生，都市个人生活的孤独感隔离了个人与现实世界的联系，使人处于一种失常的状态，更可能产生吸毒、自杀及危害社会的倾向。通过休闲娱乐体育活动可以结识很多人，增进相互间的感情交流，人也会变得乐观开朗，因为爱好相通还可能成为好朋友，所以休闲娱乐体育在某种意义上成了人与人之间的情感桥梁。

4. 经济功能

休闲运动市场巨大，在西方经济发达国家，休闲运动作为休闲产业的重要组成部分得到了快速的发展，并产生了巨大的经济效益。在英国，休闲运动对国民生产总值的贡献率为 1.7%；在俄罗斯为 1.9%。在我国，你可以在任何一个城市找到你所喜欢的休闲运动场所，如保龄球馆、游泳馆、网球馆等，休闲运动已经开始渗透到人们的日常生活中，假日经济已成为我国的一个新的经济增长点。

三、休闲娱乐体育的分类

休闲体育的分类方法较多，它因参与者的年龄、性别、健康、工作特点、个人的兴趣爱好、居住环境等的不同而有所差异。

(1) 因活动性质不同，可分为养生性的(如钓鱼等)，医疗性的(如健身气功、太极拳等)，健身性的(如舞蹈、体育游戏等)，娱乐性的(如台球、体育舞蹈、趣味体育等)，消遣性的(如体育旅行、钓鱼、放风筝等)和冒险性的(如攀岩、蹦极、冲浪等)。

(2) 按参加人数多少，可分为个人的(如攀岩、游泳等)，数人的(郊游、排舞等)，家庭的(如远足、荡秋千等)和集体的(球类、体育游戏等)。

(3) 按活动环境不同，可分为室内的(如壁球、保龄球等)和户外的(如野营、登山、定向运动、沙滩排球等)。

(4) 按竞争程度的强弱可分为竞赛类的(如球类、赛马、赛车等)和非竞赛类的(如健美、野营等)。

(5) 按参加者在活动时的身体状态又可分为观赏性的(如健美操等)，相对安静性的(如钓鱼等)和运动性的(如球类、舞蹈等)。

(6) 若按活动的基本特征，则又可以分为：① 眩晕类。如荡秋千以及游艺场里各种旋转、起伏、上升、下降、滑动、碰撞、俯冲、腾空等。这类活动通过获得日常生活中难以得到的身体状态和空间感觉，获得运动乐趣。② 命中类。如射靶、台球、门球、保龄球、高尔夫球等。这类活动需要算度和控制力量，是思维和体力相结合的体现。当命中目标时，会使人兴奋欢悦，一种成功感油然而生。③ 节奏类。如舞蹈、健美操、啦啦操、街舞等。这类活动的节奏感强，富有韵律，都以身体活动为共同特征，有欢快的音乐伴随并融汇运动节奏之中，其娱乐性和健身性极强。④ 滑行类。如滑雪、滑冰、溜旱冰、滑水、冲浪、帆板等。这类活动以足蹬或足踩各种器具做各种滑行动作为主要特征，集娱乐性、趣味性、健身性于一体，因大多在户外进行，与日光、空气和水等自然因素结合紧密，还可使身体得到自然力的锻炼。⑤ 攀爬类。如蹬车、乘坐过山车、攀岩等项目。这类活动中有的具有很大的冒险性，是人类为呈现自身价值，表现出实现自我的一种超凡脱俗的行为。甚至有时不顾惜生命代价，在惊险中强化意志磨砺，在征服自然中追求精神满足。

四、当代大学生与休闲娱乐体育

(一) 大学生需要休闲娱乐体育

最初，体育只是人的一种生存本能。当生存不再是困扰人的主要问题时，体育开始丰富它的新内涵，人类开始向自我挑战，实现自我价值。从此，古老的体育家族中诞生了新的成员——休闲娱乐体育。

休闲娱乐体育是大学生在学习之余进行的群众性体育活动，它已成为人们生活中不可缺少的重要内容之一，通过挖掘其蕴藏的各种身体活动形式，在欢悦和谐的氛围中，不断地实现增强体质，促进健康，恢复体力，抵御疾病，调节心理，陶冶情操，激发学习热情，培养高尚道德品质，改善人际关系，满足精神追求以及享受人生乐趣等目的。

大学生生活在现代文明和高科技的时代。舒适的生活会使他们四肢慵懒。那么，具有内容丰富、自由度大、随意性强、趣味性高、参与面广等基本特征的休闲娱乐体育，正是根治这种慵懒的灵丹妙药。例如，在从事爬山这项群众性平民化的运动时，当你尽力攀爬到顶点，那种实现自我的成就感和回归自然的精神体验就会油然而生，从而在回味和升华中实现休闲娱乐体育的健身、娱乐、消遣、医疗和康复等目标。他们虽然比不上赛场上竞技的“健儿”，但却是最投入的休闲者，不断地用自己的健身实践来探索丰富着休闲娱乐体育的外延与内涵。

(二) 科学的享受现代生活

有关专家预测，新世纪将是一个生命年龄提升的世纪。但时下有一句口头禅正在警示着人们：“你上提的是年龄，往下降的是生命的健康水准”，在这个健康水准下降的原因中，人们已经看到，越来越发达的经济，越来越丰富的物质，越来越复杂的食物，越来越恶劣的环境和越来越大的精神压力，正在对人类生存产生着不少的负面影响，专家们把这些叫做“现代文明病”、“生活方式病”，如在疾病谱中年年上升的冠心病、高血压、糖尿病、肥胖症等。

有人认为，衡量一个国家发达程度的重要标准是看民众参与健身的普遍性和竞技体育水平。因为只有在生活水平达到或者越过温饱后，人们才能真正认识到奔小康与保健同等重要。在过去，当无数的家长还在为吃饱穿暖苦思良策时，孩子们也只能以爬树、上房、滚铁环来充实自己的“业余”生活。如今，年轻人要漂亮，中年人要活力，老年人图健康的想法，不约而同地使他们的视野聚焦在休闲娱乐体育上，“请人吃饭不如请人流汗”成了比较时髦的语言。

大学生是知识分子中一个特殊群体。当前，在我国人民健康水平有了不同程度提高的前提下，引起社会最为关注和忧虑的就是中青年知识分子的健康状况。我国知识分子平均寿命较同期人口平均寿命少10岁，同年死亡率，中年人超过老年人，日本职员中出现的过劳死，在我国中青年知识分子中也屡见不鲜。

第二节　选择适合自己的休闲项目

一、休闲娱乐体育的选择

人的心理、生理及身体素质存在个体差异，而休闲娱乐体育内容又是多样化的，有些适合自己，有些不适合自己，加上人自由支配自己的时间也存在着差别，因此选择适合自己的休闲娱乐体育内容就显得很重要。此外，我国是一个多民族国家，休闲娱乐体育可结合本地本民族的特点，开展传统项目的体育活动，如蒙古族的摔跤、藏族的歌舞、维吾尔族的舞蹈、朝鲜族的荡秋千、回族的踏脚等，这些活动具有广泛的群众基础，能培养民族自豪感。

(一) 因人而异的休闲娱乐体育

1. 体态肥胖者

体态肥胖者可选择远足、骑自行车、球类、慢跑、游泳、跳绳、踢毽等活动，有利于减少体内脂肪的堆积，使身体变得健美。

以远足为例，就是徒步到郊外大自然中休闲、娱乐的一项体育活动，属远距离旅行。由于远足常组织丰富多彩的活动，如登高、游泳或浏览名胜古迹，或拉练野营配合革命传统教育等，不仅能锻炼身体、增进健康，而且能锻炼意志品质、培养组织能力和与人合作的团队精神，同时还可以休闲娱乐、陶冶情操、浏览山河，体察人文风情和接受革命传统教育，对于为肥胖而苦恼的人们，不仅治疗了心理疾病，也增强了心肺功能。

远足要有明确的目的性，预先确定好活动内容、时间、路线、目的地以及饮食、饮水的方式等。对沿途可能遇到的各种情况做到胸中有数。如果安排游泳活动，还要预先了解游泳场的安全状况，密切注意收听天气预报。

远足要求服装质轻、合体、耐用，衣服有放置杂物的口袋。穿运动鞋，要有防滑纹理，鞋帮高度在踝关节，并且有一定的透气性，要穿上含有棉纱成分的运动袜。主食选择含水较少，不易腐败变质的食物。副食则以真空包装的肉罐制品和水分、维生素 C 含量高的水果权宜。另外准备必要的生活用品和药品，选好营地，通常应把营地建在地面开阔、地势稍高、地面干燥、近水源的地点，切忌选择山崖下，或靠近河、海的水洼处，更不能在大的枯树下安营。野炊和便溺场所要安排在下风方向、帐篷之间的距离不要相距太远，营地应有明显的灯火标志，野营时必须遵守国家和地方的有关法规。

2. 身体瘦长者

身体瘦长者上身短，手臂和腿细而长，肩窄胸薄，体脂很少，整个身体是长条型。宜选择增强肌肉力量和促进消化功能的休闲娱乐体育项目，如健美、跑步、游泳、太极拳、自行车等。

以健美为例。健美运动对青少年骨骼发育有良好的作用，经常从事健美运动能够促使骨骼的形态和性能发生良好的变化，具体表现为骨密度增大，骨径变粗，骨腔变小，骨壁变厚，从而使骨骼更加坚固，提高骨骼的抗折、抗压、抗弯和抗扭曲的能力。还可促使激素分泌增多，大大提高免疫力，使人体发育健全，精力旺盛。

健美练习可采用中等负荷的多次重复，如果想使自己长肌肉块，发展上半身有关肌肉群，通常每组动作重复 8～12 次，增长腿部肌肉的每组重复约 12～15 次，而增长腹肌则需重复 15～20 次。每组负荷的重量以能做到极限次数而不能再增加次数为宜。组与组之间应有短暂的休息，然后又重复下一组练习。其间隙时间长短取决于练习程度，一般在 40 秒至 2 分钟之间。练习的强度也应遵循循序渐进的原则，一旦选准了适合自身的练习手段，要通过不断的提高练习强度来促进肌肉最大限度的发展。其方法是在相同的时间内增加训练负荷的总量或减少组与组的间隙时间。初级练习阶段对肌体只给予适当的负荷量，一般采用隔日练习为好，每次练习在20～30组之间。在进入中、高级阶段以后，就要提高练习强度，但必须遵循渐进的原则，如果超过了心血管耐力程度，肌肉常处在缺氧的情况下，反而会早衰。尤其要注意采用隔日练习法时，应增加饮食的量与营养，保持充分的休息。

3. 脑力劳动者

由于经常用脑，久坐不动，因而容易患神经衰弱、痔疮、消化不良、高血压等症。舞蹈、慢跑、爬山、打球、游泳、体操等休闲娱乐体育是他们健身防病的体疗“良药”。经常参加休闲娱乐体育锻炼有利于促进大脑的发育，增加大脑皮层厚度，增多脑神经细胞树突，从而提高工作和学习效率。

以舞蹈为例，舞蹈种类繁多、绚丽多彩，每一种舞蹈都有自己的风格特点。芭蕾舞蔚为壮观、民族舞热情奔放，啦啦操的活力四射，健身舞风格迥异……各种舞蹈都能使人们在休闲时间提高艺术修养，并能陶冶情操，丰富人的审美观。

经常进行舞蹈健身锻炼有利于为大脑提供更多的氧气和营养物质，使人的视觉、听觉、本体感觉、神经传导速度和神经过程的灵活性得到提高。例如，一般人从感受信号(如见到光或听到声音)到立即作出反应的时间需要 0.3～0.5 秒，而经常从事舞蹈锻炼的人只需要0.15秒左右，这表明舞蹈运动可以促进神经系统功能的提高。人的反应速度与其思考速度、思维能力密切相关。现代医学证明，人的左脑主要是进行抽象思维，而右脑的信息容量、记忆容量、形象思维能力都大大超过左脑。在舞蹈运动时，右脑工作占优势，从而可以提高记忆力和促进右脑发展，有助于提高形象思维能力。

(二) 根据个人性格特点选择休闲娱乐体育项目

1. 外向型

这类人性格开朗活泼，浑身充满活力。群体性项目(球类)会给他们带来更大的快乐和刺激，如网球、壁球、篮、排、足球等。以篮球为例，篮球是采用运球、传球、投篮等动作进行攻防对抗的一项高强度的球类运动。大学生参加篮球运动是对人体的力量、速度、灵敏度、耐力等身体素质的极大考验。该运动项目不仅能够增强中枢神经系统、心血管系统、呼吸系统等内脏器官的功能，培养人们勇猛顽强、机智灵活的优良品质，而且还具有减压和抗压的作用。通过篮球运动既可把压力抛到九霄云外，又可以弘扬体育精神，同时还可帮助你协调人际关系，通过这个集体，你可体验到“人人为我，我为人人”的团队精神的真谛。

2. 紧张型

这类人虚荣心强，敏感多疑，适宜爆发力强或是平稳的休闲体育项目来获得身体上和思想上的平静，竞争性的团队运动不太适合他们。可选择练太极拳、瑜伽、攀登、溜冰、潜水、健美等休闲体育项目。

以攀岩为例，攀岩本身就是一项群众性、平民化的运动，把它推广到百姓的日常生活中，让它成为人们的一种生活需要，是攀岩业的主要发展方向。攀岩不仅是一项运动，其中还蕴含着丰富的体育精神，意志、思想、文化均融入其中。攀岩，是一项新兴的富于挑战性和冒险性的体育运动，它集健身、娱乐和技巧于一体，圆了都市人期待已久的登山梦。传统的攀岩者，将大自然视为真正的乐园、竞技场、健身房，只要有充裕的休闲时间，他们便会义无反顾地奔向粗犷豪放的山岩。为了满足人们日益增长的休闲娱乐体育的需要，世界级登山专家对攀岩墙动了一番脑筋，对攀岩墙设计的每一个空间都有意想不到的意境。通过攀岩训练，许多学生领会到好多障碍都是自己给自己设置的，面临峭壁，从胆怯到无所畏惧，跨越障碍便战胜了自己。

3. 竞争型

竞争精神具有积极的意义，要有效地发挥这类人的特点，最好是引导他们在休闲时间投入到一项专门的体育运动中，如网球、垒球、赛马、篮球、排球、足球及其他具有竞争性的活动，让他们有机会和其他人一决高低。

以网球为例，现代奥运会的创始人皮埃尔·德·顾拜旦曾经说过："竞技的核心不是斗争，而是光明磊落的比赛。正是铭记这个精神才能更加强盛、更加雄壮、更加勇敢，从而陶冶人性。"正是由于竞争的光明磊落，才使得世界网球单项的四大比赛——英国温布尔顿网球赛、美国公开赛、法国公开赛和澳大利亚公开赛经久不衰，而且生命力愈来愈强，其中温布尔顿网球锦标赛已延续 100 多年。

网球比赛体现的竞争是体育运动以至人类社会的普遍现象。没有竞争，体育运动就会失去魅力。没有竞争，运动员的成绩就不会提高。毫无疑问，在网球竞赛中运动员必须有强烈的战胜意识——不畏强手，敢于竞争，达到更快、更高、更强的境界。但是网球场上的竞争不是随意进行的竞争，竞赛规则具体规范竞赛参加者行为要求，网球爱好者自觉遵守竞赛规则，实际上就是公平竞赛的最好体现。

4. 沉思型

这类人不适宜从事竞争性强和过于激烈的休闲运动，他们更适合于自行车、划船、散步、太极拳、钓鱼、放风筝等可以独立进行的活动。

以骑自行车为例，近年来骑自行车旅行开始流行起来，它一方面是对意志的全方位考验，另一方面也是受经济条件制约下的一种妥协。特别对于一些高海拔地区，假如你不能亲自开着一辆越野车，一路听着高亢的摇滚乐，喝着热腾腾的咖啡，行进在那雪山草原之间，那么为了充实休闲生活，你可以选择骑自行车这种绝对让你皮带瘦一圈的旅行方式。这种方式可以专门体验一种久违了的"苦楚"，考验一下自己所能承受的限度并为之乐此不疲。不论是平坦的公路，还是美丽的青山和一望无际的大草原，在留下你艰难跋涉的车痕之时，也给你的休闲生活留下了美好的回忆。

自行车种类很多，大致可分为公路自行车、山地自行车、场地自行车、小轮车、技巧车等。一般来说，小轮车、技巧车与滑板、滚轴有许多相似之处，在青少年中很流行。对于以外出旅行为目的人来说，依所去地点不同，一般选择公路车、山地车和旅行车三种。公路自行车轮胎窄而薄，车身轻便，档位灵活准确，车速快；山地自行车车身结实，刹车灵，减震性好；旅行自行车介于公路车和山地车之间，样子像山地车，但轮子比山地车细，比较轻便。

5. 害羞型

这类人群最青睐那些安分且能获得个人满足感的休闲运动项目。和他人竞争可能会给其带来一定的心理压力，所以他们不适宜群体性、竞争性的休闲休育项目，可选择滑板车、慢跑、游泳、滚轴、溜冰、散步等运动项目。

以休闲滑板车为例，休闲滑板车是利用了人体运动技术和巧妙的力学原理，使滑板运动得到淋漓尽致的发挥，经常使用滑板练习可以起到提高您的身体柔软度，平衡感和健美、保健、美容的作用，特别是腰部和腿部的健美，是一个既可以锻炼身体，又可以得到极大乐趣的休闲运动项目。如今轮滑、滑板车、滑沙、保龄球、壁球、蹦床、攀岩、漂流、卡丁车、蹦极、独轮车等被视为最具时尚风格的新兴休闲娱乐体育运动项目，因为激情四溢、个性十足，受到广大青少年的青睐，并吸引着广大青少年前来参加。

二、休闲娱乐体育的安排

(一) 时间与内容选择

休闲娱乐体育的安排一般根据每个人可自由安排的时间来确定。首先要了解天气情况，温度、湿度，以便对做什么、需要带什么做出决定，通常要有一个大体的计划，包括锻炼的时间、地点和内容。一般早上活动可安排30分钟左右，有散步、慢跑 、跳绳、拳、操、舞等，下午或晚上可进行球类、健身、游泳等活动，运动强度不能过大，健身后感觉身心愉快，不过度疲劳为宜。在时间相对较充裕较集中时，如周末、五一、十一和春节期间，则可选择郊游、远足、登山，举办夏(冬)令营、体育节等，要制订切实可行的安全措施，保证活动的顺利进行，时间也要安排周到，以不影响其他生活要素时间为宜。

休闲娱乐体育的内容是丰富多彩的，活动面应避免过窄，应新颖有效，愉悦身心，获取健康，应结合学习及本人实际条件，选择易于开展的内容，而且要向积极向上、健康快乐的方向发展。

(二) 休闲娱乐体育的节奏

一般来说，学习的强度大、节奏快，所选择的休闲运动的节奏就应该慢；工作和学习十分紧张，就应该选择比较容易放松身心或比较轻松的休闲运动；对工作以体力劳动为主的人来说，需要恢复身体疲劳，轻松愉快、节奏较慢的休闲运动应该是最佳的选择。大学生或以脑力劳动为主的人应该选择快节奏的身体活动来消除大脑的疲劳。

(三) 休闲娱乐体育的内容

休闲娱乐体育的内容是丰富多彩的，要根据自己的年龄、学习特点、爱好并考虑到经济条件、气候条件、安全保障措施等因素来选择适合自己的休闲娱乐体育内容。一般老年阶层可选择那些有氧代谢和有利于心肺功能的运动项目，如散步、太极拳等。中年阶层可选择一些群体性、娱乐性较强的运动项目或在公共健身场所参加活动，也可考虑那些少花钱、耗时少的简单、易行、高效的运动项目和场所，经济条件许可时，还可选择一些消费档次高一点的休闲项目和场所进行体育活动，像高尔夫球、保龄球等。广大青少年学生选择休闲娱乐体育内容时要侧重其健身性、兴趣性和文化性，充分利用空气、阳光、水、江、河、湖、海、沙滩、田野、森林、山地、草原、雪原、荒原等自然条件，开展野外生存、生活方面的学习与训练。也要利用校园环境和条件选择适合自己的休闲娱乐体育内容和项目，使自己享受体育，树立“每天锻炼一小时，健康工作五十年，幸福生活一辈子”的健康生活理念。选择健康的娱乐项目，不可超越客观条件一味追求所谓“时髦”而影响学习。此外，可以通过新闻媒体了解和观赏一些广泛传播的健康文化内容，不仅可以满足个人兴趣爱好，达到自娱目的，又可以适应社会及世界发展潮流，了解世界健康文化发展状况和变化趋势等，增长知识，提高修养，开阔视野。

(四) 养成良好的生活习惯

《内经》指出“起居有常，不忘作劳”。所谓“起居有常”，就是要掌握正常的生活规律。“不忘作劳”就是不要过度疲劳，使生活、工作、学习要有节律，要相应调剂。每天在体力与精力上既要承受一定的负荷量，又要有所调整，这也就是常说的劳逸结合。合理安排生活作息制度中的休闲娱乐体育活动，在得到积极性休息的同时，才能有效地增强体质。而生活不规律，形成不良嗜好及惰性，则会影响健康，也是过早衰老的原因之一。

人体的生物钟节奏也要求建立正常的生活作息制度。适应生物钟节奏的生活制度，对于人体机能活动的变化有良好的影响。

思考题

1. 什么是休闲娱乐体育？
2. 你认为大学生开展休闲娱乐体育的意义是什么？
3. 休闲娱乐体育的特点、功能有哪些？
4. 休闲娱乐体育是如何分类的？
5. 在日常生活中，你是如何根据自己的身体情况、性格类型选择和安排休闲娱乐体育的？举例说明。
6. 轻松体育有哪些优点？

第十六章　体 育 欣 赏

内容提要：本章主要介绍了什么是体育欣赏，重点阐述了体育美的表现形式、内容形式、艺术形式等，并详细讲述体育运动美在表现形态方面的六大特征。以及欣赏体育竞赛要从技战角度、运动精神、体育文化三个方面进行观赏。最后论述在大学如何提高体育欣赏能力要做的四个方面，旨在使大学生掌握欣赏体育艺术的基本方法，同时提高体育艺术欣赏力。

学习目标：

1. 了解体育美的产生及体育美的三个表现形式；
2. 掌握体育运动美最突出的 6 大特征；
3. 掌握不同体育比赛的竞赛规则和欣赏点；
4. 了解提高体育欣赏能力的方法。

体育运动中有美吗？回答是肯定的。体育中的美无处不在，人们可以在强健体魄、陶冶情操的体育运动中来，去感知许多美好的东西，使心灵净化，使心情愉悦。我们经常提到的形体美，主要是指身体表面令人赏心悦目的形状和优美的姿态。那么，如何在观赏体育比赛的过程中去发现和鉴赏体育美呢？体育中的美，是通过锻炼而凝集为运动的健康美，是建立在人体健康美的基础上所表现出来，并在运动的过程中充分表现出来的一种美。要想从内在去发掘和认识体育的美，必须提高体育艺术欣赏力。

第一节　体育美概述

一、体育美的概念

体育美，顾名思义，是体育活动里产生的形形色色的美的总称，是体育活动中对丰富多彩的审美对象的综合概括。体育美是如何产生的呢？体育美的产生，最早可以追溯到古希腊时代，在古希腊奥林匹克竞技中，竞技游戏便显示出较高的审美趋向，表现出强烈的审美意识，这是人类审美历史中最早的记录。

体育活动不是艺术作品，而是人类现实生活中的一种特殊的实践过程。体育是人类社会需要的产物，是人类按照自己的目的改造身体为社会服务的一种有意识、有目的的自觉活动。体育美属于人类现实社会生活中的美。在体育活动中，由于艺术因素而产生的美不是主流，它虽然与自然美和艺术美有一定联系，但却不能因为人体的自然属性或某些运动项目含有较多的艺术因素而称其为自然美或艺术美。

在我们日常生活或电视画面中，稍加留意观察，你会发现许多的美。如雄伟的体育馆内，中华太极拳表演者将出神入化的攻防格斗动作融入一气呵成的动态表演中，动静疾徐，亦攻亦守，节奏舒缓，显示了神形兼备的民族风格，令人击节赞叹、心驰神往；在高高的跳台上，跳水健儿飞跃而起，腾空翱翔，然后是令人眼花缭乱的转体，最后似疾箭般地刺入碧波之中，溅起一朵美丽的小水花；再有体操选手在鲜艳的地毯上腾跃，时而凌空飞旋，时而平衡凝定，那曲线流畅的身材，做出协调而轻柔的动作，可谓美极；悦耳的乐曲和花样滑冰，以及轻快的节奏，雅丽的服装衬托出梦幻般的身影，构成有声、色、光、形的运动图案，使人沉浸在美好的遐想之中。

四年一次的精彩世界杯足球赛，每场都是从观众狂热的呐喊声中开始，在欢呼的浪潮里结束。球员们精湛的传球技艺与巧妙的配合以及精彩的射门都给观众留下深深的印象，人们在兴奋之余不仅获得了身体的放松，也获得了体育中美的享受。

那些虎背熊腰的摔跤运动员，肌肉饱满的举重运动员，还有田径场上膀大腰圆的投掷手，当看到他们以勇猛雄劲的动作，以突破一切阻碍的粗砺状态和难以想像的负荷，达到常人所不能企及的程度，从而摘取桂冠的时候，你不能不为他们的强健而惊叹！那是力量之美！

不难看出人们通过体育不仅能从形态和机能上使人的身体日益健康完美，而且使人在体力与智力上能够和谐发展，可以促进人的才能志趣和审美能力充分发展。体育活动时能产生身体放松舒适感，带来积极向上的良好情绪，有助于美感的产生。

二、体育美的表现形式

体育美的表现形式主要体现在三个方面，包括表现形式方面，表现内容方面，表现艺术方面。

(一) 体育美在表现形式方面

1. 健康体型美

一个人体形的优劣很大程度上决定于骨骼的构成与肌肉的状态和机能，有严格的科学标准，符合黄金比例的体型最美。体形的改善是体育的目标之一，健美的体形不仅反映出民族体质的增强，还表现出一个民族的气概和精神面貌。

2. 对称骨骼美

骨骼是体形的基础，直接关系到体型的美丑，因为身体的比例是由骨骼的形成状况决定的。人体的骨骼以脊柱为轴，左右基本对称，呈现出平衡的形式美。

3. 均衡肌肉美

均衡肌肉美须使全身肌肉均衡发达。发达而富有弹性的浅层肌肉，是构成身体曲线美的基础。运动中要做到协调美，需要人的神经系统各种感知良好的配合，才能控制调节身体做各种动作，也才能给人以美感。

4. 反应灵敏美

灵敏指人体动作的灵活巧妙和迅速应变的能力。它是运动技能和各种素质在活动中复杂的综合反应。灵敏表现了人在紧急情况下所发挥的反应能力，常给人带来惊奇、赞叹和意想不到的愉快情绪。

5. 动静平衡美

平衡美指身体在运动中出现的相对静止的均衡动作所显示出的美。基底不动的属于静态平衡，像手倒立、燕式平衡等动作，技巧项目是最能体现这种平衡的。基底可以移动的叫动态平衡。在体育运动中，大量动作属于这种平衡。许多项目是以急剧的动作、转体和突然加速来改变身体位置，从整体上观察空间结构上的比例变化，很容易感受到平衡美。

6. 动作造型美

健美的人体动作造型是异常完美的艺术杰作。体育运动中的造型美往往是转瞬即逝的，但只要我们随时留意，到处都是可以捕捉到。如排球运动员二传轻弹，主攻手凌空一跃，大力扣杀；绿茵场上的左躲右闪的单刀直入，临门抽射；篮球场上的抢篮板、过人、投篮；游泳场中所有的运动员在那一刹那间都跳入了游泳池，像箭一样你争我抢地往前冲去，水花四溅……都是造型美的典型。

(二) 体育美在表现内容方面

1. 优雅的人体造型

体育艺术中人体的优雅造型动作无处不有。欣赏体育艺术不仅在于欣赏其外在的形式美，关键在于欣赏其内在的本质美，体育艺术造型的本质是体育艺术鉴赏的灵魂。例如田径运动中，运动员起跑前的瞬间，身体如满弦之箭，千钧之力聚之一弦，虽然身体静如雕塑，但体内却如即将爆发的火山，这种动与静的共存，外在美与力的协调，使体育艺术的内在美更具魅力。

2. 精湛的技艺

技艺的精湛在于它的协调、创新、高难以及扎实过硬的基本功。体育艺术不同于文学艺术，它的每一分潇洒、每一丝魅力都是血与汗的凝结，都是苦痛与光荣的聚集。所以对体育艺术的鉴赏不仅仅是对精湛技艺的外在美的惊叹和钦羡，更重要的是对其内在美的回味与思索，以及通过这些具体可感知的艺术形象得到启迪和教育。

3. 富有韵律的节奏

没有节奏，就没有运动，就不会有韵律。我们欣赏体育艺术，就是区别地感受各个项目内在的富有韵律的节奏美。例如个人项目中的竞赛，每个运动员的步频、步幅以及对每一程速度的把握都不会雷同。集体项目中的球赛，有的队全攻全守，有的队稳扎稳打，有的队则刚柔相济。从静态看，它们都呈现出不同的基调、不同的风格；从动态看，则就是不同的节奏。作为欣赏者，就是要从这些动作的序列差异和节奏变化中体会体育艺术的节奏美。

4. 崇高美

崇高是体育美的一种表现形式。要升华体育艺术欣赏的品位，就必须牢牢地把握住这个要素。崇高美存在于体育的全过程，通常表现在体育的目的、过程和结果等方面。奥林匹克运动的格言是“更快、更高、更强”，它不仅是人们理想的体育审美尺度，更表现出了体育崇高目的。奥林匹克运动的名言是“参加比取胜更重要”。这说明，只要我们抱着崇高的目的去投身体育，结果是什么并不重要。因为在这个过程之中，我们已经用实际行动确证了全体人格的伟大。结果的崇高体育运动以超越自我为目的，以顽强的意志操作和紧张的探索为过程，显示了崇高的价值，这种价值最终要积淀到结果上来。无论成功或者失败，都能给人一种超越自我的内在体验。

(三) 体育美在表现艺术形式方面

1. 开、闭幕式的体育美

奥林匹克运动会的开幕、闭幕式，就是一部壮观的史诗，一幅壮阔的画卷，一片欢乐的海洋。开幕式上总是回荡着一个声音：体育将带给人类健康、友谊、和平，体育鼓舞着人类精神抖擞、豪情满怀地走向明天。闭幕式上更是没有了国籍、种族、肤色、语言的限制，竞技的胜利和失败，此刻已微不足道，映现出来的只有对美的追忆、友谊的留恋。

2. 竞赛活动中的体育美

体育比赛中，给人们留下深刻印象的还是竞赛中表现出的美。竞赛场上运动员向人们展示的是激烈、勇敢、精彩、刺激、紧张，标志着人类在不断地向自然挑战，向自身的极限挑战。在提高运动技术水平的同时，应该让美育进入到训练计划中去。未来的运动员，不但要有远大的理想、精湛的技术、良好的身体素质、丰富的科学文化知识，还应该具备较高的艺术修养，学会运用美的规律来改造世界。应该多接触艺术，欣赏艺术，热爱艺术，在体育运动中表现和创造出更多的美。

3. 运动中的体育美

在体育运动中，美的表现具有不同的状貌和特征，它们给人的审美感受也是不尽相同的。体育运动中团体美的特征体现在整体美，含蓄美以及形式美方面，人体美的特征体现在形态美，动作美以及健康美。

(1) 体育美的整体美。整体美是体育美的一个特定形态，它表现在集体项目的群体组合和活动中。篮球队、排球队、足球队等都是群体组合，通过体育技术组成、运行、提高以致到出神入化的程度而表现出来的整体美。队员们之间配合默契、娴熟的传接球、准确的投篮、扣球、射门都表现了群体的意识美、智慧美和技术美。

(2) 体育的含蓄美。体育的艺术美、创造美、人们内心道德美、力量美、智慧美等是含蓄美的表现形式。体育活动的拼搏意志是我们这个民族向上精神的具体体现。它寓意深刻，意境纯美，形象丰富，神韵无穷，给人以享受、鼓舞和力量，发人深省。

(3) 体育的形式美。体育的形式美是技术、形状、结构和动作组合美，是体育的外形美，包括体育活动的比例、和谐、均衡、节奏、场地器材布置的对称优美和队列队形的整齐等。这些形式美给人以生理上、心理上的愉快，是人们表现自我意识和创造活动的方式之一，是体育美的重要体现方式，体育美的许多内容就是通过形式美表现出来的。

(4) 人体形态美。人体形态美主要表现为自然的或正常的体态，它包括正常的生长发育、丰满的肌肉、自然协调的动作、正常的行动姿态等。体育活动能使人们形成健壮匀称的体格，端正的健美姿势，使其终生幸福愉快。形与美的协调，充分展现了人体美和充满朝气的气质美。正如前苏联著名诗人马雅可夫斯基所说的："世上没有更美丽的衣裳像结实的肌肉与古铜色的皮肤一样。"

(5) 人体的动作美。人体的动作美主要表现在动作的协调和韵律感。体育就是发展人们身体的各种能力，培养动作的灵巧性和协调性，发挥动作的速度，使其既经济又美观。人们在比赛或活动中，动作非常协调，节奏分明，使人产生一种美的感受，特别是艺术体操、花样游泳、花样滑冰、武术等项，更是体育与艺术的结合，具有很好的美育作用。

(6) 人体的健康美。健康美是人类健康的身体呈现的美。在大众中开展的各项健身活动，充分地展示了充满着生命力的健康美。身体健康，肌肉匀称，躯体雄伟，动作优美大方、灵活、协调，富有节奏感以及活动中良好的心理素质，都给人以健康美的情感体验。

由此可见，体育活动能够促进人们的体格健壮及体形的改变，使人们的精力充沛，生命力旺盛，提高人们的适应能力和抗疾病能力，塑造了人们的健康美。体育运动产生的美，已被越来越多的人们所关心，人们纷纷涌入体育场所参与活动。随着国家全民健身计划的推进和社会的不断发展进步，必然会有更多的人体验到体育美。

第二节　体育竞赛的观赏性

一、体育竞赛的分类欣赏

(一) 体操

体操是人类最古老的运动项目之一。16 世纪，意大利学者麦利库里阿利斯发表了名为《论体操的艺术》，18 世纪捷克体操学派创始人笛尔什以及瑞典、丹麦体操学派的倡导者们，都强调了体操运动的审美因素：力量与柔美的完美结合，动作的连贯与舒展，节奏的变化与明快，造型的优美与奇特，个性的展示与彰显，集体的配合与协作。在动与静的细节中，无不体现出拼搏向上的汗水，无不吸引着世界人类的目光，无不迎来那高潮迭起的掌声。美在哪里？美在拥抱的泪水里，美在欢呼的人群里，美在升旗的心跳里。

(二) 武术

武术是中国古代流传至今的一份宝贵的文化遗产，是中华民族的传统体育活动。其动作内外合一，形神兼备，威武勇健，节律鲜明，尤其讲究身体点、线、面的对比均衡和运动中形式美的多样统一。武术流派很多，但共同的动作特点是要求手到眼到，上下照应，意领身随，一气呵成。武术运动员多腰细腿粗，体态稳重而灵活，穿着不露肢体的宽松服装，显示出含蓄的力量美。武术在各种技击格斗项目中表现了最为浓郁的文化色彩，其中如轻灵圆滑，舒缓柔绵，连延不绝似行云流水的太极拳以及身灵步活，韵味十足，充满着美妙的曲线之美的八卦掌，与中国古代道家美学思想一脉相承。可以说，武术不仅是一项体育运动，而且可以作为代表中国传统文化的东方健身体系。也许正因为如此，武术在最美的项目中，作为惟一的非奥运会比赛项目而排在第 6 位。中国人欣赏以轻柔、灵巧、雅丽为主的阴柔之美，与西方崇尚力量、雄健、强壮为主的壮美形成鲜明对照，以致使拳击、举重、摔跤等项目得不到青睐，这种倾向也许会随着时间的推移而逐渐有所变化。

(三) 游泳

游泳是富有锻炼价值的一项运动。全身浸泡在碧波之中，各器官的感受与平时是大不一样的。人在水里，无论是蝶泳、蛙泳，还是仰泳、自由泳，动作姿势与在陆地上的任何身体动作均存在着不同程度的差异。随着文化的进步，人们不再满足于自身在水中可以享受到的快感，进而要从观赏优秀运动员的多样表演中获得美感。

(四) 花样游泳

花样游泳选手借助水的浮力显示人体各部分的艺术表现力，尤其是倒立在水中用腿来倾诉美妙的情感，连技艺最高超的芭蕾舞演员都要自叹弗如，故又称之为水中芭蕾。这项运动在我国开展的时间很短，而且几乎没有什么省级以下的训练队伍。

(五) 篮球

篮球比赛从一开始就是巨人之间的激烈对抗，在相对较小的赛场上，一个个训练有素、技术娴熟的巨人通过精彩绝伦的表演，让观众为之如痴如醉，为之疯狂，它带给人们的体育美也是多方面的。篮球的魅力体现在运动员高超的球技，如贾巴尔的"天钩"，约翰逊的"魔术"，乔丹的"飞身扣篮"。篮球的灵魂在于配合，体现在运动员之间互相默契的技术衔接，心灵相通的攻防组合。篮球的战术和技术丰富多彩，有的队喜欢打联防，有的队善于全场紧逼，各种战术的技巧在激烈的对抗中被运动员淋漓尽致地发挥出来，令人目不暇接。篮球比赛无论攻守，都是在充分发挥自己的力量、速度、技巧和智慧，使得整个比赛高潮迭起、精彩纷呈，令人回味无穷。

(六) 计量类项目

最有代表性的计量类项目是举重、射击和射箭，也有身体在空间相对静止的运动特点。这类项目不是与对手直接对抗竞技，运动范围小，审美价值相对受到影响。但它们所获得的成绩有绝对纪录，而打破纪录便意味着量上的增加，每增加一公斤或一环，都是人类的骄傲。评分类项目没有客观的世界纪录，也不靠进球击中次数多少来评定成绩，而是结合裁判员根据动作的完成情况来评定。显然，评分类项目的发展受审美意识的影响最大，艺术因素最丰富。

(七) 其他

冒险类和自娱类的运动是非奥运会项目，但它们都是体育活动的重要组成部分，在表现体育美方面发挥着不可缺少的作用。至于那些娱乐性的身体活动，其数量时刻以惊人的速度增长，其参加的人数接近世界总人口，以自娱和娱人的方式最有效地达到体育的目标，增进整个人类的健康。

二、怎样观赏体育竞赛

竞技以及对其进行观赏的审美活动，从萌芽起就一直是两个不可分割的部分。现代竞技体育运动项目的一个重要特性就是具有观赏性，一切高水平的体育比赛，都会吸引众多的观赏者，这些观赏者可以从不同角度观赏比赛，从中获得不同的体验和收获。那么，怎样从激烈的竞技比赛中欣赏到体育竞赛中的美呢？

(一) 从技战术角度观赏体育比赛

竞技体育比赛中运动员的技、战术动作和配合是经过长期刻苦训练和多次比赛的磨合而形成的。有的技术已经达到炉火纯青的境地，有些战术配合已经达到天衣无缝的程度，人们从这个视角去观赏体育比赛就要抓住不同项目的特点去欣赏。例如，一场世界水平的足球赛使人感到整场比赛是一种视觉的享受，足球门前险象环生的临门一脚，使人们能够狂欢不已；篮球中高高跃起的扣篮和盖帽，准确的三分远投，使人拍案叫绝；排球比赛中扣球队员一连串的助跑、起跳、空中动作以及强有力的重扣都使观看者赞叹不已。又如，体操中又高又飘的跟头、回环、转体等一系列高难动作；投掷项目中的最后用力；跳远的起跳与腾空；跳高中起跳和过杆的一刹那；百米跑的快速起跳和强有力的冲刺，游泳的优美泳姿等等，所有这些精彩的部分，都会给观赏者带来一种健与美的享受。人们还可以观赏到变幻莫测的传接配合，如排球战术中二传传出的球恰到好处；接力比赛的接棒要掌握好时机；在长跑比赛中要考虑体力的分配，根据对手的特点是否来用领跑或跟跑战术等。竞技体育的技、战术促使运动员在比体能、比战术的同时也要比智慧。竞技体育的比赛是一项需要智慧，同时又能促进智慧发展的运动，从运动技、战术的角度去观赏体育比赛，会使人们联想到现代社会许多事业都需要人们像赛场上运动员那样刻苦努力、明确分工、真诚合作才能成功。

(二) 从人体能力和运动精神的角度观赏体育比赛

竞技体育运动最大限度地控制了人体运动潜能。通过平时训练的积累，运动员在体育比赛中所表现出来的大大超过常人的运动能力和水平是非常吸引人的。例如：把 7.26 kg 的铅球推出 20 m；10 s 多就能跑完 100 m；2h8min 多就能跑完 42.195 km 的路程；举重中能够举相于自己体重 3 倍的绝对重量；高高跃起超过自己身高几十厘米的横杆等等。运动员在比赛中顽强拼搏，勇于进取的意志品质以及团结协作、密切配合的集体主义精神会使人们受到启迪和教益。人们在观赏运动员的技艺和能力的同时也会对运动员的外貌、风度、动作、习惯、爱好等方面发生兴趣，甚至着迷。有些人把某个运动员当作自己心中的偶像来崇拜，许多优秀运动员的成长过程会使人们受到有益的启迪和鼓舞。

(三) 从体育文化的角度观赏体育比赛

体育是人类几千年发展过程中所创造出来的宝贵的文化财富，是现代社会发展的重要部分，现代竞技体育比赛已经成为一种影响最大的全球性的活动了，体育比赛的内涵和外延更加深刻丰富，它的意义已超出比赛的本身，充满了时代精神和人生哲理。所以从体育文化的角度来观赏体育比赛，会使人们在观念、思维、情趣等方面得到进化和升华。

从技术、战术和人体能力的角度来观赏竞技体育比赛可以得到外在美的享受。这主要是体育比赛处处洋溢着有形的外在美，人们会感受到一种无形的内在美。当运动员经过长期努力千辛万苦获得成功时，他们极大的自豪感和自我价值与愿望的完全实现的幸福感，也会深深感染观赏者。当人们的观赏水平和审美能力进一步提高时，体育比赛中某些似乎不美、甚至残酷的东西，如摔倒、汗水、泪水以及失败等现象就会被人们认可、理解和接受、并能溶化在人们的欣赏和审美之中。人们在观赏比赛时总是会感到时代的脉博，领会到时代的精神。优胜劣汰是体育竞赛的本质属性，从更广的范围来讲，竞争更是人类进步和社会发展的强大动力。正是由于竞技所具有的独特作用、魅力，使竞技体育比赛更具观赏化。

思　考　题

1. 请至少列出 5 种体育比赛中的运动美。
2. 体育美的审美价值体现在哪些方面？
3. 体育美在表现形式方面，包含那 6 个方面？
4. 如何在体育运动中充分突出人体的动作美？

第十七章 户外运动

内容提要：本章简要介绍户外运动的概念、分类、起源及发展；重点介绍拓展训练经典科目；户外运动相关安全事宜等。

学习目标：

1. 了解户外运动的相关知识及健身理念；
2. 通过学习掌握拓展训练中经典科目的组织实施；
3. 熟悉户外运动中常见危险情况的避免及处理。

第一节 户外运动概述

环顾身边，我们真的需要那么多的商品，那么多的讯息，那么多的噪音？无孔不入的声光色、欲望、诱惑……已经填满了人的意识，再也空不出空间让人聆听清晨的风声，去关心一粒种子如何发芽，或者一只蜜蜂如何酿出蜜糖。

——莫尔·爱德(英·作家)

一、户外运动概念

户外运动(Outdoor Sport)，是一项在自然场地举行的一组集体项目群。其中包括登山、攀岩、拓展训练、悬崖速降、野外露营、野炊、定向运动、溪流、探险等项目，户外休闲运动中多数带有探险性，属于极限和亚极限运动，有很大的挑战性和刺激性。

二、户外运动的起源与发展

户外运动的历史，最早可追溯到18世纪的欧洲。据史料记载，法国著名科学家德·索修尔为探索高山植物资源，渴望能有人帮他克服当时看来是不可逾越的险阻——阿尔卑斯顶峰(在法国境内的勃朗峰，海拔4810米，是西欧第一高峰)。他于1760年5月在阿尔卑斯山脚下的夏木尼镇贴出一则告示："凡能登上或提供登上勃朗峰之巅线路者，将以重金奖赏。"直到26年后的1786年6月，夏木尼镇一位名叫巴卡罗的医生揭下了告示，他经过两个多月的准备，与当地山区水晶石采掘工人巴尔玛结伴，于8月6日首次登上了勃朗峰。

1787年8月3日，由德·索修尔本人率领、巴尔玛做向导的一支20多人组成的登山队，再次登上了该峰，揭开了现代登山运动的序幕。在整个登山过程中，他们进行了有关人体生理、自然环境等多方面的考察，取得了许多高山科学的宝贵资料。后来，人们把登山运动称为“阿尔卑斯运动”，把 1786 年作为登山运动的诞生年，把阿尔卑斯山下的夏木尼镇作为登山运动的发源地，德·索修尔、巴尔玛等人则成为世界登山运动的创始人，并得到了国际登山界的公认。

早期的户外运动其实是一种生存手段，采药、狩猎、战争等活动无一不是人类为了生存或发展而被迫进行的活动。二战期间，英国特种部队开始利用自然屏障和绳网进行障碍训练，其目的是为了提高野外作战能力和团队合作能力，这是人类第一次系统地把户外活动有目的地运用到实际中。二战后，随着战争的远离和经济的发展，户外活动开始走出军事和求生范畴，成为人类娱乐、休闲和提升生活质量的一种新的生活方式。1989 年新西兰举办首次越野探险挑战赛后，各种形式的户外活动和比赛在全世界如火如荼地开展起来。目前在欧洲每年都有众多的大型挑战赛举行。在美国，户外运动的参与人数和产值都位居所有体育运动的第三位。

三、户外运动的基本特点

1. 回归自然，返朴归真

户外运动以自然环境为运动场地，有回归自然、返朴归真的特征，要求我们对自然要有发自内心的热爱和亲近，才能深入感悟户外运动的乐趣。这种热爱不仅是对自然环境美妙温情的一面，也包括它残酷恶劣的一面。山地自然这个博大精深、美丽而凶险的演练场里，我们抛弃了现代文明带来的舒适与慵懒，拥有了与自然共存的能力，充分体会到一种回归人的本性与初衷，检验人的智慧与力量的乐趣。

2. 挑战性和探险性

户外运动多数带有探险性，属于极限和亚极限运动，且有很大的挑战性和刺激性。要有挑战自我极限的心理预备，要做好吃苦受累的预备，要保持积极健康的心态。

登山穿越、野外露营、背上沉重行囊，今夜您将入住野外；水上摩托和冲浪运动，让您充分体验在蓝天碧水间风驰电掣、搏击海浪的潇洒；白浪蛮牛、激流皮划艇和白水漂流让您在万流奔腾中历经一泻千里、惊涛骇浪的激越；蹦极跳、攀岩运动又使您感受到了“跃向重力、扶摇直下”的惊险。

3. 强调团队精神

团队的力量永远大于个人的力量，尤其是在恶劣环境中。任何时候请记住：不要挑战自然，尤其是不要一个人挑战自然。现代社会是一个高度人际互动的社会，是一个团队英雄主义的时代。如何实现团队的整体优势和优势互补？在这个生活节奏越来越快，工作分工越来越细，工作压力越来越大，人与人的情感交流越来越困难的竞争环境中，企业、组织和个人更需要团队。户外运动揉合了各种挑战的元素，参与者在个人和团队的层面，都可透过危机感、领导、沟通、面对逆境的训练而得到提升。

4. 身体、意志的全面要求

户外运动是一门专业性非常强的体育运动，有极为科学的运动方法和练习方式，对参加者在心理、生理和装备等方面有着非常高的专业要求，尤其是对个人性格意志有更加严格的要求，不是简简单单背个包上路就可以算是户外运动者的。

5. 综合性的学科

户外运动所有项目都以体能活动为引导，引发出认知活动、情感活动、意志活动和交往活动，有明确的操作过程，要求学员全身心地投入。活动中处处体现着教育学、管理学、心理学、组织行为学、市场营销学、医学等各大学科领域的相关知识。

6. 体验教育的重要组成部分

户外运动通过组织和引导参加者在亲自实践中，自觉天然地学习地理天文、天气水文、运动医学、动物植物乃至人文历史等详细知识，同时也是将团队、坚持、奉献、互助等做人做事的基本道理内化为健康的心理品格，转化为良好的行为习惯的过程。

四、户外运动介绍

1. 攀岩

攀岩分为自然场地攀岩和人工场地攀岩，是一项刺激且很有挑战性的活动。

2. 攀冰

攀冰由攀岩运动发展而来，是攀登高山、雪山的必修科目，更是登山运动的基本技能之一。目前攀冰主要分为冰瀑和冰挂两种。攀冰是一项借助于装备、器械而进行的运动，要求装备质量高且经久耐用。

3. 速降

悬崖速降，需在教练的指导与保护下，运用各种专业登山器材，由教练现场指导器材的使用及技术动作，在天然陡壁上凌空飞步，利用绳索由岩壁顶端下降到地面。

4. 野营

野营指在野外露营、野炊，学习各种野外生活技能。在自然的环境下，人与人之间的关系变得紧密、融洽。露营是种休闲活动，通常露营者携带帐篷，离开城市在野外扎营，度过一个或者多个夜晚。露营通常和其他活动结合，如徒步、钓鱼或者游泳等。

5. 定向

定向运动也是竞技体育项目之一，它类似于众所周知的寻找宝藏。大致过程是在旷野、山丘的丛林或近郊公园等优美的自然环境中，事先隐藏好数个点，参加者手持地图和指南针找出点的所在方位。采用徒步、奔跑的方式，迅速准确地逐个找出，有机地将个人休闲、娱乐与团队熔炼协作融为一体。城市定向与定向越野最主要的区别是，城市定向在各大城市内举行，其复杂性和难度少于定向越野。通常城市定向以比赛形式出现，一般强调文化性和娱乐性，要求类似“寻宝”游戏。

6. 溯溪

溯溪是在峡谷溪流的上下游之间，克服地形上的各处障碍，穷水之源而登山之巅的一项探险运动。其特点与乐趣在于不断克服一个接一个的急流、瀑布、跌水、旋涡，急流勇进、逆水前行。当然专门的器械、技术不可少，更要依靠队友之间的倾力配合。由于自始至终在水中行进，时而淌、时而游，往往不长的一段溪谷也要历尽艰辛才能穿过。

7. 探险

探险属于极限和亚极限运动，有很大的挑战性和刺激性。拥抱自然，挑战自我，能够培养个人的毅力、团队之间合作精神，提高野外生存能力。

8. 徒步

徒步亦称做远足、行山或健行，并不是通常意义上的散步，也不是体育竞赛中的竞走项目。

9. 登山

登山需要专门的设备，例如专门的登山鞋、冲锋衣裤等，登山穿越爱好者也需要准备一定的食物和工具，比如刀具、指北针等。

10. 潜水

潜水泛指所有的水面下活动，包含使用压缩机由水面供气的潜水；由潜水员自行携带呼吸系统的水肺潜水；以及不携带呼吸系统，仅使用轻装备的自由潜水。

11. 冲浪

冲浪是一种冲浪者利用冲浪板越过涌起浪头的水上运动。主要的配备是冲浪板和系在脚上的安全绳。

12. 钓鱼

钓鱼是捕捉鱼类的一种方法。钓鱼的主要工具有钓杆、鱼饵。钓杆一般由竹子或塑料轻而有力的杆状物质制成，钓杆和鱼饵用丝线连接。一般的鱼饵可以是蚯蚓、米饭、菜叶、苍蝇、蛆等，现代有专门制作好的鱼饵出售。鱼饵可以直接挂在丝线上，但有个鱼钩会更好，对不同的鱼有特殊的专制鱼钩。

13. 小轮车

小轮车(BMX)起源于20世纪60年代美国的加利福利亚，年轻人从摩托车越野赛中得到启发，在自建的场地上比赛，很快有了第一批拥趸。1978年，小轮车传入欧洲；1982年，第一届小轮车世界锦标赛举行；1993年，国际自行车运动联盟接纳小轮车成为新成员；2003年，国际奥委会通过决议，将小轮车列为北京奥运会正式比赛项目。年轻人的惊险游戏，就这样登上了运动世界的最高殿堂。

五、户外运动的注意事项与安全

户外运动的无穷引力，缘于爱好者对大自然回归的渴望以及挑战极限、超越自我的体验心境。诚然，户外活动能欣赏到沿途美景，可严酷环境对参与者体力、经验、装备和团队意识等方面也存在考验。人类与自然界相比是极为渺小与脆弱的，我们必须用科学的态度去认知、了解和适应自然才能做到与自然交流，否则，伤亡事故难以避免。一般来说，户外运动危险大致分为两类，一是客观危险，二是人为危险(比如大意、器材问题、技术不够、偷窃等)。如何规避客观危险、防范人为危险，就成为任何人，特别是初学者在从事户外这项刺激运动过程中需要学习的知识。

1. 认清危险、树立安全意识

众所周知，客观危险包括雪崩、落石、雷击、低温、缺氧等这些自然危害，你要是赶上它们就是危险；要是避开了就是属于无关痛痒的自然现象，完全没有户外经验的人也能知道它的存在。但初学者往往对待这种现象的理解就不一样，他们经常会忽视此类危险，认为反正拿自然客观危险没办法，还不如丢在脑后。其实这就是有无经验最大的区别，有经验的人会合理地避开自然危害。一个户外爱好者成熟的标志是看他在户外行进过程中是否会感到害怕和懂得放弃。所以，初入户外就必须认真对待，从学会害怕，尊重生命开始。

2. 选择安全、专业的户外装备

户外是一项对装备有专业性要求的运动，前期需投入一定经费。如今众多户外专业厂商都在积极开发可为不同人群提供保护的户外装备。美国戈尔公司作为户外领域的领袖，积极倡导户外爱好者体验无止境，并致力于研究符合不同消费层次和需求的户外人士选购的专业产品与创新技术，为消费者提供防水、防风、透气的安全户外装备。

3. 加入正规户外团体

组织有探险性质类活动须具备两大前提：一是需由具有法人资格的组织发起，因为此类户外活动危险性难预见，一旦出现事故能找到承担责任的主体；二是须具备资质和资历的专业人员带队，即领队或者教练员，可以有效规避危险。按照组织方式分，户外活动主要有亲友自发组织和通过网络召集两种形式。很多新手一般不会自己一个人独行，都会找户外运动俱乐部或者户外社团组织，此时团队组建往往就决定了该团队事故率发生的高低。专业户外俱乐部一般会有活动预案，线路都经过事先考察后确定，具备完善的后勤保障和联络系统。建议新手成长的佳径，就是找一些比较正规的团队加入。

第二节 拓 展 训 练

风靡全球 50 余年的拓展训练，自 1995 年走进中国后，通过十年的不断发展，已经成为一种新潮的城市休闲运动，备受推崇。拓展训练如今已逐渐被列入高校学生必修课，现代化企业、国家机关的人力资源培训课程。

一、拓展训练概念

拓展训练，又称外展训练(Outward Bound)，原意为一艘小船驶离平静的港湾，在暴风雨来临之前，义无反顾地投向未知的旅程，去迎接一次次挑战。这种训练起源于二战期间的英国。当时大西洋商船队屡遭德国人袭击，许多缺乏经验的年轻海员葬身海底，针对这种情况，汉思等人创办了“阿伯德威海上学校”，训练年轻海员在海上的生存能力和船触礁后的生存技巧，使他们的身体和意志都得到锻炼并取得了巨大的成功。战争结束后，这种独特的训练模式被成功地保留下来并逐渐推广开来，训练对象也由最初的海员扩大到军人、学生、工商业人员等各类群体。训练目标也由单纯的体能、生存训练扩展到心理训练、人格训练、管理训练等。

拓展训练通常利用崇山峻岭、瀚海大川等自然环境，通过精心设计的活动达到“磨练意志、陶冶情操、完善人格、熔炼团队”的培训目的。 拓展训练的课程主要由水上、野外和场地三类课程组成。水上课程包括游泳、跳水、扎筏、划艇等；野外课程包括远足露营、登山攀岩、野外定向、伞翼滑翔、户外生存技能等；场地课程在专门的训练场地上，利用各种训练设施，如高架绳网等，开展各种团队组合课程及攀岩、跳越等心理训练活动。

二、拓展训练的四个环节

(一) 团队破冰

在培训开始时，团队热身活动将有助于加深学员之间的相互了解，消除紧张，建立团队，以便轻松愉悦地投入到各项培训活动中去。

(二) 个人挑战

本着心理挑战最大、体能冒险最小的原则设计，每项活动对受训者的心理承受力都是一次极大的考验。

(三) 团队熔炼

团队项目以改善受训者的合作意识和受训集体的团队精神为目标，通过复杂而艰巨的活动项目，促进学员之间的相互信任、理解、默契和配合。

(四) 回顾提升

回顾将帮助学员消化、整理、提升训练中的体验，以便达到活动的具体目的。总结使学员能将培训的收获迁移到工作中去，以实现整体培训目标。

三、拓展训练的显著特点

(一) 综合活动性

拓展训练的所有项目都以体能活动为引导，引发出认知活动、情感活动、意志活动和交往活动，有明确的操作过程，要求学员全身心的投入。

(二) 挑战极限

拓展训练的项目都具有一定的难度，表现在心理考验上，需要学员向自己的能力极限挑战，跨越极限。

(三) 集体中的个性

拓展训练实行分组活动，强调集体合作，力图使每一名学员竭尽全力为集体争取荣誉，同时从集体中吸取巨大的力量和信心，在集体中显示个性。

(四) 高峰体验

在克服困难，顺利完成课程要求以后，学员能够体会到发自内心的胜利感和自豪感，获得人生难得的高峰体验。

(五) 自我教育

教员只是在课前把课程的内容、目的、要求以及必要的安全注意事项向学员讲清楚，活动中一般不进行讲述，也不参与讨论，充分尊重学员的主体地位和主观能动性。即使在课后的总结中，教员也只是点到为止，主要让学员自己来讲，达到了自我教育的目的。

通过拓展训练，参训者在如下方面有显著的提高：认识自身潜能，增强自信心，改善自身形象；克服心理惰性，磨练战胜困难的毅力；启发想象力与创造力，提高解决问题的能力；认识群体的作用，增进对集体的参与意识与责任心；改善人际关系，学会关心，更为融洽地与群体合作；学习欣赏、关注和爱护大自然。

四、经典拓展项目介绍

(一) 高空断桥

1. 项目概述

项目性质：个人挑战为主的项目

项目形式：高空项目

项目时间：100 分钟

项目人数：15～20 人

高空断桥是一个以个人挑战为主的项目，它属于高心理冲击的高空通过类项目，整个过程独立完成。“断桥一小步，人生一大步”浓缩了这个活动的精华(见图 17-1)。

图 17-1

2. 场地器械

足够大的场地和海绵垫，8～12 米的专项训练架，足够数量的铁锁，全身式和半身式安全带，扁带与头盔，动力绳 2 根，8 字环 2 个。

3. 学习目的

(1) 培养克服恐惧、勇于面对困难的态度。

(2) 学习认识自我、挑战自我、战胜自我的方法。

(3) 学习自我说服与自我鼓励，认识鼓励他人与获取鼓励的重要性。

(4) 培养团队面对困难时的互助精神和团队意识。

4. 活动要求

(1) 所有学生必须学会头盔、安全带、止坠器与主锁的使用方法。

(2) 连接好安全装备，接受全体队友的队训激励后沿板走到桥板的板头。

(3) 在桥面上不允许助跑，跳跃时最好两手不抓保护绳，完成后沿方柱慢慢爬下，落地时避免下跳。

5. 安全要求

(1) 有严重外伤病史，或有严重心脑血管、精神病、慢性病及并发症或医生建议不适合做此类挑战项目者，可以不做此类挑战项目。

(2) 摘除身上穿戴的所有硬物，穿安全带、戴头盔，连接止坠器时要进行多遍检查；指定一名队友帮助，一名队友负责检查，队长再做一遍全面检查。

(3) 一名学生在挑战时，另一名学生开始穿戴安全装备并接受检查确认合格。

(4) 任何人爬上断桥都必须戴头盔。

6. 项目控制

(1) 布课时找最先挑战的学生参与，边演示边讲解，要求评议精练，重点突出，按照时间与空间顺序讲解。

(2) 以“挑战基于选择”的原则鼓励所有的学生参与挑战。

(3) 桥面间距要有针对性，适合个体跨越能力的差异。

(4) 心理辅导时机与方式要适时和正确，例如，运用层递效应鼓励学生不断接近目标。

(5) 按照成功导向的方法进行鼓励。

(6) 所有人必须把安全放在首位。

(7) 教师在学生受阻时，除了自己对其进行心理辅导外，一定要让其队友参与鼓励，让其在受到鼓励后的最佳时机跨越。

7. 回顾总结

(1) 按照“成功取向原则”对所有学生完成挑战任务给予鼓励。

(2) 鼓励每一名同学都讲讲自己的感觉并给予肯定，注意鼓励完成不够出色的同学。

(3) 按照学生的分享要点，对已出现的理念或学生并未讲清的部分给予补充。

(4) 从团队学习与团队发展角度，讲讲顺序、榜样以及激励。

(5) 在地上跨越的感觉和在高空上跨越的感觉，学生的心态在其中有什么变化？

(6) 当学生想要放弃时，是靠什么说服自己完成项目的？为什么说时间是战胜困难(恐惧)的最好良药？

(7) 人生一步一步前进的途中难免会出现困难和意外，用什么心态去面对？

(8) “断桥一小步，人生一大步”，讲一讲身边人面对艰难，渡过难关的故事。

(二) 空中单杠

1. 项目概述

项目性质：个人挑战为主的项目

项目形式：高空项目

项目时间：100 分钟

项目人数：15～20 人

空中单杠是一个以个人挑战为主的项目，它属于高心理冲击的高空跳跃类项目，整个过程需独立完成。机会就在眼前，经过努力纵身一跃抓向它，不管是否抓住都无怨无悔(见图 17-2)。

图 17-2

2. 场地器械

足够大的场地和海绵垫，8～12 米的专项训练架，足够数量的铁锁、全身式和半身式安全带、扁带与头盔，动力绳 2 根，8 字环 2 个。

3. 学习目的

(1) 培养学生克服恐惧、勇于挑战的信心并在其中激发个人的潜能。

(2) 学习用积极的心态去争取和获得机会。

(3) 增强团队精神，面对困难时互相鼓励，互相帮助。

(4) 学会目标管理与自我说服。

(5) 学习对分析风险和把握能力的机会。

4. 活动要求

(1) 学习全身式安全带的使用方法，了解头盔等安全设备的使用方法。

(2) 两组保护人员学习半身式安全带的使用方法，全体“五步收绳保护法”并要求主保护演示，每组有两位副保护。

(3) 学生穿戴好保护装备，接受队友激励；由地面通过立柱扶手爬到顶端，通过自己的努力，站到立柱顶端的圆台上，站稳后两手侧平举并大声地问自己的队友和保护员：“准备好了吗？”当听到“准备好了”的回答之后，自己大声喊“1、2、3”，同时奋力跃出，双手虎口抓向单杠，完成后松开双手，在保护绳的保护下慢慢回到地面。

(4) 至少 6 位同学组成两个保护组。

5. 安全要求

(1) 有严重外伤病史，或有严重心脑血管、精神病、慢性病及并发症或医生建议不适合做此类挑战项目者，可以不做此项目。

(2) 摘除身上的所有硬物，穿安全带、戴头盔，要进行多遍检查，指定一名队友帮助，一名队友负责检查，队长再做最后一遍全面检查。

(3) 学生攀登时保护绳要跟紧，当学生跃出时要及时收绳。

(4) 禁止戴戒指、留长指甲，长发学生应将头发盘入头盔。

6. 项目控制

(1) 布课时找最先的学生参与，边演示连讲解，语言精练，重点突出，逻辑清楚。

(2) 在“挑战基于选择”的原则基础上鼓励所有的学生参与挑战。

(3) “秋千杠”的距离针对学生身体做适当调整。

(4) 按照成功导向的方法进行鼓励和心理辅导。

(5) 所有人必须把安全放在首位。

(6) 保护人员与挑战学生相互配合，教师利用“三角移位法则”全面观察与协调。

(7) 尽量由同组学生进行攀爬与站起技术的指导，教师关注保护组与攀爬者之间的协调过程。

7. 回顾总结

(1) 对所有学生完成挑战任务给予鼓励。

(2) 鼓励每一名同学都讲一讲自己的感受并给予肯定，注意鼓励完成不够出色的同学。

(3) 学生的要点，对已出现的理念或学生并未讲清的部分给予补充。

(4) 从团队学习与团队发展角度，讲讲顺序、榜样以及激励。

(5) 挑战前后的心理有什么变化？整个挑战活动中最困难或最害怕的是什么时候，为什么？

(6) 机会的出现往往伴随着风险，等到没有风险时也许机会就过去了，你怎么看待这个问题？

(7) 分享“冰山理论”，分析关于人的潜能问题，包括可激发出的显性和隐性潜能。

(8) 在生活中，争取积极向上，当有机会出现时，尽力去争取，只要我们努力过，不论成功与否，至少无怨无悔。

(三) 信任背摔

1. 项目概述

项目性质：个人与团队配合相结合的项目

项目形式：中低空项目

项目时间：100 分钟

项目人数：15～20 人

信任背摔是最为经典的拓展训练项目之一。倒向“人床”的瞬间是本能的突破，也是人性的释怀。彼此的信任来源于彼此的责任和关爱，团队的支持是个人敢于挑战的基础(见图 17-3)。

图 17-3

2. 场地器材

1.4～1.6 米的标准背摔台，背摔绳一根，海绵垫一块。

3. 学习目的

(1) 培养团队内部的相互信任。

(2) 增强学生挑战自我的勇气和良好的心理素质。

(3) 发扬团队精神、互相帮助以及团队责任感。

(4) 通过挑战懂得突破本能的重要意义。

(5) 培养学生换位思考的意识。

4. 项目控制

(1) 教师安排学生一边练习，自己一边讲解，按照“先个人后团队”结合完成的时间和空间进行讲解。

(2) 按照“挑战基于选择”的原则鼓励所有学生参与挑战。

(3) 观察挑战学生的同时，注意接任队形。

(4) 及时了解学生挑战后的身体反应。

(5) 按照“近、快、低、稳、准”的要求完成操作。

5. 回顾分享

(1) 对所有学生完成挑战予以鼓励。

(2) 鼓励每一名学生都讲一讲自己的感受并予以肯定，注意鼓励完成不够成功与表现不够出色的学生。

(3) 通过项目谈谈自信与互信的问题，在什么情况下能够增加信任？

(4) 通过身体不自主的弯曲，谈谈“本能”是什么？为什么有时候本能不一定全对？如何突破本能？

(5) 是否闭眼？有何感受？躺在他人手臂上的感觉以及接人的感觉有什么不同？

(四) 齐眉棍/圈

1. 项目概述

项目性质：团队配合项目

项目形式：地面项目

项目时间：30 分钟

项目人数：15～20 人

2. 项目控制

(1) 准备一根 2～3 米左右的轻质塑料棍(最好可伸缩)。

(2) 让小组成员站成相对的两列(并排一列亦可)，让小组成员全部将双手举到自己的眉头的位置。

(3) 将轻质塑料棍放在每个人的双手上，注意必须保证每双手都要接触到轻质塑料棍。

(4) 要求小组成员将轻质塑料棍保持水平，小组成员的任务是在保证每个人的手都在轻质塑料棍下面的情况下，将轻质塑料棍完全水平地往下移动。一旦有人的手离开轻质塑料棍或轻质塑料棍没有水平往下移动，任务就算失败(见图 17-4)。

图 17-4

(5) 用圈亦可代替做本游戏。

3. 回顾分享

(1) 看似科目很简单，但要成功完成非常不容易。

(2) 如果一个人去完成这个任务是相当简单的，但是一个人做的工作由几个人来完成，它比一个人干时还要不容易，因为几个人之间将形成许多的相互关系，制造出许多新工作，因此团队的力量不容忽视，可以引伸到帕金森定律。

(3) 如果小组中有任何一个人不同于组织的共同节奏，轻质塑料棍将无法保持水平下降。

(五) 解手链

1. 项目概述

项目性质：团队配合项目

项目形式：地面项目

项目时间：30 分钟

项目人数：15～20 人

2. 项目控制

(1) 教师让每组圈着站成一个向心圆。

(2) 教师说，先举起你的右手，握住对面那个人的手；再举起你的左手，握住另外一个人的手；现在你们面对一个错综复杂的问题，在不松开的情况下，想办法把这张乱网解开(见图 17-5)。

图 17-5

(3) 告诉大家一定可以解开，但答案会有两种：一种是一个大圈；另外一种是两个套着的环。

(4) 如果实在解不开，教师可允许学员决定相邻两只手断开一次，但再次进行时必须马上封闭。

3. 回顾分享

(1) 你在开始的感觉怎样，是否思路很混乱？

(2) 当解开了一点以后，你的想法是否发生了变化？

(3) 最后问题得到了解决，你是不是很开心？

(4) 在这个过程中，你学到了什么？

(六) 盲人方阵

1. 项目概述

项目性质：团队配合项目

项目形式：地面项目

项目时间：40 分钟

项目人数：15～20 人

2. 项目控制

用眼罩将所有学员的眼睛蒙上，在蒙上前先观察一下四周的环境。然后，将双手举在胸前，像保险杆般保护自己与他人。目标是整个团队找到一条很长的绳子，并将它拉成正方形，并保证正方形每个边人数均等。完成时每个人都能握住绳子(见图 17-6)。

图 17-6

3. 回顾分享

(1) 回想一下发生过什么事？

(2) 各位是怎么找到绳子的？

(3) 各位是如何拉正方形的？

(4) 想象和蒙上眼之前看到的差异大吗？其他人当时的想法如何？

(5) 各位觉得绳子像什么？和平时学习有什么类似吗？

(6) 本科目最有价值之处是什么？你有何感悟？

(七) 毕业墙

1. 项目概述

项目性质：团队挑战项目

项目形式：中低空项目

项目时间：60 分钟

项目人数：所有人员

2. 项目控制

(1) 所有学员 60 分钟内爬过 4.2 米高的绝壁，不容许借助任何外力和工具，包括衣服、皮带等，必须沿墙正面上去，有人没有上去即为失败(见图 17-7)。

图 17-7

(2) 所有人都要摘去身上的一切硬物，如手表、门卡、眼镜、钥匙、戒指、发卡等，穿硬底鞋、胶钉底鞋者必须脱掉鞋子。

(3) 如果采用搭人梯的方法，必须采用马步站桩式，不要将身体靠在墙上，注意腰部用力挺直，用手臂弯曲推墙固定保持人梯牢固。要有人专门扶持人梯学员的腰，可以屈膝用腿支撑人梯学员的臀部，学员攀爬时不可踩人梯学员的头、颈椎、脊椎，只可以踩肩和大腿。

(4) 让学员将衣服扎进腰带，拉人时不可以拉衣服，拉手时要手腕相扣成老虎扣，不可直接拉手或者手指，不可将被拉学员的胳膊搭在墙沿上，只能垂直上提，当肩部以上超过墙沿时可以靠在墙沿上，从侧面将腿上提以帮助上去。

(5) 不得助跑起跳，上墙时不可采用蹬走上墙的动作。上去后翻越墙头要稳妥。

(6) 大声讲解，细致强调，鼓励学员参加。解决问题的办法由学员自己想，不要给安全操作规则外的任何建议。学员讨论时间过长没有决策和执行的时候可以提醒时间，一般要留 2/3 的时间用于执行。

(7) 最后一个人尝试各种方法的时候都遇到困难，当学员要放弃的时候，应该予以提示。比如说：你们确定要放弃？现在放弃是不是很可惜？是不是方法不好？要不换人试试？在提示下还找不到办法，可以把方法告诉其中一个人，然后学员自己沟通。最后一个人上跳的时候可以抓腰带适当缓冲。

3. 回顾分享

(1) 对大家共同完成项目给予肯定和表扬。

(2) 鼓励每一个学生说说对项目的感受。

(3) 决策与及时执行对应对危机的价值？我们在这类活动中是否赶早不赶晚？

(4) 第一位上去的人有何感觉？讨论先锋的作用与榜样的力量对他人的激励作用。

(5) 上墙的顺序及角色的认定对团队完成任务的积极作用。

(6) 甘为人梯的精神是值得大家尊敬和感谢的。

(7) 项目完成后，对全体完成的信心差别以及今后遇到此类活动信心的增加。

五、拓展训练对大学生产生的心理作用

(1) 参加拓展训练可培养大学生的团队协作意识。在现代社会中靠一个人打天下的时代早已过去，成功需要合作，需要团队中每一个成员积极默契的相互配合。拓展训练中有很多需要团队协作才能完成的项目，例如“求生”、“罐头鞋”等项目能让学生在参与中体会到团队协作的重要性。一个人的力量是很有限的，可当融入团队后，如果每个人都能发挥自己的优势，那么整个团队就能发挥 1 + 1 > 2 的力量，完成个人不能完成的任务。我们在拓展训练过程中，在学生完成活动大家经验分享时听到最多的一句话是：“一直认为团结就是力量是一句空洞的口号，这一刻才真正知道什么是团结，什么是团队精神，看似不可能完成的任务，经过大家共同努力就能获得成功。”

(2) 参加拓展训练可培养大学生良好的心理素质。大学生心理素质教育越来越受到社会各界的高度重视，因为这一问题已成为影响大学生健康成才以及高校稳定的突出因素。拓展训练中的大部分项目都是针对于提高人的心理素质设计的。在活动过程中，大学生不断克服心理恐惧、战胜自我，通过完成一个个任务让他们明白这样一个道理：面对困难保持平和的心态，充分信任自己，这对于不断挖掘自身的潜能非常重要。

(3) 参加拓展训练有利于发掘大学生潜能，培养学生的自信。拓展训练有目的地为学生设置一些困难，让学生在经历后发现自己还有这方面的潜能，从而增强自信心。有很多学生在活动结束后常说的一句话是：不论任何事情在你没有尝试之前不要轻易放弃，很多事情不是你不能做，只是你不敢做，不是你的能力问题，而是你的心理问题。要勇敢地尝试那些看似不可能完成的事情，你的潜能就是在你不断大胆尝试中被发掘出来的。2002 年 6 月，北京师范大学经济学院的北师大女子足球队的队员参加了拓展训练，活动中队员感悟到：以前在文化课的学习中总认为自己基础差，再努力也无法达到要求，索性就放弃了学习。通过这次活动使自己明白以前很多事情自己没有做就放弃了，不是自己的能力问题，而是心理问题。如今，当年困扰队员的文化课学习已不是问题，队员经过自己的努力学习完全能达到院里的要求。

(4) 参加拓展训练有利于启发想象力与培养创新精神，提高解决问题的能力。拓展训练中的很多项目都是为培养学生创新精神而设计的，例如“罐头鞋”、“扎筏”、“电网”、“雷阵”等。你没有在书本上学到过这样的知识，没有人教你怎么做，要完成这些任务只能靠自己，挖掘你的想象潜能，发挥你的创造力和实践动手能力。在完成任务的过程中你会发现，你的想象力是那么丰富，动手能力是那么强。很多大学生参加完“雷阵”这个项目后体会最多的是突破自己的思维定势，大胆想象，勇敢地去尝试才是获得成功的关键。

(5) 参加拓展训练有利于培养积极进取的人生态度。“人本心理学之父”马斯洛说：“心若改变，你的态度跟着改变；态度改变，你的习惯跟着改变；习惯改变，你的行为跟

着改变；行为改变，你的性格跟着改变；性格改变，你的人生跟着改变。”拓展训练中很多活动告诉我们，不论做任何事情，用什么样的心态去面对是非常重要的，你抱着一个什么样的心态，你将得到一个什么样的结果。在做“求生”这个项目的时候，很多学生在面对这个看似不可能完成的任务时，首先选择的是不可能，但是当他们认真地、积极地、努力地来面对这个任务时发现，看似不可能的事经过努力完全变成了可能。学生们经验分享时认为，面对一项任务，你的心态是积极的，你就会想出很多行之有效的解决办法，相反，你的心态是消极的，你的大脑中出现的都是你无法完成这项任务的理由。因此，参加拓展训练有利于培养积极进取的人生态度。

第三节 定 向 运 动

一、定向运动概念

定向运动(Orienteering)是指运动员借助定向地图和指北针，按组织者规定的顺序方式，自我选择行进路线并到访地图上所标示的地面检查点，以通过全程检查点用时较短者或在规定时间找到检查点得分较多者为胜的一种体育运动。

定向运动起源于瑞典，最初只是一项军事体育活动。“定向”二字在1886年首次使用，意思是在地图和指南针的帮助下，越过不被人所知的地带。继1919年斯堪的那维亚举行了第一次正式的定向越野比赛后，至今定向运动已有近百年的历史。

定向运动本身作为一种体育项目开展是本世纪初在北欧开始的。到20世纪30年代已在芬兰、挪威、瑞典、丹麦立足。1932年举行了第一次世界定向运动比赛。1961年国际定向联合会(IOF)在丹麦哥本哈根成立，现有成员国63个。国际定联是世界定向运动的行政实体，是国际体育联合会总会之一。定向运动也是国际承认的奥林匹克体育项目。

定向运动通常在野外森林进行，也可在城市的近郊、公园和较大的校园等各种地形进行。其比赛的成败全在于个人的识图用图、野外定向和奔跑能力的强弱，因此适于各种年龄、性别的人参加。

二、定向运动基本知识

(一) 如何标定地图

在定向运动中，必须首先标定地图，即保持地图方位与实地方位一致。标定地图方位(给地图正确定向)是最重要的定向技能。

1. 利用指北针标定

先使指北针的红色箭头朝向地图上方，并使箭头与定向地图上的指北线重合(或平行)，然后转动地图，使磁针北端对正磁北方向，地图即已标定。

2. 利用直长地物标定

利用直长地物(如道路、土垣、沟渠、高压线等)标定地图，首先应在图上找到这段直长地物，对照两侧地形，使图与现地各地形点的关系位置概略相符，然后转动地图，使图上的直长地物与现地的直长地物方向一致，地图即已标定。

3. 利用明显地物地貌标定地图

从地图上找到本人位于明显地形点的位置(即自己所在的站立点)时，可以利用明显地形点标定地图。方法是先选择一个图上与现地都有的远方明显地形点(目标)，然后转动地图，使图上的站立点至目标的连线与现地的站立点至目标的连线相重合，此时地图即已标定。

(二) 如何确定站立点

1. 直接确定

当自己所处位置在明显地形点上时，只要从图上找出该地形点，站立点即可确定。

(1) 明显地形点的地物主要有单个的地物(如房屋、水塔、凉亭、小桥等)，线状地物的拐弯点、交叉点(呈“十”字形)、交汇点(呈“丁”字形)和端点，面状地物的中心或者有特征的边缘。

(2) 明显地形点的地貌主要有山地、鞍部、洼地，特殊的地貌形态：陡崖、冲沟等，谷地的拐弯、交叉和交汇点，山脊、山背线上的转折点、坡度变换点。

2. 利用综合分析确定

利用位置关系法确定站立点主要依据两个要素，一是站立点至明显点的方向，二是站立点至明显点的距离。在地形起伏明显的地方，还可以结合高差情况进行判定。

(三) 如何确定前进方向

定向运动每次出发时(包括途中每一段落出发)，首先必须判明出发点的图上位置，明确前进方向和目标点。然后标定地图选准前进方向，向目标点进发。

(四) 选择路线应遵循的原则

1. 有路不越野

应尽量选择沿道路行进，这是因为：① 在道路上容易确定站立点，使运动员更具信心；② 地面相对光滑、平坦，有利于提高奔跑速度。

2. 走高不走低

定向比赛中，如果不得不越野，当目标点在半山腰，周围又没有明显地貌地物时，应选择从山顶向下寻找的方法。这就是人们常说的“从上到下法”。

3. 提前绕行

阅读地图时要注意通观全局提前绕，特别是检查点之间有大的障碍，不易穿越时。不能等抵近障碍再作折线绕行，而应该全面分析地貌地形，提前选择好最佳迂回运动路线。

(五) 如何保持正确行进方向

在选择了最佳路线后，在前进过程中，还要采取相应的方法，才能确保正确行进方向，安全准确到达目的地。

1. 拇指辅行法

在定向运动中常用拇指压住图上本人目前站立点的位置，把拿图手的拇指想象为自己(缩小到图中了的自己)，当向前运动时，拇指也在图上作相应移动，此种方法叫拇指法。拇指法主要是帮助运动员随时明确自己在图上的位置。简要实施步骤如下：

(1) 明确站立点、路线、到达地；

(2) 转动地图，使地图标定，并将拇指贴近站立点一侧(先上大路)；

(3) 到大路后转动地图，移动拇指(沿大路跑，看到路旁小屋后向右转)；

(4) 再转动地图，移动拇指(沿大路跑，经过右侧路口后在下一路口左拐，可直达检查点)。

2. “扶手”法

“扶手”是把实地中的线形地形，如各种道路、输电线、地类界、溪流、面状底物的边界等地物地貌，比喻为上下楼梯时的扶手，作为行进的“引导”，利用“扶手”引领较为容易和安全地到达目的地。

3. 记忆法

一般要按行进的顺序，分段地记住路线的方向、距离、经过的地形点、两侧的辅助(参照物)。即“人在地上跑，心在图上移”。这样可以减少途中跑时读图的时间，提高运动成绩。

(六) 定向运动装备

除号码薄、地图及指卡由赛会供应外，运动员应携带指北针。基于安全，哨子是运动员必备的用具。如参加夺分式定向赛，还应带有手表。服装方面，应以轻便、舒适及易于活动为佳，过紧和太厚的衫裤使你举步难移。远足经验较浅的，可穿旅行靴，保护脚腕。有经验的运动员可穿上比赛用的运动鞋。基本上，鞋身防水，鞋底有凸齿，在碎沙地不易滑倒的运动鞋很适合。计时设备有机械式计时设备和电子计时设备，皆由赛会提供。

三、定向运动与大学生身心发展

由于定向运动是融健身性、知识性、趣味性和国防教育性于一体的一项体力与智力并重的体育项目。非常适合在大、中、小学各级各类学校开展，经常参与参加定向运动不仅能强健体魄，还能让学生在轻松愉快的游玩过程中增长识图、用图知识，同时对培养学生独立性、意志品质、自信心等非智力因素还具有独特作用。当前，在学校大力开展定向运动主要有以下意义。

(一) 促进学生耐力发展

随着现代化的飞速发展，生活节奏不断加快，现代社会对人体抗疲劳能力提出了更高的要求。然而，作为提高耐力的有效手段——长跑运动，由于其枯燥无味，很难吸引广大学生的积极参与。定向运动所特有的趣味性使学生乐于坚持长时间的耐力锻炼，他们穿梭于空气清新的丛林、山地、溪流、湖泊等自然风光之间，角逐着体力，较量着智力。学生在不断判断地形和选择路线中，快乐地接受野外生存训练，不知不觉中锻炼了耐力，也提高了意志力。

(二) 拓展学校体育的内容和空间

定向运动这种新兴体育项目非常有利于增进学生的身心健康。它不用太多投资，只要绘制定向地图和很少的器材，就可以充分利用校园、公园、郊外田野、森林等现有地形条件，有效地拓展学校体育课程的内容和空间，扩大学生的体育活动空间。

(三) 培养学生的心理品质

定向运动参与性非常好，当学生独立处理比赛中所发生的各种问题，寻找到一个一个点标时，当学生克服重重困难胜利到达终点时，会有非常强烈的成功的感觉，对培养学生顽强的意志力，沉着冷静、坚韧不拔和自信等心理品质有良好的作用。

第四节　攀岩运动

孔子说：“登东山而小鲁，登泰山而小天下”。所谓天下，统指尘埃而言。人类群集的地方，不免争名夺利，烦恼困窘，一旦登临高山之巅，距离拉远，自可产生清澈豁畅的想法，对尘世的各种负担捆绑自觉渺乎其微，不屑于牵肠挂肚，作茧自缚。

——黄宗和(台湾山岳协会主席)

一、攀岩运动概念

“会当凌绝顶，一览众山小”。攀岩运动以其独有的登临高处的征服感吸引了无数爱好者。攀岩运动是从登山运动中派生来的新项目，也是登山运动中的一项竞技体育项目。它集健身、娱乐、竞技于一体，既要求运动员具有勇敢顽强、坚韧不拔的拼搏进取精神，又需要具有良好的柔韧性、节奏感及攀岩技巧，这样才能娴熟地在不同高度、不同角度的陡峭岩壁上轻松、准确地完成身体的腾挪、转体、跳跃、引体等惊险动作，给人以优美、流畅、刺激、力量的感受。由于登高山对普通人来讲机会很少，而攀爬悬崖峭壁机会相对较多，且更富有刺激和挑战，所以攀岩作为一项独立的、被广大青少年所喜爱的运动迅速在全世界普及开来。这项运动是利用人类原始的攀爬本能，借各种装备作安全保护，攀登一些岩石所构成的峭壁、裂缝、海蚀崖、大圆石以及人工制造的岩壁。由于攀登者在岩壁上稳如壁虎又矫似雄鹰，是一项极具美感和观赏性的运动，被誉为“岩壁芭蕾”。

攀岩运动于 20 世纪 50 年代起源于苏联，是军队中作为一项军事训练项目而存在的，1974 年列入世界比赛项目。进入 80 年代，以难度攀登为主的现代竞技攀登比赛开始兴起并引起广泛的兴趣，1985 年在意大利举行了第一次难度攀登比赛。当今世界攀岩水平数欧美特别是法国与美国最高，法国相对在人工岩壁上占优，美国在自然岩壁称强。在亚洲，日本、韩国水平较高，他们有些选手已达到世界水平。中国大陆、香港及台湾的水平大体相当，同属亚洲中流水平。攀岩运动在我国经过十多年特别是近两年的发展已初具规模，并吸引了越来越多的年轻人参加，发展前景十分可喜。从 1997 年开始，国内每年要举行两次以上的全国或国际性比赛。在我国北方地区，特别是北京，了解攀岩的人已为数不少，而参与攀岩已成为许多青少年的时尚行为。尽管目前攀岩还没有在全国范围内得到很好的普及推广，但值得欣喜的是，通过近几年新闻媒体的大力宣传，东南沿海、西南及西北等地区也纷纷要求开展这项运动。全国已经建好或正开始修建各种各样的天然及人工攀岩场地供人们训练和娱乐。我国幅员辽阔，山地资源丰富，可供攀岩的悬崖峭壁比比皆是。中国人比较灵巧、轻捷，只要下功夫，我们就能够在不久的将来进入攀岩运动的世界先进行列。

攀岩正以其特有的魅力，突出的个性感染着人们。参与攀岩，会让您在与悬崖峭壁的抗衡中学会坚强，在与大山的拥抱中感受宽容，在征服攀登路线后享受成功与胜利的喜悦。

二、攀岩装备

攀岩的装备器材是攀岩运动的一部分，是攀岩者的安全保证，尤其在自然岩壁的攀登中。因此，平时要爱护装备并妥善保管。攀岩装备分为个人装备和攀登装备。个人装备指的是安全带、下降器、安全铁锁、绳套、安全头盔、攀岩鞋、镁粉和粉袋等。

1. 安全带

攀岩用安全带与登山安全带有所不同，属于专用，并不适合登山，但登山用安全带可在攀岩时使用。我国大部分攀岩者多使用登山安全带，这是因为国内没有安全带生产厂家，而攀岩爱好者又常是登山人，于是两种安全带也就混用了(见图 17-8)。

图 17-8　安全带

2. 下降器

8 字环下降器是最普遍使用的下降器(见图 17-9)。

3. 安全铁锁和绳套

安全铁锁和绳套是攀登过程中休息或进行其他操作时自我保护用的(见图 17-10)。

4. 安全头盔

一块小小的石块落下来，砸在头上就可能造成极大的生命危险，因此，头盔是攀岩的必备装备(见图 17-11)。

图 17-9　下降器

图 17-10　安全铁锁和绳套

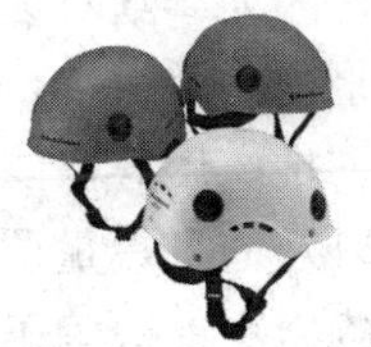
图 17-11　安全头盔

5. 攀岩鞋

攀岩鞋是一种摩擦力很大的专用鞋，穿起来可以节省很多体力(见图 17-12)。

6. 镁粉和粉袋

手出汗时，抹一点镁粉，就不会滑手了(见图 17-13)。

7. 绳子

攀岩一般使用 Φ (9～11) mm 的主绳，最好是 11 mm 的主绳(见图 17-14)。

图 17-12　攀岩鞋

图 17-13　镁粉和粉袋

图 17-14　绳子

8. *岩石锥*

岩石锥是固定于岩壁上的各种锥状、钉状、板状金属材料做成的保护器械，可根据裂缝的不同而使用不同形状的岩石锥。

9. *岩石锤*

岩石锤是钉岩石锥时使用的工具。

10. *岩石楔*

岩石楔与岩石锥的作用相同，是可以随时放取的固定保护工具。

11. *悬挂式帐篷*

悬挂式帐篷是准备在岩壁上过夜时使用的夜间休息帐篷，须通过固定点用绳子固定保护起来悬挂于岩壁(见图17-15)。

图 17-15 悬挂式帐篷

其他装备包括背包、睡具、炊具、炉具、小刀、打火机等，视活动规模、时间长短和个人需要携带。

三、攀岩与大学生身心发展

一项接近自然、惊险刺激的运动为什么会这么受人欢迎呢？这得从它的自身特点，更重要的是从锻炼价值说起。它一诞生就因其集新、奇、惊、险等特点而吸引了大批的青少年参与者，它是一项集竞技、休闲、娱乐为一体的运动。它的锻炼价值非常高。首先，作为运动的一种，当然它能起到锻炼身体提高身体素质的功效，而且要比一般的运动锻炼效果要好，因为攀登对象主要是岩石峭壁或人造岩墙。其次，攀登时不用工具，仅靠手脚和身体的平衡向上运动，手和手臂要根据支点的不同，采用各种用力方法，如抓、握、挂、抠、撑、推、压等，能锻炼到身体力量及平衡能力。另外对心血管系统的改善有相当重要的作用以及通过热量调节作用与新陈代谢能促进血液循环。第二，除了锻炼各项身体素质以外，攀岩更能锻炼了人的意志，培养良好的思想品德和体育意识，又能锻炼人体的各项能力，如团队合作意识，因为在攀岩保护中，需要伙伴的精确合作才能确保生命安全。而且还能提高人们对环境的适应能力和对突发事件的应变能力，以及强烈的责任心、自信心和自强能力，使其在运动中寻找到了自身的价值所在。

让我们享受具有很高锻炼价值的攀岩吧，在攀岩中回归自然、寻求刺激、挑战自然，更重要的是挑战自我。

思 考 题

1．户外运动主要包括哪些具体项目？你最喜欢的是哪一项？
2．拓展训练对大学生的身心发展有哪些影响？
3．说一说你最喜欢的拓展训练项目，为什么？
4．攀岩需要哪些装备？
5．定向运动中如何保持正确的行进方向？

第十八章　电子竞技运动

内容提要：本章从电子竞技运动的起源与发展，分类与概念，电子竞技运动与网络游戏、竞技体育的关系，电子竞技运动竞赛的组织等方面，对电子竞技这一新兴的运动项目进行了介绍。通过本章的学习，可以对电子竞技运动有较为全面、细致的了解，正确把握电子竞技运动的规律，并在此基础上，正确对待该项运动，培养正确、合理、科学的游戏习惯。

学习目标：

1. 了解电子竞技运动的起源与发展；
2. 掌握电子竞技运动的定义与分类；
3. 较为深入地了解电子竞技运动与网络游戏、竞技体育的关系。

第一节　电子竞技运动概述

一、电子竞技运动的起源与发展

体育起源于游戏，电子竞技运动起源于电子游戏，是体育发展的新形式、新阶段。

1983 年 7 月，任天堂公司推出 FC 游戏机——内地港台通常称为红白机，欧美地区称 NES(Nintendo Entertainment System，这是首次尝试的卡带式电视游戏平台。从此，电子游戏作为一种全新的娱乐方式，越来越多的进入了普通百姓的生活。

随着人们对游戏娱乐需求的提高以及信息技术——特别是数字技术和网络游戏的发展，电子游戏已经不再是简单的人机对抗的传统娱乐方式，人们也越来越不满足于简单的自我娱乐层面，开始期望使用相应的软硬件设施、遵循某种规则进行人与机器、人与人智力上的对抗。此时，电子游戏已经具备了作为一个竞技体育项目的基本要素和本质属性(可定量、可重复、精确比较)，并且具有了现代竞技体育内涵与精神。由此，现代竞技体育的字典中出现了一个新的名词——电子竞技运动。

2003 年 11 月 18 日，在中国数字体育平台启动仪式上，国家体育总局通过新闻媒介正式宣布把电子竞技运动列为中国第 99 个(后改为第 78 个)正式体育项目。可以说，我国把电子竞技运动定性为正式体育项目是世界体育发展史上的一个创举。从那时起，中国的电子竞技运动同篮球、足球等广泛开展的体育运动具有了相等的地位。

进入 21 世纪后，电子竞技运动依靠电子信息技术、网络技术的飞速发展，已经在全球范围内如火如荼的开展起来。电子竞技运动无论是在中国还是世界范围内，都受到了广大民众特别是青少年群体的广泛关注和喜爱，在许多国家和地区已经成为了最有发展前景的竞技体育项目之一。

在 CPL(职业电子竞技联盟)停办后，StarsWar(国际电子竞技明星邀请赛)、WCG(世界电子竞技大赛)和 ESWC(电子竞技世界杯)并称为当今世界三大电子竞技赛事，每年吸引无数电竞高手。另外，地区性的重大赛事还包括欧洲国家杯、全美联赛等。从 2005 年开始举办的世界电子竞技大赛(World E-Sports Games，简称 WEG)，也在近年来得到了飞速发展，在国际上被誉为继 WCG、ESWC、CPL 之后的第四大电子竞技赛事。我国已经在 2004 年举办了首届中国电子竞技运动会，称为 CEG(China E-sports Games)。2010 年，由国家体育总局体育信息中心与亚博科技集团联手打造的首届全国电子竞技公开赛胜利开赛，此项赛事也极大地推动了中国电子竞技运动的发展。

二、电子竞技运动的定义、分类与特征

(一) 电子竞技运动的定义

中国国家体育总局给出的电子竞技的定义为：电子竞技运动就是利用高科技软硬件设备作为运动器械进行的、人与人之间的智力对抗运动。通过运动，可以锻炼和提高参与者的思维能力、反应能力、眼与四肢的协调能力和意志力，培养团队精神。

对于电子竞技运动，不能片面地强调它的“电子”属性而忽视其竞技性，也不能过分强调其“竞技”功能而忽略其电子化的特点。总之，电子竞技的本质是一种竞技体育活动，而且是以电子信息技术为标志的竞技体育活动。

(二) 电子竞技运动的分类

对电子竞技运动进行科学、正确的分类，是体现电子竞技运动成熟及健康发展的重要环节。通过对其进行分类，一方面有助于电子竞技运动作为一个体育项目，更加公平的竞赛；另一方面，对于研究和把握其运动规律，也有重要的作用和意义。在对电子竞技运动进行分类的时候，存在以下几种分类方式。

1. 从广义与狭义方面分类

从广义与狭义方面，可以将电子竞技运动分为狭义的电子竞技运动与广义的电子竞技运动。狭义的电子竞技运动，是指那些离开了电子设备就无法存在的电子竞技运动，也可以称作是经典电子竞技运动，如现在开展比较普遍的反恐精英(CS)、星际争霸、魔兽争霸等。广义的电子竞技运动除了包括上述经典电子竞技运动外，还包括像网络围棋、网络象棋、网络桥牌这样经过电子化的传统体育项目，这些项目也是电子竞技运动中的一个分支。

2. 从比赛与休闲方面分类

从比赛与休闲方面，可以将电子竞技运动分为对战类项目和休闲类项目。对战类项目主要包括狭义或者是经典电子竞技运动项目，休闲类项目则主要是电子化的传统体育项目和民间娱乐项目。

3. 从运动项目与现实之间的关系方面分类

从运动项目与现实之间的关系方面，可以将电子竞技运动分为虚拟化的电子竞技运动和虚构化的电子竞技运动，见表 18-1。这种分类方法也是现在较流行、较公认的分类方法。所谓虚拟化的电子竞技运动，是指现实当中实际存在的竞技体育项目，电子竞技运动项目仅是利用数字体育网络平台将这些项目虚拟化，如桥牌、FIFA 足球等项目。所谓虚构化的

电子竞技运动是指现实中并不存在的竞技体育运动项目，完全是利用数字体育网络平台虚构的竞技体育运动项目，如反恐精英(CS)、魔兽争霸等项目。

表 18-1　虚拟、虚构化电子竞技运动的分类体系

大类		亚类	项目举例
电子竞技运动	虚拟化的电子竞技运动	技能类	NFS-极品飞车
		智能类	桥牌、围棋等
		智能技能结合类	FIFA 足球、NBA 篮球等
	虚构化的电子竞技运动	技能类	反恐精英(CS)、雷神之锤等
		智能技能结合类	魔兽争霸、星际争霸、DOTA 等

按照竞技能力主导因素的分类标准，可以将电子竞技运动项目进一步分类，虚拟化的电子竞技运动可以分为技能类运动项目、智能类运动项目和智能技能结合类运动项目。技能类运动项目主要要求参与者具有较高的手脑配合能力、快速的反应能力和娴熟的鼠标及键盘操作能力，如极品飞车项目；智能类运动项目主要要求参与者具有高超的智能，如棋牌类项目；智能技能结合类项目是指要求参与者要在具有较高的智能和技能水平基础上，不但具有复杂的战略、战术思维能力，而且还必须具有高超的手脑配合能力、快速的反应能力和娴熟的鼠标及键盘操作能力的项目，如 FIFA 足球、NBA-live 等项目。虚构化的电子竞技运动可以分为技能类运动项目和智能技能结合类运动项目。技能类运动项目同样要求参与者具有高超的手脑配合能力、快速的反应能力和娴熟的鼠标及键盘操作能力，如反恐精英(CS)等项目。智能技能结合类运动项目对参与者的战略及战术思维能力、高超的手脑配合能力、快速反应能力和娴熟的鼠标及键盘的操作能力同样有较高的要求，如魔兽争霸、星际争霸等项目。

通过对电子竞技运动进行分类，可以看出，电子竞技运动项目与现实的体育运动项目相比，虽然没有纯体能类的项目，但智能技能结合类项目最能代表电子竞技运动的特点，也最能展示电子竞技运动的魅力和功能。优秀的手脑配合能力、快速的反应能力和娴熟的鼠标键盘操作能力是电子竞技运动对参与者共同的技能要求。

(三) 电子竞技运动的基本特征

电子竞技运动本质上是游戏，更是竞技体育，只不过表现的形式与传统的体育运动项目有所区别。“电子”和“竞技”是电子竞技运动的基本要素和特征。

“电子”是方式和手段，指电子竞技运动是借助信息技术为核心的各种软硬件以及由其营造的环境来进行的，这类似于传统体育运动项目中相应的器材和场地。传统的体育运动项目都需要运动场地，如篮球需要篮球场，游泳需要游泳池等，而在电子竞技运动中，这一切都是依赖于信息技术来实现的，这也是电子竞技区别于传统体育项目的根本不同。

“竞技”则指电子竞技运动中所包含的体育的本质属性，即对抗、比赛。作为体育运动项目，对抗与比赛是最基本的特征，决定胜负是比赛的最终目的，这也是电子竞技区别于其它电子游戏与网络游戏的主要不同。电子竞技运动有多种分类和项目，但共同的核心一定是对抗与比赛。同时，这种对抗与比赛与传统体育项目一样，具有可定量、可重复、精确比较的特点，在操作时具有高度的技巧性、规律性，运动员所具有的较高的技战术水平，必须通过严格的训练和实践来获得。

另外，电子竞技运动具有统一的竞赛规则，并且在这样的规则要求下，进行公平、公开、公正的比赛。

(四) 常见电子竞技运动项目及简称

FPS(First-Person Shooter Game)即第一人称战术射击类游戏。这类游戏考验参与者的反应能力、团队配合能力以及战术运用能力。《特种部队(SF)》、《反恐精英(CS)》、《胜利之日(DOD)》、《彩虹六号》、《战地》、《使命召唤》等都属于第一人称战术射击类游戏。

RTS(Real-Time Strategy)即即时战略类游戏，这类游戏考验的是参与者的全局战略布置、宏观战术、细节操作、反应能力。《魔兽争霸》、《星际争霸》、《命令与征服》、《帝国时代》、《红色警戒》等都属于即时战略游戏。其中著名的《星际争霸》游戏更着重于大局的掌控能力和大局观，而《魔兽争霸》游戏则更注重正面战场的复杂战斗的操作(微操)。

RTS-SLG(Real-Time Strategy -Simulation Game)即回合制即时战略游戏，这是从著名对战游戏《魔兽争霸 3》的 RPG 地图"DOTA"衍生出的类型，相对于传统即时战略类游戏来说，省略了建造的环节，降低了资源采集的比例，而把游戏的重点放在"探索"和"侵略"两个部分。参与者操纵的对象数量比较少，需要的操作数相对低，而更考验参与者之间的配合，以及对对方战术策略的侦察与反制。

SPG(Sport Game)即传统体育类游戏，《FIFA》、《实况足球》、《NBA-live》、《极品飞车》等都属于传统体育类游戏。

FTG(Fighting Game)即格斗类游戏，这类游戏除了对反应速度和操作熟练度有较高要求外，更是快节奏下的心理层面的一种考验和对抗。著名游戏项目有《拳皇》系列、《罪恶装备》、《月姬格斗》、《VR 战士》等。

除此之外，飞行射击类的 STG(Shooting Game)，策略类的 SLG(Simulation Game)项目以及休闲益智类项目也属于电子竞技运动项目的范畴。

第二节　电子竞技运动与网络游戏、竞技体育

一、电子竞技运动与网络游戏

严格地说，电子竞技运动与网络游戏是两个不同的概念，它们从性质、方式、项目等各个方面都有较大的不同。

(一) 电子竞技运动与网络游戏在本质上的区别

前面提到，电子竞技运动具有体育的本质，即对抗和比赛。作为一个体育项目，对抗和比赛是最基本的特征且具有可定量、可重复、精确比较的特点。网络游戏是娱乐游戏，网络游戏的目的和方式是建立一个虚拟的世界，在这个世界里的所有玩家都像是生活在一个全新的社会里。所以网络游戏是以追求感受为目的的模拟和角色扮演，相对而言并不十分重视游戏技巧。

(二) 两者所依赖的网络环境或游戏平台不同

网络游戏是完全建立在国际互联网上的，它离开了互联网就根本无法存在。电子竞技

运动所依赖的主要是局域网环境，甚至可以是两台电脑的直接联接，互联网只是电子竞技运动用来训练和娱乐的一种手段。

(三) 规则上的区别

从规则上看，网络游戏的规则是由厂家约定、可变化的。随着游戏的不断改进、升级和商业目的的改变而不断地进行修改与完善，同时网络游戏在一开始便被设定为“没有尽头”的，游戏与每一“等级”相对应的只是“游戏时间”。电子竞技的规则是体育规则，是强制性的，每一条规则的目的非常明确，不会也不可能无休止地进行下去，与网络游戏的规则相比，电子竞技本身不附带任何商业目的。

从以上几点看来，电子竞技与网络游戏的区别就如同竞技体育与一般少儿游戏的差别一样，虽然两者都是以电脑软硬件设备和网络为根本，但其根本的目的却截然不同。

二、电子竞技运动与竞技体育

电子竞技运动与竞技体育在本质上具有六大共同特征：自由参与的自愿行为，以愉悦身心为目的，目标与竞争的存在，规则的存在，与现实相对隔离的时空，共同经验与共同体。竞技体育与电子竞技运动作为游戏发展的高级阶段无疑都具备上述特征。而电子竞技所独具的“虚拟的环境、身体的缺席、人工智能的引入”这三大特点则是对“与现实相对隔离的时空，共同经验与共同体”更加完美的诠释。因此，总结两者概念上的相同与不同之处，我们可以得出这样的结论：两者同源而异相，且目的相同。这里的“同源”是指电子竞技运动与体育竞技都是以游戏为本源发展而来；“异相”是指两者在表现形式上有所不同；“目的相同”则是指两者都是以锻炼和增强人本身能力为根本目标。

电子竞技运动与竞技体育在文化内涵上具有紧密的联系。电子竞技运动作为一项参与者甚众的超级游戏体育运动，它的文化魅力不是说游戏本身创造出多少“文化”，而是透过有文化的人来解读电子竞技本身所折射出来的感性的色彩和理性的光辉，解读它的文化是对人性的一种理解。电子竞技作为一种娱乐竞技手段诞生只有短短几十年的时间，但是凭借独特的魅力已然征服了成千上万的爱好者。事实上，它已经成为当今社会一个影响巨大的产业和一个不可忽视的重要文化现象。经过近几十年的发展演变，电子竞技已经超越了简单的游戏、娱乐层面，而上升到人与机器、人与人之间智力上的对抗。体育运动的“更高、更快、更强”的奥林匹克精神，也是每个从事电子竞技运动的人永远的目标和方向。电子竞技也在挑战自我，它属于脑力的竞赛，使参与者不断提高自身的瞬间判断能力、瞬间反应能力、团队合作能力等。它并不是单纯地在玩游戏，不动脑子是不会有好成绩的。它体现出公平竞争、拼搏进取、团结协作与和平友谊等文化内涵，并籍由竞技过程中表现出的复杂多变的极富竞争性、娱乐性和艺术表现力的直观形象作用于观赏者的视听器官，使其心灵产生震撼，精神得到慰籍，使生命有所感悟。

电子竞技与竞技体育在技术层面上也有一定的联系。篮球运动从单纯将球放入篮筐逐步演变为今天的上篮、投篮、扣篮；跳高项目从剪式动作到背跃式过竿；短跑从站立式起跑到蹲踞式起跑；体操从分腿腾跃到“李小鹏”跳；足球阵型从“四四二”到全攻全守……竞技体育在技术、战术方面进行不断地发展。电子竞技从其形成的那一天开始，也遵循着体育的这一发展规律。从单人对抗到团队作战；从纯粹的人数比拼到多兵种的配合运用；

从扫射到点射再到“三连发”、“五连发”……电子竞技以它特有的方式述说着它的发展与进步，也述说着它作为竞技运动的强大生命力与独特的吸引力。

第三节　电子竞技运动对青少年的影响

电子竞技运动的参与者绝大部分为青少年，这跟青少年自身生理、心理特征有较大的关系。青少年进入青春期后，在不断成长的过程中对新颖、刺激的事物有本能的好奇，加上电脑游戏本身精彩的游戏画面和紧张的游戏过程，自然受到了青少年的青睐。当他们在玩一些即时对战游戏到一定程度后就渴望展示自我的游戏技能；当战胜他人获得胜利时，他们能感受到一种成功的喜悦，并能获得其他青少年玩家的推崇，这一点是青少年热衷投身于电子竞技运动，并推动其发展的主要因素。另外，一些电子竞技比赛设置相对较高的比赛奖金也是吸引一些青少年积极投身其中的重要原因。

一、电子竞技运动对青少年的正面影响

电子竞技运动对青少年的正面影响主要体现在以下几个方面：

1. 培养青少年的团结协作精神

以现在国际普遍设置的《反恐精英》项目为例，5 人组成战队。1 人为队长统揽全局指挥作战，1 人为狙击手，担任战术掩护任务(控制有利地形和远距离狙杀敌人)，3 名突击手负责冲锋。比赛中，需要不同位置与特点的选手各司其职，通力合作，完成比赛任务。由于比赛分上下半场，共 30 回合，在个别回合中个人突出的发挥也许能直接带来胜利，但要想赢得比赛的最终胜利，一定是靠恰当的战术运用和默契的配合。通过参与其中，能有效培养青少年的大局观和团队合作意识。

2. 培养青少年公平竞赛的思想

电子竞技比赛制定有详细的比赛规则，对电脑软硬件配置、回合时间、比赛抽签、平局后加时赛、防作弊和消极比赛等均有严格规定。在公平的比赛环境中，运动员不仅能体会电子竞技带来的快乐，也能在不知不觉中接受和培养公平竞争的意识。

3. 锻炼青少年灵活的头脑和开阔的思维

电子竞技实行回合制，运动员在对垒中不断为对手所熟悉，也在不断地熟悉自己的对手，要取得胜利就需要不断创新战术，因为每次变化都能给对手带来新的压力。参与较高水平电子竞技比赛的选手在游戏操作的个人技巧方面都具有较高水平，所以个人技巧往往不是比赛取得胜利的关键。如何在比赛中根据实际状况灵活运用或修正战术以遏制对方才是取胜的法宝。另外，默契的配合不是机械的照搬训练时的模式，而应根据不断变化的比赛情况调整个人行动以求创造胜利的机会。

二、电子竞技运动对青少年的负面影响

1. 电子竞技运动对青少年的身体危害

电子竞技运动的基础是即时对战游戏。即时对战游戏需要精力高度集中和长时间的训练配合才能达到较高的竞技水平。快速切换的游戏画面、长久的坐姿和固定的鼠标握持姿

势会给青少年的身体带来危害：长时间面对快速闪烁的游戏画面，会加速眼睛的疲劳，容易引起视力下降；长久不动的坐姿和固定的鼠标握持姿势会对青少年的腰椎、腕骨生长发育带来影响，严重者甚至出现腰椎间盘突出和腕骨变形。另外，高度紧张的游戏过程，导致青少年身体长时间处于情绪激动、心跳过速、血液循环加快的状态，也不利于青少年的身体健康。

2. 电子竞技运动对青少年成长方向的误导

电子竞技的职业道路十分狭窄，电子竞技运动员的运动寿命相比于传统体育项目运动员的运动寿命更加短暂。首先，电子竞技的运动项目设置更新速度较快，新的游戏的出现对原有的项目设置产生冲击，当某一电子竞技比赛项目的普通游戏玩家日益减少，这个项目就会面临被取代的命运；其次，电子竞技对运动员个人的身体素质特别是反应速度素质要求较高，当运动员过了反应速度的黄金阶段后，无论是技巧的灵活程度还是战术的临场应变能力都会大大降低，而且竞技状态下滑后很难再到巅峰；第三，国内目前电子竞技的发展还处于成长阶段，运动员的训练场地、训练经费都还无法通过俱乐部或固定的赛会模式得到支持，各专业大赛的成员很大一部分是从民间玩家高手中临时选拔产生，职业化程度较低。

喜欢电子竞技运动的青少年人数较多，其中不少人都曾梦想通过参与电子竞技运动进而走上职业运动员道路，一些运动员在电子竞技专业比赛上取得的成功更会进一步激发青少年偶像式的模仿效应。但是，电子竞技的职业道路狭窄崎岖，如果青少年将其定位为成长方向，很可能耗费宝贵青春而一事无成。

3. 青少年自身的原因

青少年自身控制能力较差，对新兴事物兴趣较强，在五彩缤纷的电子竞技游戏面前，容易沉迷于其中，影响其学习和生活。

任何一种事物都是矛盾的统一体，也都会有正反两面性，我们需要采用科学的态度看待它。电子竞技运动作为一项新兴的体育运动，也具有其优势的方面和不足的方面，整个社会应该正确地理解它，使它有利的方面为社会服务。

第四节　电子竞技运动的竞赛组织与赛制简介

一、电子竞技运动竞赛的种类

根据电子运动竞赛的性质可将其分为职业电子竞技运动竞赛和业余电子竞技运动竞赛；根据电子竞技运动竞赛的形式可将其分为在线比赛和线下比赛；根据比赛项目和参加人数又可将其分为单人项目赛和团队项目赛等；根据竞赛的任务和目的可将其分为俱乐部联赛、邀请赛、锦标赛(杯赛)、表演赛(友谊赛)、冠军赛等。

二、电子竞技运动的竞赛组织

电子竞技运动的组织工作可分为赛前筹备工作、竞赛期间工作、竞赛结束工作。

(一) 赛前筹备工作

主办单位在电子竞技竞赛前应根据竞赛性质、规模，召集各有关部门成立比赛的领导机构——组织委员会。将比赛的组织方案、组织机构、竞赛章程、工作计划等提交领导机构审定。

(二) 竞赛期间工作

(1) 对比赛场地、器材和设备进行检查维护和管理；

(2) 如遇特殊情况需更改比赛日期、时间和场地时，应及时通知有关部门和比赛队(队员)；

(3) 随时注意比赛场地安全和秩序；

(4) 大会各部门应经常与各队(队员)取得联系，听取意见，并做好改进工作，必要时召开裁判长、领队、教练员联席会议。

(三) 竞赛结束工作

(1) 各部门总结大会期间的工作；

(2) 组织和举行闭幕式；

(3) 组织和办理各队(队员)离会事宜；

(4) 组织委员会向上级汇报工作。

三、电子竞技运动竞赛赛制介绍

竞赛赛制是在竞赛活动中确定参赛队(队员)名次的方法、体系的总称。电子竞技比赛中常采用的赛制有循环制、淘汰制和混合制三种。

(一) 循环制

循环制可以分为单循环、双循环和分组循环三种。

单循环就是所有比赛的队(队员)在比赛中都要相遇一次，最后按各队(队员)在单循环赛中全部成绩排定名次；双循环就是所有参加比赛的队(队员)在比赛中都要相遇两次，最后按各队(队员)在双循环赛中全部成绩排定名次；分组循环就是将参加比赛的队(队员)分成若干个小组，各组先进行单循环，排出小组名次后，再按竞赛规程规定的方法进行第二阶段的比赛。

循环制的特点是参加比赛各队(队员)相遇机会多，比赛总场次相对较多，偶然性情况出现几率较少，因此名次的排定较客观，能确切反映各队(队员)真实的技、战术水平。但是当参赛队(队员)较多时，使用循环制又会使比赛时间太长而影响比赛的组织和因长时间比赛而影响队员的状态，因此，在许多大型比赛中，往往采用循环制与其它赛制相结合的方式。

循环制竞赛的计分方法必须在竞赛规程中明确规定。全部比赛结束时，积分多者名次列前。如果两队(队员)或两队(队员)以上积分相同时，以下列顺序排定名次：

(1) 积分相等队(队员)之间相互比赛积分多者，名次列前；

(2) 积分相等队(队员)之间比赛净得分多者，名次列前；

(3) 积分相等队(队员)之间相互比赛得分总和多者，名次列前；

(4) 积分相等队(队员)当年联赛全部比赛的净得分多者，名次列前；

(5) 积分相等队(队员)当年联赛全部比赛的得分多者，名次列前；

(6) 以抽签或附加赛的办法决定名次。

(二) 淘汰制

淘汰制有单淘汰、双淘汰和主客场淘汰三种方法。比赛中失败一次即失去比赛资格的方法称为单淘汰；失败两次即失去比赛资格的方法称为双淘汰；按主客场两次比赛成绩之和而使失败的队(队员)失去比赛资格的方法称为主客场淘汰。

在淘汰制比赛中，技、战术水平高的队(队员)趋向集中，比赛逐渐形成高潮。这种方法可在参赛队(队员)数量多、场地少、时间短的情况下采用。缺点是有些队(或队员)的参赛场次少，不利于互相学习锻炼，而且偶然性也较大。

(三) 混合制

混合制是在一次竞赛中分为两个阶段进行，前后两个阶段采用不同的赛制，较为常用的是先循环后淘汰的混合制。

混合制综合了循环制和淘汰制的优点，弥补了两种赛制的不足，较为全面地兼顾了竞赛方面的要求。混合制有利于参赛队(队员)相互学习和交流，激励参与者的比赛热情，最大限度地减少比赛胜负的偶然性，因而使比赛名次较为合理、客观。同时随着比赛进程的推进，比赛逐渐进入高潮，引人入胜。

相关链接

世界知名电子竞技赛事简介

1. 世界电子竞技大赛(WCG)

世界电子竞技大赛(WCG)是全球范围内第一个最具规模的游戏文化节，大赛一直以“beyond the game”为口号，以推动电子竞技的全球发展为目标，旨在促进人们在网络时代的沟通、互动和交流，促进人类生活的和谐与愉快。WCG 创立于 2000 年，是一个全球性的电子竞技赛事。该项赛事由韩国国际电子营销公司(Internation Cyber Marketing，ICM)主办，并由三星和微软(自 2006 年起)提供赞助。

2. 电子竞技世界杯(ESWC)

电子竞技世界杯(ESWC)是由世界闻名的竞技营销公司 Ligarena(法国)于 2003 年在法国创立，在世界范围内获得广泛的认可和支持。ESWC 已经成为世界三大电子竞技赛事之一。

3. 职业电子竞技联盟(CPL)

职业电子竞技联盟(Cyberathlete Professional League)创立于 1997 年，创始人为 Angel Munoz。CPL 是电子竞技领域最有影响力的联盟之一，也曾是大多数玩家参加的网络比赛的组织者。然而，随着在线游戏作弊趋势的增长，参加的 CPL 的队伍也逐渐减少，并成为了在线游戏比赛的不祥预兆。2008 年 3 月 14 日，CPL 正式宣

布停止运营，11 载的风光也在那一刻烟消云散。

4. 世界电子竞技大赛(WEG)

WEG(World E-sports Games)是继 WCG 之后又一项由韩国电竞界重金打造的国际顶级电竞赛事。其主办方是韩国最专业的游戏电视媒体 Ongamenet。Ongamenet 独家转播 WEG 的全部比赛，并在 2005 年将其一度打造成为全球最正规的职业化电子竞技赛事之一。WEG 在国际上被誉为继 WCG、ESWC、CPL 之后的第四大电子竞技赛事。2007 年，WEG 短暂更名为 E-STARS。2008 年起，全新的形式的 WEM(World Esports Master)代替 WEG 成为世界较为顶级的电子竞技赛事。

5. 星战(Stars War)

星战(Stars War)是国际电子竞技明星邀请赛，是由中华全国体育总会审批通过的正规赛事、全球第五项认证电子竞技赛事、全球首个星际争霸 2 国际线下赛事。2005 年 6 月 19 日，第一届 Stars War 在上海卢湾体育馆由 RN 网站成功举办，随后一直到 2007 年，共举办过四届。从 2007 年后，Stars War 停办了两年，直到 2010 年第五届 Stars War 重新开启。

6. 中国电子竞技大会(CIG)

中国电子竞技大会(CIG)是定位于半职业的电子竞技比赛，是旨在推广电子竞技以及帮助电信发展的一个广泛性的比赛。CIG 致力于为整个游戏产业链上游、中游、下游搭建互动、交流和展示、推广的服务平台。

7. 全国电子竞技公开赛(中国)

全国电子竞技公开赛系国家体育总局体育信息中心与亚博科技集团联手打造的中国本土最高级别的电子竞技赛事，是亚洲最顶尖的综合性电子竞技赛事，从 2010 年开始举办。

思 考 题

1. 电子竞技运动的定义、分类、基本特征？
2. 电子竞技运动与网络游戏的区别？
3. 电子竞技运动与竞技体育的关系？
4. 青少年在参与电子竞技运动时应该注意什么？
5. 电子竞技运动竞赛的赛制主要有哪些几种？

参考文献

[1] 李忠，刘旭东. 大学体育[M]. 银川：宁夏教育出版社，2005.
[2] 王家彬，虞荣安，杭兰平. 大学体育教程：理论篇[M]. 西安：西北工业大学出版社，2007.
[3] 史鲜玲，杜爱俭，高茂章. 大学体育与健康教程[M]. 武汉：武汉理工大学出版社，2007.
[4] 虞荣娟. 最新大学体育理论教程[M]. 南京：东南大学出版社，2006.
[5] 靳贤胜，蔺丽萍，靳晓奇. 大学体育与健康[M]. 成都：电子科技大学出版社，2006.
[6] 丁英俊，崔伟，林克明. 大学体育教程[M]. 郑州：河南人民出版社，2006.
[7] 成田士次郎. 教育的历史[M]. 1998.
[8] 全国体育学院教材委员会. 奥林匹克运动[M]. 北京：人民体育出版，2001.
[9] 芳草后. 古今奥运传奇与奥运知识问答[M]. 北京：金盾出版社，2007.
[10] 刘京胜. 奥运会与萨马兰奇[M]. 北京：中国发展出版社，2000.
[11] 何长领. 奥运百科[M]. 北京：新世界出版社，2001.
[12] 陈仲丹，闵凡祥. 世界五千年[M]. 南京：凤凰出版社，2006.
[13] 卢元镇. 体育社会学[M]. 北京：高等教育出版社，2002.
[14] 李力研. 野蛮的文明：体育的哲学宣言[M]. 北京：中国社会出版社，1998.
[15] 周志仙. 体育[M]. 北京：北京体育大学出版社，2005.
[16] 王萍. 大学体育与健康教育[M]. 天津：天津科学技术出版社，2009.
[17] 北京未来新世纪教育科学发展中心. 教师如何远离亚健康[M]. 成都：电子科技大学出版社，2008.
[18] 陈艳云. 合理营养平衡膳食指南[M]. 北京：人民卫生出版社，1991.
[19] 乔德平，陈毕栋，刘万武. 大学体育教程[M]. 兰州：兰州大学出版社，2008.
[20] 李平，刘宇星，黄佑琴. 大学体育与健康教育[M]. 北京：中国经济出版社，2007.
[21] 孙涛，何清湖. 走出亚健康[M]. 北京：中国中医药出版社，2011.
[22] 姚鑫. 大学生健康教育[M]. 北京：北京师范大学出版社，2008.
[23] 刘涛. 体育与健康[M]. 济南：黄河出版社，2008.
[24] 马建青. 大学生心理卫生[M]. 杭州：浙江大学出版社，2003.
[25] 张力为，毛志雄. 运动心理学[M]. 上海：华东师范大学出版社，2003.
[26] 陈叶坪. 大学体育与健康教程[M]. 武汉：华中科技大学出版社，2005.
[27] 刘俊庭，吴纪饶. 大学生健康教育[M]. 北京：高等教育出版社，1999.
[28] 周松华. 大学生健康教育[M]. 成都：电子科技大学出版社，2006.
[29] 余孟辉. 大学生心理与生理健康教育[M]. 长沙：国防科技大学出版社，2006.
[30] 陶芳标. 大学生健康教育[M]. 合肥：合肥工业大学出版社，2008.
[31] 王永盛. 大学体育教育教程[M]. 北京：中国档案出版社，2007.
[32] 张梯，胡素霞等. 体育与健康教程[M]. 郑州：郑州大学出版社，2007

[33] 田秀云. 社会道德与个体道德[M]. 北京：人民出版社，2004.
[34] 闫肖卿. 营养与膳食[M]. 北京：高等教育出版社，2005.
[35] 傅良碧. 饮食营养与健康[M]. 北京：人民军医出版社，1997.
[36] 陈艳云. 合理营养平衡膳食指南[M]. 北京：人民卫生出版社，1991.
[37] 中国食品杂志社. 吃的科学[M]. 北京：中国食品出版社，1985.
[38] 袁剑龙. 大学体育教程[M]. 成都：电子科技大学出版社，2008.
[39] (美)鲍特·逊莫尔著 · 健身很简单. 于晓璀，译. 北京：中国宇航出版社，2003.
[40] 陈智勇. 大学体育. 武汉：湖北科学技术出版社，2004.
[41] 李正业，李林，王莉. 适量运动身体好. 郑州：中原农民出版社，2005.
[42] 王健，何玉秀. 健康体适能教程[M]. 北京：人民体育出版社，2007.
[43] 邢登江，刘国庆，尹宝玉. 大学体育[M]. 3 版. 北京：北京航空航天大学出版社，2008.
[44] 陈佩杰. 体适能评定理论与方法[M]. 哈尔滨：黑龙江科学技术出版社，2005.
[45] 凌月红. 体育健康教育与运动处方[M]. 北京：北京体育大学出版社，2004.
[46] 杨静宜，徐峻华. 运动处方[M]. 北京：高等教育出版社，2005.
[47] 野泽秀雄（日）. 特效运动保健处方[M]. 北京：人民体育出版社，2003.
[48] 吴必强，许定国. 防身术[M]. 重庆：重庆大学出版社，2008.
[49] 廖锦华，廖明心，郭红. 女子自卫术[M]. 北京：北京体育大学出版社，2005.
[50] 吴必强，许定国. 散打基础[M]. 重庆：重庆大学出版社，2008.
[51] 张德生，保健体育教程[M]. 兰州：兰州大学出版社，2009.
[52] 吴鹭江，大学体育理论[M]. 厦门：厦门大学出版社，2000.
[53] 李冬梅，图解常见疾病体育疗法[M]. 北京：人民体育出版社，2004.
[54] 李建英，王黎明. 大学体育与健康教程[M]. 北京：人民体育出版社，2002.
[55] 任波. 大学体育健康教程[M]. 天津：天津大学出版社，2009.
[56] 王德炜. 体育管理学-原理与方法[M]. 北京：人民体育出版社，2009.
[57] 周西宽. 体育基本理论教程[M]. 北京：人民体育出版社，2004.
[58] 钱永健. 拓展[M]. 北京：高等教育出版社，2009.
[59] 孟刚. 户外运动[M]. 北京：北京师范大学出版社，2008.
[60] 郑正. 学校户外运动安全指导[M]. 成都：四川大学出版社，2008.
[61] 陶宇平. 户外运动与拓展训练教程[M]. 北京：电子科技出版社，2006.
[62] 杨汉. 山地户外运动[M]. 北京：中国地质大学出版社，2006.
[63] 李宗浩，李柏，王健. 电子竞技运动概论[M]. 北京：人民体育出版社，2005.
[64] 李思屈. 数字娱乐产业[M]. 成都：四川大学出版社，2006.